Chris Bonnington · Triumph in Fels und Eis

Chris Bonington

TRIUMPH IN FELS UND EIS

Die Geschichte des Alpinismus

pietsch spezial

Die englische Originalausgabe ist 1992 erschienen bei BBC Books, a division of BBC Enterprises Limited, Woodlands, 80 Wood Lane, London W 12 OTT und Hodder & Stoughton Limited, Mill Road, Dunton Green, Sevenoaks, Kent TN 12 2YA unter dem Titel »The Climbers – A History of Mountaineering«.

Deutsche Fassung: **Wolf Westerkamp**

Einbandgestaltung: Johann Walentek

Titelbild: Abbildung der Originalausgabe

Für Maggie

ISBN 3-613-50237-2

Copyright © by Pietsch Verlag, Postfach 103743, 70032 Stuttgart
Ein Unternehmen der Paul Pietsch Verlage GmbH + Co
Spezialausgabe: 1. Auflage 2000

Diese Spezialausgabe ist bis auf die Seiten 112-114, 271 und 278 identisch mit der dt. Erstausgabe aus dem Jahre 1995. Ergänzt wurde sie hinsichtlich des sensationellen Funds des Leichnams von George L. Mallory am Mt. Everest am 1. Mai 1999.

Lektor: Oliver Schwarz
Druck und Bindung: Fotolito Longo AG, I–39100 Bozen
Printed in Italy

INHALT

●

KARTEN

●

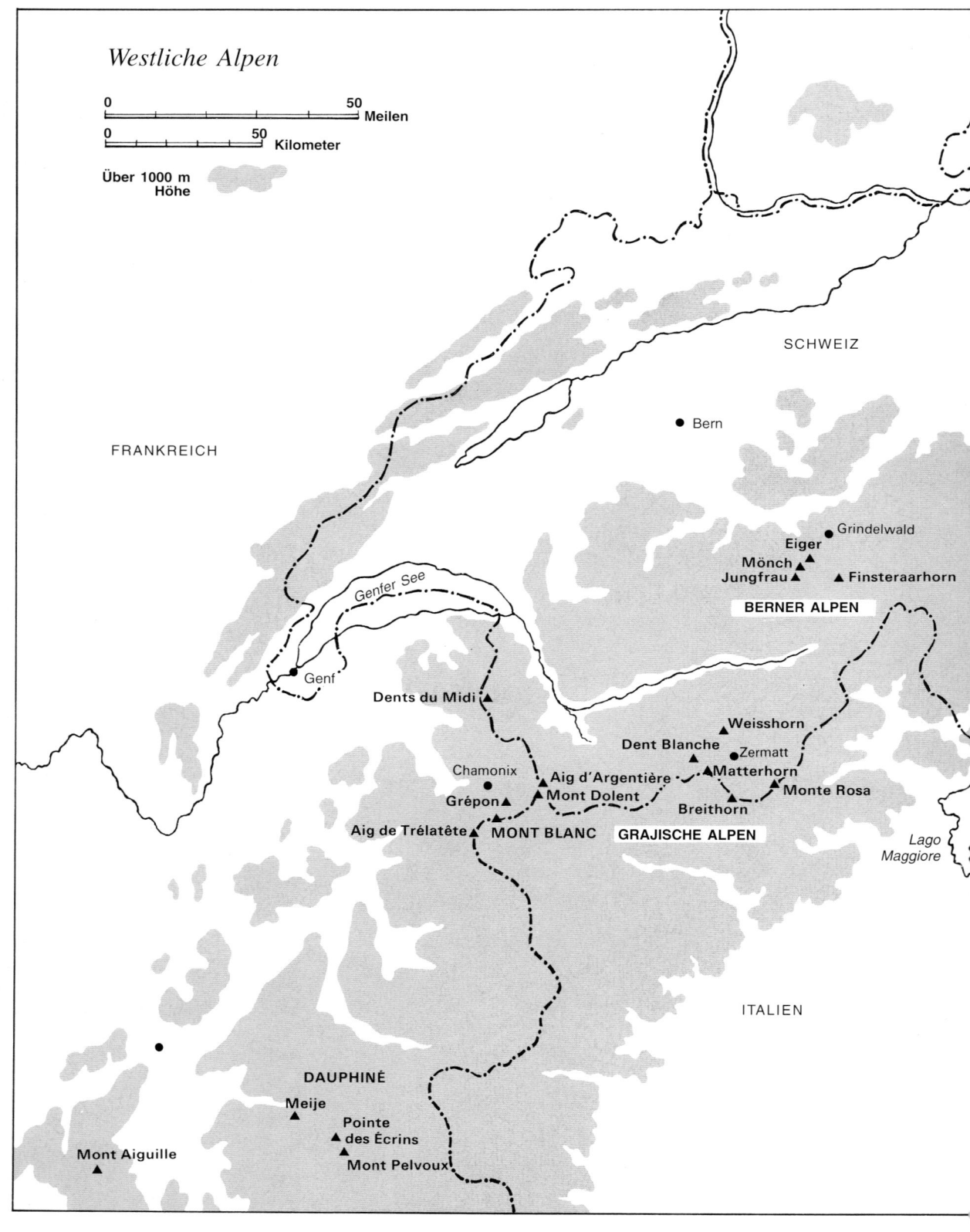

Westliche Alpen

0   50
Meilen

0   50
Kilometer

Über 1000 m
Höhe

SCHWEIZ

● Bern

FRANKREICH

Genfer See

Grindelwald
Eiger ▲
Mönch ▲
Jungfrau ▲   ▲ Finsteraarhorn

BERNER ALPEN

● Genf

Dents du Midi ▲

Weisshorn ▲

Dent Blanche
▲   ● Zermatt

Chamonix
●

Aig d'Argentière ▲
Grépon ▲   ▲ Mont Dolent

Matterhorn ▲

▲ Monte Rosa

Breithorn ▲

Aig de Trélatête ▲   **MONT BLANC**   **GRAJISCHE ALPEN**

*Lago
Maggiore*

ITALIEN

●

DAUPHINÉ

Meije ▲

Pointe
▲ des Écrins

Mont Pelvoux ▲

Mont Aiguille ▲

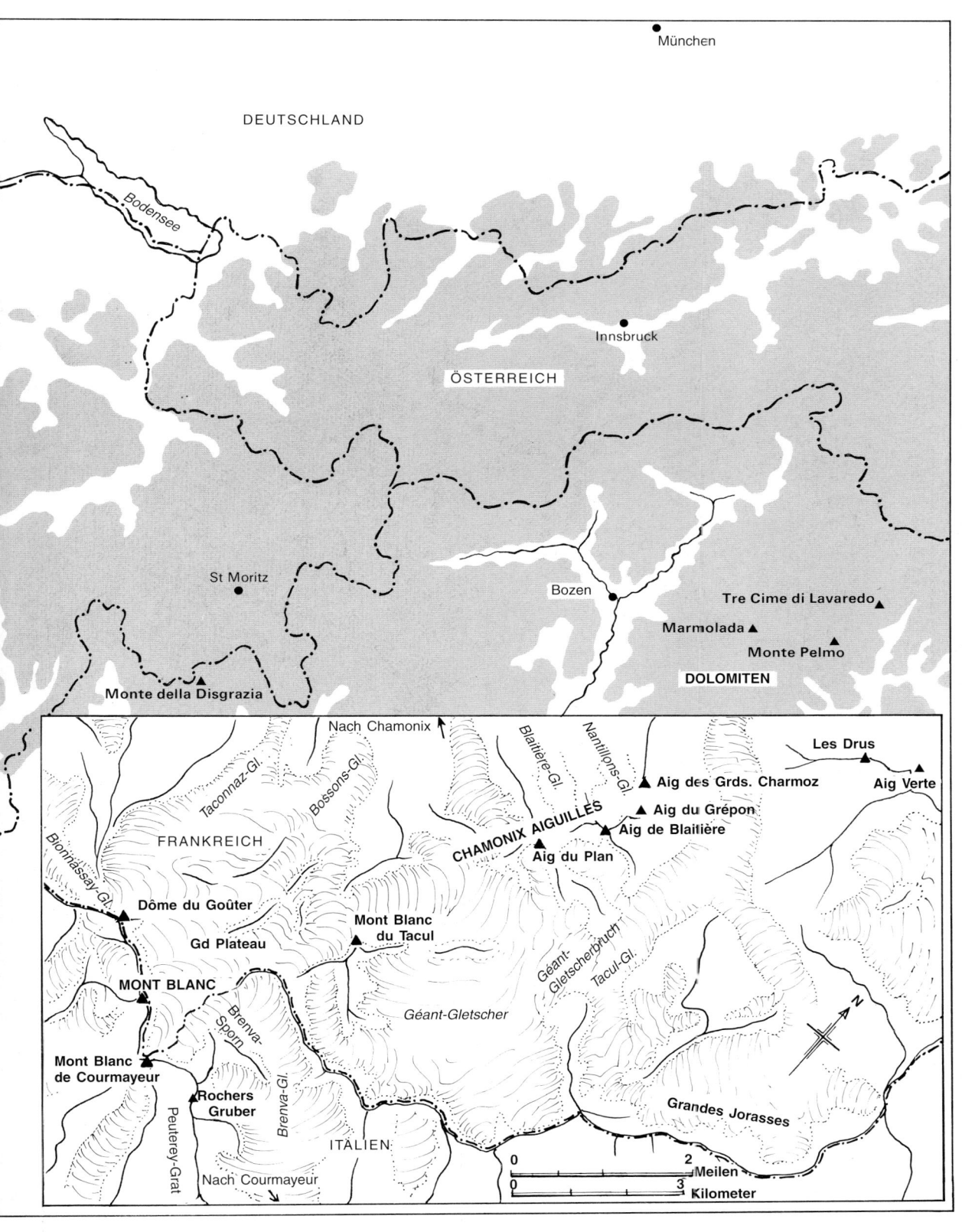

München

DEUTSCHLAND

Bodensee

Innsbruck

ÖSTERREICH

St Moritz

Bozen

Tre Cime di Lavaredo ▲

Marmolada ▲

Monte Pelmo ▲

DOLOMITEN

Monte della Disgrazia ▲

Nach Chamonix

Taconnaz-Gl.

Bossons-Gl.

Blaitière-Gl.

Nantillons-Gl.

Les Drus ▲

Aig des Grds. Charmoz ▲

Aig Verte ▲

FRANKREICH

CHAMONIX AIGUILLES

Aig du Grépon ▲

Aig de Blaitière ▲

Aig du Plan ▲

Bionnassay-Gl.

Dôme du Goûter

Gd Plateau

Mont Blanc du Tacul ▲

MONT BLANC ▲

Brenva Sporn

Géant-Gletscherbruch

Tacul-Gl.

Géant-Gletscher

Mont Blanc de Courmayeur ▲

Brenva-Gl.

N

Rochers Gruber ▲

Peuterey-Grat

ITALIEN

Grandes Jorasses

Nach Courmayeur

0   2   Meilen
0   3 Kilometer

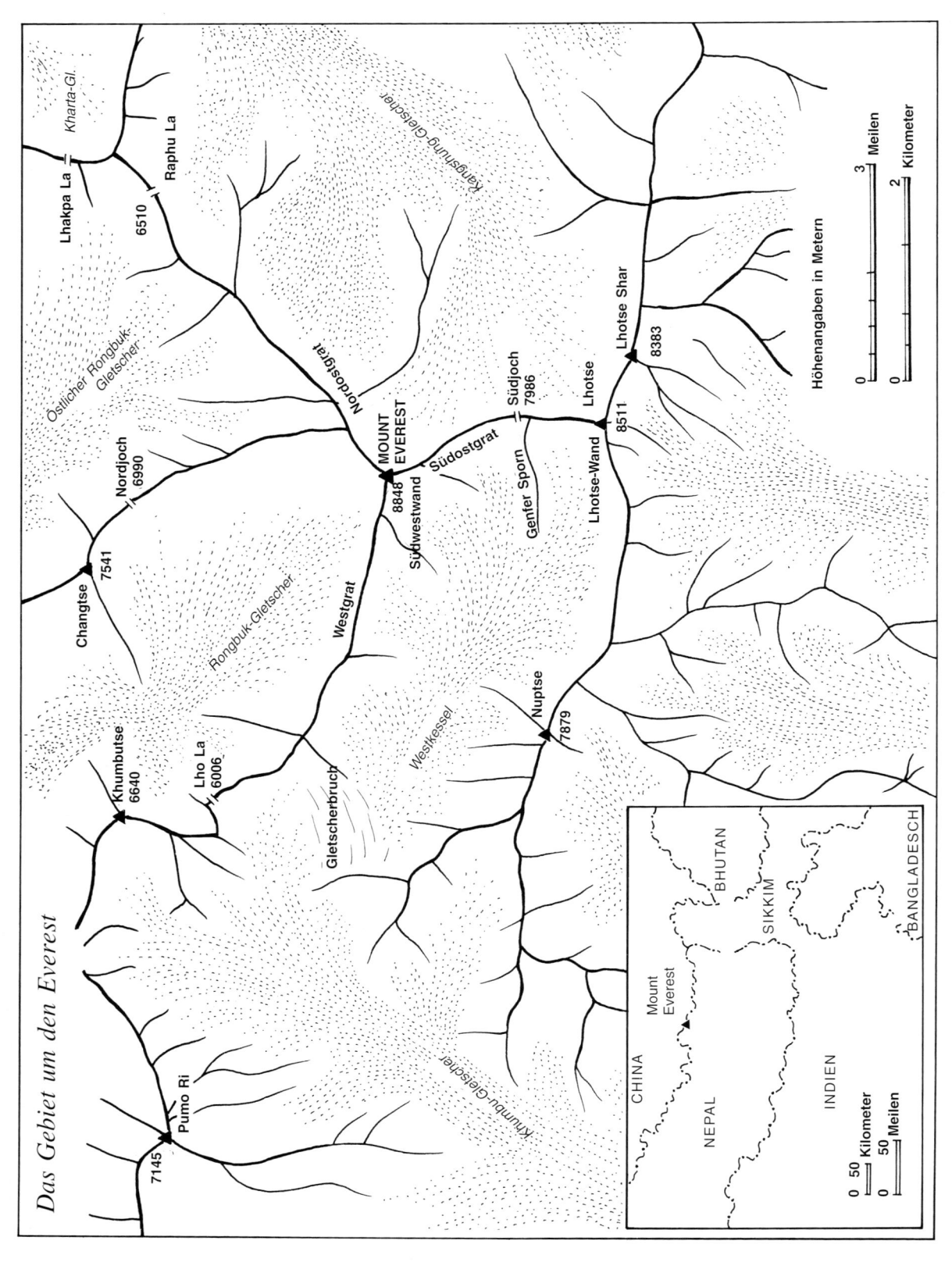

Das Gebiet um den Everest

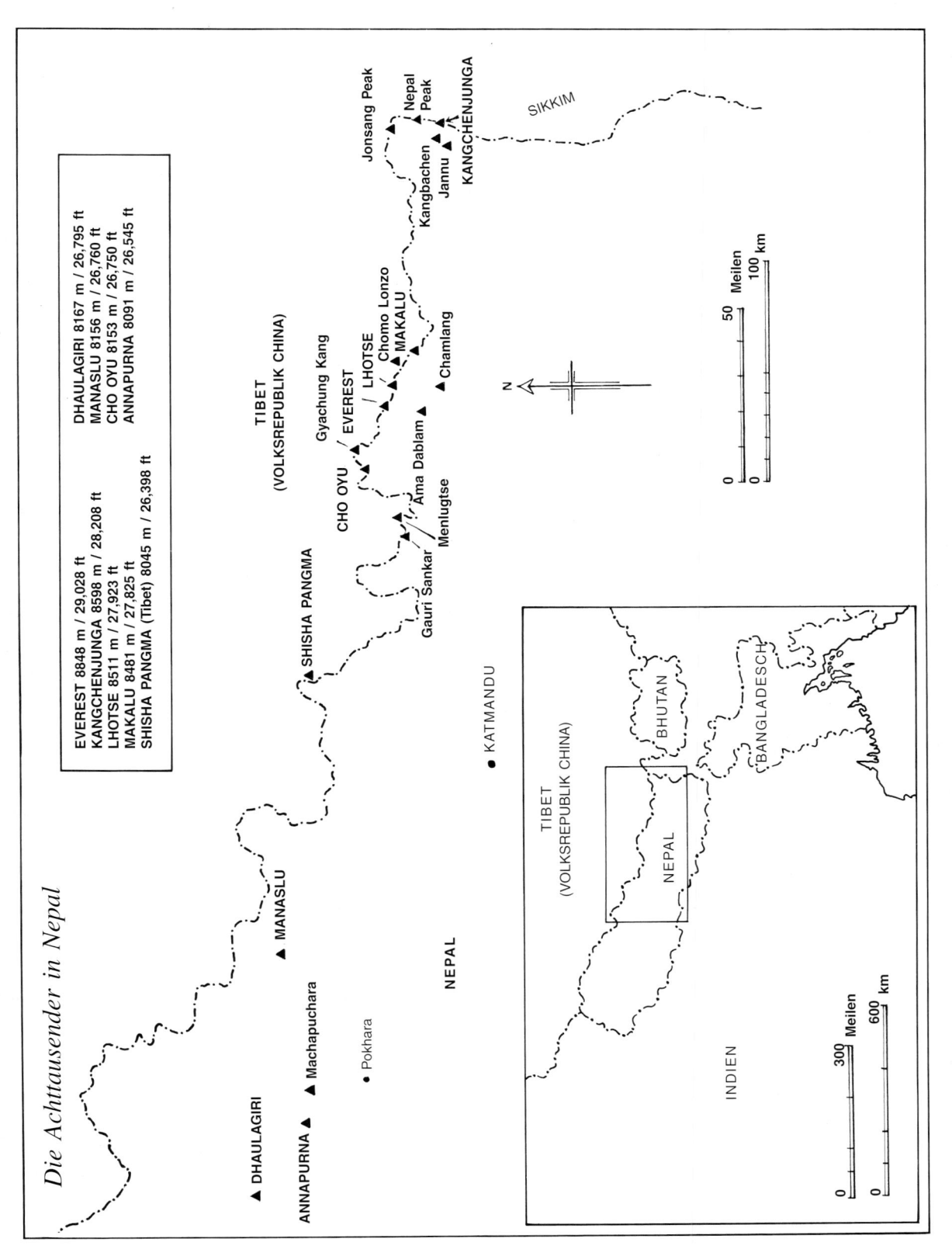

Die Achttausender in Nepal

EVEREST 8848 m / 29,028 ft
KANGCHENJUNGA 8598 m / 28,208 ft
LHOTSE 8511 m / 27,923 ft
MAKALU 8481 m / 27,825 ft
SHISHA PANGMA (Tibet) 8045 m / 26,398 ft

DHAULAGIRI 8167 m / 26,795 ft
MANASLU 8156 m / 26,760 ft
CHO OYU 8153 m / 26,750 ft
ANNAPURNA 8091 m / 26,545 ft

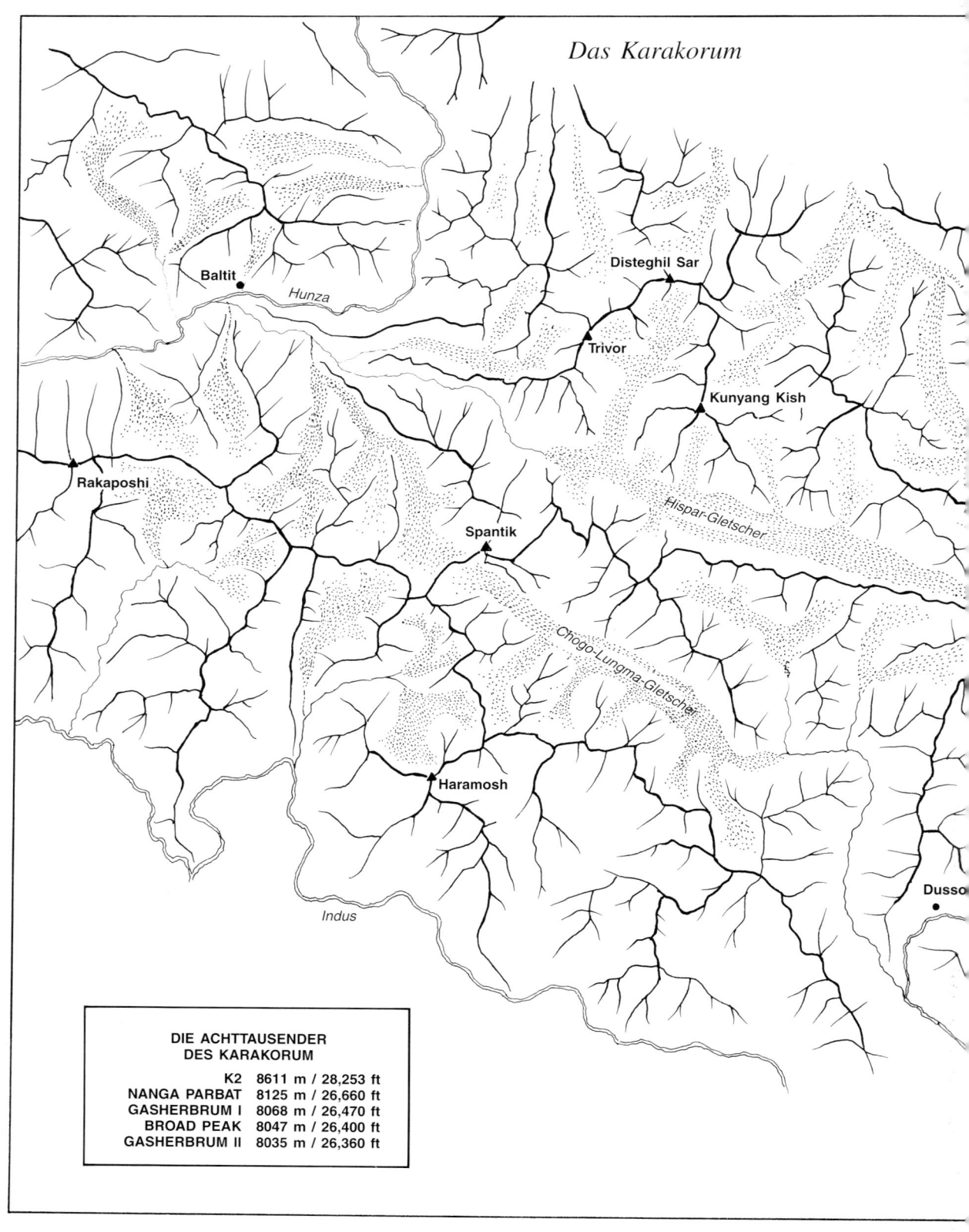

Das Karakorum

Baltit
Hunza
Disteghil Sar
Trivor
Kunyang Kish
Rakaposhi
Spantik
Hispar-Gletscher
Chogo-Lungma-Gletscher
Haramosh
Indus
Dusso

DIE ACHTTAUSENDER
DES KARAKORUM

K2	8611 m	28,253 ft
NANGA PARBAT	8125 m	26,660 ft
GASHERBRUM I	8068 m	26,470 ft
BROAD PEAK	8047 m	26,400 ft
GASHERBRUM II	8035 m	26,360 ft

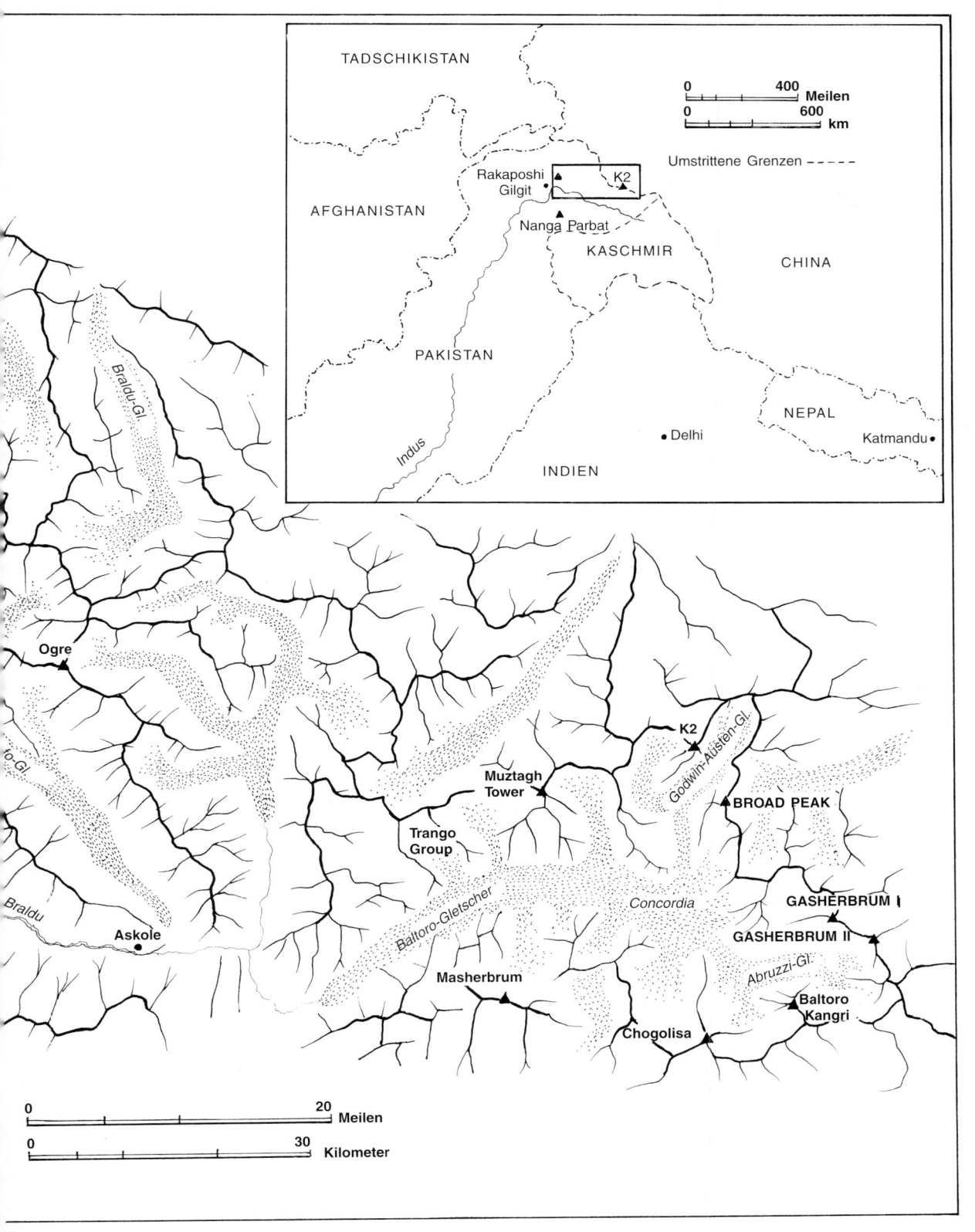

TADSCHIKISTAN

AFGHANISTAN

Rakaposhi
Gilgit

K2

Nanga Parbat

KASCHMIR

CHINA

PAKISTAN

NEPAL

Indus

Delhi

Katmandu

INDIEN

0   400 Meilen
0   600 km

Umstrittene Grenzen -----

Ogre

K2

Godwin-Austen-Gl.

Muztagh
Tower

BROAD PEAK

Trango
Group

GASHERBRUM I

Concordia

GASHERBRUM II

Baltoro-Gletscher

Abruzzi-Gl.

Braldu-Gl.

Braldu

Askole

Masherbrum

Baltoro
Kangri

Chogolisa

0   20 Meilen
0   30 Kilometer

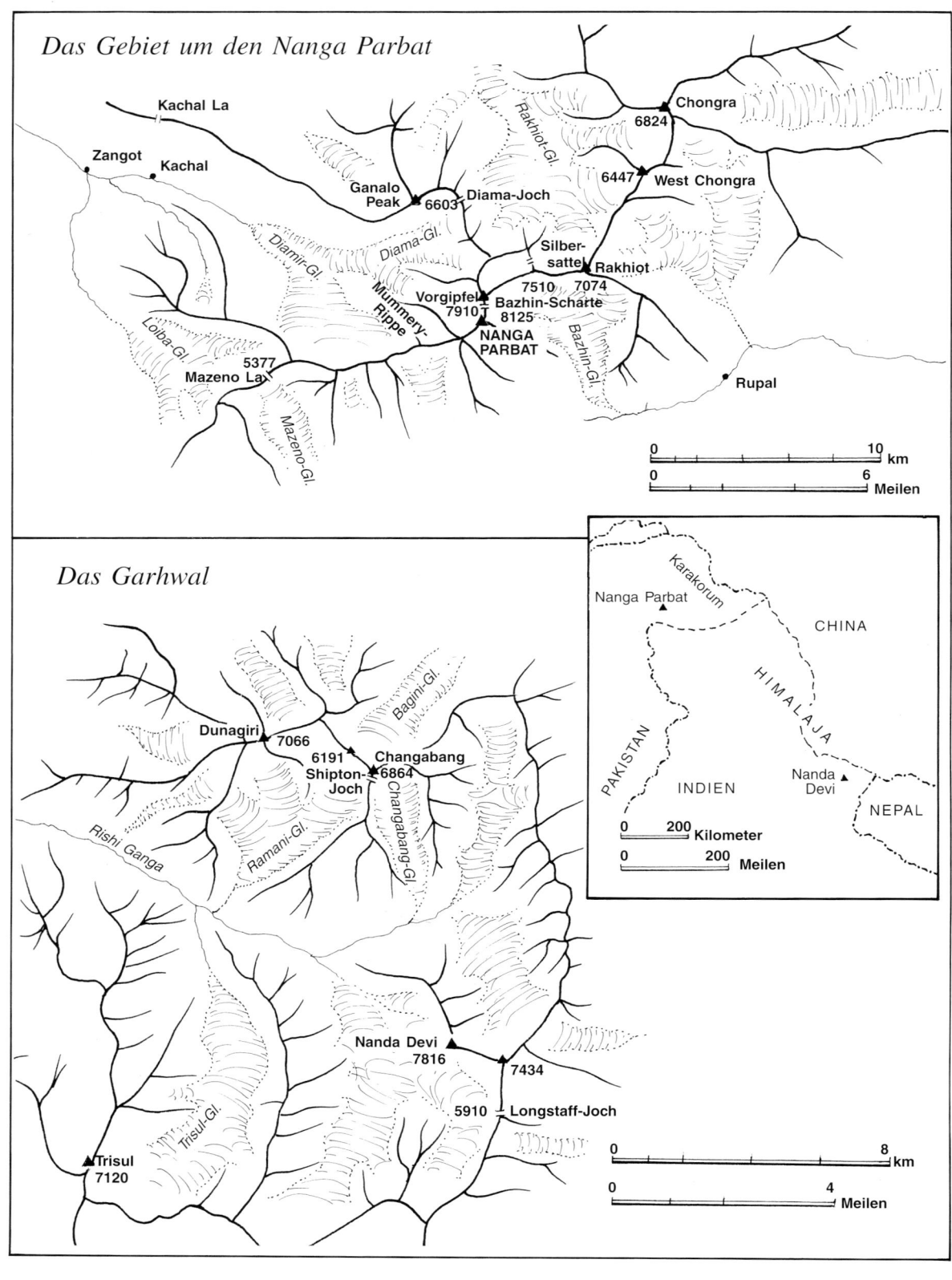

Das Gebiet um den Nanga Parbat

Kachal La

Zangot Kachal

Ganalo Peak 6603
Diama-Joch

Chongra 6824

6447 West Chongra

Silber-sattel Rakhiot

Diamir-Gl. Diama-Gl.

Mummery-Rippe

Vorgipfel 7510 7074
7910 Bazhin-Scharte
8125
NANGA PARBAT

Lotba-Gl.

Bazhin-Gl.

Rupal

5377
Mazeno La

Mazeno-Gl.

0 .... 10 km
0 .... 6 Meilen

Das Garhwal

Dunagiri 7066
6191 Changabang
Shipton-Joch 6864

Bagini-Gl.

Rishi Ganga

Ramani-Gl. Changabang-Gl.

Nanda Devi 7816 7434

5910 Longstaff-Joch

Trisul-Gl.

Trisul 7120

0 .... 8 km
0 .... 4 Meilen

Karakorum

Nanga Parbat

CHINA

PAKISTAN

HIMALAJA

INDIEN

Nanda Devi

NEPAL

0 ____ 200 Kilometer
0 ____ 200 Meilen

VORWORT

●

Da ich die Entwicklung des Alpinismus in *einem* Buch zusammenfassen wollte, blieb mir gar keine andere Wahl, als mich auf bestimmte Ereignisse zu beschränken. Man braucht sich ja nur mal in den Büchereien von Alpenvereinen umzusehen, um festzustellen, wieviel bereits über unseren Sport geschrieben worden ist – oder unsere Weltanschauung, wie ich es bezeichnen möchte. Also habe ich mich auf die Vorgänge konzentriert, die ich für die Schwerpunkte dieser Entwicklung halte – von den Anfängen in den Alpen bis zu den Siegen im Himalaja, wobei ich die ebenfalls herausfordernde mittlere Bergwelt Nord- und Südamerikas, der Antarktis, Skandinaviens oder Neuseelands nur streife und die wichtigsten Bergfahrten jeder Ära, die uns Neuerungen brachten, in den Mittelpunkt stelle. Desgleichen habe ich mich auch kurz mit dem Klettern im Fels befaßt, denn schließlich ist das die Grundlage für so vieles, was wir in den Bergen unternehmen.

In Biographien oder Autobiographien hat mich stets die Jugend der dargestellten Person besonders fasziniert – sie hat noch die Unbeschwertheit, nach allen Seiten offen zu sein, und bildet das Fundament, auf dem sich später Erreichtes aufbaut. Das gleiche gilt für die Entwicklung unseres Sports. Er beginnt als ein klarer, dahinfließender Bach, dem man leicht folgen kann; später jedoch, wenn wir uns der Gegenwart nähern, verzweigt er sich in ein weites Delta – so vielfältig wie die Mündung des Ganges. Hier ist es gar nicht mehr so leicht, den Hauptstrom auszumachen, und es war für mich unvermeidbar, dabei einige Aufstiege und Bergsteiger auszulassen, von denen manche Leser vielleicht meinen, daß ich sie hätte erwähnen müssen.

Zudem ist es schwierig für mich, völlig objektiv zu bleiben – schließlich war ich in den letzten vierzig Jahren eng und direkt mit der Entwicklung des Alpinismus verbunden. Er hat mein Leben erfüllt, hat mir eine Mischung von Hochgefühl, Erregung und Staunen vermittelt – und unausweichlich auch von Trauer über den Verlust von allzuvielen Freunden. Allerdings hoffe ich auch, daß gerade das mich in die Lage versetzt, mich um so mehr mit den frühen Bergsteigern zu identifizieren, die uns als erste die Geheimnisse der Alpen erschlossen haben, und den Verlauf unseres gewundenen Flusses getreu nachzuzeichnen.

Besonderen Dank schulde ich den vielen Bergsteigern und Freunden, mit denen ich mich während meiner Nachforschungen unterhalten konnte – vor allem Charlie Houston, den ich zum Fuß des Nanga Parbat begleiten und mit dem ich viele lange und aufschlußreiche Gespräche führen durfte, und Andy Kauffman, der mir Einblick in das Manuskript seines *K2-Tagebuchs* gewährte.

Mit Sicherheit hätte ich dieses Buch nicht abschließen können, hätte mir nicht mein altbewährtes Team zur Seite gestanden. Daher bedanke ich mich an dieser Stelle bei Margaret Body, meiner Herausgeberin, die einmal mehr mit chirurgischer Präzision meinen Stil verdichtet und verdeutlicht hat, bei Audrey Salkeld, die von allen meinen Bekannten die besten Beziehungen zu Bergsteigern und zur Bergliteratur unterhält, bei Louise Wilson, meiner Sekretärin, für eine erste Korrektur sowie unendliche Geduld und zahlreiche Ratschläge, bei Frances Daltrey, die sich um die Bilder kümmerte, und bei Alison Lancaster, ohne die mein hervorragendes Büroteam unvollständig bliebe. Und natürlich bei Andy Fanshawe, der meinen Text auf Genauigkeit und Ausgewogenheit überprüft hat. Sollte er jetzt noch Fehler oder Ungenauigkeiten enthalten, trifft die volle Verantwortung ausschließlich mich.

Ich hoffe, daß es mir gelungen ist, den Glanz und die Vielfalt der Entwicklung des Alpinismus einzufangen und vor Augen zu führen, wie jede Generation die Grenzen erweitert hat und erreichte, was man zuvor noch für undurchführbar hielt – von den ersten unbeholfenen Versuchen, den Gipfel des Mont Blanc zu bezwingen, bis hin zu Tomo Česens unglaublichem Alleingang durch die Südwand des Lhotse.

Kapitel 1

Ein Aufstieg wie Ehedem

Die Erstbesteigung des Grépon durch Mummery 1881

●

Ich zitterte vor Kälte in meiner Jacke und den Breeches aus Tweed. Der glatte Fels unter meinen Händen fühlte sich glitschig an, und der Tricounibeschlag meiner Bergschuhe fand auf ihm kaum Halt, während das Seil um meine Taille mir in die Rippen schnitt, als Jean-Frank Charlet daran zog. Es war Mittwoch, der 4. Juli 1990 – 109 Jahre, nachdem Albert Frederick Mummery mit seinen Bergführern Alexander Burgener und Benedict Venetz erstmals den Grépon bestieg, einen großartigen Gipfel aus harten Granitnadeln, der im Massiv des Mont Blanc hoch über die Stadt Chamonix aufragt. Ich trug die gleiche Kleidung wie er damals, nur das Seil war nicht aus Hanf, sondern aus Nylon – ein Zugeständnis an das Sicherheitsbedürfnis unseres Bergführers.

Unser Ziel war, für das Fernsehen den Aufstieg jenes Mannes nachzustellen, den man – wohl mehr als jeden anderen – als Vater des modernen Alpinismus bezeichnen kann. In der Person A.F. Mummery vereint sich die Einstellung der ersten alpinen Pioniere, die sich auf ihre Bergführer verließen, mit der des heutigen Kletterers, der das Abenteuer mit Gleichgesinnten sucht. Auch er begann seine Bergfahrten mit erfahrenen Führern und bewältigte einige seiner besten Aufstiege zusammen mit Burgener, dann aber suchte er das umfassendere und erfüllendere Erlebnis in Begleitung von Amateuren, mit denen er Verlauf und Auswahl der Route beraten und selbst entscheiden konnte. Zwar hatte es schon vor Mummery Aufstiege ohne Bergführer gegeben, aber niemand sonst besaß damals seine technischen Fähigkeiten in Fels und Eis, seinen ansteckenden Enthusiasmus und die Zukunftsvision, die er verkörperte. Als ich jetzt seinen schweren Tweed trug und am kalten, glatten Fels des Rißkamins Halt suchte, den man heute Mummeryriß nennt, erfüllte mich tiefer Respekt vor diesem Mann.

1881 allerdings waren Bergführer für die meisten Kletterer noch nahezu so obligatorisch wie der Alpenstock, und selbst bei Klienten, die so erfahren waren wie Mummery, galt die Regel: der Bergführer klettert voraus und zieht seinen *Herrn* oder *Monsieur* üblicherweise an einem Seil hinter sich her. Unter diesen Umständen entstanden oft Freundschaften, die sich von Saison zu Saison vertieften. Mummery hatte seinen Bergführer Burgener und dessen jungen Kollegen Venetz aus der Schweiz mitgebracht – ein Fauxpas, der ihm in dem abgeschotteten Betrieb von Chamonix nur Ärger einbrachte. Ängstlich bemüht, diesen Fehler nicht zu wiederholen, ließ ich mich von zwei in Chamonix geborenen Bergführern begleiten: Jean-Frank Charlet, der Burgeners Stelle einnahm, und Hervé Thivierge, der für den kleineren, aber gewandten Felskletterer Venetz eintrat.

Seinen ersten Versuch am Grépon führte Mummery von Süden her durch. Als er auf der gegenüberliegenden Aiguille Verte eine Bergfahrt unternahm, hatte er etwas entdeckt, was ihm eine mögliche Route für den Aufstieg zu sein schien. Es gelang ihnen, die Randkluft am Fuß der Ostwand des Grépon zu überwinden, wobei Venetz wie üblich die Führung übernahm. Anschließend kamen sie gut über die ausgeprägten Couloirs voran. Dann steilte der Fels auf und wurde kompakter. Als sie sich abmühten, einen ziemlich steilen und glatten Plattenschuß zu queren, hörte sich ihr Kommentar durchaus wie unser modernes Idiom an: »Wir fanden vornehmlich dadurch Halt, daß wir die untere Kante der Platte mit Fingern und Daumen fest umklammerten, während unsere Beine auf der nächsten Platte unter uns vergeblich Halt zu finden suchten – man beginnt dann zu überlegen, ob man derlei nutzlose Gliedmaßen nicht besser einfach zu Hause läßt.«

Das alles spielte sich natürlich in Nagelschuhen ab und mit einem Hanfseil, das im besten Falle um einen Felsen gelegt war, sonst aber aller Wahrscheinlichkeit nach nicht weiter gesichert werden konnte. Aber immerhin machten sie eine potentielle Route ab einem Joch zwischen dem Grépon und dem Charmoz ausfindig, von dem sie wußten, daß sie es von der anderen Seite her bequem erreichen konnten, und so kehrten sie noch am Nachmittag nach Chamonix zurück. (Die Ostwand des Grépon ergab sich dem Trio H.O. Jones, R. Todhunter und Geoffrey Winthrop Young mit den Bergführern Josef Knubel und Henri Brocherel erst 1911 – 31 Jahre später).

Nach nur einem Ruhetag stapften sie wieder bergan – diesmal, um den Grépon von Norden her zu bezwingen. Sie verließen Chamonix um 1.30 Uhr in der Frühe im Schein einer Gaslampe, die kaum mehr als einen hellen Fleck auf den gewundenen Pfad geworfen haben kann, der durch die dichten Fichtenwälder hinauf zu den Almen am Fuß der Aiguilles führt. Selbst als ich das erste Mal Chamonix besuchte, und zwar im besten Alter von 25 Jahren, war ich mir nicht sicher, ob ich diese Energie aufgebracht hätte – obwohl ich immerhin zu Fuß bis zur Aussichtsterrasse von Montenvers gelaufen bin, da ich mir das Bahngeld nicht leisten konnte. Heutzutage können die Kletterer die erste *téléphérique* (Schwebebahn) nehmen, die sie nach oben zum Plan d'Aiguille oder sogar zum Gipfel der Aiguille du Midi bringt, oder sie können den Aufstieg bereits am Vortage erledigen und die Nacht im Zelt oder in einer Hütte verbringen.

Die Gruppe um Mummery erreichte den Nantillonsgletscher in der Morgendämmerung; hier legten sie eine Pause ein, um die günstigste Route festzulegen.

*Der Charmoz (links), der Grépon (Bildmitte vorn) und die Aiguille Verte (im Hintergrund), um
die Jahrhundertwende vom Blaitièregletscher aus aufgenommen durch die Gebrüder Abraham
aus Keswick, zwei der ersten Berufs-Bergfotografen Englands. Mummery stieg zunächst von
links auf, um beim ersten Versuch den Nordgipfel zu erreichen; zwei Tage später kehrte er noch
einmal zurück und durchquerte die Felsnadeln bis zum noch höheren Südgipfel.*

Das meiste Gewicht in dieser Besprechung wird wohl ohne Zweifel die Meinung
von Burgener gehabt haben, aber auch Mummery konnte seine Überlegungen ein-
bringen. Sie entschieden sich schließlich für eine Route, die über eine steile Eiszunge nach oben führte und das Anlegen einer durchgehenden Trittspur erforderlich machte – wo sie dann feststellten, daß eine weitere Gruppe auf einer anderen
Route sehr schnell zu ihnen aufschloß. Mummery dazu: »Unser Führer bot seine
ganze Kraft auf und schaffte es dann mit herkulischen Anstrengungen, gleichzeitig mit der anderen Gruppe den oberen Gletscher zu erreichen.«

In dieser Hinsicht wird sich wohl nie etwas ändern. Ich persönlich konnte nie der Versuchung widerstehen, einen inoffiziellen Wettlauf gegen eine andere Gruppe anzutreten oder sogar Kletterern nachzusteigen. Und das Team um Mummery mußte jetzt feststellen, daß es sich um eine Gruppe handelte, die von einem recht bekannten Oberlandführer angeführt wurde, der erklärte, sein Ziel sei die Aiguille de Blaitière, und von dem Gedanken, den Grépon besteigen zu wollen, dringend abriet. »Denn«, so sagte er, »ich habe das versucht – und was ich nicht geschafft habe, das schafft auch kein anderer.«

Das waren starke Worte, und sie erreichten nur das eine: Burgener wollte es jetzt wissen und ging aufs Ganze. Sie stiegen durch ein Couloir, das zum Joch zwischen dem Charmoz und dem Grépon führte, das sie schon im Jahr zuvor erreicht hatten, und wandten sich dann nach rechts einem Gebilde zu, das später den Namen »Mummeryriß« bekommen sollte. Als er im Riß nach oben stieg, fragte sich Mummery, der 1,85 Meter groß war und es nur mit Mühe geschafft hatte, eine Leiste über sich zu erreichen, an der er sich hochziehen konnte, wie das wohl der viel kleinere Venetz vor ihm geschafft haben mochte. Ich habe mir oft dieselbe Frage gestellt, wenn ich mit Don Whillans kletterte, dessen Reichweite gut 25 Zentimeter geringer war als meine, der trotzdem aber Stellen durchkletterte, an denen ich meine Schwierigkeiten hatte.

Am oberen Ende des Risses gab es im Grat ein Loch, das von einem riesigen, herabgestürzten Felsen bedeckt wurde; Burgener nannte es das »Kanonenloch«. Eine leichte Passage führte dorthin, und dahinter gab es ein bequemes Band, wo Burgener

> in der ehrfürchtigen und dankbaren Stille der Gruppe vorschlug, man solle aus einer Flasche Bouvier ein angemessenes Trankopfer ausschenken. Nachdem wir dieser religiösen Zeremonie in gebührender Form nachgekommen waren – es ist, so verstehe ich das, die westliche Form des Gebets, das ein frommer Buddhist beim Erreichen eines tibetischen Passes darbietet -, gingen wir daran, einen kurzen Riß über dem Mer de Glace in Angriff zu nehmen.

Bouvier, ein österreichischer Wein, der heute meist zum Verschneiden benutzt wird, war ein wichtiger Bestandteil aller Kletterfahrten, und man nahm dabei nicht nur eine Flasche mit. Als Mummery einen Kamin anging, in dem er sich mit Rücken und Füßen Halt zu verschaffen suchte,

> zeigte sich Burgener äußerst besorgt, und sein *»Herrgott, geben Sie acht!«* hatte sogar den Klang von Tränen in seiner inständigen Bitte. Als ich mich dann ins Tageslicht hinausschob, wurde mir auch der Grund seiner Besorgnis klar: Trug ich nicht den Rucksack mit der Verpflegung, und waren in diesem Rucksack nicht all die Flaschen Bouvier?

Eine scharfe Felsrippe – heute als »Râteau de Chèvre« bekannt – führte zu einer Plattform unterhalb des Nordgipfels (3478 m), der aus einer imposanten Felsnadel besteht. Er sieht so abschreckend aus, daß wir – bei unserer Nachbesteigung – heilfroh waren, ihn nicht besteigen zu müssen. Mummery war da aus härterem Holz: Er stieg hinauf und rief dann nach seiner Gruppe, damit sie ihm Steine hoch-

Mummery (links) am »Mummeryriß« bei einem seiner späteren Aufstiege zum Grépon mit Lily Bristow, die auch das einzige erhaltene Foto von Mummery beim Klettern aufnahm. Rechts kämpft Chris Bonington – als Mummery – mit ähnlichen Schwierigkeiten wie Mummery links.

brachten, aus denen er einen Steinhügel baute, den er dann mit einem roten Taschentuch verzierte.

Nachdem sie die Erstbesteigung des Grépon hinter sich hatten, drehten sich Mummery und seine Männer um und stiegen die ganze Strecke nach Chamonix wieder hinab. In seinem Bericht geht Mummery nicht einmal auf diesen Abstieg ein – immerhin 3000 Höhenmeter, deren steilere Partien sie mit ihrer noch unausgereiften Abseiltechnik bewältigten, bei der sie sich Hand über Hand am Seil hinabließen.

In jener Nacht beschäftigte Mummery eine quälende Sorge, die ich selbst nur allzugut kenne. Er konnte den Anblick des Südgipfels nicht verdrängen – eines großen, viereckigen Felsturms, der hoch vor dem Horizont aufragte. War das etwa der höchste Punkt – und nicht der Nordgipfel? Es gab nur einen Weg darauf eine Antwort zu finden: ihn besteigen! Burgener versuchte zwar noch, Mummery davon zu überzeugen, daß sie auf dem höchsten Punkt gewesen seien, aber Mummery konnte sich von seiner Vorstellung nicht lösen. Also stapften sie bereits am nächsten Nachmittag erneut durch die Wälder hinauf zu einer Sennhütte unterhalb der Aiguille de Blaitière, verbrachten dort die Nacht und brachen am nächsten Morgen sehr früh auf, um den Aufstieg zum Nordgipfel zu wiederholen – diesmal aber noch über ihn hinaus.

Mir ist es 1981 auf dem Gipfel des Kungur, einem 7719 Meter hohen Berg im chinesischen Pamir, ähnlich ergangen. Zu viert – Peter Boardman, Al Rouse, Joe Tasker und ich – hatten wir den Berg in Alpinstil in acht Tagen bestiegen, von denen wir vier wegen schlechten Wetters in engen Schneelöchern festgehalten wurden. Dann erreichten wir das, was wir für den Gipfel hielten, und gruben direkt unterhalb ein Loch in den Schnee, um darin die Nacht zu verbringen. Aber ich wurde die Befürchtung nicht los, daß ein anderer Gipfel – etwa 800 Meter entfernt – doch noch höher sein könnte. Am nächsten Morgen dann überredete ich – wie Mummery – die anderen, mit mir hinüberzugehen und die Höhe zu überprüfen; in diesem Falle allerdings erwies sich, daß der erste Gipfel der höhere gewesen war.

Für uns war es kaum mehr als ein Spaziergang gewesen, obwohl auch das schon ein ernsthaftes Unterfangen war – nach acht Tagen in fast 8000 Metern Höhe und mit einem langen und schwierigen Abstieg vor uns. Bei Mummery war die Herausforderung eine andere, in ihrer Art aber genausogroß. Der Grat, der die beiden Gipfel des Grépon miteinander verbindet, ist ein Hahnenkamm aus Granitblöcken und Felsnadeln, steiler wahrscheinlich und abweisender als alles andere, was sie bis dahin bezwungen hatten.

Es beginnt mit einer schwindelerregenden Steilwand von etwa zwanzig Metern, die vom Nordgipfel zu einer Scharte im Grat führt. Mummery beschreibt in äußerst nüchterner Weise, wie sie das Ersatzseil herausholten, es mit zwei oder drei Knoten versahen und sich dann hinunterließen – wie man annehmen muß, wohl Hand über Hand. Mit der Umsicht von Männern, die über eine viel größere Erfahrung verfügten, entschlossen Jean-Frank, Hervé und ich uns fürs Abseilen, und ich muß einräumen, daß ich mich ziemlich ausgesetzt fühlte. Zu Beginn ist die Scharte nämlich nicht zu sehen, und man schwebt über der steil abfallenden Montenverswand. Sich hier Hand über Hand herabzulassen, ohne den Schutz eines Sicherungsseils – diese Vorstellung war beklemmend. Und auch Mummery hat so empfunden!

> Auf dem Rücken trug ich den Rucksack und einen Eispickel. Die ersten sieben Meter kamen mir sehr einfach vor, dann allerdings stieg in mir die Befürchtung hoch, das Seil des Alpine Club könne für diese Aufgabe zu dünn sein, und ich bemerkte ein eigenartiges und unerklärliches Ansteigen meines Gewichts. Diese Ängste noch verstärkend, verfing sich der Eispickel, der mit einer Schnur an meinem Arm befestigt war, in einer Spalte, und die Schnur zerriß. Zum Glück gelang es mir, in einer reflexartigen Bewegung den Pickel mit der linken Hand einzufangen. Dieser Vorgang allerdings versetzte Burgener, der nicht sehen

konnte, was da geschah, in helle Aufregung: er dachte wohl, sein »Herr« – und nicht nur der Eispickel – beabsichtige einen schnellen Abstieg zum Mer de Glace.

Sie tranken dann etwas von dem allgegenwärtigen Bouvier, um ihre Nerven zu beruhigen, bevor sie sich wieder dem Grat zuwandten. Aber jetzt wartete eine erfreuliche Überraschung auf sie, denn nach einer recht leichten Kletterei erreichten sie ein breites Band auf der Seite des Mer de Glace, »groß genug für Kutschen, Fahrräder oder vergleichbare Gefährte«. Dieses Band führte zum Fuß des letzten Turms. »Das war mit Sicherheit der abweisendste Felsen, der mir je unter die Augen gekommen ist.« Er fühlte sich glatt an und erschien uneinnehmbar – mit Ausnahme eines Risses, der zu einem überhängenden Deckstein auf dem Gipfel führte. Zunächst versuchten Burgener und Mummery, ein Seil über diesen Stein zu werfen, aber es gelang ihnen nicht. Dann wurde Venetz die Führung angetragen, und er ließ sich auf etwas ein, das vermutlich die schwierigste Felskletterei war, die bis dahin jemals unternommen worden war.

> Unsere Seilwürfe hatten wir von einer Art schmaler Mauer aus durchgeführt, die etwa einen halben Schritt breit war und gut zwei Meter den Riß hinaufreichte. Burgener stand auf dieser Mauer und wartete darauf, Venetz mit seinem Eispickel zu helfen, sobald er in seine Reichweite kam. Ich selbst hatte mich im Riß verkeilt und konnte Venetz so auf dem ersten Teil der Passage helfen. Sobald Venetz sich jetzt außerhalb meiner Reichweite befand, lehnte sich Burgener über die Mauer, drückte die Spitze seines Pickels in die Flanke des Felsens und schuf so eine Reihe von Tritten mit zweifelhafter Sicherheit, an denen Venetz sich ausruhen und Kraft für die nächste Anstrengung sammeln konnte. Schließlich aber war er über all diese zusätzlichen Hilfen hinausgeklettert und mußte sich ausschließlich auf sein herausragendes Können verlassen. Zoll für Zoll zog er sich nach oben, rang keuchend nach Luft, und seine Hand tastete über den glatten Fels in der verzweifelten Suche nach nicht vorhandenen Griffen – eine Suche, die der Augenzeuge als ausgesprochen schmerzlich empfindet.

Als Hervé bei unserer Rekonstruktion hier die Führung übernahm, brauchte er die Unterstützung durch den Eispickel genauso wie Venetz damals, obwohl er sogar noch mogeln konnte, indem er die zusätzliche Sicherung eines Seils in Anspruch nahm, das hinten im Riß versteckt war. Er keuchte und quälte sich genauso wie sein Vorgänger und gab hinterher auch zu, daß er einmal beinahe abgestürzt sei. Jean-Frank hatte es abgelehnt, wie Burgener auf der Mauer zu balancieren, und hatte sich statt dessen in eine Aushöhlung unterhalb des Risses geklemmt, während ich Hervé mit dem Seil sicherte. Als ich den Bericht nachlas, wie Mummery den höheren Südgipfel des Grépon (3482 m) bezwungen hatte, stellte ich mir die Frage, welche Sicherheit – wenn überhaupt – Venetz mit seinem Hanfseil gehabt hatte, und ob er im Falle eines Sturzes nicht Mummery und Burgener mit in die Tiefe gerissen hätte.

Als ich an die Reihe kam, den Riß hochzuklettern, konnte ich immerhin ein Paar Tennisschuhe mit Gummisohlen hervorkramen – Mummery hatte ähnliche Schuhe dabei für den Fall, daß die Kletterei wirklich schwierig wurde. Sie waren mir Beweis für seine originelle Denkweise, denn er muß wohl der erste gewesen sein, der Gummisohlen für die Felskletterei verwandt hatte.

Mummery beschreibt den Aufstieg so:

> Als das Seil zu mir herabgelassen wurde, machte ich den brillanten Versuch, ohne Hilfe hochzuklettern. Zunächst waren meine Anstrengungen erfolgreich, dann allerdings geriet ich in einen Schwebezustand, dem schließlich die Aufgabe folgte – und strampelnd wie eine Spinne wurde ich nach oben gezogen, wo ich gelassen eine Reihe sarkastischer Sprüche über mich ergehen ließ, die sich auf Leute bezogen, die Tennisschuhen vertrauen, die süße Versuchung des Seils aber verschmähen.

Mir erging es nicht besser als Mummery. Meine Hände waren kalt, und ich war bis auf die Knochen durchgefroren, da Jacke und Breeches aus Tweed den Wind kaum abhielten. Meine beiden Führer, die ungeduldig das Ende der Kletterei herbeisehnten, hievten mich auf dieselbe respektlose Weise nach oben, wie das Burgener und Venetz 1881 mit Mummery getan hatten. Ich vermute, daß der Venetzriß heute nur noch sehr selten durchstiegen wird, und als Mummery zehn Jahre später zurückkehrte, um seine erste Besteigung ohne Führer zu absolvieren, umging er ihn einfach, indem er den weitaus leichteren Z-Riß nahm, der gleich um die Ecke liegt. Nach heutigen Maßstäben weist der Venetzriß zwar nur den Schwierigkeitsgrad V auf, aber als wir dort waren, versuchte ihn einer der besten Kletterer aus der Gegend von Chamonix, der Erfahrung mit einer ganzen Reihe neuer Routen hat, und – schreckte davor zurück, vor allem wegen des völligen Mangels an Sicherungsmöglichkeiten.

Der erste Aufstieg am Venetzriß gelang nur aufgrund der herausragenden Fähigkeiten eines talentierten Kletterers, über den wenig bekannt ist: Venetz wurde 1880/81 von Mummery bei einer Reihe kühner Erstbesteigungen als Burgeners Gehilfe eingesetzt und ging stets als erster, wenn die Route schwierig wurde – danach verschwand er aus den Annalen der Bergsteigerei. Vielleicht hat er geheiratet und sich dann wieder seinem Bauernhof gewidmet. Burgener andererseits war bereits als einer der besten Bergführer seiner Zeit bekannt und setzte seine Führungen noch weit bis ins erste Jahrzehnt des 20. Jahrhunderts fort.

Der Grépon war nur ein Beispiel für die beachtlichen Leistungen von Mummery und Burgener. Daß Mummery anschließend den Grépon ein weiteres Mal ohne die Hilfe von Bergführern bezwang, stellt eine bedeutende Weiterentwicklung der alpinen Kletterei dar, die seinen Beitrag zum Bergsteigen noch unterstreicht. Um das verstehen zu können, ist es notwendig, die gesamte Entwicklung des Bergsteigens von Anfang an zu betrachten.

Kapitel 2

EINE PRÄMIE FÜR DEN BERG

Erster Aufstieg zum Mont Blanc 1786

●

Von den frühesten Zeiten an ist der Mensch geklettert – schon ein Jäger aus der Bronzezeit ließ seine Speerspitze auf dem Gipfel des Riffelhorn (2928 m) zurück –, aber diese frühen Bergsteiger stiegen nicht höher, als es für die Jagd oder vielleicht das Sammeln von Kristallen notwendig war. Die Pässe der Alpen waren Handels- und Kriegsrouten, aber ihre Gipfel waren Orte furchteinflößender Geheimnisse, Wohnsitz von Göttern, Teufeln oder Drachen.

Eine der ersten überlieferten Besteigungen eines Berges – aus rein ästhetischen Gründen – unternahm Kaiser Hadrian, der im zweiten Jahrhundert nach Christus den Sonnenaufgang vom Gipfel des Ätna aus beobachten wollte.

Der erste technisch anspruchsvolle Aufstieg fand 1492 statt: auf den Mont Aiguille, einen beeindruckenden Kalksteingipfel in der Nähe von Grenoble, wie eine Festung von allen Seiten mit massiven Mauern umgeben. Kaiser Karl VIII. sah ihn auf seinem Zug nach Italien, übernahm ihn als Wappensymbol und beauftragte seinen Wehrtechniker Antoine de Ville, ihn zu besteigen. Das Ergebnis war die erste überlieferte technische Bezwingung eines Berges: unter Einsatz von »sobtilz engins« – was immer das gewesen sein mag -, um den Berg zu belagern. Ich habe ihn 1965 begangen und stieg dort ab, wo de Ville vermutlich aufgestiegen ist: das muß für ihn ein ziemliches Abenteuer gewesen sein.

Conrad Gessner, der 1555 als erster den Gnepfstein erklomm, war möglicherweise der erste Bergsteiger, der eine Begründung für die Kletterei in Worte faßte, mit denen sich noch heute so mancher Alpinist mühelos identifizieren kann – er schrieb: »Solange mir Gott mein Leben erhält, werde ich jedes Jahr, wenn die Blumen ihre vollste Pracht entfaltet haben, etliche Berge – oder zumindest einen – besteigen: einerseits, um die Blumen zu untersuchen, und zum anderen, um meinen Körper zu stählen und meinen Geist zu ergötzen.«

Das 18. Jahrhundert brachte dann die erste Entwicklung des Tourismus – die »Große Europatour«, auf die sich damals so viele englische Gentlemen begaben. Chamonix mit seinem Mer de Glace lag auf ihrem Weg, und auch der Mont Blanc

– mit 4807 m heute als höchster Punkt Europas vermessen – gewann an Anziehungskraft. Im Jahre 1760 setzte Professor Horace-Bénédict de Saussure in Genf einen Preis aus für denjenigen, der einen Weg zum Gipfel finden würde, so daß er dann später folgen und wissenschaftliche Beobachtungen durchführen könne. Allerdings nahm niemand diese Herausforderung an. Es hätte vielleicht einer höheren Ebene des Ansporns bedurft: dieses ausgesprochen neuzeitlichen Phänomens »Publicity«, des öffentlichen Aufsehens. Das hatte sich ein Mann gesichert, den man durchaus als den ersten Publizisten der Bergsteigerei bezeichnen kann: Marc-Théodore Bourrit, Kantor an der Kathedrale von Genf. Bourrit war ein begeisterter Maler von Berglandschaften und ein emsiger Schriftsteller; er besuchte Chamonix zum ersten Mal im Jahre 1766 und schrieb mehrere Bücher über das Tal, in denen er die Möglichkeiten untersuchte, den Berg zu bezwingen.

Aber selbst so wurde der erste ernsthafte Angriff auf den Berg erst 1775 unternommen, als vier Männer, die aus dieser Gegend stammten, von Chamonix aus direkt zu einem dichtbewaldeten Felsgrat namens Montagne de la Côte aufstiegen, der sich zwischen die Eiszungen der Gletscher Glacier des Bossons und Glacier du Taconnaz zwängt, und dann weiter zu einer Stelle, die La Jonction genannt wird. Es ist dort zwar verhältnismäßig flach, aber es gibt unzählige Gletscherspalten – und die Sonne stand hoch am Himmel, was den Schnee naß und sulzig machte. An dem Tag werden sie es wohl bis zum unteren Teil des Petit Plateau geschafft haben. Einer aus der Gruppe war fast in eine verdeckte Gletscherspalte gestürzt, zudem waren sie erschöpft und haben sicherlich die Auswirkungen der Höhe zu spüren bekommen. Der Gipfel muß ihnen sehr, sehr weit entfernt vorgekommen sein. Obwohl die Chamoniards durchaus die unteren Teile der Gletscher passierten, wenn sie Gemsen jagten oder Kristalle suchten oder auch Touristen die Wunder der Eisstrukturen zeigten – bis in diese Höhe werden sie bis dahin nicht vorgestoßen sein.

Für uns heute ist es schwierig zu begreifen, was für ein Wagnis, was für einen Schritt ins Unbekannte diese Unternehmungen in Wirklichkeit darstellten. Kleidung und Ausrüstung der Bergsteiger, aus selbstgewebten Jacken und Hosen bestehend, aus ganz gewöhnlichen Arbeitsstiefeln, zugespitzten Stöcken und vielleicht einer Holzfälleraxt zum Stufenschlagen – all das entsprach nicht den Anforderungen. Schlimmer noch waren die psychologischen Hemmungen. Noch niemals hatte sich jemand, soweit sie wußten, in einer derartigen Höhe aufgehalten. In mancherlei Hinsicht erschien damals der Gipfel des Mont Blanc wohl geheimnisvoller und abweisender als – gut 150 Jahre später – der Mount Everest.

Im selben Jahr – 1775 – wagte sich Michel-Gabriel Paccard, Medizinstudent und jüngster Sohn des Notars von Chamonix, in die Berge. Er interessierte sich für Botanik und hatte zweifellos bereits die bewaldeten Hänge oberhalb des Dorfes erkundet, die Hochalmen um den Brévent und die Nordseite der Aiguilles de Chamonix. Wahrscheinlich kannte er auch die unteren Gebiete der Gletscher. Es war dann die Ankunft von Thomas Blaikie, einem schottischen Landschaftsgärtner auf der Suche nach Alpenblumen, die Paccard zum nächsten Schritt in seiner Bergsteigerlaufbahn ermutigte. Er nahm Blaikie zu einer abenteuerlichen Expedition mit, die ihren Ausgangspunkt am Montenvers hatte und über hochgelegene Almen zu den Moränen der Gletscher führte, die an der Nordseite der Aiguilles de Chamonix nach unten fließen. Nach einer Nacht in einer Sennhütte überquerten sie die Gletscher Bossons und Taconnaz und erreichten schließlich die unteren Felsen der Aiguille de Goûter – ein guter Platz für die Erkundung der Routen zum Mont Blanc.

In den folgenden Jahren gab es noch zwei weitere erfolglose Versuche, und dann – im September 1783 – trafen Bourrit und Paccard zusammen. Bourrits Begeisterung für die Berge – aber zweifellos auch seine Enttäuschung über die bisher so geringen Fortschritte – hatten in ihm den Entschluß reifen lassen, es nunmehr selbst zu versuchen. Paccard hatte sich mittlerweile als Arzt in Chamonix niedergelassen. Sie brachen mit drei Führern zur Montagne de la Côte auf, dort allerdings – so Paccard – weigerte sich Bourrit, den Gletscher zu betreten, wobei er das Wetter als Grund vorschob.

Paccard hatte sich jetzt völlig den Bergen verschrieben. Im darauffolgenden Jahr wagte er sich über das Mer de Glace hinaus, um den Gletscherbruch des Glacier du Géant zu erkunden, etwas später dann stieß er sogar über den bröckeligen Felsgrat der Aiguille du Goûter vor und gelangte hoch über die Tête Rousse.

Das reichte aus, um Bourrits Unternehmungslust wieder zu beleben, und nur wenige Tage nach Paccards Rückkehr folgte er derselben Route von Les Houches aus – beladen mit seinen Malerutensilien und begleitet von vier Bergführern und seinem Hund. Er kam allerdings nicht weiter als bis zu den unteren Flanken der Tête Rousse, wo er Kopfschmerzen verspürte und einen Halt anordnete, um malen zu können – heute benutzen wir ein paar Fotos als Vorwand, wenn wir mal eine Pause brauchen. Zwei der Führer allerdings kletterten weiter und waren äußerst erfolgreich, indem sie die Spitze des Dôme du Goûter bestiegen. Das war der bei weitem höchste Punkt, der bis dahin erreicht worden war, und sie waren überzeugt, daß sie höher als jemals jemand vor ihnen gewesen waren – also stiegen sie ab ins Tal, um ihre Tat bekanntzumachen. Damit gelang es ihnen, eine starke psychologische Hemmschwelle zu durchbrechen.

Es war jetzt 25 Jahre her, daß de Saussure seinen Preis ausgesetzt hatte. In den dazwischenliegenden Jahren hatte er die Fortschritte der ständigen Bemühungen sorgfältig beobachtet und war auch selbst in den Bergen gewesen. 1785 begleitete er sogar einmal Bourrit auf einer Tour – aber auch dieser Versuch scheiterte. Bourrit machte de Saussure für den Fehlschlag verantwortlich, obwohl er – so die Berichte übereinstimmend – am langsamsten von allen vorangekommen war. Beim Abstieg stützte er sich mit einer Hand auf die Schulter eines Führers, während ein anderer ihn am Mantelkragen hochhielt.

Aber trotzdem waren jetzt viele der Geheimnisse gelüftet, und der Erfolg schien greifbar nahe zu sein. Im folgenden Jahr unternahmen Anfang Juni drei Bergführer einen weiteren Versuch – einer von ihnen war François Paccard, der Cousin von Michel-Gabriel, der schon 1775 beim ersten ernsthaften Angriff auf den Mont Blanc mit dabei war. Einmal mehr wählten sie den Aufstieg über die Montagne de la Côte, an dessen Gipfel sie auch biwakierten. Am folgenden Morgen – sie wollten gerade aufbrechen – gesellte sich ein unwillkommener Begleiter zu ihnen: Jacques Balmat des Boix, ein zäher und ehrgeiziger junger Kristallsammler, der vermutlich von ihrem Vorhaben gehört hatte. In Chamonix war er offensichtlich nicht beliebt, aber sie müssen wohl doch irgendeine Form von Übereinkunft gefunden haben – jedenfalls setzten sie die Tour zu viert fort und fanden auch einen Weg am Petit Plateau vorbei nach oben: über Gletscherspalten, die um diese Zeit mit hartgefrorenem Schnee bedeckt und daher sicher waren. Wahrscheinlich sind sie dann direkt zum Col du Dôme aufgestiegen und dann weiter nach rechts über den breiten Kamm, der zu der Felsengruppe führt, wo heute die Vallothütte steht. Allerdings wirkt die Arête des Bosses – direkt von unten gesehen – allzu furchteinflößend mit ihren steilen Eispanzern, die sich an beiden Seiten nach unten schieben. Es überrascht nicht, daß die Gruppe hier umkehrte.

Balmat kletterte noch etwas höher, um nach Kristallen zu suchen, aber die anderen wollten nicht auf ihn warten und begannen mit dem Abstieg. Es war schon spät und auch bewölkt, als Balmat schließlich abstieg, und er folgte den Spuren, die sich über den schneebedeckten Gletscher zogen, bis er sie wegen der Dunkelheit nicht mehr erkennen konnte. So verbrachte er eine äußerst kühle Nacht auf der Schneedecke und setzte seinen Abstieg erst am nächsten Morgen fort: müde zwar und stark von der Sonne verbrannt – kein zu hoher Preis jedoch für eine Erfahrung, die bewies, daß man durchaus eine Nacht draußen im Schneegebiet verbringen konnte, ohne Dauerschäden davonzutragen. Es war das erste überlieferte Hochgebirgsbiwak, und es bedeutete einen weiteren wichtigen psychologischen Durchbruch.

In der Zwischenzeit war Michel-Gabriel Paccard nicht untätig geblieben. Er hatte die möglichen Routen auf den Mont Blanc von der gegenüberliegenden Seite des Tales – von den Hängen des Brévent aus – erkundet und sich für etwas entschieden, das wie eine mögliche Route aussah: vom Grand Plateau über die Nordflanke auf den weniger steilen Nordgrat, der dann zum Gipfel führt. Damit hatte er bewiesen, daß er die Augen eines Bergsteigers besaß, war aber erst kurz vor Ende der Saison in der Lage, seine Theorie auch in die Tat umzusetzen. Am 8. August 1786 brach er mit Balmat als Träger auf; zusätzlich zum Proviant, einer Decke und ihren Alpenstöcken trugen sie Thermometer und Aneroidbarometer – beides schwere Ausrüstungsgegenstände in der damaligen Zeit. Steigeisen und Seile besaßen sie nicht. Es war ein Angriff beinahe schon der modernen Art: nur die beiden Kletterer, die den Gipfel bezwingen wollten. Paccard wollte auf dem Gipfel seine Beobachtungen durchführen, und Balmat wollte die von de Saussure ausgesetzte Prämie einstreichen – beide allerdings müssen auch den grundsätzlichen Wagemut gehabt haben, der jedem Bergsteiger zu eigen ist.

Die Führe war nicht einfach. Da die Saison schon fortgeschritten war, waren viele der Schneebrücken über die Gletscherspalten bereits weggeschmolzen. So benutzten sie ihre Alpenstöcke als fragwürdige Behelfsbrücken, wobei sie wie

Summit 4807 m

Les Bosses

Dôme du Goûter

Die Erstbesteigung des Mont Blanc. Oben Michel-Gabriel Paccard (links) und Jacques Balmat, deren Aufstieg eine Prämie einbrachte und eine Kontroverse auslöste.

Seiltänzer über sie hinwegbalancierten. Sie brauchten acht Stunden, bis sie die Grands Mulets hinter sich lassen konnten – und hatten noch einen weiten Weg vor sich. Paccard war die treibende Kraft, während Balmat jetzt an seine kränkliche Tochter zurückdachte, von der er sich tags zuvor getrennt hatte. Sollte er nicht besser umkehren und seiner Frau helfen? Aber sie setzten ihren Aufstieg fort, stapften am Nachmittag durch die riesige, reflektorartige Schüssel des Grand Plateau und erreichten dann unbekanntes Gelände, wo sie sich über die Schneefelder der Nordflanke nach einer Felsgruppe dem Nordgrat zuwandten.

Um diese Zeit war es bereits früher Abend, aber da sie keinen geeigneten Platz für ein Biwak finden konnten, stiegen sie einfach weiter: Paccard erreichte den Gipfel um 18.25 Uhr, und Balmat traf kurz nach ihm ein. Jeder in Chamonix, der mit einem Fernrohr umgehen konnte, hatte den Aufstieg verfolgt. Das Ereignis muß die gleiche Faszination ausgestrahlt haben, die uns zu den Fernsehern trieb, als Neil Armstrong seinen Fuß auf den Mond setzte.

Der Brauch, daß sich aus ersten Versuchen dann eine erfolgreiche Route entwickelt, wiederholte sich später noch oft: bei der Erstbegehung der Eigernordwand wie bei der Erstbesteigung des Mount Everest, des K2 oder des Nanga Parbat. Selbst der dann folgende Streit, wer nun wirklich – Paccard oder Balmat – die Route entdeckt hatte, wer wem geholfen hat und wer zuerst den Gipfel erreichte, wiederholte sich mit ermüdender Gleichförmigkeit später in den Alpen wie im Himalaja.

1787 führte Balmat mit zwei Führern den zweiten Aufstieg auf den Mont Blanc durch mit dem Ziel, eine sicherere und einfachere Route zum Gipfel zu finden – aber es war dann der dritte Aufstieg, der die größte Aufmerksamkeit erregte und den Stil der nachfolgenden Besteigungen prägte. De Saussure hatte sich entschlossen, den Gipfel selbst zu bezwingen, und tat das nun auch mit einem beeindruckenden Team von Führern; auf dem Gipfel führte er dann seine obligatorischen Beobachtungen durch.

Die Besteigungen des Mont Blanc wurden bald zur Routineangelegenheit, aber sie waren weniger Teil eines sich entwickelnden Sports als ein Stück Abenteuertourismus – und die Bergführer von Chamonix förderten dieses Angebot. 1821 wurde hier der weltweit erste Bergführerverein gegründet: mit einer Gebührenordnung, mit der Klausel, daß jeder Amateur, der den Gipfel des Mont Blanc besteigen wollte, von vier Führern zu begleiten war, und einem Dienstplansystem, das jeden potentiellen Klienten zwang, die Führer an der Spitze der Liste zu nehmen – unabhängig von deren Fähigkeiten. Mit reinen Touristen kann man so sicherlich umspringen, aber bei ernsthaften Bergsteigern führte das unausweichlich dann zu Verärgerung, wenn sie bereits persönliche Beziehungen zu bestimmten Führern entwickelt hatten. Das führte dann auch dazu, daß Bergführer aus anderen Dörfern oder sogar aus der Schweiz mitgebracht wurden, wie es Mummery mit Burgener und Vernetz noch zu Beginn der achtziger Jahre tat. Erst in jüngster Zeit haben die Führer von Chamonix gelernt, sich mit fremden Eindringlingen zu arrangieren, und heute arbeiten englische Bergführer problemlos neben ihren Be-

Schließlich bezwang de Saussure den Mont Blanc auch selbst: ausgerüstet mit Stangen, Leitern, umfangreichem Proviant und einer großen Zahl von Bergführern, unter ihnen auch Balmat.

rufskollegen aus Chamonix.

Das Bergsteigen weitete sich in der ersten Hälfte des 19. Jahrhunderts dann stetig aus, allerdings wurde dabei immer der wissenschaftliche Aspekt betont – als ob man einen ernsthaften Grund vorschieben müsse, um das frivole Unterfangen, einen Berg aus reiner Freude oder Abenteuerlust zu besteigen, aufzuwerten. Thermometer, Barometer und Meßtische blieben damit Ausrüstungsgegenstände von Bedeutung. Die ersten, die sie als »Hindernis für verwegene Bergsteiger« im Tal zurückließen, waren die Meyers aus dem Oberland, eine bemerkenswerte Familie, die von einer eher modernen Bergsteigergesinnung durchdrungen war. 1811 war die Jungfrau (4158 m) ihr Ziel, einer der schönsten Gipfel des Oberlandes: bestens ausgerüstet mit »warmer Kleidung, Seilen, einer Leiter, Alpenstöcken und einem großen, schwarzen Leinentuch, das als Zelt benutzt und auf dem Gipfel als Flagge aufgezogen werden soll.« Mit ihrem unzulänglichen Kartenmaterial gerieten sie allerdings in die gleichen Schwierigkeiten, wie sie Mallory 1921 auf der Suche nach dem leichtesten Anstieg an der Nordseite des Everest erleben mußte, oder wie sie Herzog und die Franzosen 1950 überwinden mußten, als sie einen Weg zum Fuß des Annapurna suchten. Es ist nicht klar, welche Route die Meyers auf ihrem Weg zum Gipfel einschlugen, und die Skizze, die sie von ihrem Aufstieg anfertigten, ist widersprüchlich – zweifellos aber scheinen sie den Gipfel erreicht zu haben, selbst wenn man ihre Flagge unten, von Grindelwald aus, nicht sehen konnte. Sie setzten dann ihre Erkundungsfahrten weiter fort, und der jüngste Meyer, Johann Rudolph III, überquerte dabei so manches Joch und manchen Sattel im Oberland, sogar

Er warb als erster für das Bergsteigen: Albert Smith hält in der Londoner Egyptian Hall seine Vorlesungen mit Laterna magica vor vollem Haus.

am Finsteraarhorn (4274 m) versuchte er sich. In gewisser Hinsicht kann man ihn als einen der ersten kühnen Alpinisten bezeichnen, da er eine ganze Reihe von Berg-fahrten unternahm und nicht nur einen einzigen Aufstieg.

Mitte des 19. Jahrhunderts war dann bereits ein steter Strom von Besuchern in den Alpen unterwegs, allerdings wurde ihr Interesse noch stark von wissenschaft-lichen Motiven bestimmt. Einer der bedeutendsten dieser wissenschaftlichen Abenteurer war James David Forbes, der jüngste Sohn eines schottischen Baronet, der in den vierziger Jahren die Alpen in ihrer Länge und Breite erkundete und den Fluß und das Wesen der Gletscher untersuchte. Die Bergwelt wurde von so unter-schiedlichen Enthusiasten besungen wie John Ruskin, der ihre Erhabenheit zwar bewunderte, es aber weit von sich wies, sie auch zu besteigen, und Albert Smith. Albert Smith war unzweifelhaft bereits ein Mann der neuen Zeit. 1851 erreichte er den Gipfel des Mont Blanc mit nicht weniger als sechzehn Bergführern und auser-lesenem Proviant – darunter Cognac, Champagner und vier Paketen Dörrpflau-men. Bei seiner Rückkehr nach England mietete er die »Egyptian Hall« in London und zog eine Schau ab, die man wohl die erste audiovisuelle Bergsteigerlehrstunde nennen kann: mit Laterna magica, einem Vorläufer des Projektors, einer großen Leinwand, Mädchen in Schweizer Kostümen und einigen Bernhardinern. Königin Victoria war bei einer dieser Vorführungen zugegen, und sechs Jahre lang sprach er vor vollem Haus. Von Captain John Noel einmal abgesehen, der nach der Ever-estexpedition von 1924 eine ähnliche Vorstellung organisierte, indem er eine Gruppe tibetischer Lamas für Hintergrundgesang und -tanz auftreten ließ, war Smith auf diesem Sektor wahrscheinlich der erfolgreichste Darsteller aller Zeiten.

Damit hatte der Alpinismus sein Sprachrohr gefunden. Ab jetzt trugen immer besser werdende Bahnverbindungen und eine anwachsende, wohlhabende Mittel-klasse dazu bei, daß sich das Bergsteigen allmählich zum Sport entwickelte.

Kapitel 3

DAS GOLDENE ZEITALTER

Die Blüte des viktorianischen Alpinismus

●

Die Besteigung des Wetterhorn durch Alfred Wills 1854 wird vielfach als die Unternehmung angesehen, die den Beginn des modernen Bergsteigens als selbständigen Sport markiert. In Wirklichkeit sind die Grenzen ziemlich verwischt, aber mit Sicherheit kam es in den Fünfzigern zu einer wahren Explosion von Aktivitäten, als die Kletterer begannen, regelmäßig ihre Urlaube in den Alpen zu verbringen, wo sie Übergänge erkundeten und die wichtigsten Gipfel angriffen. Am Ende des Jahrzehnts waren die meisten Viertausender bereits bestiegen, der erste Bergsteigerklub der Welt war gegründet worden, und der Sport hatte sich fest etabliert in einer Form, die noch heute zu erkennen ist. Die Engländer hatten vor 1850 relativ wenige Erstbesteigungen vorzuweisen, konnten das aber in der zweiten Hälfte der Fünfziger und in den Sechzigern wettmachen.

Insgesamt gehörten die frühen Bergsteiger eher der neu entstehenden, bessergestellten Mittelklasse an. Alfred Wills war Richter, Francis Fox Tuckett Landbesitzer, Mummery und C.E. Mathews waren erfolgreiche Geschäftsleute, und viele der ersten Pioniere waren Pfarrer, von denen einige sogar über privates Vermögen verfügten. Edward Whymper, der bekannteste Bergsteiger der Viktorianischen Zeit, war hingegen nicht so gut gestellt: er war Graveur beim Verleger Longman und verdiente sich das zusätzlich benötigte Geld durch seine Schriftstellerei.

Natürlich aber war es eine noch immer sehr kleine Gruppe, die regelmäßig in den Alpen Bergfahrten unternahm. Vieles in dieser Region mußte noch erforscht werden, vieles war noch zum Thema Bergsteigen zu lernen: die Probleme der Höhe, der Lawinen, und in den nächsten fünfzig Jahren, bevor die Kletterer zum Himalaja aufbrechen konnten, die Wetterentwicklung in den Bergen. Heute – mit dem Wildwuchs der Seilbahnen, dem Netz von Hütten, den Hubschrauber-Rettungssystemen, den markierten Führen, den Trauben von Berggehern, behängt mit modernster Ausrüstung – ist es schwierig, sich die vielfältigen Abenteuer vorzustellen, die auf unsere viktorianischen Kletterer noch zukommen konnten. Obwohl die Eisenbahnlinien nun schon bis zum Fuß der Berge reichten, war die Weiterreise in die unteren Täler mit Pferd und Kutsche den Wohlhabenderen vorbehalten – wer weniger Geld hatte, nahm die überfüllte Postkutsche, den Vorläufer des Busses. Den Weg in höhergelegene Täler bewältigte man zu Fuß, mit Mulis fürs Gepäck. Nimmt man Zeit und Geld als Maßstab, so war es damals eher teurer, die Alpen zu bereisen, als heutzutage in den Himalaja zu fliegen.

Die frühen Bergpioniere nahmen in Gasthöfen Quartier, und die waren in vielen Fällen zwar nicht teurer, aber dafür um einiges primitiver, als die kleinen Sherpahotels, die heute in Nepal zur Verfügung stehen. Flöhe und anderes Ungeziefer gab es überall, das Essen war einfach und oft auch noch schlecht zubereitet, und die Räume waren düster und nur karg möbliert. Verließ man die Täler, gab es als Zuflucht nur noch Sennhütten und gelegentlich eine einfache Schutzhütte, die für bestimmte Vorhaben gebaut worden war. Die frühen Bergsteiger mußten ausgesprochen gut zu Fuß sein, und obwohl Arbeitskräfte billig waren und es daher leicht war, einen Träger oder einen Führer anzuheuern, gibt es zahllose Berichte darüber, daß die Bergsteiger ihr eigenes Gepäck über beträchtliche Entfernungen geschleppt haben. John Ball, erster Präsident des englischen Alpine Club, des ältesten Alpenvereins der Welt, und Verfasser des ersten Alpenführers, reiste viel in den Alpen herum und trug gewöhnlich seinen Rucksack selbst.

Das viktorianische England war auch das Zeitalter der Herrenklubs. Viele der Londoner Klubs stammen aus dieser Zeit, und vielleicht war es deshalb unvermeidlich, daß kleine Gruppen britischer Alpinisten beschlossen, sich formal zusammenzutun, und sei es nur zu dem Zweck, sich im langen englischen Winter über die Erlebnisse des vergangenen Sommers unterhalten zu können. Nachdem es der älteste Bergsteigerklub überhaupt war, schien es überflüssig, auch noch dessen Nationalität anzugeben – »The Alpine Club« reichte zur Identifikation und spiegelte das grenzenlose Selbstbewußtsein des imperialen Britanniens wieder. Das erste Treffen – unter Vorsitz von E.S. Kennedy – fand am 22. Dezember 1857 in Covent Garden im Ashley's Hotel statt. Zunächst trugen sich nur zwölf Urmitglieder in die Liste ein, aber bereits bei einer zweiten Runde erhöhte sich diese Zahl auf 21.

Das erste *Alpine Journal* erschien im März 1863, allerdings hatte die Zeitschrift *Peaks, Passes and Glaciers* schon zuvor eine Aufstellung der Besteigungen veröffentlicht. Das *Alpine Journal* begann mit einem Bericht über die Besteigung des Monte della Disgrazia durch Edward Shirley Kennedy, den zweiten Präsidenten des Alpine Club, und zwei weitere AC-Koryphäen, Sir Leslie Stephen und den Geistlichen Isaac Taylor mit deren bewährtem Führer Melchior Anderegg und Thomas Cox, ihrem Diener. Wie so viele der späteren Berichte spiegelte auch ihr Rapport den Reiz des Unbekannten und des Abenteuers wider – und einen guten Schuß Humor.

Die Gruppe war mit einem Dampfer über den Luganer See gefahren und dann in der glühenden Nachmittagssonne per Kutsche über staubige Straßen weiter zum Dorf Maddelena. Am nächsten Morgen wanderten sie acht Kilometer weit nach Chiesa, einem Bergdorf unterhalb ihres Ziels, und erkletterten einen Aussichts-

Edward Shirley Kennedy, zweiter Präsident des englischen Alpine Club (links), mag zwar jeder Zoll wie ein vornehmer Viktorianer ausgesehen haben, aber sein heiteres und unternehmungslustiges Verhalten bei der Besteigung des Monte della Disgrazia motiviert Bergsteiger noch heute. Rechts sein Gefährte Sir Leslie Stephen mit Melchior Anderegg (links) aus Meiringen, einem der bedeutendsten und erfolgreichsten ersten Bergführer.

punkt in den Hängen des Monte Nero, um eine Route ausfindig zu machen. In tiefen Zügen durchatmend schrieb Kennedy:

> Wie frei und gelöst fühlt sich der echte Bergsteiger, wenn er den glutheißen Hauch des Südens mit der frischen und belebenden Bergluft vertauscht, wenn er die weiche Schönheit der Seen hinter sich läßt und eintaucht in die wilde Großartigkeit zerklüfteter Felsen und gleißender Gletscher.

Diese Nacht blieben sie in einem Gasthof des Dorfes und waren umgehend Mittelpunkt des Interesses.

> Wir setzten uns zusammen: die fünf Reisenden, zwei Gemsenjäger und der Wirt des Gasthofs, der – nebenbei bemerkt – eine Menge Fragen aufwarf. Tatsächlich haben wir nie herausgefunden, wer wirklich der Gastgeber war. Das Etablissement schien nach den Regeln Londoner Hotel-Aktiengesellschaften geführt zu werden: viele Eigentümer, unübersichtliche Verantwortlichkeiten – denn das Personal, das jeden Korridor und jedes Zimmer von babylonischem Stimmenwirrwarr widerklingen ließ, schwärmte in großer Zahl umher ... »Unmöglich« wurde von hundert Zungen in hundert Klängen ausgesprochen.

Sie ließen sich aber nicht abschrecken und brachen um drei Uhr am nächsten Morgen auf: Anderegg, mit der Laterne in der Hand, wies den Weg. Bis zum Dorf Chiaraggio, einer Ansammlung von Hütten am Ende des Tals, brauchten sie zu Fuß drei Stunden. Kurz hinter dem Ort, nach einer Biegung im Tal, bot sich ihnen der erste Anblick des Monte della Disgrazia aus der Nähe dar.

Die Kletterei erwies sich als schwieriger, als sie sich vorgestellt hatten. Und als sie den Grat erreichten, der zum Gipfel führte, war es schon spät, und sie stellten fest, daß sie auf dem Weg zu einem Nebengipfel waren. Sie hatten keine andere Wahl, als durch tiefen Schnee abzusteigen, der in der Nachmittagssonne bereits pappig geworden war. Zum Glück waren sie schon fast unten, als sich der Abstieg fast in ein Unglück verwandelt hätte. Leslie Stephen verlor den Halt und riß erst Kennedys Diener Cox mit sich und dann auch Kennedy selbst, so daß schließlich Anderegg alle drei halten mußte.

> Er konnte nicht wissen, mit welchem Gewicht ich von unten belastet war, so daß ich, sobald er das Seil etwas nachgab, auf der glatten und rutschigen Bahn, die die beiden anderen hinterlassen hatten, nach unten stürzte. Stephen und Cox blickten entsetzt, als ihr Bergkamerad ungebremst und kopfüber an ihnen vorbeistürzte, da sie jedoch seinen Sturz nicht aufhalten konnten, wurden sie ebenfalls von ihren Füßen gerissen und in die Tiefe geschleudert. Im Seil verheddert und verwickelt, wurden wir in jeder nur denkbaren Weise hin- und hergeschleudert, gestoßen und gebeutelt, und so purzelten wir »wie ein Schwarm Glühwürmchen, gefangen im Silbernetz« etwa 30 Meter tief den Eishang hinunter, schossen auf den Bergschrund zu, über ihn hinweg und fielen dann rund sieben Meter tief senkrecht durch die Luft. Etwas unterhalb dieses Bergschrunds wurde die menschliche Lawine dann von einem weichen Schneebett aufgefangen, das wir schon von oben hatten erspähen können. Brillen, Hüte und Handschuhe sind in alle Richtungen verstreut, Zigarren sind zerfleddert, Pfeifen zerbrochen, und Taschen, Hemdkragen, Kleidung wie auch Ohren, Nasen und Münder sind mit Schnee gefüllt.
>
> Im rechten Licht betrachtet war dieser kleine Zwischenfall allerdings äußerst nützlich und glückhaft, da er uns viel kostbare Zeit einsparte, zur Erheiterung beitrug und uns eine neue Erfahrung vermittelte.

Ich hatte schon immer Schwierigkeiten, die feierlichen Bilder dieser viktorianischen Gentlemen – makellos und würdevoll im Gehrock – gedanklich zu verbinden mit ihrer Freude am Risiko und der schieren Ausgelassenheit, die sie in den Bergen entfalten konnten. Vielleicht aber ist das überhaupt der Schlüssel, weshalb sie sich zum Bergsteigen so hingezogen fühlten: dieser Gegensatz zwischen dem gesetzten, ernsten und zweckbestimmten Leben im Viktorianischen Zeitalter und der Unbekümmertheit und dem Draufgängertum während ihres Aufenthaltes in den Bergen.

Sie kehrten erst in den frühen Morgenstunden zu ihrem Gasthof in Chiesa zurück und mußten an die Tür hämmern, um eingelassen zu werden. Der nächste Tag brachte die Entscheidung. Es gibt da eine Folge von Gefühlen nach einem entscheidenden Fehlschlag, von der ich annehme, daß sie bei jedem gleich abläuft: zunächst diese unmittelbare Erleichterung, daß man heil wieder zurück ist, die Zufriedenheit und Erschöpfung nach einem langen und anstrengenden Tag, das erhebende Gefühl gemeinsamer Erlebnisse und umgangener Gefahren – aber all dem folgt fast unausweichlich die quälende Gewißheit, es nicht geschafft zu haben.

Ihr ursprünglicher Plan war, über den Berninapaß in die Schweiz zurückzukehren, aber Kennedy konnte seine Gedanken nicht von der herrlichen, noch immer unbezwungenen Bastion des Monte della Disgrazia lösen, und so steuerte er das Gesprächsthema – etwas schlitzohrig – indirekt an:

> »Heißer Tag heute, Stephen, was halten Sie von einer Kutschfahrt?«
> »Nicht übel. Aber mir sind diese endlos geraden, heißen, staubigen und in jeder Hinsicht abscheulichen italienischen Landstraßen zuwider. Könnten wir nicht eine Kutsche talaufwärts nehmen, vielleicht bis zum Fuß des Berninapasses?«
> »Ich denke schon, Stephen; aber wie wär's mit einer Kutsche talabwärts bis Morbegno?«
> »Ausgeschlossen! Ich bin einmal dagewesen – diese widerliche Straße sieht mich kein zweites Mal.«
> »Aber Stephen: denken Sie an die wunderschönen Weingärten und die Maisfelder, die wir da sehen werden.«
> »Ich hasse wunderschöne Weingärten, und ich hasse auch Maisfelder!«
> »Na ja, Stephen, es gibt da noch ein anderes hübsches Tal: es stößt im rechten Winkel auf die Straße von Morbegno – und am oberen Ende dieses hübschen Tals liegt ein `Großes Klassisch-Italienisches Kurhaus', in dem jeden Tag 140 Leute von Rang eine erlesene Table d'hôte zu sich nehmen. Wenn wir jetzt gleich nach dem Frühstück aufbrechen, Stephen, können wir rechtzeitig da sein.«
> »Das interessiert mich nicht, Kennedy. Ich hasse `Große Klassisch-Italienische Kurhäuser', ich hasse 140 Leute von Rang, ich hasse die erlesene Table d'hôte, und ich hasse es sogar, rechtzeitig da zu sein.«
> »Nun denn, Stephen – am Ende dieses hübschen Tals beginnt auch der Gletscher, der sich bis zu einem Grat erstreckt, der zum Gipfel eines gewissen Berges führt, den Sie kennen; die Kutsche kann dann bis morgen abend am `Großen Klassisch-Italienischen Kurhaus' warten und uns anschließend nach Sondrio zurückbringen.«

Stephen war überredet, und sie brachen mit zwei Kutschen auf, einer für die *Herren* und einer für Bergführer und Diener; in Serpentinen ging es dann die gefährliche Seitenstraße hinauf bis zum Kurhaus. Um diese Zeit hatte Taylor, der offensichtlich weniger Abenteuerlust besaß, bereits den Heimweg angetreten.

> Die Begrüßung dort war so kühl wie der Gletscher selbst – wir waren ja offensichtlich keine Invaliden, und jede andere Klasse von Besuchern war keinerlei Beachtung wert. Die Existenz unseres Berges war ihnen gänzlich unbekannt, und die Bergsteiger selbst waren als Rasse so fremdartig, daß man uns in die Spezies *lusus naturae* – Laune der Natur – einordnete.

Jetzt allerdings wurde das Wetter unbeständig. Sie brachen dreimal im Abstand von 24 Stunden auf und mußten zweimal umkehren; beim dritten Mal jedoch belohnte sie ein herrlicher Sonnenaufgang in den Bergen, und sie konnten dem Gletscher sogar bis zum Gipfelgrat folgen, der sich als steil und zerklüftet erwies. Sie behalfen sich mit einer frühen Seilsicherung:

> Melchior knüpft sich beide Enden des Seils um die Taille. Wir drei stehen – jeder von uns –

im sichersten Standplatz, den wir ausfindig machen können, und lassen das Doppelseil durch die Hände gleiten, während Melchior am Turm nach unten absteigt und es schließlich – beinahe ohne Halt für Finger oder Zehen – fertigbringt, die Wand zu überwinden ... Während wir drei dort stehen und das Seil einziehen und ihn langsam näherkommen fühlen, steht für alle von uns die Entschlossenheit außer Frage, das Seil mit festem, nicht nachlassendem Griff zu halten, sollte der Fuß unseres bewährten Führers den Halt verlieren. Aber Tatsache ist, glaube ich, daß in solch tückischen Passagen niemand danebentritt. Die Nerven sind bis zum Äußersten angespannt, Arme und Beine bewegen sich langsam und vorsichtig, und das Wissen, daß die anderen – sollte es notwendig sein – in der Lage sein werden, die erforderliche Hilfe zu leisten, verleiht ein Gefühl von Zuversicht, das schon von sich aus die Gefahr eines Unfalls verringert.

Das gilt heute noch genauso wie damals. Dann klangen die Schwierigkeiten ab, und ein relativ unschwieriger Grat führte zum Gipfel. Was Kennedy beim Erreichen des Gipfels bewegte beweist, daß das Zeitalter der wissenschaftlichen Rechtfertigung für das Klettern nun endgültig vorbei war.

Wissenschaftliche Beobachtungen sind von größter Bedeutung, und mit aufrichtigem Mitgefühl schaue ich den anderen zu, wenn sie ihre Hände für deren Durchführung warm zu halten suchen. Aber ich denke, all ihre Genugtuung wird bedeutungslos, wenn man sie mit der erregenden Gewißheit vergleicht, einer Gefahr entronnen zu sein, und dem Gefühl, mit Beharrlichkeit und Ausdauer sein Ziel erreicht zu haben.

Dies war sicherlich nicht der wichtigste Aufstieg dieser Epoche, aber er fängt viel von der Atmosphäre jener Zeit ein und zeichnet ein Bild von der Beziehung zwischen Führer und Geführtem. Die gesellschaftlichen Unterschiede waren klar definiert und wurden völlig unbefangen auch akzeptiert. Aber gleichzeitig durchdrang die Gruppe ein starkes Gefühl für die gemeinsam bestandenen Gefahren, gegenseitiger Respekt und echte Freundschaft. Melchior legte die Route fest und traf die taktischen Entscheidungen, wie es Burgener bei seinen Besteigungen mit Mummery tat, aber jetzt handelte man mehr als Team, indem die Geführten ihre eigenen Ideen einbrachten und voll an der Kletterei beteiligt waren.

Bergsteigen war damals keine ausschließlich männliche Domäne – auch Frauen, wenn auch nur in geringer Zahl, hatten sich von Anfang an daran beteiligt. Dabei hatten sie allerdings mit vielen Schwierigkeiten zu kämpfen, nicht zuletzt mit ihren Röcken. Erst in den späten siebziger Jahren begannen die Frauen Breeches unter den Röcken zu tragen, die sie ablegten, wenn sie das letzte Haus oder die letzte Hütte hinter sich gelassen hatten. Ein anderer Trick bestand darin, den Rock zwischen den Beinen mit einem Strick hochzubinden, so daß er wie eine Art Herrenhose wirkte.

Zwei der ersten – und sicherlich erfolgreichsten – Kletterinnen waren Lucy Walker und Miss M.C. Brevoort, deren Neffe W.A.B. Coolidge später ihr Klettergefährte wurde und noch später ein umfassender Kenner alpiner Belange. Lucy Walker besuchte die Alpen erstmalig 1859 im Alter von 28 Jahren, in den nächsten 21 Jahren war sie dann regelmäßig dort und kletterte mit ihrem Vater oder ihrem

Links die respekteinflößende Lucy Walker mit ihrem Vater (sitzend) und A.W. Moore (rechts dahinter). Neben Moore steht Melchior Anderegg, den sie als Bergführer bevorzugte. An dem Tag, als Whymper das Matterhorn bestieg, bezwangen die Männer im Bild rechts die Brenvaflanke des Mont Blanc. Neben Miss Brevoort stehen ihr Neffe und Klettergefährte W.A.B. Coolidge und ihren beiden Bergführer Christian Almer und sein Sohn Ulrich (1874).

Bruder und dem Bergführer Melchior Anderegg. Unscheinbar und zur Plumpheit neigend, trug sie niemals Breeches und lebte in den Bergen von einer damenhaften Diät aus Biskuitkuchen und Champagner, aber sie beging eine stattliche Reihe von Routen, die mehrere Erstbesteigungen einschloß.

Bis 1865 blieb Klettern als Sport den echten Kletterern vorbehalten – die Öffentlichkeit konnte kaum Vorstellungen und noch weniger Verständnis entwickeln für das, was sich da abspielte. Das Matterhorn allerdings änderte das schlagartig. Seine charakteristische Form, seine Steilwände und die offensichtlichen Schwierigkeitsgrade machten es zu einem Anziehungspunkt – so faszinierend, wie der Mont Blanc es am Ende des 18. Jahrhunderts gewesen war, oder wie es die Eigernordwand im kommenden Jahrhundert werden sollte.

Das Rennen um die Erstbesteigung des Matterhorn beherrschten zwei Namen: Jean-Antoine Carrel, ein heimischer Gemsenjäger und gelegentlicher Bergführer aus dem Ort Valtournanche, der im Innersten seines Herzens den Berg alleine und zum Ruhme Italiens bezwingen wollte, und Edward Whymper, Graveur und Xylograph, der 1860 im Alter von 21 Jahren erstmalig in den Alpen aufkreuzte, wo er Skizzen für den Verleger Longman vorbereitete. Whymper landete schließlich in Zermatt, wo er zunächst in ein Abenteuer geriet, das ihn dann unausweichlich in den Alpinismus führte – er fand eine neue Route zurück in den Ort:

Es kam mir so vor, als könne ich den Gletscher relativ einfach überqueren, wenn ich nur die Felswand hinabkäme, denn weiter oben und weiter unten war das Eis, soweit meine unerfahrenen Augen das beurteilen konnten, für eine Einzelperson offensichtlich nicht passierbar. Der generelle Steilabfall der Wand lag bei nahezu 90 Grad, aber der Fels war größtenteils griffig, und es erwies sich als nur mäßig schwierig, im Zickzack abzusteigen. Schließlich kam ich zu einem langen Plattenschuß, beinahe glatt, mit einem Winkel von gut 40 Grad. Unten sah man nichts weiter als den Gletscher. Es war eine gefährliche Stelle, aber da ich Zweifel hatte, ob ich wieder hinaufklettern könnte – denn schließlich hatte ich mich von einer Leiste zur anderen nach unten gehangelt –, durchstieg ich sie in ganzer Länge, indem ich meine Schulter fest gegen die eine Platte und die Füße gegen die andere stemmte; mit dieser Technik tastete ich mich nach unten.

Im darauffolgenden Jahr begann Whymper Carrel als den besten Führer für die Erstbesteigung des Matterhorns zu umwerben. Aber Carrel war schwer festzunageln, und Whymper, der es nicht mehr erwarten konnte, den (italienischen) Südwest- oder Liongrat zu versuchen, brach mit jemand anderem auf. Zunächst verlief auch alles glatt, bis sie eine Stelle erreichten, die »Cheminée« genannt wird:

Mit nur geringen Schwierigkeiten kam ich ohne Hilfe oben an, und dann knotete sich mein Bergführer am Ende unseres Seils fest, und ich bemühte mich, ihn hinaufzuziehen. Aber er war so unbeholfen, daß er nur wenig zum Aufstieg beitrug, und so schwer, daß ich es einfach nicht schaffen konnte. Nach mehreren Versuchen knüpfte er sich dann los und kündigte friedfertig an, er werde jetzt nach unten absteigen. Ich sagte ihm, er sei ein Feigling, und er äußerte seine Ansichten über mich. Da forderte ich ihn auf, er solle nach Breuil gehen und dort sagen, er habe seinen *monsieur* auf dem Berg alleingelassen, und er drehte sich um und begann, sich zu entfernen. Jetzt mußte ich klein beigeben und ihn bitten, doch zurückzukommen – denn obwohl der Aufstieg nicht sehr schwierig und beileibe nicht gefährlich war, solange unten jemand stand, war der Abstieg etwas ganz anderes, da die untere Kante in provozierender Weise überhing.

Offensichtlich war es besser, auf Carrel zu warten. So umwarb Whymper den »Größten des Val Tournanche« von Saison zu Saison, verfolgte mit Spannung, wie andere den Gipfel zu erstürmen suchten, und verfeinerte seine Technik in anderen Regionen der Alpen.

Whymper zeigte eine sehr aufgeschlossene Einstellung zu der Ausrüstung, die jetzt langsam für die Kletterer auf den Markt kam. Dabei entwickelte er selbst, was man heute als Prototyp des modernen Biwakzelts bezeichnen kann und mit nur wenigen Veränderungen noch in den zwanziger Jahren unseres Jahrhunderts von den Everestexpeditionen benutzt wurde. Ich selbst schlief noch bei meiner ersten Himalajaexpedition 1960 in einem solchen Whymperzelt, hergestellt von der Firma Edgington. Von ihm stammt auch noch weiteres alpintechnisches Ausrüstungszubehör: ein kleiner Greifhaken, dem modernen Skyhook ähnlich, der beim Aufstieg oder Abstieg auf oder hinter Felsvorsprüngen eingehängt wird, oder eine geniale Vorrichtung mit einem Ring, der am Ende des Seils befestigt wurde, so daß man ihn über einen Felszacken oder ein Felsköpfl legen konnte. Daran befestigt war eine leichte Schnur, mit der man – wenn man an ihr zog – die Schlinge öffnen konnte, so daß der Kletterer sein Seil wieder freibekam, sobald er sicheren Boden

Links die Ausrüstung, die Whymper 1865 benutzte. Sie unterschied sich gar nicht so sehr von der Ausrüstung, die noch etwa 1930 in Gebrauch war. Allerdings waren jetzt die Eispickel kürzer, die Bergschuhe besser genagelt und die Steigeisen etwas leichter. Rechts oben Edward Whymper, der Graveur und Holzschnitzer, der im Juli 1865 als erster das Matterhorn bestieg, allerdings zu einem schrecklichen Preis. Darunter Jean-Antoine Carrel, der »Größte des Val Tournanche« und Whympers Rivale beim Kampf um das Matterhorn.

unter den Füßen hatte. Zweifellos hatte seine erste Erfahrung am Matterhorn ihn zu diesen beiden Erfindungen beflügelt.

Während er darauf wartete, daß Carrel endlich mit seinen steten Ausflüchten aufhörte, verbrachte Whymper am Fuß des Matterhorns eine Nacht allein in seinem Zelt:

Die Sonne ging unter, und ihre rötlichen Strahlen – durchdrungen vom Blau des Schnees – tauchten die Landschaft in ein blasses, reines Violett, soweit das Auge reichte; die Täler waren purpurn getränkt, die Gipfel erglühten in unnatürlichem Weiß: und da saß ich im Eingang meines Zelts, sah zu, wie das Zwielicht in Dunkel überging, und die Erde schien sich aufzulösen und schwerelos zu werden. Der Planet schien mir unbelebt, und die einsetzende Auflösung aller Konturen gewährte mir einen noch großartigeren Anblick. Irgend etwas im Süden hing wie ein Irrlicht am Firmament: zu groß für einen Stern und zu starr für einen Meteor. Es dauerte eine Weile, bis ich – unvorstellbar, aber dennoch Wirklichkeit – erkannte, daß es der Mondschein war, der sich auf der weiten, schneebedeckten Nordflanke des Monviso (oder Monte Viso) widerspiegelte, über 150 Kilometer Luftlinie von mir entfernt. Fröstelnd zog ich mich schließlich in mein Zelt zurück, um Kaffe zuzubereiten. Ich verbrachte eine angenehme Nacht, und am nächsten Morgen stieg ich – beschwingt von strahlendem Wetter – sogar noch höher hinauf, um mir einen anderen Platz für mein Zelt zu suchen.

Auf dieser Suche nach einem Zeltplatz kletterte er – in der kaum eingestandenen, aber unterschwelligen Hoffnung, doch noch einen Zugang zum Gipfel zu finden – weiter in Richtung Großer Turm.

Ich kann mich lebhaft an ein außergewöhnlich komplex strukturiertes Couloir an der Seite des Großen Turms erinnern: mit steilen Wänden und sehr schmalen Leisten, die immer spärlicher wurden und schließlich ganz verschwanden – und dann fand ich mich mit gespreizten Armen und Beinen, wie gekreuzigt, an den Fels gepreßt wieder und fühlte, wie sich meine Brust bei jedem Atemzug hob und senkte. Ich drehte meinen Kopf nach allen Seiten, um einen Halt ausmachen zu können, sah aber keinen und sprang daher seitwärts auf die andere Seite. Man sollte gar nicht erst versuchen, solche Stellen zu beschreiben: ob man sie mit leichter Hand skizziert oder bis ins kleinste Detail ausmalt – man läuft immer Gefahr, mißverstanden zu werden. Den Kletterer ziehen sie an, weil sie seine Fähigkeiten herausfordern, seine Kraft auf die Probe stellen und ihm schließlich das Gefühl vermitteln, die Gefahr bezwungen zu haben.

Das hätten auch Bonatti oder Messner formulieren haben können – in unserem Jahrhundert.

1863 gelang es Whymper, Carrel für seinen sechsten Angriff auf den Berg zu gewinnen, den sie dann allerdings wegen eines heftigen Gewitters abbrechen mußten. Anschließend notierte er einige treffende Erkenntnisse zur Seiltechnik:

In den nächsten zwei Stunden erkannten wir deutlich, wie wertvoll ein Seil für Kletterer sein kann. Wir waren in ziemlich großem Abstand voneinander angeseilt und gingen meist zu zweit. Carrel führte, und dichtauf folgte ihm ein weiterer Mann, der ihm bei Bedarf die Schulter bot oder seinem Fuß mit dem Pickel Halt gab. Wenn diese Seilschaft dann ihren Standplatz erreicht hatte, stieg das zweite Paar in ähnlicher Weise nach, wobei das Seil von der oberen Seilschaft gezogen und von der unteren ausgegeben wurde. Dann stieg der Führer höher oder auch das dritte Paar – und so ging das immer weiter. Diese Art des Aufstiegs war zwar langsam, aber dafür sicher!

1864 war Whymper nicht am Matterhorn, aber 1865 kehrte er relativ früh mit drei erfahrenen Bergführern dorthin zurück: mit Christian Almer und Franz Biener aus dem Wallis und Michel-Auguste Croz aus Chamonix. Whymper war inzwischen davon überzeugt, daß die Ostwand der Schlüssel zum Erfolg sei. Sein Plan war, auf der italienischen Seite mit dem Aufstieg zu beginnen, dann durch ein auffälliges Couloir zum Kamm des Südostgrats und von dort zur Ostwand zu gelangen, wo die Tour über einen nicht allzu steilen Schneehang führte. Einen guten Teil seiner Kenntnisse hatte er von Adams-Reilly bezogen, einem Bergkartographen, mit dem er im Jahr zuvor in den Bergen Touren und Vermessungen durchgeführt hatte.

Bei diesem Versuch waren die beiden Schweizer von Anfang an nur halbherzig dabei, und ihre Befürchtungen bestätigten sich, als ein Steinhagel das Couloir hinunterdonnerte. Whymper versuchte zwar, ein Beispiel zu geben, und kletterte weiter, gefolgt von Croz und seinem Zeltträger Meynet, mußte sich dann aber schließlich doch zurückziehen. Biener und Almer hatten jetzt genug und erklärten rundheraus, daß sie auf einen weiteren Aufstieg nicht vorbereitet seien. Croz mußte sich einem anderen Klienten widmen, und so gab Whymper zunächst einmal sein Vorhaben auf, reiste nach Courmayeur und absolvierte eine weitere Serie von Erstbesteigungen: den Nebengipfel der Grandes Jorasses, heute »Pointe Whymper« genannt, die Aiguille Verte und die Ruinette, dazu kamen noch einige kühne Jochüberquerungen, die er der Vollständigkeit halber gleich mit erledigte.

Aber letztlich drehte sich doch alles um das Matterhorn. Whymper sah seine einzige Hoffnung in Carrel, da er der einzige Bergführer war, der eine enge Bindung zu diesem Berg hatte und auch überzeugt war, daß man ihn besteigen konnte. Am 7. Juli suchte er ihn in Valtournanche auf und schlug vor, sie sollten die Ostwand versuchen. Carrel wollte sich zunächst nicht festlegen und meinte, er halte den Südwestgrat noch immer für geeigneter, schließlich aber willigte er ein, Whymper zu begleiten, sobald das Wetter beständiger geworden war.

Den nächsten Tag verbrachte Whymper mit Vorbereitungen für den Aufstieg: er kaufte Verpflegung ein und überprüfte seine Ausrüstung. Auf seinem Weg nach Breuil allerdings, wo er einem erkrankten Engländer Hilfe bringen wollte, kreuzten ganz überraschend Carrel und sein Verwandter Cæsar seinen Weg – in Begleitung eines Maultiers und mehrerer Träger, beladen mit Gepäck. Sie versicherten ihm, sie würden an diesem Tag nur einem Gast aushelfen, fügten aber noch hinzu, daß sie für die Besteigung des Matterhorns zunächst nicht zur Verfügung stünden, da sie sich schon früher verpflichtet hätten, einige Touristen im Aostatal zu begleiten.

Whymper nahm das zunächst ganz gelassen auf. Er verbrachte sogar noch den Abend mit Carrel: sie tranken Wein und tauschten Erinnerungen aus. Zwei Tage später allerdings war er alarmiert, als er hörte, daß man am Südwestgrat Kletterer gesehen habe. Dann dauerte es nicht mehr lange, bis die ganze Wahrheit herauskam: Carrel hatte ihn von Anfang an belogen und hinters Licht geführt. Er hatte nie auch nur vorgehabt, mit Whymper aufzusteigen, sondern hatte sich bereits verpflichtet, einen Angriff auf den Südwestgrat zusammen mit Felice Giordano zu unternehmen, einem Geologen, der das Matterhorn zusammen mit Quintino Sella besteigen wollte, dem Finanzminister des Königreichs Italien. Als Carrel zwei Tage zuvor Whympers Weg gekreuzt hatte, war er gerade dabei gewesen, ein Ausrüstungsdepot für diesen Aufstieg einzurichten.

Begreiflicherweise war Whymper wütend, aber er sah keine Möglichkeit, an den Gegebenheiten noch etwas zu ändern. Er konnte nicht einmal Träger finden, die sein Gepäck über den Paß nach Zermatt brachten, wo er einige Führer anheuern und mit ihnen den Ostgrat angehen wollte. Dann allerdings gab ihm eine Reihe von Zufällen die Chance, ins Rennen zurückzukehren, aber diese Zufälle trugen auch zur Unausgewogenheit seiner Mannschaft bei und verwandelten damit den

Triumph zur Tragödie. Whymper scheint – teils aufgrund seiner Erziehung, teils auch aus Temperamentsgründen – außerhalb der festgefügten Kameradschaft des Alpine Club gestanden zu haben. Sein Einzelgängertum und seine Dynamik, späteren Generationen nur zu verständlich, waren nicht nur viktorianischen Bergsteigern verdächtig, sondern beherrschten das englische Kletter-Establishment noch bis in die jüngste Vergangenheit.

Der Ablauf der Ereignisse begann dann mit dem Eintreffen eines anderen jungen englischen Kletterers in Breuil, des Lords Francis Douglas mit dem jüngeren Peter Taugwalder als Führer. Sie hatten ihre Namen in den Hotelanmeldungen entdeckt und gleichzeitig – aber getrennt – mehrere beeindruckende Erstbesteigungen vollbracht. Whympers Bitte um Hilfe bei der Überquerung des Théodulpasses führte recht bald zu dem gemeinsamen Beschluß, ihre Kräfte zu bündeln und zusammen einen Versuch zu unternehmen. Peter Taugwalder junior bestärkte sie darin sogar noch, als er ihnen verriet, daß sein Vater – Peter senior – den Hörnligrat weit hinaufgestiegen sei und sich überzeugt habe, daß man den oberen Teil erklettern könne.

Also überquerten sie den Théodulpaß und stiegen dann nach Zermatt ab – mit sich führten sie insgesamt 200 Meter Seil: genug für eine kleine Himalajaexpedition. In Zermatt traf Whymper zu seiner größten Freude Michel Croz, den wagemutigsten und besten all der Führer, mit denen er in den letzten beiden Jahren geklettert war. Croz stand im Dienst des Geistlichen Charles Hudson, der einer der erfahrensten Alpinisten seiner Zeit und ein ausdauernder Wanderer war – 80 Kilometer am Tag waren für ihn nichts Besonderes. Auch Hudson plante eine Besteigung des Matterhorns, und so kamen sie überein, sich zu einer Gruppe zusammenzutun – obwohl das bedeutete, daß sie dann auch D.H. Hadow, Hudsons Klettergefährten, mitnehmen mußten. Hudson versicherte Whymper zwar, daß Hadow »den Mont Blanc in kürzerer Zeit als die meisten anderen gemacht« habe, aber trotzdem war er weniger erfahren als die anderen.

Die Gruppe bestand nun aus sechs Männern: den vier »Touristen« sowie den beiden Bergführern Peter Taugwalder sen. und Michel Croz; dazu kamen drei Träger, von denen einer – Peter jr. – dann schließlich die gesamte Tour mitmachte.

Sie brachen am 13. Juli von Zermatt aus auf, passierten die Kapelle am Schwarzsee und waren – als sie die Ostwand in Angriff nahmen – angenehm überrascht davon, wie einfach sich das anließ. Mittags bereits machten sie halt, bauten Whympers Zelt auf und ruhten sich für den Rest des Tages aus: voller Genugtuung über die großartige Umgebung.

Bei Tagesanbruch ging es dann weiter, allerdings war der Fels jetzt steiler, obwohl noch immer nicht so steil wie an den Ecrins im vergangenen Jahr. Hadow hatte seine ersten Schwierigkeiten und brauchte gelegentlich die Hilfe des älteren Peter Taugwalder. Es war offensichtlich, daß er noch nie zuvor in derart steilem Gelände gewesen war. Trotzdem durchkletterten sie das steile Stück, und dann wurde die Neigung auch wieder flacher, als sie auf das Firnfeld gelangten, das zum

Gipfel führt. Whymper war jetzt zum Zerreißen angespannt: hatte Carrel vor ihm den Gipfel erreicht? Aber im Schnee waren keine Spuren zu erkennen, und als er dann den Grat erreichte und zur italienischen Seite hinüberspähte, konnte er die Gruppe seines Rivalen ausmachen: weit unterhalb! Seine Freude, seine Erleichterung kann man verstehen.

> Ich warf meine Arme und meinen Hut hoch.
> »Croz! Croz!! Hierher!«
> »Wo sind sie, *monsieur*?«
> »Dort – sehen Sie nicht: da unten!«
> »Ah! Diese Schurken – sie sind noch weit unter uns!«
> »Croz: wir müssen dafür sorgen, daß sie uns hören!«
> Wir schrien, bis wir heiser waren. Die Italiener schienen uns wahrzunehmen – aber wir waren uns nicht sicher.
> »Croz, ich will, daß sie uns hören; sie sollen uns hören!«
> Ich packte einen Felsbrocken und schleuderte ihn hinab, dann ermunterte ich meinen Begleiter, im Namen unserer Freundschaft dasselbe zu tun. Wir rammten unsere Stöcke in den Boden und stemmten die Brocken über die Kante, und bald ging ein wahrer Steinhagel nach unten. Diesmal hatten sie uns mit Sicherheit bemerkt: die Italiener wandten sich um und ergriffen die Flucht.

Das Hochgefühl des Siegers: die meisten von uns hätten wohl so empfunden – besonders nach der Täuschung, mit der Carrel Whymper hatte hereinlegen wollen. Ich kann mich noch lebhaft an die Besteigung des Torre Paine in Patagonien – 1963 mit Don Whillans – erinnern, ebenfalls nach einem Rennen gegen einige Italiener unter Bedingungen, bei denen wir uns – wie Whymper am Matterhorn – ebenso im Recht glaubten, und wir empfanden auch die gleiche Genugtuung, unsere Rivalen geschlagen zu haben; wir begegneten ihnen übrigens tags darauf beim Abstieg, während sie noch auf dem Weg zum Gipfel waren. Bei unserem eigenen Aufstieg waren wir dermaßen überspannt, ja paranoid geworden, daß wir sogar die Seile, die wir für unseren Abstieg eigentlich vor Ort hätten lassen sollen, mit nach oben nahmen – obwohl das beim Abstieg unsere Sicherheit hätte gefährden können.

Whympers Gruppe erreichte den Gipfel dann ohne weitere Schwierigkeiten. Es war ein herrlicher, wolkenloser Tag. Croz befestigte sein Hemd an der Zeltstange und nutzte es als Flagge, um der Welt zu zeigen, daß sie den Gipfel erreicht hatten. Man konnte dieses Signal von allen Seiten sehen – die Leute in Valtournanche und Breuil dachten, es seien ihre Männer, während man in Zermatt annahm, es sei Whymper mit seinen Gefährten.

Dann wurde es Zeit abzusteigen. Während Whymper zusammen mit dem jüngeren Taugwalder noch auf dem Gipfel blieb, um seine Skizzen zu vervollständigen, seilten die anderen sich an: Michel Croz führte, dann folgten Hadow und Hudson, und Taugwalder senior bildete den Schluß. Whymper holte sie an einer Plattenstelle ein, durch die sie langsam nach unten stiegen, wobei immer nur einer kletterte und die anderen sicherten. Der ältere Taugwalder bat hier Whymper, sich bei ihm anzuseilen und als zusätzliche Sicherung zu fungieren, während sie vorsichtig die glatte, plattige Felspassage abkletterten, die den gefährlichsten Teil des Hörnligrats darstellt.

Croz schien Hadow gerade dabei zu helfen, seine Tritte zu finden, als Hadow abglitt, Croz aus der Wand stieß und dann Hudson und Douglas mit sich riß. Taugwalder und Whymper klammerten sich fest, um den Sturz abzufangen, aber als sich das Seil spannte, riß es – und die vier stürzten in den Tod.

Das waren natürlich absolut nicht die ersten tödlichen Unfälle in der Geschichte des Bergsteigens, aber es waren die bei weitem spektakulärsten. Sie beschäftigten die Weltöffentlichkeit in der gleichen Weise, wie es – Jahre später – die Tragödien an der Eigernordwand, am Zentralpfeiler des Frêney und – in unserer Zeit – die Verluste 1986 am K2 taten.

Es ist nur von geringer Bedeutung, wer Schuld an dem Unfall oder verantwortlich für die Überprüfung des Seils war. Die Gruppe hatte drei Seile – zwei davon waren aus kräftigem Manilahanf, das dritte allerdings war ein ganz leichtes Seil, möglicherweise ein normaler Strick, der kaum mehr als das Gewicht eines einzelnen Mannes tragen konnte. Es war dieses Seil, das riß. Natürlich kann man auch die Frage stellen, ob Hadow zu unerfahren war oder ob Croz hätte nachsteigen sollen, anstatt vorzusteigen und den Weg nach unten festzulegen. Die ungleiche Zusammensetzung der Gruppe und die Tatsache, daß sie noch nie zuvor gemeinsam auf Felsfahrt war, trugen zu dem Unglück sicherlich mit bei – aber wie bei so vielen Unfällen in den Bergen liegen Triumph und Tragödie eng beieinander. In vielen erfolgreichen Besteigungen lauerte das potentielle Desaster – es kam nur wegen glückhafter Umstände nie zum Tragen.

Whymper unternahm danach keine Erstbesteigungen mehr in den Alpen. Im Alter von 25 Jahren und nach einer kometenhaften Karriere, die er in seinem Buch *Scrambles Amongst the Alps* festhielt, hatte er nicht mehr das Herz für die Gefahren der Bergwelt. Zwar setzte er seine Reisen fort und erkundete Grönland und Ecuador – aber mit ausschließlich wissenschaftlicher Zielsetzung.

Scrambles Amongst the Alps ist noch heute eines der mitreißendsten Bergsteigerbücher, mit wachem Sinn für das Abenteuer und tiefer Empfänglichkeit für die Schönheit der Berge – es erschließt sich auch dem Kletterer der Jahrtausendwende mühelos. Lange Zeit wurde es mit Zurückhaltung aufgenommen, nicht nur von vielen seiner Zeitgenossen, sondern auch von Historikern und Kommentatoren des Alpinismus zwischen den beiden Weltkriegen – als nämlich Elan und Angriffsgeist der neuen Generation europäischer Kletterer all die Werte auszuhöhlen schienen, die die Engländer als Begründer dieses Sports einst geschaffen hatten.

Kapitel 4

EINE NEUE GENERATION

Alpines Klettern bis zum Ersten Weltkrieg

●

Am selben Tag, an dem Whymper das Matterhorn bezwang, wurde eine weitere großartige Route am Mont Blanc erschlossen: G.S. Mathews, F. und H. Walker und A.W. Moore durchstiegen – zusammen mit Melchior und Jakob Anderegg – die riesige Brenvaflanke, eine schwierige Führe über steile Schneefelder und durch Gletscherbrüche bis zum Gipfel des Berges. Obwohl die meisten der Viertausender in den Alpen schon bestiegen waren, gab es noch eine Fülle schwieriger Gipfel, die bezwungen werden wollten, und darüber hinaus noch zahllose nicht begangene Grate und Wände sowie weitere Herausforderungen an Bergen, die erst einmal erstiegen worden waren.

Dem Matterhorn wurde nur wenige Tage nach Whympers Triumph bereits eine zweite Route abgerungen. Carrel und seine Führer waren nach Valtournanche zurückgekehrt: erschöpft und entmutigt, nachdem der siegreiche Whymper Steine auf sie herabregnen ließ, als sie ohnehin schon jegliche Hoffnung aufgegeben hatten, ihren Aufstieg noch fortsetzen zu können. Jetzt war es Abbé Gorret, ein Draufgänger aus dem Ort, der gerade von einem Seminar aus Turin zurückgekehrt war, der das Team für einen zweiten Versuch am folgenden Tag – zum Ruhme Italiens – zusammentrommelte. Diesmal kamen sie bis zum Pic Tyndall gut voran und auch weiter durch den bislang unbestiegenen oberen Teil der Zmuttwand bis zu einer Scharte im Grat, wo sich Gorret freiwillig erbot, zurückzubleiben, so daß er Carrel und Bich sicher hinablassen konnte, die dann den Aufstieg über den italienischen Grat auch problemlos abschlossen – nur drei Tage nach der verhängnisvollen Erstbesteigung.

Der letzte 4000-Meter-Gipfel, der noch nicht bestiegen war, war der Meije in der Dauphiné: riesig, schwierig und noch furchterregender als das Matterhorn. Sein Pic Central war 1870 von Miss Brevoort und W.A.B. Coolidge bestiegen worden, aber der höhere, westliche Pic Grand widerstand allen Besteigungsversuchen bis 1877, als ihn schließlich der Franzose Boileau de Castelnau mit zwei Führern, Vater und Sohn Gaspard, bezwang. Beim Aufstieg gerieten sie in einen Schnee-

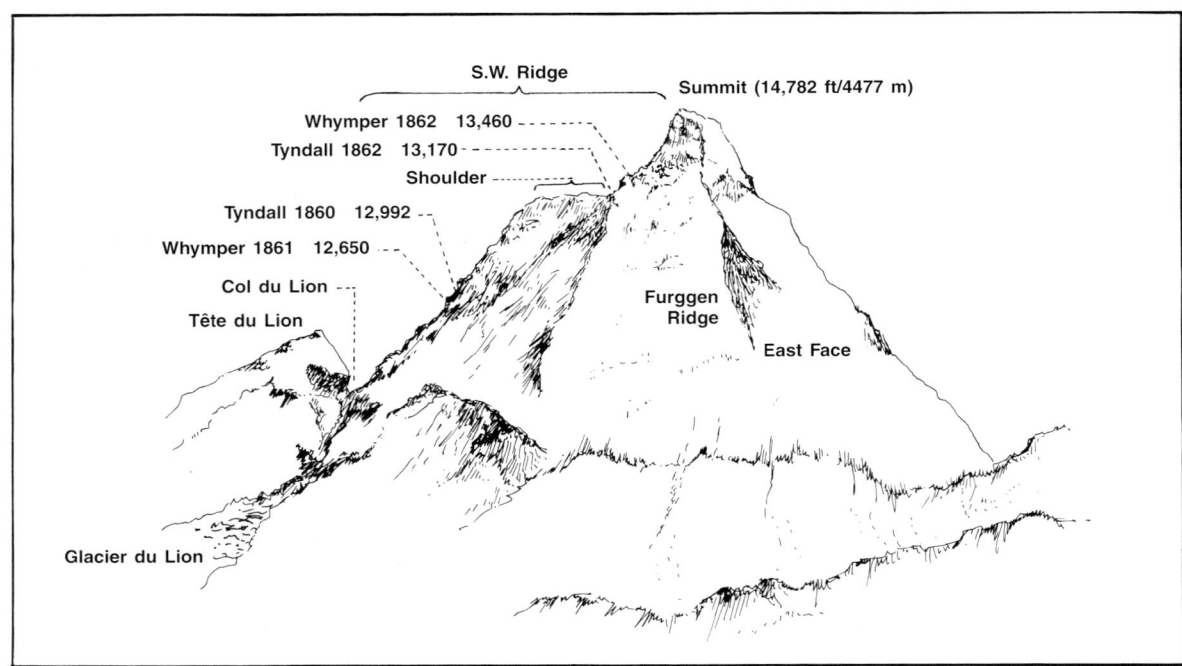

S.W. Ridge

Summit (14,782 ft/4477 m)

Whymper 1862   13,460

Tyndall 1862   13,170

Shoulder

Tyndall 1860   12,992

Whymper 1861   12,650

Col du Lion

Tête du Lion

Furggen Ridge

East Face

Glacier du Lion

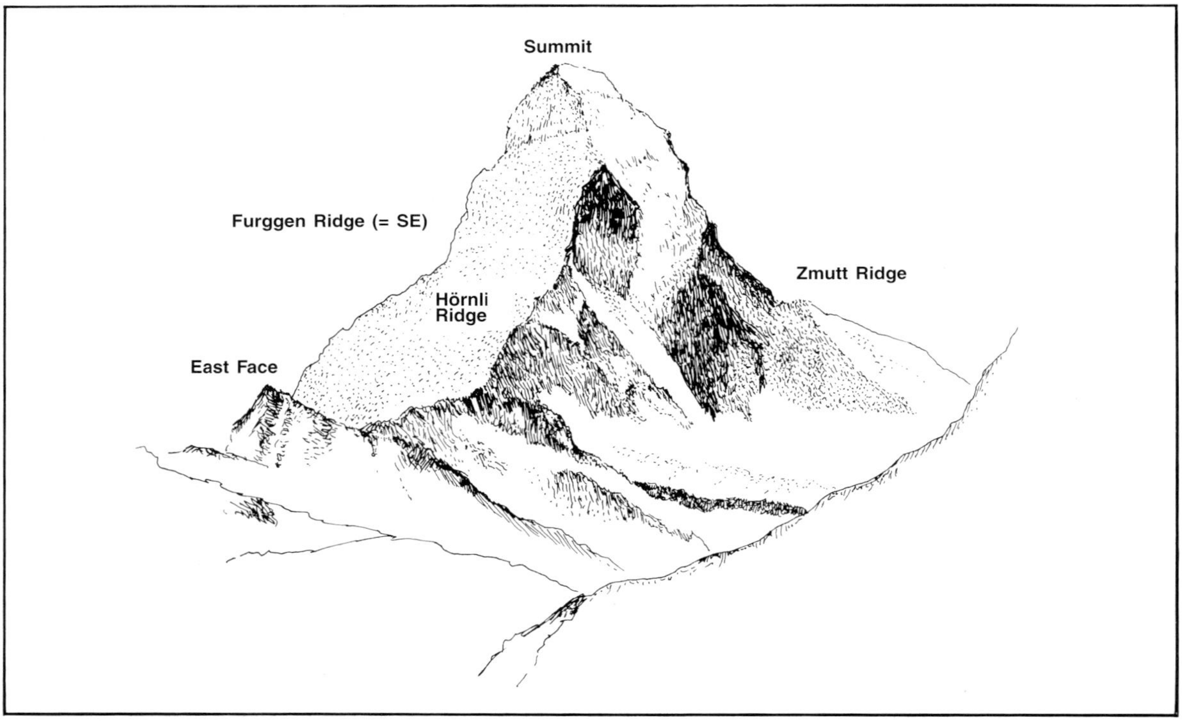

Summit

Furggen Ridge (= SE)

Hörnli Ridge

Zmutt Ridge

East Face

Das Matterhorn: oben der italienische oder Südwestgrat, über den man nach 1860 den Berg zu besteigen versuchte, und unten die drei Hauptgrate. Die Erstbesteigung des Matterhorns erfolgte 1865 schließlich über den Hörnligrat.

sturm und hatten Glück, im Biwak zu überleben. Im Jahr darauf unternahm Coolidge eine zweite Besteigung mit seinen regulären Führern, Christian Almer und dessen Sohn – und wieder biwakierte er nach einem anstrengenden 18-Stunden-Tag.

Jetzt wuchs eine neue Generation von Bergsteigern heran, die sich nicht nur von einer Höhendifferenz, die überwunden werden mußte, sondern auch von technischen Schwierigkeiten herausfordern ließ. C.T. Dent, ein bekannter Chirurg, übernahm in dieser Entwicklungsphase des Alpinismus eine führende Rolle. Zusammen mit J.M. Hartley belagerte er die Aiguille du Dru, die eindrucksvollste aller Spitzen, die die Silhouette oberhalb von Chamonix prägen. Hier entwickelte sich auch eine feste Kameradschaft mit seinem Bergführer Alexander Burgener, der später noch so viel mit Mummery unternehmen sollte. Im *Alpine Journal* beschreibt Dent das allmähliche Erkennen von Möglichkeiten, das jedem heutigen Kletterer ebenso geläufig ist:

> Bis zu diesem Moment hatte ich lediglich bezweifelt, daß der Berg unbezwingbar sei. Jetzt begann mich ein Gefühl zuversichtlicher Hochstimmung zu erfüllen ... Hier und da – stellten wir uns vor – konnten wir kurze Strecken ausmachen, die im Fels begehbar waren. Und Schritt für Schritt, durch Verbindungen und Traversen, entwickelten sich die Passagen wie von selbst. Schließlich wandten wir uns einander zu und sahen uns an: wir hatten dieselbe Kette von Ideen vor Augen. Burgeners Gesicht rötete sich, und wir standen fast gleichzeitig auf und riefen auf Deutsch: »*Es muß möglich sein!*«

Schlechtes Wetter auszusitzen ist eine weitere gemeinsame Erfahrung. Als ich den Südwestpfeiler der Aiguille du Dru belagerte, war unsere Unterkunft ein leckes Zelt auf einem Campingplatz hinter dem Biollay und unsere einzige Zerstreuung Tischfußball in der Bar National. Dents Aktivitäten waren etwas gehobenerer Natur: »Eine Zeitlang spielten wir Rasentennis mit bunten Bällen und Holzschlägern vor dem Haus von Couttet; dann fingen wir Flußkrebse, wofür Maund uns mit dem Korbwagen von Couttet nach Chatelard fuhr.«

Dents Versuche begannen 1873, und erst 1879 – nach achtzehn Vorstößen – hatte er den Gipfel schließlich geschafft. Es war eine anspruchsvolle Kletterei gewesen, bei der Burgener Entschlossenheit, außergewöhnliche Kraft und Können bewies. Das veranlaßte Dent zu der Notiz: »Ich wußte natürlich, daß jeder Bergführer einem Amateur haushoch überlegen ist in der Kunst, den Weg zu finden. Und mir war auch klar, daß man beide hinsichtlich ihrer Schnelligkeit im Fels nicht vergleichen kann. Aber ich hatte immer gedacht, daß der Amateur dem Profi eins voraus habe: Schneid! Dieser Bericht wird zeigen, daß diese Annahme sich bei zumindest einem Vorfall als irrig erwies.«

Diese Besteigung krönte Dents Bergsteigerlaufbahn, und in den nächsten zehn Jahren sollte es dann Mummery sein, der den englischen Alpinismus beherrschte, anfangs mit Burgener als Gefährten. Seine Besteigung des Grépon war schließlich nur eine von vielen weiteren, beeindruckend innovativen Bergfahrten. Dabei war Mummery beileibe kein geborener Athlet – schon als Kind hatte er eine derart schwache Wirbelsäule, daß er später nie schwere Lasten tragen konnte. Zudem war er groß, schlaksig und so kurzsichtig, daß er ohne Brille auf Bergpfaden häufig stolperte. Aber er hatte die langen Arme und die großen, kräftigen Hände, die typisch sind für viele der heutigen Extremkletterer – mich erinnert er an Leute wie Martin Boysen, einen der besten Felskletterer Englands. Seine Leidenschaft für die Berge entwickelte Mummery schon als Schüler bei seinem ersten Besuch in den Alpen, als er das Matterhorn im Mondlicht »vom Nimbus kaum verhüllter Abweisung umgeben« glaubte. Er war erst 19, als er Whympers Route über den Hörnligrat wiederholte. Fünf Jahre später – 1879 – hatte er seine Berufsausbildung abgeschlossen und interessierte sich jetzt für eine Route über den großartigen und noch nie begangenen West- oder Zmuttgrat des Matterhorns. So kam er nach Zermatt, um einen geeigneten Bergführer zu finden, der mit ihm gehen würde.

Als Außenstehender – unerprobt und ohne jeglichen Kontakt zum olympischen inneren Zirkel des Alpine Club – schätzte er sich glücklich, als ihm Alois Burgener über den Weg lief, mit dem er früher schon geklettert war. Alois berichtete ihm, daß sein Bruder Alexander, der schon damals als einer der besten Führer der Alpen bekannt war, noch frei sei. Mummery suchte ihn auf und beschrieb ihm seinen Plan für das Matterhorn, aber Alexander erklärte ihm mit schonungsloser Offenheit auf Deutsch, daß mit einem *Herrn*, von dem er überhaupt nichts wüßte, auf eine derartige Bergfahrt zu gehen eine »*verfluchte Dummheit*« sei.

Mummery zeigte sich nicht sonderlich überrascht, sondern respektierte Burgeners Mißtrauen einem unerprobten Bergsteiger gegenüber. Sie einigten sich darauf, mehrere Bergfahrten zur Übung durchzuführen, überquerten in sechs Tagen vier Pässe und begingen sogar zwei neue Routen – eine davon führte auf das bis dahin unbestiegene Sonnighorn. Damit hatte Mummery seine Zähigkeit und Ausdauer unter Beweis gestellt, und zwischen den beiden entwickelten sich das gegenseitige Vertrauen und der Respekt, wie sie für eine Kletterfahrt, die so schwierig ist wie der Zmuttgrat, unerläßlich sind. Sie gestanden sich danach sogar einen Ruhetag zu, aber an dessen Abend mußten sie erfahren, daß sie Konkurrenz bekommen hatten. Man berichtete von Penhall, einem talentierten jungen Alpinisten, er sei mit zwei erfahrenen Bergführern – Ferdinand Imseng und L. Zurbriggen – zum Zmuttgrat aufgebrochen.

Mummery nahm das recht unbekümmert zur Kenntnis und schlug statt dessen vor, zum Col Durand aufzusteigen, das Vorankommen dieser Gruppe zu beobachten und – sollte sie Erfolg haben – den Ostgrat oder die Nordostwand des Dent Blanche in Angriff zu nehmen. 1879 gab es noch eine Fülle nicht bestiegener Ziele, und so brachen sie denn am nächsten Morgen auf, obwohl das Wetter unbeständig war und Wolken die Gipfel verhüllten. Mummery dazu: »Schließlich war ich noch viel zu jung und zu unternehmungslustig, um einen Rückzug zu erwägen, und obwohl ich von Wetterkunde überhaupt keine Ahnung hatte, konnte ich doch mit dem Brustton der Überzeugung günstiges Wetter vorhersagen, so daß Burgener schon halb umgestimmt war.«

Alfred Mummery (links) ist heute aufgrund seiner Zielstrebigkeit und seiner Erfolge ein Berg-
steiger, an den man sich erinnert – um 1880 allerdings hatte er ein Renkontre mit dem Alpine
Club. Alexander Burgener (rechts) aus dem Saastal war der beste Bergführer seiner Zeit; er
kletterte erst mit Dent und dann mit Mummery.

Was Dent den Schneid der Amateure nennt, kann man – etwas unfreundlich –
auch als naiven Enthusiasmus bezeichnen, vor allem wenn es um das Wetter geht.
Die meisten Bergsteiger haben ihre eigene Erfahrung mit dieser besonderen Art
des Wunschdenkens. Als ich 1962 mit Ian Clough den Walkerpfeiler in den Grandes Jorasses vorhatte, vertrieb eine Front äußerst bedrohlich aussehender Wolken
alle anderen Gruppen, die das gleiche Ziel hatten – nur wir drängten weiter nach
oben. Diesmal hatten wir recht und das Wetter klarte wieder auf: an diesen Vorfall
erinnere ich mich immer wieder – und übersehe dabei großzügig all die anderen
Male, in denen ich völlig danebenlag.

Als Mummery und Burgener aufbrachen, trafen sie auf Penhall, der angesichts
des schlechten Wetters nach Zermatt zurückkehrte, und am nächsten Morgen wurden sie mit einem strahlenden Sonnenaufgang belohnt. Das Verhältnis zwischen
Mummery und Burgener verbesserte sich jetzt zusehends. Ihre Gruppe war inzwischen auf vier Männer angewachsen, nachdem Gentinetta als Träger und Petrus als
erfahrener Bergführer hinzugekommen waren. Sie biwakierten in den Felsen am
Fuß des Grates und machten sich über den Proviant her – vor allem über die Alko-
holika, eine Kollektion von Rotwein, Marsala, Flaschenbier und Cognac, die Gentinetta tagsüber aus dem Tal geholt hatte; danach fröstelten sie unter ihren dünnen
Decken. In der Zeit vor der »Erfindung« von Daunenjacken oder -schlafsäcken
mußten Bergsteiger noch abgehärtet sein.

Sie brachen in der Kühle der ersten Morgendämmerung auf und hackten sich
ihren Weg zum Grat hoch. Der erste Teil ist ziemlich unkompliziert – ein reizvol-

ler, schneebedeckter Grat, der zu einem bedrohlich aussehenden Pfeiler hinaufführt, der den Gipfel bewacht. Sie legten eine Pause ein, erschrocken darüber, wie steil und wie brüchig alles aussah. Burgener und Petrus gingen los, um eine Route zu finden, kamen aber entmutigt zurück. Um diese Zeit sahen sie Menschen weit unter sich und kamen zu dem Schluß, daß das nur Penhall mit seiner Gruppe sein könne, der zum Berg zurückgekehrt sei – allerdings auf einer anderen Route, um die Westwand zu durchsteigen. Sie beobachteten die Figuren, bis sie hinter einer Felsgruppe verschwanden. Möglicherweise war es diese neue Herausforderung zusammen mit dem beruhigenden Gefühl, nicht allein am Berg zu sein, daß sie sich dem Kampf stellten.

Diesmal war es Petrus, der die Initiative ergriff und in das zerklüftete Gestein stieg, und dann führte sie Burgener einen gefährlichen Eishang hinauf. Obwohl unten im Tal keine auffallende Erscheinung – im steilen Eis wuchs er über sich hinaus, wurde zum Giganten, wenn er mit Kraft seinen Eispickel schwang. Sie schlugen Stufen in den oberen Teil der Westwand, bis sie am ersten Aufschwung des Südwestgrats das Carrelband erreichten, von wo aus sie dann zum Gipfel gelangten. Sie überschritten den Berg und stiegen dann den einfacheren – und heute mit Ketten gesicherten – Hörnligrat hinab, auf dessen Schulter sie eine weitere Pause einlegten, um zuzusehen, wie Penhalls Gruppe den Zmuttgrat erreichte. An diesem Tag waren zwei neue Routen erschlossen worden – und beide bei weitem schwieriger als alles, was bislang am Matterhorn begangen worden war. Die Führe von Mummery wurde zum Klassiker, während Penhalls Route, die wahrscheinlich technisch anspruchsvoller und mit Sicherheit weitaus gefährlicher ist, nur noch selten benutzt wird.

Diese Besteigung machte Mummery über Nacht zum neuen Bergpionier Englands, und es kann nicht verwundern, daß der Alpine Club ihm die Mitgliedschaft antrug. Er hätte sich keine besseren Antragsteller und Fürsprecher wünschen können als C.T. Dent und D.W. Freshfield, zwei der besten und wagemutigsten Bergsteiger ihrer Zeit. Damit hätte seine Aufnahme also eigentlich eine Selbstverständlichkeit sein müssen. Sie wurde vom Vorstand auch noch abgesegnet, aber als es zur Abstimmung unter den Mitgliedern kam, wurde er per Wahlkugel abgelehnt – in der diskret-obskuren Klubatmosphäre, in der man kleine weiße oder schwarze Wahlkugeln in einen Kasten fallen läßt. Die Regeln besagten, daß »eine schwarze unter fünf Wahlkugeln« zur Ablehnung führte: also bedurfte es nur einer kleinen Quote, um Mummery die Mitgliedschaft zu verwehren.

Es ist noch immer schwer zu begreifen, wie jemand gegen Mummery stimmen konnte. Er war sympathisch und freundlich und hatte Sinn für Humor. In einer Zeit, in der solche Dinge noch eine Rolle spielten, wurde allerdings auch gemunkelt, er sei Kaufmann und habe ein Schuhgeschäft – dabei kam er aus einer wohlhabenden Familie mit Gerbereien im Hintergrund, und sein Vater war Bürgermeister von Dover gewesen. Es ging auch das Gerücht, er habe Penhall die Route aufs Matterhorn gestohlen, aber diese Unterstellung kam nicht von Penhall selbst:

schließlich taten sich Penhall und Mummery unmittelbar nach ihrem sogenannten »Wettlauf« zur Erstbesteigung des Dürrenhorns zusammen. Der wirkliche Grund seiner Ablehnung wird wohl sein rasanter Aufstieg gewesen sein – und auch die Besorgnis einer einflußreichen Gruppe, daß hier ein gefährlicher Neuling Mitglied werden könne, dem die Grundsätze, an denen der Alpine Club noch immer ehern festhielt, möglicherweise gleichgültig sein könnten.

Und da hatten sie in gewisser Hinsicht sogar recht: Mummery vertrat die Ansichten moderner Kletterer so nachhaltig, daß Ronald Clark ihn in seinem sonst so hervorragenden Geschichtswerk *The Victorian Mountaineers* völlig überging. Aber trotz allem waren seine Herkunft und sicherlich auch noch der Beginn seiner Laufbahn durchaus traditionsgebunden, nicht nur in der Art, wie er mit Bergführern auf Fahrt ging, sondern auch in den Beziehungen, die er zu ihnen knüpfte. Sein Denken – und damit auch sein Stil als Schriftsteller – war dem von E.S. Kennedy, der über den Monte della Disgrazia berichtete, nicht unähnlich. Der Unterschied lag im Temperament: Mummery war dynamischer und hatte die größeren – natürlichen – Fähigkeiten.

Obwohl er über diese Zurückweisung niemals gesprochen oder geschrieben hat, muß sie ihn doch tief verletzt haben. Und ein Hinweis darauf findet sich denn auch in einem seiner Briefe an Coolidge, der als Herausgeber des *Alpine Journal* Informationen über seine Bergfahrten suchte. Mummery antwortete ihm: »Ich bin ein viel zu begeisterter Bergsteiger, als daß ich nicht gerne über meine Felsfahrten berichtete. Ich bedaure allerdings, daß die eigenartige Situation, in die man mich gebracht hat, verhindert, daß ich Ihrem Wunsch in vollem Umfang nachkomme.« Trotzdem aber gab er Coolidge dann einen vollständigen Bericht über die Besteigungen des Sommers 1880 – eine eindrucksvolle Liste, die mit der ersten Traverse des Col du Lion beginnt.

Diese Felsfahrt unternahm Mummery ebenfalls mit Burgener. Der Anstieg zum Col war dunkel, tief eingeschnitten, vereist und gefährlich, in seiner Steilheit etwa der modernen schottischen Gullykletterei vergleichbar. Wegen seiner Länge und des Zeitdrucks, unter dem sie standen, wechselten sie sich – wie heutige Kletterer – in der Führung ab. Die Wände wurden ständig steiler. Burgener war gerade Vorsteiger, als der Schaft seines Eispickels brach. Jetzt hatten beide nur noch einen Pickel zur Verfügung, und Mummery befestigte seinen am Ende ihres Seils, so daß Burgener ihn zu sich nach oben ziehen konnte. Aber als der Führer das Seil dann seinem Gefährten unten wieder zuwerfen wollte, verfing es sich im Fels, und Mummery blieb nichts anderes übrig, als die gefährlichen Eistritte ohne die Sicherung durch Seil oder Pickel hochzuklettern.

Aber damit waren die Schwierigkeiten noch längst nicht überwunden, und ihre Kletterei hört sich so hart an wie höchste heutige Schwierigkeitsgrade. »Das Eis war zu dünn, als daß wir Stufen schlagen konnten, die tief genug waren, um festen Halt darin zu finden. Burgener fand hier allerdings einen Ausweg, indem er eine durchgehende Leiste ins Eis schlug, und mit Hilfe von Griffkerben, die ins Eis darüber geschlagen wurden, konnte man dann vorsichtig Halt suchen. Das kostete natürlich eine Menge Zeit und Kraft. Eine Hand mußte sich stets am Griff oben festhalten, während die andere dann den Eispickel schwang.«

Und das war nicht einmal der moderne, kurzstielige Eispickel – es war der lange und klobige Alpenstock. Es muß diese Eisfahrt gewesen sein, die die Kameradschaft zwischen Mummery und Burgener fest zusammenschweißte. Ein Couloir – diese schluchtartige Steilrinne – ist eine ganz besondere Herausforderung, und beide hingen, was Nerven und Können anbetraf, vollständig voneinander ab, um den Col du Lion lebend zu erreichen.

Die Rinne auf der italienischen Seite war voller Nebel, aber auch voller Schnee, und so brachen sie eine der Grundregeln sicherer Bergfahrten – keine Abfahrt an Hängen, deren Fuß man nicht sehen kann – und pflügten stehend nach unten. Mummery, der führte, erhaschte zum Glück einen flüchtigen Blick auf einen klaffenden Bergschrund unter sich und rief Burgener zu, er solle anhalten, und es gelang ihnen tatsächlich, noch vor dem Rand zum Stehen zu kommen. Weiter seitlich fanden sie dann eine Schneebrücke über die Kluft, aber da sie zu brüchig war, um über sie hinwegzukriechen, schossen sie in sitzender Abfahrt über sie hinweg und rannten und rutschten dann um Spalten und Séracs bis zu dem Punkt, wo der Gletscher endlich flacher wurde. Wenn man liest, wie Mummery diesen Abstieg beschreibt, spürt man seinen Überschwang, seine Hochstimmung und seinen Stolz, eine ungeheuer schwierige und potentiell gefährliche Bergfahrt überstanden zu haben, indem die Gefahr gemeinsam gemeistert wurde – und seine Erleichterung, noch am Leben zu sein.

Nur eindreiviertel Stunden nach Verlassen des Cols trafen sie in dem kleinen Weiler Breuil ein und gingen zum Gasthof, um Venetz zu treffen, ihren zweiten Führer: sie hatten ihn mit all ihrem schweren Gepäck über den Théodulpaß geschickt und ihm aufgetragen, Federvieh zu kaufen und ihm die Hälse umzudrehen – für ihr Abendessen. Es ist dies das erste Mal, daß Mummery den Namen Venetz in seinem Bericht erwähnt. Er spielt darin eine interessante Rolle, zum Teil auch die des Spaßvogels oder Clowns, und trotzdem war es immer er, der nach vorn ging, wenn die Felsfahrt schwierig wurde. Er taucht in den Berichten fast ohne Einführung auf und verschwindet genauso, ohne Spuren zu hinterlassen. Soweit ich feststellen konnte, gibt es von ihm keine Fotografie und auch keine Anhaltspunkte über sein Vorleben oder sein späteres Schicksal – und dabei war er der herausragendste Bergsteiger seiner Zeit.

Sie fanden den Gasthof verriegelt und mit geschlossenen Fensterläden, aber da sie ihren Venetz kannten, hämmerten sie so lange, bis schließlich ein verschlafener Venetz auftauchte: »Er begründete die Tatsache, daß er die Hälse des Federviehs verschont hatte, mit seiner felsenfesten Annahme, der Berg werde schon die unsrigen brechen. Und in weiser Voraussicht habe er – die Strapazen eines Suchtrupps vor Augen – zunächst mal einen Tiefschlaf eingelegt.«

Zu dritt fuhren sie dann nach Courmayeur, überquerten den Col du Géant, stiegen nach Chamonix ab und erkletterten von dort aus als erste die Grands Charmoz, wobei sie auch die Route vom Col des Charmoz zum Gipfel des Nachbarbergs – des Grépon – erkundeten. Es war eine harte und fordernde Kletterei, die ein vereistes Couloir hochführte, und wieder wurde Venetz nach vorn geschickt, um einen Buckel harten, grünen Eises zu überwinden. Für diese Erstbesteigung der Grands Charmoz benötigten sie – von Chamonix zum Gipfel und wieder zurück nach Chamonix – vierzehn zermürbende Stunden. Die meisten Bergsteiger, damals wie heute, würden sich danach einen Ruhetag gönnen, aber Mummery hatte den noch nicht begangenen Furggengrat des Matterhorns auf seiner Agenda, und so rannte er mit Burgener den ganzen Weg zum Bahnhof, um den Mittagzug zu erwischen; hier besorgte Burgener noch einen großen Krug Bier als Erfrischung für unterwegs. Zwei Tage später hatten sie den Furggengrat beinahe begangen, stiegen dann aber durch die Ostwand und beendeten die Tour über den Hörnligrat.

1883 heiratete Mummery. Seine Frau Mary begleitete ihn manchmal am Seil – ausgesprochen stolz berichtet sie von Burgener, er habe »seltsame Ansichten: er glaubt an Geister, und er glaubt auch, daß Frauen bergsteigen können«.

1888 lockte Mummery die Ferne, und er brach mit seinem Führer aus Mehringen, Heinrich Zurfluh, zum Kaukasus auf. Schon 1868 hatten Freshflied, Moore und Tucker den östlichen Nebengipfel des Elbrus, mit 5632 m höchster Berg Europas, bestiegen. Dann erzwang der russisch-türkische Krieg von 1877/78 zwar eine Pause, aber in den späten achtziger Jahren wurde der Kaukasus dann zum Tummelplatz wagemutiger Bergsteiger – er war wilder und unzugänglicher als der Himalaja heute. Um dorthin zu gelangen, mußte man acht Tage lang mit dem Zug durch Europa reisen, eine Anzahl stur-boshafter Zollkontrollen über sich ergehen lassen und dann zweieinhalb Tage auf dem Rücken eines tatarischen Ponys verbringen, ehe man endlich Besingi im Herzen des Kaukasus erreichte, wo es ein modernes Lager für Bergsteiger gab. Die Karten waren ungenau, nur wenige Gipfel waren bisher bestiegen worden, und es gab praktisch überhaupt keine Straßen, nicht einmal in den großen Tälern. Für Mummery muß sich das Gefühl des Abenteuers noch dadurch verstärkt haben, daß sie ja nur zu zweit waren. Damit waren sie völlig auf sich selbst gestellt, und selbst eine kleinere Verletzung in den Bergen konnte ernsthafte Folgen haben. Ihre Abgeschiedenheit wurde noch unterstrichen durch die Ausrüstung, die Zurfluh jetzt zutage förderte: »Ein Topf äußerst übel riechenden Schuhfetts, der die Reise von Mehringen bis hierher mitgemacht hatte, ein großer Hammer, ein beachtlicher Vorrat an Schuhnägeln und eine Art Amboß, um sie auch einschlagen zu können«.

Dann erkundeten sie die Umgebung, überquerten etliche Pässe und besahen sich mehrere Berge – aber Mummery war vor allem auf den Dych Tau aus, mit 5180 m der höchste unbezwungene Berg der Region. Er war viel steiler und zerklüfteter als der Elbrus, dessen – höhere – westliche und östliche Gipfel kaum mehr als gigantische Schneekuppen waren. Landschaft und Lebensbedingungen waren ähnlich wie im Himalaja: Zugang war meist ein langes Tal, Führer war ein heimischer Jäger, auf Gletschern verlor man im dicken Nebel die Orientierung, und im sommerlichen Hochlager graste eine Schafherde, die einen stets mit Frischfleisch versorgte, das über dem Holzfeuer zubereitet wurde.

Den Berg hatten vorher schon Dent und Donkin versucht, und Mummery und Zurfluh erreichten recht bald einen rötlichen Steinmann, der deren höchsten Punkt markierte. Der Dych Tau präsentierte sich mit einer großen Zahl zerklüfteter Grate, durchzogen von Couloirs, die mit Schneematsch gefüllt waren. Zurfluh trat in ihnen einen großen Klumpen davon los, der Mummery am Kopf traf und ihn kurz betäubte. Aber sie stiegen weiter, gewannen stetig an Höhe, pendelten dabei von einer Seite des Grats zur anderen, bis – schon nahe unter dem Gipfel und an einer besonders steilen Wand, die Zurfluh schon bewältigt hatte – Mummery zu dem Schluß kam, es sei nun wirklich Zeit, das Seil anzulegen, wobei er mit seinem typischen Humor dazu bemerkt:

> » ... denn es ward mir aufgegeben«, wie die Pilgerväter von Plymouth das ausgedrückt hätten, Sorge zu tragen, daß der zweithöchste Gipfel des Kaukasus nicht von einer Seilschaft ohne Seil bestiegen werde. Verstieße das nicht gegen alle Regeln, die in den Schriften von Badminton für die Führung der Jungen und Unschuldigen ganz Englands niedergelegt wurden? Ja, könnte es nicht sogar den Ruch der Verunglimpfung unseres Gipfels in sich tragen? Sanft und freundlich trug ich Zurfluh meine Überlegungen dazu vor.
>
> Er fragte mich lediglich, ob ich nach oben käme und mir das Seil holte, oder ob er es zu mir herunterlassen solle.

Mummery entschied sich dann dafür, daß das Seil zu ihm herabgelassen werde, und war – mir ist das häufig so ergangen – sehr erleichtert, als er entdeckte, wie der Winkel, der zuvor beinahe vertikal erschien, sich auf vernünftige sechzig Grad verringerte, nachdem er sich das Seil um die Taille gelegt hatte. Dann schlängelten sie sich noch durch ein Felstor im Grat und waren oben – mit einem herrlichen Ausblick auf unbestiegene Gipfel zu ihren Füßen. Auf dem Rückweg zum Lager wollte Mummery – unersättlich wie immer – noch einige jungfräuliche Gipfel mehr »abhaken«, aber Zurfluh hatte genug und bestand darauf, nach Hause zu gehen.

Es war eine gute Saison, und endlich wurde Mummery auch die längst fällige Anerkennung zuteil. Man lud ihn ein, vor der Royal Geographical Society zu sprechen, und dann wählte ihn der Alpine Club zum Mitglied. Diesmal sah man keine schwarzen Wahlkugeln. Etwa um diese Zeit begann für Mummery eine neue Phase seiner Alpinistenlaufbahn: er begann, die Notwendigkeit von Bergführern in Frage zu stellen. Und er war nicht der erste, der diese Überlegung anstellte. Die Gebrüder Parker hatten schon 1860 das Matterhorn ohne Führer zu besteigen versucht, und Cust, Colgrove und Cawood gelang dann 1876 die erste führerlose Besteigung dieses Berges. Die Pilkington-Brüder und Gardiner erkletterten den Meije 1879 ebenfalls ohne Führer.

Mummery hielt die Begründung für führerlose Kletterfahrten fest, als er über seine Rückkehr mit ein paar Freunden zum Charmoz notierte:

Dieses Mal waren wir ohne Führer, weil wir nun endlich erkannt hatten, daß diejenigen, die die Freuden des Bergsteigens wirklich auskosten wollen, die oberen Regionen erforschen sollten, indem sie sich ausschließlich auf ihr eigenes Können und Wissen verlassen. Die Gründe hierfür sind mannigfaltig, und sie liegen nicht zuletzt auch an den starken Veränderungen, die die professionellen Bergführer erfaßt haben.

Der Führer aus der Ära der *Peaks, Passes and Glaciers* war Freund und Berater, er führte die Gruppe und stieg voll in all ihre Ausgelassenheit und Fröhlichkeit mit ein; auch nach Rückkehr in den kleinen Berggasthof war er noch immer – mehr oder weniger – Teil der Gruppe, und die abendliche Pfeife schmeckte eigentlich nur in seinem Beisein. In seinen heimischen Bergen war er glücklich, und wenn er routiniert die wenigen Möglichkeiten und Ressourcen des Bergdorfes auskundschaftete, erwies er sich als unersetzlicher und äußerst nützlicher Kamerad.

Anschließend bedauerte er, daß der zunehmende Tourismus die Beziehung zwischen Führer und Klienten auf einen Kontrakt reduziert habe, nach dem der eine den anderen auf einer bestimmten Route, die er schon unzählige Male gegangen sei, auf den Berg begleiten müsse. Er beklagt auch die Menschenmassen:

> Einmal traf ich einen Mann, der mir – um elf Uhr morgens – erzählte, daß er gerade auf dem Charmoz gewesen sei. Er erschien mir mächtig stolz auf diese Leistung, und zweifellos war er mit außerordentlichem Tempo gegangen.
>
> Aber warum, fragte ich mich, tut er so etwas? Kann denn jemand, der Augen im Kopf und eine unsterbliche Seele in der Brust hat, freiwillig die herbe Schönheit des Charmozgrats verlassen, nur um zu den Massen führerloser Touristen zurückzueilen, die den Montenvers nachmittags überrennen und unerträglich machen?

Mit einer kleinen Gruppe von Freunden wiederholte Mummery jetzt einige der besten Felsfahrten, die er zuvor mit Führern absolviert hatte; dabei überschritt er den Charmoz und den Grépon und beging den Zmuttgrat. Er wandte sich dabei auch neuen Routen zu, versuchte die Nordwand der Aiguille du Plan und in den Grandes Jorasses den Hirondellesgrat – beides Touren, die ihrer Zeit weit voraus waren. Erfolg hatten sie am Dent du Requin, einer schwierigen Felsfahrt, und an der weiten Westwand des Plan, dann gelang ihnen die erste führerlose Begehung der Brenvaflanke des Mont Blanc; hier führten sie ein leichtes Biwakzelt aus Seide mit.

Mummery führte nicht nur seine Frau ins Bergsteigen ein, sondern auch deren engste Freundin Lily Bristow, die er zum Charmoz, zum Grépon und zum Petit Dru mitnahm. Als er Miss Bristow über den heutigen Mummeryriß auf den Grépon begleitete, war der vollgepackt mit Schnee. Es war bei diesem Aufstieg, daß sie die einzige verbliebene Fotografie von Mummery beim Klettern aufnahm.

Seine anderen Berggefährten fand er unter den besten englischen Alpinisten dieses ausgehenden Jahrhunderts: Carr, Slingsby, Solly, Collie, Hastings und Conway – Männer, die in den Bergen Englands, in den Alpen und in noch weiter entfernten Bergregionen ihre Spuren hinterließen. Slingsby wurde später als Vater des norwegischen Alpinismus bekannt, nachdem er das zerklüftete und bergige Land in voller Länge durchmessen hatte. Martin Conway, der spätere Lord Conway of Allington, verfaßte den ersten Bergsteigerführer für das Mattertal; er durchquerte auch das Karakorum: den Hispargletscher hinauf, den Biafo hinab und den Baltoro wieder hinauf – damit erschloß er einige der großartigsten Berge der Welt. Er hatte eigentlich vorgehabt, Mummery auf seine Expedition mitzunehmen, als sie dann aber in den Grajischen Alpen zusammen kletterten, stellten sie bald fest, wie unterschiedlich ihre Einstellung zu den Bergen war, und trennten sich daraufhin freundschaftlich. Mummery war der Typ des modernen Kletterers, der technische Schwierigkeiten und neue Wege zu den Gipfeln geradezu suchte – Conway war mehr Reisender, äußerst sorgfältig in seiner Planung und eher an Erkundung und Erforschung als am Bergsteigen interessiert.

In England scheint Mummery verhältnismäßig wenige Bergfahrten unternommen zu haben – vielleicht weil er im Süden Englands lebte, von wo aus es für ihn fast genauso einfach war, den Kanal zu überqueren und den Zug in die Alpen zu besteigen, als nach Norden zu fahren, wo seine einzige verbürgte Bergfahrt die zweite Besteigung des Great Gully in den Wastwater Screes des Lake District war. Zu dieser Zeit entwickelte sich das Klettern in England gerade zur eigenständigen Sportart. Die Kletterer hatten damit begonnen, die tief eingeschnittenen, moosbewachsenen Rinnen der Gullys zu erforschen, und wandten sich jetzt den offenen Pfeilern und Flanken zu. Napes Needle, diese großartige Zacke des Great Gable, wurde 1886 erstmals von Haskett Smith bestiegen, einem der ersten »Felsenturner« von Rang.

Mummery schloß sein Buch *Meine Bergfahrten in den Alpen und im Kaukasus* 1895 ab, kurz vor Beginn seiner Expedition zum Nanga Parbat – ein Unternehmen, das er als logische Konsequenz seiner Abenteuer im Kaukasus begriff. Im letzten Kapitel bekennt er sich dazu, sich stets der Gefahr bewußt zu sein und sie auch zu akzeptieren.

> Die Erinnerung an zwei ausgelassene Gruppen, die zusammen sieben Männer umfaßten, steht mir als gespenstische Warnung vor Augen und gemahnt mich daran, daß von diesen sieben Penhall am Wetterhorn sein Leben ließ, Ferdinand Imseng am Macugnaga Monte Rosa und Johann Petrus am Frêney Mont Blanc. Zu behaupten, daß auch nur einer von diesen Männern weniger vorsichtig oder kompetent gewesen wäre oder weniger Kenntnis vom Bergsteigen gehabt hätte als wir, die wir noch immer am Leben sind, wäre ohne Zweifel töricht und absurd.

Dieselben Kriterien gelten auch heute noch. Wenn ich auf meine größeren Expeditionen zurückblicke, so ist etwa die Hälfte der besten Alpinisten im Laufe der Zeit bei Bergunfällen ums Leben gekommen. Und doch trieb Mummery und seine Zeitgenossen – oder auch mich – nicht die Todessehnsucht in die Berge: es war der Wunsch, Neues zu erkunden, Grenzen hinauszuschieben, aber auf eine Weise, die Freude bereitete. Lassen wir noch einmal Mummery zu Wort kommen:

> Der echte Bergsteiger ist ein unsteter Wanderer ... ein Mann, der gern dort ist, wo vor ihm noch niemand war, den es erfreut, den Fels zu ergreifen, dem die Berührung menschlicher Finger fremd ist ... Ob er siegt oder unterliegt – es ist der Kampf, der ihn mit Glück erfüllt. Die nackten, dunklen Kamine, die glatten, abschüssigen Platten und die schwarzen Eisbuckel eines Couloir: das ist seine Welt, sein Leben.

Kapitel 5

IN DIE WELT DER ACHTTAUSENDER

Touren im Himalaja vor dem Ersten Weltkrieg

●

Im Juni 1895 brach Mummery mit nur zwei Begleitern, seinen bewährten Berggefährten Norman Collie und Geoffrey Hastings, zum Himalaja auf. Wie jeder moderne Alpinist wollte er mit einer kleinen Gruppe über eine schwierige Route einen hohen Berg besteigen. Seine Zielsetzung war von Einfachheit und umwerfender Arglosigkeit gekennzeichnet – kein Gedanke an Sauerstoff, Kolonnen von Sherpas, Fixseile oder Lager. Es ist schwierig, heute bestimmen zu wollen, wie weit Mummery tatsächlich seiner Zeit voraus war. Der Berg, den er ausgewählt hatte, der Nanga Parbat, verband den Vorteil großer Höhe (8125 m) mit dem der Erreichbarkeit von Rawalpindi aus, zudem war er steil und eindrucksvoll. Mit dem begrenzten Wissen, das damals hinsichtlich der Verhältnisse in großen Höhen zur Verfügung stand, schien er ein anderer Dych Tau zu sein, nur größer und besser erreichbar. So schrieb Mummery nach Hause: »Du brauchst Dich nicht zu sorgen: die Expedition ist viel ungefährlicher als unsere erste in den Kaukasus.« Vielleicht wollte er seine Frau ja nur beruhigen – ich vermute allerdings, daß er das wirklich glaubte.

Obwohl Mummery nicht der erste Bergsteiger im Himalaja war, so hatte er doch die klarsten und kühnsten Zielsetzungen. Sein bedeutendster Vorgänger dort war W.W. Graham, der 1883 mit zwei Schweizer Bergführern nach Indien gereist war in der Absicht, Berge »mehr aus sportlichen Gründen und aus Abenteuerlust als zur Förderung wissenschaftlicher Erkenntnisse« zu besteigen, wie er hinterher vor der Royal Geographical Society bekannte. Seine Gruppe besuchte das Garhwal und bemühte sich redlich, die Rishischlucht zu durchqueren, um den Nanda Devi zu erreichen, danach versuchte sie den Dunagiri und gab an, den Gipfel des Changabang erreicht zu haben. Diesen Gipfel bezwang ich 1974 mit Martin Boysen, Dougal Haston, Balwant Sandhu, Doug Scott und Sherpa Tashi nach ziemlichen Schwierigkeiten – es scheint mir daher sehr unwahrscheinlich, daß Grahams Team auf dem Changabang gewesen ist, und man nimmt heute allgemein an, daß es die Spitze eines kleineren Gipfels in der Nähe des Dunagiri erklettert hat. Er beansprucht für sich auch die Erstbesteigung des Kabru (7340 m) in Sikkim, und zwar über die Südostwand – aber auch diese Aussage wird heute angezweifelt.

Conways Expedition ins Karakorum von 1892 unterschied sich vom Konzept her deutlich von dem Unternehmen, das Mummery plante. Conway wollte vor allem das riesige Gletschersystem kartographisch erfassen. Er hat mit Sicherheit viel erreicht und sich als entschlossener Bergsteiger wie als überragender Erforscher dieser Bergwelt erwiesen – er stieg den Hispargletscher hinauf, den Biafo hinab und dann den Baltoro wieder hinauf, überquerte die Gletscher um den K2, versuchte den Baltoro Kangri und schaffte den Crystal Peak (5913 m). Es war Conway, der dem Ogre seinen Namen gab; auf diesem Berg hatte ich meine engste Berührung mit einer Katastrophe: Doug Scott brach sich hier beide Beine und ich mir einige Rippen, als wir bei einem schrecklichen Sturm vom Gipfel (7285 m) abstiegen. Der Gipfel, dem er damals seinen Namen gab, ist in Wirklichkeit ein Nebengipfel, der heute Conway's Ogre genannt wird, während sein größerer und abschreckenderer Nachbar sich dahinter versteckt hält, oberhalb des Baintha-Brakk-Gletschers.

Einer von Conways Begleitern 1892 war Leutnant C.G. Bruce, ein begeisterter Bergsteiger, der drei Jahre später Mummery bei seinen Vorbereitungen vor Ort half und dann in Indien mit einigen Gurkhasoldaten zur Nanga-Parbat-Expedition stieß. Viel später – 1922 – führte Bruce, inzwischen Brigadegeneral, die zweite Expedition zum Everest an. Der kürzeste Weg zum Nanga Parbat führt das Rupaltal hinauf zur Südwand, und das ist auch der Weg, den sie nahmen. Als sie einen benachbarten Berg hinanstiegen, um sich einen guten Überblick zu verschaffen, entdeckten sie recht bald die unerfreulichen Symptome der Höhenkrankheit, und dann – schon bei bescheidenen 4877 m – konnten sie erkennen, daß die Rupalflanke nichts für sie war. In Collies Worten: »Es türmte sich überall ein Abgrund über dem anderen, und an den ungünstigsten Stellen sahen wir Hängegletscher.« Diese Wand ergab sich erst 1970 dem massiven Aufgebot einer achtzehn Mann starken deutsch-österreichischen Expedition, die ihren Höhepunkt in dem blitzartigen Gipfelvorstoß von Reinhold Messner und dessen Bruder Günther fand.

Enttäuscht von dem Anblick, der sich ihnen hier bot, entschieden Mummery und seine Mannschaft, den Mazenopaß zu überqueren – eine reguläre Route sowohl für Händler als auch für Wegelagerer – und sich die andere Seite anzusehen. Aber auch dieser Paß erwies sich mit seinen endlosen Moränenhängen als eine Tortur. Collie litt stark unter der Höhenkrankheit und schaffte es kaum bis zum 5470 m hohen Paß. Sie verbrachten eine recht unerfreuliche Nacht neben einem Gletscher und stiegen dann zu seiner Zunge ab, unterhalb derer sie ein Hirtenlager entdeckten, wo man ihnen verdreckte Ziegenmilch und ein Schaf verkaufte. Danach stiegen sie ins Diamirtal ab und folgten ihm aufwärts bis zur Diamirflanke des Nanga Parbat.

Ich war im Sommer 1990 dort, zusammen mit dem amerikanischen Alpinveteranen Charles Houston und dem Deutschen Sigi Hupfauer. Wir wollten zumindest

Links W.M. Conway, Forscher, Kartograph und Alpinist, der als erster das Karakorum systematisch erkundete und auch in Spitzbergen und den Anden Bergfahrten unternahm. Die Aufnahme rechts stammt von Collie und zeigt Raghobir Thapa, C.G. Bruce und Mummery (mit zwei Hüten, zwischen die er Schnee gepackt hatte, um einen kühlen Kopf zu bewahren). Ihre Nanga-Parbat-Expedition von 1895 unterschätzte die Entfernungen im Himalaja, und Mummery verlor – zusammen mit Raghobir und einem zweiten Gurkha – am oberen Diamirgletscher in einer Lawine sein Leben.

einen Teil der Route, die Mummery damals nahm, nachgehen und in dieser großartigen Umgebung darüber nachsinnen, inwieweit sich der Himalaja in all den vergangenen Jahren verändert hat. Auf den ersten Blick schien sich nicht viel geändert zu haben. Das Diamirtal ist auch heute noch bewaldet, und hoch über ihm ragt an seinem Ende die riesige Diamirwand auf. Mummery beschreibt es als »unbewohnt, aber auch ungewöhnlich schön; prächtige Bäume (meist Birke und Kiefer); ein Dickicht wilder Rosen; Blumen zuhauf und dichtes Unterholz.«

Heute kleben Dörfer an jedem Hang, den man über Kanäle, die man an den Bergen angelegt hat, bewässern kann. Terrassenartige Hänge tragen Maisfelder. Maulbeer- und Aprikosenbäume spenden Schatten, und die Steinhäuser mit ihren flachen Dächern schmiegen sich in Trauben unauffällig an die Berge. Sie haben sicherlich ihre eigene Schönheit, fordern aber auch ihren Preis, denn der Wald weicht ständig zurück, da man Brennholz braucht und neue Häuser baut, während stetig wachsende Schaf- und Ziegenherden das Unterholz, junge Pflanzen und die Rinde ausgewachsener Bäume vernichten.

Elf Expeditionen benutzten im Sommer 1990 die Wiesen am Diamirgletscher als Hauptlager. Aus der Ferne sahen sie aus wie alle anderen Gletscherwiesen auch, und die Diamirflanke zog unseren Blick an – so erging es damals auch Mummery – mit ihrer komplexen Struktur aus Felspfeilern und Graten, Eistürmen und

Schneefeldern. Das war die Route, die die Gebrüder Messner 1970 auf ihrer verzweifelten Suche nach einem Abstieg nahmen.

Wenn man aber den Gletscherweiden näherkommt, kann man die Abfallhalden unserer Verpackungsgesellschaft nicht mehr übersehen. Ein altes Expeditionszelt, das – wie wir erfuhren – der Dorfälteste sich einst ausgeliehen hatte, stand an einer Ecke des Lagergeländes: voll von zersplitterten Glasampullen mit geronnenem Blut und anderen Hinterlassenschaften der Höhenforschung, und als wir das Gelände durchquert hatten, war uns klar, daß es sich hier um einen riesigen Abfallberg von Plastikhüllen, Kanistern und Konserven handelte. Es schien uns unbegreiflich, daß Bergsteiger die Bergwelt – die sie ja zu lieben vorgeben – derart schändlich behandeln.

Als Mummery diesen Punkt zum ersten Mal erreichte, befand er sich auf einem Vorstoß mit leichtem Gepäck. Da sie jetzt kaum noch Verpflegung hatten, beschlossen sie, zum Rupaltal zurückzukehren, die restlichen Vorräte zu holen und sich dann unterhalb der Diamirflanke einzurichten. Es war charakteristisch für Mummery, daß er für den Rückweg eine andere Route wählte und in ein Seitental südlich des Diamirgletschers vorstieß, wobei er hoffte, irgendwo einen Übergang ins Rupaltal zu finden.

Sie brachen um Mitternacht auf, ließen sich aber ein weiteres Mal von den schier unermeßlichen Entfernungen des Himalaja täuschen. Collie äußerte dazu in einem Papier, das er dem Alpine Club überließ: »Wir hatten bestimmt keine Zeit vertan, aber im Himalaja sind die Maßstäbe ganz anders als etwa in den Alpen oder den Bergen Schottlands, und obwohl keine unnötigen Pausen eingelegt worden waren, erreichten wir den Übergang erst um zwei Uhr nachmittags.« Beim Aufstieg hatten sie an einem kleinen Grat eine ziemliche Felskletterei hinter sich bringen müssen und auch manch herrlichen Blick auf die Diamirflanke genossen. Aber dann mußten sie feststellen, daß ihr Übergang nicht über den Hauptgrat des Nanga Parbat führte, sondern über einen Nebenkamm, der von ihm wegführte. Also waren sie noch auf der Diamirseite des Mazenopasses, und so mußten sie hinunter zum Gletscher, nachts den Paß überqueren und dann zum Lager an der Rupalflanke zurückmarschieren. Auf diese Weise konnten sie sich allerdings beizeiten akklimatisieren.

Eine Woche später waren sie dann wieder unterhalb der Diamirflanke – diesmal mit reichlich Proviant und wild entschlossen, den Berg anzugehen. Mummery schrieb dazu an seine Frau: »Es gibt da einen hübschen kleinen Felsgrat (brüchig), der zwischen zwei Gletschern nach oben führt. Ich glaube, er ist sogar leicht genug für die Chilasiträger. Falls ja, dann werde ich ein Lager an seiner Spitze – in etwa 6000 m Höhe – errichten. Von dort aus können wir mit zwei Gurkhas ein weiteres Lager in 7000 m Höhe anlegen, direkt am Fuß des wirklichen Gipfels, der auf dieser Seite nur aus leichtem Fels besteht ... Ich denke, der Gipfel ist uns sicher, denn jetzt ist es nur noch eine Frage des ständigen Trainings, damit uns die Luft nicht ausgeht.«

Und ganz natürlich taten sie das, was jede moderne und leichte Expedition heute auch tut: sie hatten ihr Hauptlager an den unteren Hängen des Berges und brachten jetzt ihre Vorräte an einen Punkt, von dem aus sie dann einen Vorstoß zum Gipfel machen konnten. Allerdings – für Mummery und seine Gruppe war all das ein Schritt ins Unbekannte. Sie wußten nichts über die Folgen eines Aufenthalts in extremer Höhe, nichts über Ausmaß und Intensität von Himalajalawinen, nichts über die Gewalt der Jetstreams. Das waren Dinge, die die Alpinisten der zwanziger und dreißiger Jahre am Nanga Parbat, am Everest, am K2 und am Kangchenjunga leidvoll erfahren mußten. Alles erwies sich als schwieriger, als es zunächst den Anschein hatte. In einem späteren Brief schrieb Mummery darüber:

> Wir stellen jetzt fest, daß der Nanga Parbat nicht leicht zu nehmen ist. Der Weg nach oben ist zwar nicht schwierig, aber schwierig ist es, unsere Lager einzurichten, und natürlich macht uns die dünne Luft zu schaffen.
>
> Zu allem Unglück hat sich auch noch das Wetter verschlechtert, und wir werden wohl eine Woche oder so warten müssen, bis es herbstlich-beständiger wird ... Einen Teil unseres Gepäcks haben wir ein Stück den Nanga hinaufschaffen können (auf 4860 m), aber es ist eine Heidenarbeit, es noch höher zu bringen, denn die Kulis gehen ja nicht höher als 4400 m, wo der obere Gletscher beginnt.

Aber sie blieben doch bei Mummery und Collie und trugen zwölf Pfund Schokolade, sechs Dosen Biskuits von Huntley & Palmer sowie Suppen und Extrakte von Brand zunächst auf 5170 m und dann – bei einem zweiten Vorstoß – sogar auf 5780 m. Collie schreibt darüber:

> Die beiden Chilasi Shikari und ich hatten oben Kopfschmerzen, aber Mummery spürte niemals auch nur die geringste Erschöpfung. Er war den ganzen Weg vorn – manchmal in tiefem Pulverschnee, und manchmal mußte er auch Stufen schlagen, bis zu einer Stunde lang. Das Tempo war fast genausoschnell, wie er es in den Alpen anschlug, und wir waren schließlich über 2000 m gestiegen. An dem Tag hatte die dünne Luft mit Sicherheit überhaupt keine Wirkung auf ihn.

Mummery war in großen Höhen offensichtlich sehr leistungsfähig. Er hatte Hastings und Collie hinter sich gelassen und kletterte über einige Felsrippen, die heute seinen Namen tragen, zu einem Hochlager; der Gurkha Raghobir Thapa begleitete ihn. Aber am Hochlager fühlte Raghobir sich krank, was vermutlich an der Höhe lag, und Mummery blieb keine andere Wahl, als ihn nach unten zu bringen. Wäre er in der Lage gewesen weiterzudrängen, hätte er – trotz seiner guten Form und Akklimatisierung – den Gipfel des Nanga Parbat höchstwahrscheinlich trotzdem nicht erreicht: der Weg dorthin war zu weit, und die Auswirkungen der extremen Höhe hatten gerade erst eingesetzt.

Obwohl er von der Diamirflanke abgewiesen worden war, gab er die Hoffnung nicht auf: jetzt beschlossen sie, sich nach Norden zum Rakhiottal zu begeben und dort nach einer leichteren Route zu suchen. Von dieser Seite aus wurde – 58 Jahre später – der Nanga Parbat erstmals bestiegen. Um dorthin zu kommen, entschied sich Mummery – mit seinem unstillbaren Durst nach Abenteuern – dafür, dem Diamirgletscher weiter hinauf zu folgen und zu versuchen, einen hochgelegenen Übergang direkt unterhalb des Nanga Parbat zu queren und so in den oberen Teil des Rakhiotgletschers zu gelangen. Am 24. August 1895 brach er mit den Gurkhas Raghobir Thapa und Goman Singh dorthin auf – sie wurden nie wieder gesehen.

Es war in der Morgendämmerung des 27. August 1990, als Sigi Hupfauer und ich an unserem letzten Tag im Diamirhauptlager die Gratseite über dem Gletscher hocheilten, um oben am Kamm zu einem Aussichtspunkt in 5638 m Höhe zu gelangen, von dem aus man die Flanke und den Gletscher überblicken kann, den die drei Männer damals hochgestiegen waren. Es war ein stiller und klarer Morgen, und es sah alles so unschuldig und friedlich aus: die zahllosen Spalten und Türme des Eisbruchs, wo der Gletscher um die bucklige Nase des Westsporns des Nanga Parbat fließt. Das war die Kinshoferführe, die Sigi zwei Jahre zuvor gegangen war. Ich konnte die Mummeryrippen ausmachen, die sich bis hinauf in die Wand erstrecken, und konnte den Abstieg verfolgen, den die Gebrüder Messner genommen hatten. Reinhold hatte geführt, Günther jedoch, dicht hinter ihm, hatte am unteren Gletscher eine andere Route eingeschlagen und war von einer riesigen Lawine verschüttet worden. Waren Mummery und seine beiden Begleiter etwa an der gleichen Stelle umgekommen, oder waren sie noch weiter vorgestoßen? Wegen der breiten Spalten und Séracs des Eisbruchs hatten sie der Nanga-Parbat-Seite des Gletschers folgen müssen. Links über dem Kinshoferhorn ist hoch oben ein ausgedehnter Eisbruch: konnte der eine Lawine – möglicherweise aus Pulverschnee oder von Schneewächten – ausgelöst haben?

Dabei ist eine Schneelawine etwas so Kurzlebiges, Flüchtiges. Sie beginnt mit einem Riß, einer kaum wahrnehmbaren Bewegung am Hang, dann bricht sie als große, schäumende Wolke über die erste Eiswand hinweg, und diese stille, herabstürzende Wolke gibt kaum Aufschluß über das kolossale Gewicht des Schnees und die Kraft der Wirbel in ihr. Dann landet sie auf dem Gletscher, die Wolke breitet sich aus und wächst – wie Kumuli an einem Sommernachmittag. Ihr grummelndes Geräusch erreicht den fernen Betrachter erst, wenn sie sich aufzulösen beginnt. Sie hinterläßt kaum Spuren. Der zurückbleibende Lawinenkegel ist zwar erkennbar, und doch ist es nicht möglich, die Tausende Tonnen von Schnee zu messen, die durch die stille, ruhige Luft herabgestürzt sind. Nur wenige Minuten nach der Lawine sieht alles wieder aus wie vorher. Und trotzdem liegt vielleicht doch jemand unter dem frischen Tuch aus Schnee begraben.

Mit dem Tod von Mummery und seinen beiden Gefährten hatte der Himalaja seine ersten Opfer unter den Alpinisten gefordert – und mit ihnen den Mann, der mehr als jeder andere für sich beanspruchen konnte, der Begründer des modernen Alpinismus zu sein. Mummery kannte diese Gefahren genau; er schrieb darüber in den letzten Zeilen seines Buches:

Spitzenleistungen im Sport sind nur möglich, wenn sich natürliche Befähigung mit langjähriger Erfahrung vereint, und sie tragen stets eine gewisse – vielleicht sogar große –

1 (Vorhergehende Seite): Im Kampf um das Matterhorn wurden Whymper und Carrel 1865 zu schärfsten Rivalen. Und wie so oft in den Bergen folgte dem Triumph die Tragödie.

2 (Oben): Obwohl knapp 250 m niedriger als der Everest, ist der K2 – hier vom Concordia aus gesehen – bei weitem schwieriger und anspruchsvoller. Die Erstbesteigung und auch die Mehrzahl späterer Aufstiege erfolgten über den Abruzzisporn (Südostgrat).

3 (Links): House's Chimney – in 6650 m Höhe am Abruzzisporn – wurde 1938 erstmals von House und Bates durchstiegen. Heute sind die 45 m des Kamins mit Seilen und Leitern der verschiedensten Expeditionen »geschmückt«.

4 (Rechts): Die Rakhiotflanke des Nanga Parbat. Der Berg forderte unter deutschen Alpinisten in den dreißiger Jahren zahlreiche Opfer. Der Österreicher Hermann Buhl nahm diese Route 1953 bei seiner Erstbesteigung im Alleingang, und weitere deutsche Expeditionen bezwangen dann auch die Diamirflanke (1962) und die Rupalflanke (1970).

5 (Nächste Seite): Der Everest über die tibetische Hochebene von Tingri aus gesehen, wo die Expedition von 1921 ihr Hauptlager errichtete. Die Einheimischen wollten nicht glauben, daß der Everest höher ist als der Makalu.

6 (Vorhergehende Seite links): Die
Rishischlucht ist der einzige Einschnitt im
kompakten Massiv des Nanda-Devi-National-
parks. Longstaff erkundete sie, und Tilman und
Shipton durchquerten sie erstmalig.

7 (Vorhergehende Seite rechts): Der Südwestpfeiler des Dru, der sich über dem Ende
des Mer de Glace auftürmt, war nach dem
Zweiten Weltkrieg ein viel besuchtes Ziel.
Walter Bonatti bewies 1955 seine Klasse, als er
hier die Erstbesteigung im Alleingang schaffte.

8 (Oben): Die Nordwand der Grandes
Jorasses und der Walkerpfeiler, vielleicht die
ästhetisch schönste aller großen Routen durch
die Nordwände der Alpen.

9 (Links): John Harlin – der »Blonde Gott«
– erkundet das Wetter an dem Berg, an dem ein
gerissenes Seil sein Leben beenden sollte. Die
neue Eigerdirettissima wurde nach ihm
benannt. Wäre er noch am Leben, hätte Harlin
an der Spitze derer gestanden, die die amerikanischen Wandtechniken, die sich in den sechziger Jahren in den Alpen durchsetzten, auch in
den Himalaja verpflanzt hätten.

Gefahr für Leib und Leben in sich. Im günstigsten Falle erwirbt der Bergsteiger sein Können in einem Alter, in dem ihn das Leben noch nicht voll in die Pflicht genommen hat und er noch Freiheiten und Spielraum beanspruchen darf.

Dafür lernt er sich dann selbst kennen, lernt die wundervolle Natur lieben und betätigt sich auf einem Sektor, der die überbordenden Kräfte der Jugend mehr fordert als jeder andere Sport; er gewinnt also etwas, für das – vielleicht – kein Preis zu hoch ist. Es ist wahr, daß die großen Grate manchmal ihre Opfer fordern, aber der echte Bergsteiger würde wohl seine Passion selbst dann nicht aufgeben, wenn er wüßte, daß er dereinst ihr Opfer sein wird.

Die Gefühle, die Mummery hier ausdrückt, sind zeitlos: die Hinnahme des Risikos als natürlichen Bestandteil des Sports, als Preis, den es zu zahlen lohnt. Hinzu kommt allerdings auch ein Element der Selbsttäuschung, dem – da bin ich sicher – die meisten Bergsteiger erliegen: der Glaube, daß das Unglück nicht sie treffen werde, da sie ja zu umsichtig seien, die gefährlichen Lehrjahre längst überlebt hätten und schließlich über den wichtigen sechsten Sinn für Gefahr verfügten.

Mummery hatte eine ausgesprochen positive Einstellung zu seiner Kletterei und zum Leben. Beides brachte ihm Freude, und beides konnte man voll ausschöpfen. Und natürlich hatte er auch einen offenen Sinn für die Schönheit der Bergwelt – aber er war kein Forscher, war nicht sonderlich interessiert daran, die Fauna oder die Flora der Bergreviere zu studieren, die er durchstreifte. Wie vielen modernen Kletterern ging es auch ihm in erster Linie um die Route zum Gipfel; er suchte ein klares Ziel und verfolgte es dann äußerst beharrlich.

Während die Gruppe um Mummery ein festgefügtes Team war, war die nächste Expedition, die einen ernsthaften Angriff auf einen der Giganten des Himalaja wagen wollte, genau das Gegenteil. Oscar Eckenstein brach 1902 nach Asien auf, um den K2 – mit 8611 m der zweithöchste Berg der Erde – zu bezwingen. Zehn Jahre zuvor hatte er Conway begleitet, war aber nach Überquerung der Gletscher Hispar und Biafo wieder heimgereist: angeblich wegen seiner Magenbeschwerden, er scheint sich aber auch mit den anderen Mitgliedern der Expedition überworfen zu haben. Eckensteins bedeutendster Beitrag zum Alpinismus war die Konstruktion eines neuen, leichteren Steigeisens und eines kürzeren Eispickels, direkte Vorfahren unserer heutigen Ausrüstung für die Eisregion. Allerdings gewannen sie nicht die Zustimmung der eher konservativen Mitglieder des Alpine Club: sie werteten den Gebrauch von Steigeisen als Betrug. Mit seinen radikalen Ansichten stand Eckenstein stets außerhalb dieses konservativen Zirkels. So überrascht es denn auch nicht, daß er mit Conway nicht gut auskam.

Seine Mannschaft war kompetent und international. Aleister Crowley, G. Knowles und Eckenstein selbst kamen aus England, H. Pfannl und Dr. V. Wesseley nannte man zwei der besten Alpinisten Österreichs, und Dr. J. Jacot-Guillarmod war Schweizer. Hauptsächlich dadurch, daß er ständig in den Medien erwähnt werden wollte, gewann Crowley später einen übertrieben schlechten Ruf wegen angeblich satanischer Praktiken, die mit Drogen und Sex zu tun hatten. Vielleicht war er aber auch nur seiner Zeit voraus und hätte sich in der anglo-amerikanischen

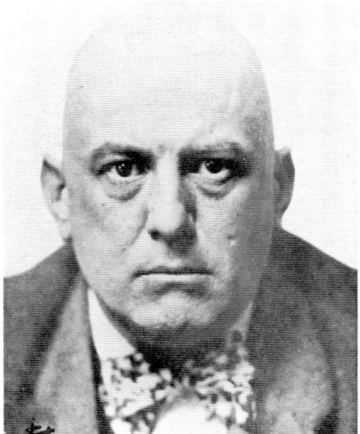

Links Oscar Eckenstein, der einen neuen Eispickel mit kurzem Stil und das erste moderne Leichtsteigeisen entwarf; er führte auch eine Expedition zum K2 an. Aleister Crowley (rechts), der sich »Great Beast 666« nannte, war ebenfalls ein fähiger Bergsteiger, aber kein sympathischer Expeditionsleiter. Stets voller Selbstvertrauen, versuchte er sich am zweit- und am dritthöchsten Berg der Erde: dem K2 und dem Kangchenjunga.

Bergsteigerszene der siebziger Jahre wohlgefühlt, die Castenada las und berauschende Pilze verzehrte.

Als Alpinist war Crowley kompetent, wenn auch individualistisch und – wie ich vermute – völlig ichbezogen. Unter den heutigen Bergsteigern findet man viele ähnliche Charaktere. Seiner Antipathie für das Establishment des Alpine Club – die vermutlich aus vollem Herzen erwidert wurde – gab er in seinen *Confessions* Ausdruck: »Der Grundsatz, Eckenstein und seine Schule zu boykottieren, vorsätzlich die Fortschritte der Alpinisten auf dem Kontinent zu ignorieren, von meinen eigenen Expeditionen ganz zu schweigen: all das ist Prinzip und Leitsatz des Alpine Club. Seine Arroganz und Inkompetenz sind unwiderlegbar. Lächerlichkeit allerdings begründet noch keine Exklusivität.«

Sie errichteten ein Hauptlager unterhalb des Südgrats des K2, verbrachten dann aber mehr Zeit mit Streiten als mit Klettern. Nachdem sie den Südostgrat untersucht hatten, über den später die Route zum Gipfel führte, erkundeten sie den Nordostgrat und erreichten dort eine Höhe von 6525 m. Das Wetter in dem Jahr war entsetzlich, die Gruppe wurde von Differenzen gebeutelt, und auf dem Höhepunkt der erbitterten Auseinandersetzungen kehrten sie schließlich dem Berg den Rücken, klagten Wesseley an, er habe sich Extrarationen verschafft und schlossen ihn von der Expedition aus. Von Crowley wird sogar berichtet, er habe auf dem Höhepunkt einer der vielen Streitereien der Gruppe einen geladenen Revolver gezogen. Es ist sicherlich ein Zeichen gegenseitiger Antipathie, daß das *Alpine Journal* die Expedition mit keinem Wort erwähnte, obwohl sie Neuland betrat und am K2 praktisch soviel erreichte wie Mummery am Nanga Parbat. Allerdings waren sie ja auch keine Mitglieder – und zu den »Freunden des Alpine Club« zählten sie mit Sicherheit auch nicht.

Drei Jahre später war Crowley erneut zum Himalaja unterwegs, diesmal zum Kangchenjunga (8598 m), um die Erstbesteigung des dritthöchsten Berges der Erde zu versuchen. Er schien die großen Herausforderungen zu lieben – das allerdings lag an seiner Naivität, die sich, wie ich vermute, aus einer Mischung von Eitelkeit und Arroganz zusammensetzte. Guillarmod, der schon mit ihm am K2 war, war sogar so mutig, es ein zweites Mal mit ihm zu versuchen; dazu kamen noch zwei Schweizer und ein italienischer Alpinist. Crowley hat bei diesem Unternehmen auch den ersten Expeditionsvertrag entwickelt, den jedes Mitglied zu unterschreiben hatte. Er legte nicht nur die finanziellen Vereinbarungen fest, sondern bestimmte auch, daß Crowley »der einzige und oberste Richter in allen Fragen des Alpinismus und der Berge« sein sollte. Er sollte allerdings – wie viele andere Expeditionsführer seither auch – die Erfahrung machen, daß diese Art schriftlicher Autorität in der Flanke eines Himalajaberges stark an Bedeutung verliert.

Sie entschieden sich für die Südwestseite des Berges, die Richtung, aus der der Berg 1955 schließlich auch bezwungen wurde, und folgten dann dem Yalunggletscher, kamen aber nur wenig weiter als bis zu seinem Ursprung. Ihr Hochlager lag in 6080 m Höhe, und als größte Höhe erreichten sie 6507 m. Mittlerweile befand sich die Gruppe fast im Zustand der Meuterei, und drei von ihnen – Guillarmod, Pache und de Righi – bestanden eines Abends darauf abzusteigen: trotz Crowleys Warnung, daß die Hänge unterhalb gefährlich seien. Er hatte recht. Einer der Träger, dem man nicht einmal Bergschuhe ausgehändigt hatte, glitt ab, riß die anderen mit, und sie stürzten den Hang hinab und lösten eine Lawine aus. Pache und die drei Träger wurden von ihr verschüttet und kamen ums Leben. Crowley beschreibt seine Reaktion so:

> Knapp eine halbe Stunde später hörten Reymond und ich verzweifelte Schreie. Worte konnte man nicht verstehen, aber die Stimmen waren die von Tartarin und Righi. Reymond schlug vor, sofort zu Hilfe zu eilen, aber es war jetzt fast dunkel, und wir hatten niemanden, den wir losschicken konnten – Righi hatte alle Männer mitgenommen. Darüber hinaus wußten wir nicht, warum sie schrien – schließlich hatten sie den ganzen Tag lang geschrien. Reymond hatte seine Bergschuhe noch an und sagte, er ginge hinaus um herauszufinden, was los sei, und er würde mich rufen, wenn er Hilfe brauchte. Er ging los und kam weder zurück, noch rief er mich. Also legte ich mich schlafen und stand am nächsten Morgen in der frühesten Dämmerung auf, um nachzuforschen, was passiert war.

Es überrascht nicht, daß dies Crowleys letzte Expedition war.

Aber kehren wir zurück zu den bedeutendsten Ereignissen der Eroberung des Himalaja: 1909 wurde der K2 dann von einer großen und gut organisierten Expedition aus Italien aufgesucht, finanziert und geführt vom Duca (Herzog) degli Abruzzi. Was das Bergsteigen anbetrifft, waren sie nicht erfolgreicher als die Gruppe vor ihnen; einen Versuch über den Südostgrat gaben sie in 6250 m Höhe mit der Begründung auf, daß es hier für die Höhenträger zu steil sei, um Vorräte nachzu-

bringen. Aber dafür erledigten sie einige sehr wertvolle topographische und fotografische Arbeiten an den umliegenden Gletschern, und es waren die detaillierte
Karte von Negrotto und die überragenden Panoramaaufnahmen von Sella, die
künftigen Expeditionen klar den Weg zum Gipfel des K2 wiesen. Sie versuchten
auch noch, den Chogolisa zu besteigen, mußten aber bei 7498 m aufgeben – das
war ein Höhenrekord, der dann immerhin dreizehn Jahre lang ungebrochen blieb.

Die erfolgreichsten aller Expeditionen vor dem Ersten Weltkrieg waren allerdings die von Dr. Tom Longstaff. 1905 wandte er sich zunächst mit seinen Bergführern Alexis und Henri Brocherel aus Courmayeur dem Gebiet um den Nanda
Devi im Garhwal zu und erforschte die südöstlichen Zugänge zu den Bergketten,
die den Nanda Devi (7816 m) bewachen, wobei er sogar ein Joch erreichte, von
dem aus man das Nanda-Devi-Gebiet überblicken konnte. Dann unternahm er
auch noch einen Versuch über den Südostgrat des Ostgipfels, den er nur deswegen
aufgeben mußte, weil seine Vorräte zur Neige gingen. Auch das war Alpinstil moderner Prägung. Er setzte dann seine Erkundungen fort, reiste nach Tibet und
machte einen entschlossenen Vorstoß auf den Gurla Mandata (7728 m), wo er in
Schwierigkeiten geriet: die Gruppe wurde von einer Lawine überrascht. Longstaff
beschreibt das recht plastisch so:

> Gerade als ich mich umdrehte, um Henris schlaffes Seil einzuziehen, hörte ich ein scharfes,
> zischendes Geräusch über mir: Henri lag flach und versuchte, einen Halt zu finden, fiel aber
> auf mich und riß mich von den Füßen. Als ich an Alexis vorbeischoß, fühlte ich kurz seine
> Hand auf meinem Rücken, und dann stürzten wir zusammen nach unten ... Ich konnte nichts
> weiter tun, als zu versuchen, an der Oberfläche der Lawine zu bleiben. Dann drehte es mich
> mit dem Kopf nach unten ... Ich schien auf einer Welle von Schnee zu schwimmen und fiel
> dann über eine niedrige Felswand, wobei Henri sich in meinem Teil des Seils verfing ... Und
> weiter ging's, diesmal mit dem Seil um meinen Hals – ich konnte mich dessen aber schnell
> entledigen. Dann kam ein tiefer Fall, von dem ich schon dachte, das sei das Ende. Das näch-
> ste Ereignis, an das ich mich erinnere, war, daß plötzlich – zu meiner größten Überraschung
> – das Seil sich um meine Brust schlang und mich auffing mit einem Ruck, der jeglichen
> Atem aus meinem Körper preßte.

Sie hatten hier mehr Glück gehabt als Mummery und seine beiden Gurkhas. Es
fehlte ihnen bestimmt nicht an Elan, aber jetzt biwakierten sie an dieser Stelle in
etwa 7010 m Höhe – dem höchsten Punkt, an dem bis dahin jemand übernachtet
hatte, und am nächsten Morgen setzten sie den Aufstieg fort, bis ihre Erschöpfung
schließlich den Rückzug gebot. Wahrscheinlich hatten sie dabei eine Höhe von 7315
m erreicht. Aber sie hielten ihre Erkundungen noch nicht für beendet und näherten
sich – bei ihrer Rückkehr ins Garhwal – der Westseite des Nanda-Devi-Gebiets, besuchten Tapoban und erkundeten noch einen Zugang zum Trisul (7120 m).

Wenn ich das mit dem Gefühl vergleiche, das uns alle 1974 nach der Besteigung des Changabang erfüllte, wird mir erst deutlich, mit welcher Ausdauer und
Beharrlichkeit diese frühen Bergfahrer vorgingen. Wir hatten ursprünglich geplant, das Gebiet über den Longstaff's Col zu verlassen, das Joch, das er im Sommer 1905 erreicht hatte – aber nachdem wir die harte Kletterei hinter uns hatten,

Links der Duca degli Abruzzi, der den italienischen Angriff auf den K2 leitete, das Vorbild für spätere Besteigungen im Belagerungsstil. Rechts Tom Longstaff, dessen Erkundungen im Alpinstil rund um den heutigen Nanda-Devi-Nationalpark und in Tibet eine Verbindung zum Alpinismus des ausgehenden 20. Jahrhunderts herstellen.

entschlossen wir uns doch, den Rückweg über den Hinweg anzutreten. Dann verbrachten wir eine Woche zur Entspannung in Tapoban, badeten dort in einer heißen Quelle und warteten auf unseren Abtransport. Sind wir heute verweichlichter, oder ist es vielleicht so, daß uns die Intensität unseres schnellen Vorstoßes zum Gipfel zwar auch dorthin bringt, uns dann aber auch ausgelaugt zurückläßt – vielleicht sogar mit dem Gefühl, wir hätten unser Quäntchen Glück für diese Saison bereits verbraucht?

Longstaff kam 1907 wieder, um eine Besteigung des Trisul zu versuchen – mit einer größeren Mannschaft, zu der auch C.G. Bruce und die Gebrüder Brocherel gehörten. Ihr ursprüngliches Ziel war eigentlich der Everest gewesen, aber man hatte ihnen die Genehmigung verweigert, und so trösteten sie sich mit dem Trisul und begannen mit einem gemächlichen, sondierenden Aufstieg. Den ersten Versuch mußten sie wegen zu starker Höhenwinde abbrechen, und als sie zum Ausgangspunkt zurückkamen, waren nur noch Longstaff, die beiden Brocherels und der erfahrenste von Bruces Gurkhas, Karbir, körperlich in der Lage, noch einen weiteren Gipfelvorstoß zu unternehmen. Sie entschieden sich für einen Blitzvorstoß aus einem der unteren Lager, das nur 5300 m hoch lag. Damit entfiel die Notwendigkeit, an einer Stelle biwakieren zu müssen, die dem Sturm ausgesetzt war, und man konnte auch die Nachteile eines längeren Aufenthalts in großen Höhen umgehen. In mancherlei Hinsicht verfolgten sie dieselbe Technik, wie sie Reinhold Messner später – in den siebziger und achtziger Jahren – an höheren Gipfeln perfektioniert hat. Mit ihrer vorangegangenen Erkundung hatten sie sich vollständig akklimatisiert und waren gut in Form, ohne von einem zu langen Aufenthalt in großer Höhe geschwächt zu sein – damit waren sie auch in der Lage, bei ihrem Gipfelangriff, bei dem sie über 1800 Höhenmeter in 10 Stunden schaffen mußten, schnell voranzukommen. Die Kletterei am Trisul ist nicht schwierig: es handelt sich hier um eine ganz normale Schneekuppe. Trotzdem bedeutete ihre erfolgreiche Erstbesteigung einen wichtigen Schritt nach vorn – nicht nur wegen der Rekordhöhe, sondern auch wegen der eleganten Art ihres Vorstoßes: er war sicherlich einer der Vorläufer der modernen Besteigungen im Alpinstil.

Es war charakteristisch für Longstaff, daß er mit dem einen Gipfel noch nicht zufrieden war, sondern umgehend aufbrach, um einen noch höheren zu versuchen: den Kamet (7756 m), der im Norden lag, nahe der tibetischen Grenze. Aber jetzt wurde die Zeit knapp. Der Monsunregen setzte ein, und so mußten sie auf weitere Besteigungen verzichten, obwohl Longstaff darauf drängte, die Täler westlich des Trisul noch zu erkunden – er wollte die Karte vervollständigen, an der er im Verlauf seiner beiden Expeditionen gearbeitet hatte. Anders als Mummery war Longstaff sowohl Bergsteiger als auch Forscher, und der Forscherdrang in ihm schien dabei die Oberhand zu gewinnen: 1909 besuchte er das östliche Karakorum und erkundete das Baltorogebiet – ohne auch nur einen einzigen Gipfel zu besteigen.

Vor Ausbruch des Ersten Weltkriegs wurden dann keine weiteren Gipfel der bedeutenden großen Berge mehr bestiegen, obwohl der Kamet ins Zentrum der Aktivitäten rückte. C.F. Meade errichtete dort mit einem Führer und zwei Bhotiaträgern ein Lager in 6992 m, und A.M. Slingsby, einer der talentiertesten unter den Nachwuchsalpinisten – er kam im Ersten Weltkrieg ums Leben -, erreichte am Kamet 7098 m. Ein weiterer hervorragender Erforscher der Bergwelt war A.M. Kellas, der mehrere Reisen nach Sikkim unternahm, die meisten davon nur in Begleitung von Sherpas. Er brachte ihnen Felstechnik, Seilbedienung und Stufenschlagen bei. Wenn man sich das vor Augen hält, waren seine Besteigungen besonders eindrucksvoll: zu ihnen zählten der Pauhunri (7125 m), der Chomiomo (6829 m) und der Kangchenjhau (6889 m).

Die Zahl derjenigen, die den Himalaja in dieser herrlichen Zeit, als er noch weitgehend unerforscht war, besuchten, war noch immer gering – hauptsächlich wegen der benötigten Zeit und der hohen Kosten, besonders dann, wenn man Führer aus den Alpen als Rückgrat der Gruppe mitnehmen wollte. Es ist quälend, sich vorzustellen, was Mummery noch alles erreicht haben könnte, hätte er den Nanga Parbat überlebt. Er konnte in großen Höhen Spitzenleistungen erbringen und hatte die Einzelgängereinstellung der modernen Alpinisten: beides – da bin ich sicher – hätte ihn zu den höchsten Gipfeln hingezogen, mit zunehmendem Erfolg.

Der Erste Weltkrieg unterbrach dann zwar jegliche Form des Alpinismus, führte aber – wie auch der Zweite Weltkrieg – zu sozialen und wirtschaftlichen Umschichtungen, die den nächsten Entwicklungsprozeß einleiteten.

Kapitel 6

PURISTEN UND PRAGMATIKER

*Nordwände und künstliches Klettern
zwischen den Kriegen*

●

Schon bevor Mummery am Nanga Parbat spurlos verschwand, war in den europäischen Alpenvereinen, besonders denen, die mit den großen Universitäten von Wien, Zürich, Bern und München verbunden waren, eine Neuentwicklung des Bergsteigens eingeleitet worden. Der englische Alpine Club, der damals bereits 50 Jahre bestand, galt als spießig und als Altherrenverein. Er mißbilligte ganz besonders das Klettern ohne Führer sowie alles, was er für einen aufkommenden Gefahrenkult hielt. Man setzte strikte Kletterbefähigung voraus und kapselte sich gesellschaftlich ab, was dazu führte, daß man mehr Energie darauf verschwendete, Leute aus dem Verein herauszuhalten, als sich um künftiges Wachstum zu kümmern. Einige wenige Mitglieder, das muß man einräumen, wie Hauptmann Farrar oder Geoffrey Winthrop Young, ermutigten zwar fähige junge Alpinisten, aber der Verein selbst war für aufstrebende Bergsteiger – besonders für die mit begrenzten Mitteln – nur wenig attraktiv.

Im Gegensatz dazu verlangten die kontinentalen Alpenvereine von ihren Mitgliedern außer Enthusiasmus nur wenig. Sie versorgten sie mit Auskünften, bauten Hütten, boten Ausbildung an und förderten Talente. Die jungen und wagemutigen Aktiven, die sie hervorbrachten, konzentrierten sich vor allem auf Felsfahrten, die man vorher für unmöglich gehalten hatte. Sie waren bereit, mehr als die Älteren zu riskieren, und ihre gute Ausbildung und praktische Erfahrung, in einer vielfältigen Bergwelt gewonnen, gaben ihnen rasch eine Selbstsicherheit, die Ferienkletterern von ihren Führern – wenn überhaupt jemals – nur in mehreren Sommern vermittelt werden konnte. Die besten dieser jungen Alpinisten konnten es mühelos mit vielen Bergführern aufnehmen.

Ganz an der Spitze stand Paul Preuß. Er war im August 1886 – hundert Jahre zuvor war im August erstmals der Mont Blanc bestiegen worden – zur Welt gekommen, nur zwei Monate vor George Leigh Mallory, dessen Leben so tragisch am Everest enden sollte. Mummery war am Zenit seines Ruhms, Zsigmondy war gerade am Meije ums Leben gekommen, und Winkler, jetzt auf der Höhe seiner

Paul Preuß, ein hervorragender Felskletterer der neuen Schule, tat sich besonders in den Ostalpen hervor.

kometenhaften Alleingängerkarriere, sollte bald bei einer Solobesteigung des Weißhorn vermißt werden. Preuß begann seine Bergsteigerlaufbahn im Alter von elf Jahren – mit einer Ersteigung der Großen Bischofsmütze. Als er sechzehn wurde, war er schon auf den Gipfeln von nicht weniger als 300 Bergen gewesen und besaß ein Selbstvertrauen und eine Erfahrung, auf die er sich bei späteren und schwierigeren Felsfahrten stützen konnte. 1908, als er bereits an der Universität Wien studierte, hielt er systematisch Ausschau nach immer schwierigeren Touren. Die Berge waren das Medium, an dem er sich erproben und messen konnte. Er kletterte aus reiner Freude und konnte das Bergsteigen genausowenig aufgeben wie das Atmen. Seine Vorbilder waren Emil Zsigmondy und Georg Winkler, deren Bilder sein Zimmer schmückten.

Preuß war ein gewandter und eleganter Kletterer, und genauso gepflegt und elegant war seine Kleidung. Bei Felsfahrten trug er keinen Hut, dafür aber ein seidenes Halstuch. Die erste seiner Touren, die weithin Aufsehen erregte, war ein Alleingang durch die Westwand des Totenkirchl, die er im Sommer 1911 in weniger als drei Stunden absolvierte, wobei er im oberen Teil noch eine neue Route ging. Zu dieser Zeit studierte Preuß bereits in München, wo er Doktorand der Philosophie war. Hier nahm er am »Nachtklettern« der Studenten teil und gab auch seinen ersten Kletterunterricht. Seine Stunden waren sehr beliebt, da er klar denken und mitreißend reden konnte, wobei er – voller Humor und Charme – alle Aspekte des Alpinismus ansprach, auch das Skifahren und die Auswirkungen des Tourismus.

Preuß sah auch die Gefahren, die dem Klettersport durch die Einführung neuer Techniken mit künstlichen Hilfsmitteln drohten. Haken sollten nach seiner Auffassung nur in Notfällen benutzt werden und nicht die Grundlage eines neuen Kletterstils bilden, und das Seil solle – obwohl es manches erleichtern könne – niemals ausschließliches Mittel einer Felsfahrt sein. Sein ständiger Gebrauch führe zu nachlässigem Klettern und verführe zur Leichtfertigkeit. Der Schlüssel zur Sicherheit liege nicht in der Verwendung von Seilen und anderen Hilfsmitteln, sondern in den eigenen Fähigkeiten und guter körperlicher Form. Sorgfältige Vorbereitung, ständige Wachsamkeit und gutes Urteilsvermögen bildeten nach seiner Erfahrung die Grundlage der Sicherheit. Preuß forderte Stilreinheit; zudem müsse der Kletterer seinen Ehrgeiz stets seinen Fähigkeiten unterordnen.

Innerhalb weniger Jahre nur gelang Preuß eine erstaunliche Anzahl von Begehungen, darunter war auch eine große Zahl neuer Anstiege in den Ostalpen. Sein waghalsigster Anstieg führte auf die Guglia di Brenta – es war der erste Anstieg durch die Ostwand und zugleich die erste vollständige Überschreitung dieses Berges. Reinhold Messner nannte sie – mit ihrem senkrechten Fels, ihrem hohen Grat an Ausgesetztsein und der logischen Streckenführung – eine »meisterhafte Route«. Preuß kletterte frei und ohne zu zögern und hielt mitten in der Wand nur einmal kurz an, um einen Zettel mit dem Datum und seiner Unterschrift zu hinterlassen. Das war im Juli 1911. Keine andere Route, meint Messner, belege so deutlich seine Fähigkeiten und sein Tempo. Es dauerte dann volle siebzehn Jahre, bevor Hans Steger und Ernst Holzner diesen Anstieg wiederholten.

Preuß beging als erster die Kleinste Zinne (Cima Piccolissima), wiederum solo, die Nordostwand des Crozzon di Brenta und die Südwand des Innerkoflerturms. Seine Soloüberschreitung von Langkofel, Fünffingerspitze und Grohmannspitze an einem einzigen Tag ist Beweis für die nervliche und körperliche Ausdauer, die man an ihm so schätzte. Aber Preuß war kein ausschließlicher »Felsenturner«. 1908 besuchte er erstmals die Westalpen, und zwar Zermatt, wo er den Sohn eines englischen Barons auf Deutsch und Französisch trainieren wollte. Während dieses Aufenthalts fand er noch Zeit für die Soloüberschreitung des Zinalrothorns, und zwei Tage später überschritt er das Matterhorn über den Hörnligrat und die Carrelroute, ging dann weiter zum Théodulpaß und bestieg noch das Breithorn, bevor er am gleichen Abend nach Zermatt zurückkehrte.

Eines Abends im September 1913 – Preuß erfreute sich gerade mit einigen Freunden vor einer Jagdhütte in den heimatlichen Bergen der Herbstsonne – rief er plötzlich aus: »Das ist es! Das ist die schwierigste Tour am Gosaukamm.«

Was seine Aufmerksamkeit erregt hatte, war die schrecklich glatte Nordwand des Manndlkogel, und mit einem Fernglas studierte er jetzt ihre Feinheiten. »Über den Schrofensockel zum Plattenschuß, Traverse rechts hoch zum Grat – da, wo sich Nord- und Westflanke treffen – dem Grat dann folgen, ich weiß nicht, vielleicht 200 m weit ... Junge, ist das da steil, könnten gut 80 Grad sein! Oben dann nach links queren bis zu dem kurzen Riß, der zwischen den beiden Gipfelzähnen nach oben führt. Wie wär's? Sollen wir das morgen mal versuchen?«

Niemand meldete sich. Zum einen bezweifelten seine Gefährten, daß man solch eine Führe überhaupt bewältigen könne, und darüber hinaus sahen sie an dem kahlen und ausgesetzten Fels keine Möglichkeit, sich wirksam mit dem Seil zu sichern. Statt dessen kletterte die Gruppe tags darauf dann eine andere Route – aber Preuß gab den Gedanken nicht auf: zwei Wochen später kehrte er allein zurück.

Er wurde am 2. Oktober letztmals lebend gesehen. Zwölf Tage später fand man seinen Leichnam unter einem halben Meter Neuschnee – direkt unterhalb des Grats seiner Träume. Freunde vermuteten, daß er fast am Ziel seiner 300 m hohen Wand abgestürzt ist. »Ein Opfer seiner eigenen Theorie«, meint der italienische Kletterer Riccardo Cassin, und Messner kommentiert etwas großzügiger: »Was für eine Energie dieser Mann hatte, und was für eine Begeisterung ihn trieb!« Allein zwischen dem 17. Februar und dem 6. März 1912 hatte Preuß nicht weniger als sechzehn Gipfel in der Glocknergruppe bestiegen.

Die Legende berichtet, Preuß habe – da er stets auf reinem Klettern bestand – mit anderen führenden Kletterern seiner Zeit Differenzen gehabt. Schließlich war das die Zeit, als Haken und Karabiner es möglich machten, blanke Wände zu durchsteigen, von denen man bislang geglaubt hatte, sie würden ewig unberührt bleiben. Der überragende Dolomitenführer Angelo Dibona und der Draufgänger Giovanni Battista »Tita« Piaz werden oft als Zielscheibe für Preuß' Zorn hingestellt – tatsächlich aber bewunderte er beide Männer, und dieser Respekt beruhte auf Gegenseitigkeit. Dibona, dessen lange Laufbahn auch über 60 neue Aufstiege einschloß, hat in seinem gesamten Leben nur etwa 15 Haken eingeschlagen. Und auch Tita Piaz hatte eine Abneigung gegen künstliches Klettern, wurde aber von vielen englischen Alpinisten als Stuntman oder Akrobat bezeichnet, weil er sein Seil wie ein Lasso um unerreichbare Felszacken warf und sich dann daran emporhangelte. Zu seinen bekanntesten Touren zählen die Erstbegehung (solo) der Punta-Emma-Nordwest- und Nordostwand im Jahre 1900, die Westwand (Piazroute) des Totenkirchl 1908 und verschiedene Anstiege auf die Vajolettürme einschließlich der Südostwand des Ostturms (Torre Est) und des Südwestgrats des Delagoturms (Torre Delago). Er starb im Alter von 69 Jahren – als er mit einem Fahrrad verunglückte, dessen Bremsen nicht funktionierten.

Als dann jeder Berg der Alpen über die zugänglichsten Routen und seine Hauptgrate bereits begangen war, wandten die Kletterer ihre Aufmerksamkeit den schwierigeren und noch unberührten Wänden und Flanken zu und überzogen sie mit einem Netz oft miteinander verbundener Routen. Freikletterer wie Preuß, der hauptsächlich an den Felswänden der Ostalpen aktiv gewesen war, hatten so spektakuläre Maßstäbe gesetzt, daß nur eine kleine Elite hoffen konnte, die Grenzen noch weiter hinauszuschieben. Das gleiche galt für die westlichen Alpen. Aber die Anzahl der jungen Kletterer nahm ständig zu, und sie suchten sich ein Betätigungsfeld, suchten neue Herausforderungen, denen sie sich stellen konnten. Und so kamen in den letzten Jahren vor dem Ersten Weltkrieg »künstliche« Hilfsmittel und Techniken zum Zug, die das Betätigungsfeld noch einmal erweiterten. Ältere Alpinisten, die durch die zunehmende Härte des Wettstreits und den anwachsenden Nationalismus unter den europäischen Kletterern bereits aufgeschreckt waren, sahen mit Argwohn auf die fremdartige Ausrüstung und die beinahe turnerische Einstellung zum Alpinismus, die dadurch gefördert wurden. Das *Alpine Journal* mit seinem Herausgeber Oberst Strutt fand in fast jeder Ausgabe Beispiele für die »Mentalität der Hochbaumonteure«, die es dann anzuprangern galt. »Die Konstruktion einer Seilbahn wäre eine noch praktischere Lösung«, pflegte Strutt beißend zu bemerken, wenn er nicht umhin konnte, von neuen Felsfahrten mit modernen Methoden zu berichten. Solche Routen bezeichnete er bestenfalls als »dümmliche Varianten«, öfter aber als »Entweihung und Herabwürdigung«. Die ausdauernden Belagerungen der letzten großen Nordwände der Alpen Mitte der dreißiger Jahre waren für ihn »die abstoßendste und unsportlichste Karikatur des Bergsteigens überhaupt«.

Ein anderer Autor der dreißiger Jahre, R.L.G. Irving, lenkte die Aufmerksamkeit seiner Leser auf die Tatsache, daß bis vor kurzem noch beim Klettern keine Hilfsmittel benutzt worden seien, die nicht schon in ähnlicher – wenn auch primitiverer – Form vor Hunderten von Jahren verwandt worden wären, lange bevor die Berge zum Ziel sportlicher Aktivitäten wurden. Das Seil, erinnerte er seine Leser, sei schon seit dem 16. Jahrhundert in Gebrauch, Steigeisen aus runden Fellstücken mit Stacheln seien im Kaukasus bereits vor 2000 Jahren in den Kriegen zwischen Pompejus und Mithridates eingesetzt worden, und die ersten Eispickel seien eine handliche Kombination von Alpenstock und bäuerlicher Axt gewesen. Sie alle seien legitime Hilfsmittel und verletzten die Integrität des Sports in keiner Weise. Haken und Karabiner jedoch – das sei eine völlig andere Sache! Sie seien mechanische Werkzeuge, nur konstruiert, um die Natur, das Wesen der Kletterei zu verfälschen. Irvin erschien es bezeichnend, daß im Englischen kein Wort vorhanden sei, mit dem man *Karabiner* umschreiben könne – das, meinte er, belege seinen ausgesprochen unenglischen Charakter. Haken und Karabiner verstießen somit gegen alle Aspekte des *fair play*.

In dem zunehmenden Mißtrauen der Jahre zwischen den Kriegen war es dann nur noch ein kurzer Schritt, verhaßte Klettermethoden mit aufstrebenden politischen Kräften in einen Topf zu werfen. Selbst die Geographie spielte dieser Theorie in die Hände, denn München war sowohl »Hauptstadt der Bewegung« des Nationalsozialismus als auch Zentrum dieser Mechanisierung des Kletterns oder – wie Irving es gern nannte – die »Hochburg der Gewalt« oder sogar des »sportlich-heroisch-arithmetischen Kletterns«. Das war sein Seitenhieb auf die neue Skala mit sechs Schwierigkeitsgraden, die Dr. Wilhelm »Willo« Welzenbach entwickelt hatte, um die technische Schwierigkeit einer Route genauer bewerten zu können – und, natürlich, auch das Können des Kletterers. Für Konservative roch das verdächtig nach Rekorden, nach Übertrumpfen und auch nach persönlicher Eitelkeit – aber schließlich wurde die »Münchner Skala« dann doch in ganz Europa über zwanzig Jahre lang benutzt und erst 1947 aufgrund internationaler Vereinbarungen ersetzt.

Welzenbach war möglicherweise der größte Kletterer der Periode zwischen den Kriegen, und er war auch der Vater des modernen Eiskletterns. Er war Bayer, 1900 in München geboren, und starb am Nanga Parbat, bevor er seinen 34. Geburtstag erlebt hatte – und trotzdem absolvierte er in seiner allzu kurzen Bergsteigerlaufbahn fast 1000 alpine Touren, zu denen auch 43 eindrucksvolle Erstbegehungen zählen.

Wie Preuß hatte auch Welzenbach keine Einwände gegen Seile und Haken, wenn sie spärlich eingesetzt wurden und die Reichweite erhöhten – und nicht, um mangelnde Technik zu verschleiern. Und er sah auch keinen Grund, warum vergleichbar moderne Methoden nicht auch bei den komplexeren Schwierigkeiten kombinierter Routen oder beim Eisklettern angewandt werden sollten. Darin ähnelten seine Auffassungen denen des Bergsteigerveteranen Fritz Rigele. Ihre Begehung der Nordwestwand des Großen Wiesbachhorns 1924 war die erste, bei der Eishaken benutzt wurden, und im Jahr darauf krönte Welzenbach eine lange Saison in den Westalpen zusammen mit Eugen Allwein mit dem großartigen Direktanstieg durch die Nordwand des Dent d'Herens, zu dem auch ein Seilzugquergang gehörte.

Welzenbach vertrat stets die Ansicht, es sei besser, ohne großartige Biwakausrüstung zu klettern: »Wer sie dabei hat, benutzt sie auch«, lautete seine These, dagegen liege das wirkliche Prinzip des Überlebens in rascher Bewegung, besonders beim Klettern im Winter. 1931 mußte er dann allerdings eine phänomenale Ausdauer beweisen, als er – zusammen mit Willy Merkl – gezwungen war, in der Nordwand der Grands Charmoz vier Tage lang einen anhaltenden Sturm auszusitzen, von denen sie 60 Stunden lang sogar auf einem schmalen Band festgehalten waren.

Diese Wand hatte es Welzenbach schon seit Jahren angetan. Merkl und er brachen am 30. Juni früh auf, und vom Thendiagletscher aus kletterten sie durch die schwierigen unteren Felswälle, um auf mittlerer Höhe der Wand ein Biwak einzurichten. Am nächsten Tag gingen sie den Eispanzer direkt unter dem steilen, plattigen Gipfelfels an, sahen sich dann aber gezwungen, nach rechts auszuweichen, so daß sie den Nordwestgrat gut 120 m unter dem Gipfel erreichten. Schlechtes Wetter machte es ihnen jetzt jedoch unmöglich, noch höher zu steigen. Nach einem weiteren Biwak beim Abstieg kehrten sie ins Tal zurück, voller Enttäuschung, ihr Ziel nicht erreicht zu haben. Ein paar Tage später – das Wetter war noch immer schlecht – trafen sie Anderl Heckmair und Gustl Kröner in der Leschauxhütte. Die beiden hatten ebenfalls die Grands Charmoz auf dem Plan – Grund genug für Welzenbach und Merkl, zurück in die Berge zu eilen. Am 5. Juli waren sie wieder am Nordwestgrat, und am nächsten Tag querten sie hinaus in die Wand, um ihren höchsten Punkt oberhalb des mittleren Eispanzers zu erreichen. Sie ließen das gefährliche Eiscouloir, das direkt zur Gipfelkerbe hinaufführt, unberührt und kletterten statt dessen links davon den steilen Fels hoch, wo sie am Nachmittag auf einem schmalen Band Schutz vor einem plötzlich aufkommenden Sturm suchen mußten. Sie waren 92 m unterhalb des Gipfels, und der Sturm hielt die ganze Nacht über an und auch am folgenden Tag, dem 8., und am Tag darauf, dem 9. Ständiger Schneefall machte jedes Ausweichen nach oben oder nach unten unmöglich. Welzenbach schrieb über diese Erfahrung:

> Eine endlose vierte Nacht begann. Das Wetter auf einem derart winzigen Fleck aussitzen zu müssen wurde jetzt zu einer fast unerträglichen Tortur. Vier Tage lang hatten wir unsere Gliedmaßen nicht bewegen können, und jeder Muskel schmerzte, weil wir so lange in diese Enge eingepfercht waren. Gegen Mitternacht hörte der Schneefall auf, der Wind erstarb, aber jetzt wurde es erheblich kälter. Wir froren entsetzlich, hielten aber den plötzlichen Temperatursturz für ein Anzeichen besseren Wetters und erwarteten den Tagesanbruch daher mit neu aufkeimender Zuversicht.

Als es dann hell wurde, war auch bald klar, daß es nur eine kurze Atempause werden würde. In wenigen Stunden konnte ein weiterer Sturm einfallen, und sie hatten somit gar keine andere Wahl, als weiterzuklettern, solange sie das noch konnten, wobei die schneeschwere, lawinengefährdete Wand ausschied: sie mußten nach oben. Die letzten Felsen, an denen alle Griffe und Tritte erst vom Neuschnee befreit werden mußten, waren die härteste Arbeit, aber die beiden wurden getrieben von dem Wissen, daß ihr Leben von dieser Anstrengung abhing. Sie kämpften noch mit dem Gipfelgrat, als der Sturm über sie hereinbrach – und sie hatten immer noch eine letzte Wand unter dem Gipfel vor sich. Irgendwie brachten sie aber die Willenskraft auf, auch die noch zu bezwingen, und um drei Uhr nachmittags erreichten sie den Gipfel. Jetzt war es lebenswichtig, so schnell wie möglich abzusteigen, und sie nahmen das Charmoz-Grépon-Couloir, das in einem extrem gefährlichen Zustand war. Nachts um halb elf wankten sie in ihr Dorf hinein.

Welzenbachs gefeierte Nordwandbegehungen, zu denen auch Nesthorn, Großhorn, Lauterbrunnen-Breithorn, Gletscherhorn und Gspaltenhorn zählen, haben nichts von ihrem Glanz verloren. Sie gehören auch heute noch zu den anspruchsvollsten und lohnendsten Touren der Alpen. Ihm entging nur wenig: es war seine Angewohnheit, sich auf jeweils nur ein Gebiet zu konzentrieren und dessen vielfältige Möglichkeiten methodisch durchzuarbeiten. Er ließ alle Schwierigkeiten auf seine Sinne einwirken, entwarf – wo nötig – neue Hilfsmittel und ließ sie unter seinem Namen anfertigen. Welzenbach konnte andere mitreißen, stand loyal

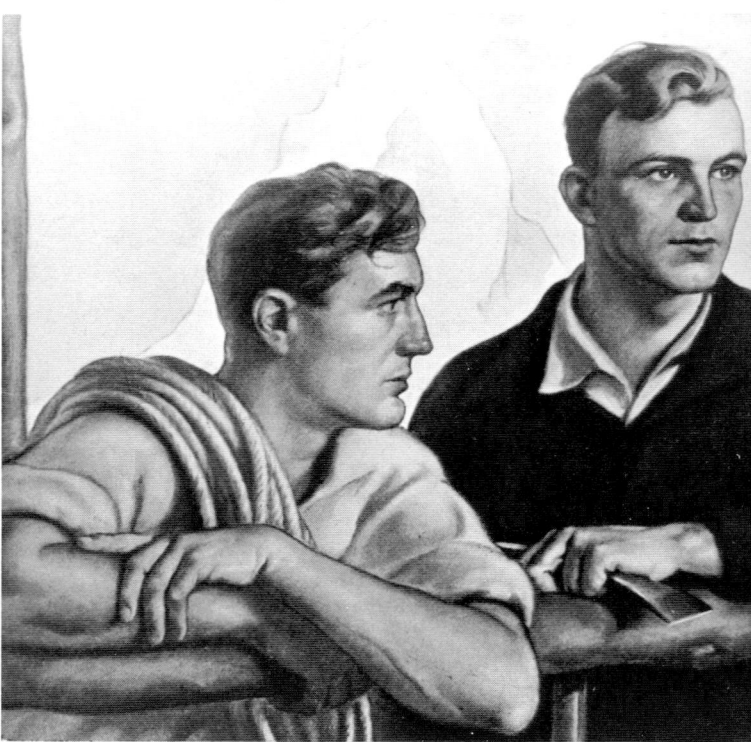

Links Willo Welzenbach, der Vater des modernen Eiskletterns, einer Schule, die auch in München – zugleich einer Hochburg der nationalsozialistischen Bewegung – vertreten wurde. Toni und Franz Schmid (rechts) bestiegen 1931 das Matterhorn erstmals über die Ostwand und erhielten olympisches Gold von Hitler.

zu seinen Freunden und erwies sich, wie seine letzte Fahrt am Nanga Parbat 1934 als Mitglied der Expedition von Willy Merkl bezeugte, als selbstlos bis zum Tod.

Die Nordwand des Matterhorns wurde 1931 erstmals von den Brüdern Toni und Franz Schmid, beide Studenten, begangen. Strutt berichtete in seinem *Alpine Journal* über dieses Ereignis mit ungewohnter Zurückhaltung, aber an anderer Stelle in derselben Ausgabe beklagte er die Welle von Leichtsinn und Unfug, die er überall in den Alpen sich ausbreiten sah. »Nachdem die Nordwand des Matterhorns bezwungen und die Mont-Mallet-Gletscherseite der Grandes Jorasses mit Haken geschändet wurde, aber dennoch unbesiegt blieb, tun sich jetzt unbegrenzte Möglichkeiten auf, berühmt zu werden oder im Unglück zu enden.«

Es waren die Jahre der Wirtschaftskrisen und der Massenarbeitslosigkeit, aber für die beiden jungen Männer aus München, die den Willen dazu – und jeder ein Fahrrad – hatten, waren die Alpen das Traumziel. Toni und Franz radelten also nach Zermatt und biwakierten unter dem Matterhorn, wo sie am 31. Juli kurz vor Mitternacht aufbrachen. Um zwei Uhr früh schauten sie kurz in die Hörnlihütte rein, um den Hüttenwart von ihrem Vorhaben zu verständigen und andere Matterhornkletterer zu bitten, keine Steine in die Nordwand loszutreten. Dann stiegen sie wieder ab, erreichten den Bergschrund des Matterhorngletschers um 3.45 Uhr und gingen die ersten 300 m des Eishangs mit Steigeisen an, da Stufenschlagen zu viel Zeit kostete. Am Ende einer jeden Seillänge schlug der Vorsteiger jeweils einen Haken ein, um den Nachsteiger zu sichern. Um an den Fuß der eigentlichen Wand, die 533 m steil bis zum Gipfel aufragt, zu gelangen, mußten sie zunächst ein langes, gekrümmtes und flaches Couloir hochsteigen, das diagonal nach rechts oben verlief. Das erwies sich als nicht ganz so einfach. Sie wechselten einander in der Führung ab, als sie an den vereisten, nahezu senkrechten Platten nach oben stiegen.

Im Couloir selbst strömte Wasser, und immer wieder gingen Steine und Eisbrocken nieder. Als dann die Dämmerung anbrach, hatten die beiden die Höhe der Solvayhütte erreicht und konnten sich schreiend mit Gruppen auf der Schulter verständigen, aber sie fanden keine Stelle, die so eben war, daß sie auf ihr die Nacht aussitzen konnten. Schließlich entdeckten sie etwas weiter oben eine kleine Kanzel, die aus der Wand hervorstand, und hier machten sie sich bolzengerade mit Haken fest. Dann schlängelten sie sich unter Schwierigkeiten in ihren dünnen Zeltsack aus Gummi und verbrachten eine verkrampfte und kalte Nacht über dem Nichts, stets bemüht, nicht die Balance zu verlieren. Toni Schmid schrieb über die Mühen dieses Tages:

> Es war schrecklich. Wir mußten um jeden Meter kämpfen. Unsere Finger waren aufgerissen und bluteten, aber wir konnten darauf keine Rücksicht nehmen. Weiter, hoch zum Gipfel! Felsbrocken aller Größen zischten an uns vorbei und verschwanden in der Tiefe; wir beachteten sie nicht. Die Seile waren steif vor Frost und nicht leicht zu handhaben. Mit jeder Stunde, die mit übermenschlichen Anstrengungen erfüllt war, wurde unser Vorankommen langsamer. Ich kletterte zwar weiter, aber mit zunehmenden Schwierigkeiten. Es war nicht so, daß das Klettern mühsamer wurde – uns verließen ganz einfach die Kräfte.

Am nächsten Morgen warteten sie zunächst auf die Sonne, die sie aufwärmen mußte, bevor sie – mit Toni als Seilerstem – weiterkletterten. Als Franz die Führung übernahm, mußte er feststellen, daß die Strecke vor ihnen von gefährlichen Eisplatten versperrt war. Er versuchte, das Eis mit seinem Eispickel zu lösen und hämmerte wie wild – ohne Erfolg.

»Wir werden wohl zum Hörnligrat `rüberqueren müssen«, sagte er zu Toni. »Hier kommen wir nicht durch!« Seine Zuversicht schwand rapide.

»Was?! So kurz vorm Ziel aufgeben?« Toni drängte ihn vorwärts: »Versuch's mal weiter rechts. Sieht so aus, als könntest du da durchkommen.«

Eine Reihe heikler Traversen brachte sie dann zu einem Netz kleiner Risse, an denen sie sich – bei verschlechterndem Wetter – ihren Weg nach oben freischlugen. Um zwei Uhr nachmittags standen sie auf dem italienischen Gipfel. Der Wind trieb Hagelschauer vor sich her, und um das metallene Gipfelkreuz spielten Elmsfeuer.

Ein weiteres Unwetter traf sie auf dem Rückweg über den Nordostgrat direkt unterhalb der Schulter. Hagel und Schnee ergossen sich über die Felsen und lösten rings um sie kleine Lawinen aus. Als sie sich um 17.30 Uhr endlich zur Solvayhütte durchgekämpft hatten, entledigten sie sich dankbar ihrer gefrorenen Kleidung, stellten sie in die Ecke und hüllten sich in alle verfügbaren Decken. Der Sturm tobte den ganzen nächsten Tag lang, aber der 3. August dämmerte still und klar heran. Sie verließen die Hütte um sieben Uhr und wateten durch knietiefen Neuschnee zur Hörnlihütte, wohin ihnen Freunde schon entgegengegangen waren. An dem Abend hielten sie einen triumphalen Einzug in Zermatt, und später erkannte man ihnen für ihre Leistung eine olympische Goldmedaille zu.

Nachdem die Nordwand des Matterhorn damit begangen war, wandte sich das Interesse der Nordwand der Grandes Jorasses zu. Vier Jahre lang forderte sie unter den Bergsteigern ihre Opfer, dann trafen – im Juni 1935 – Rudolf Peters und Martin Maier aus München ein. Im Jahr zuvor hatte Peters einen mörderischen Rückzug überlebt, nachdem sein Gefährte zu Tode gestürzt war und die gesamte Biwakausrüstung mitgerissen hatte. 1935 waren die Bedingungen bei weitem besser: der warme Föhn hatte schon über eine Woche angedauert und den Fels vom Eis befreit. In der Nacht des 28. Juni biwakierten die beiden direkt am Fuß des Ersten Pfeilers. Ein Steinschlag zerstörte zwar ihren Kocher und ihre Töpfe, aber am nächsten Morgen kletterten sie schnell und mühelos über eisfreien Fels zum Zweiten Pfeiler. Um das zweite Eisfeld zu erreichen, brauchten sie nur die halbe Zeit des Vorjahres, und dort konnten sie mit ihren neuentwickelten Steigeisen und Frontalzackentechnik zügig aufwärtssteigen. Hier wurde Maier durch einen Steinschlag verletzt, bestand aber darauf, daß sie ihren Aufstieg weiter fortsetzten. Um zwei Uhr nachmittags hatten sie ihr drittes und höchstes Eisfeld erreicht – und Peters höchsten Punkt des Vorjahres. Hier ruhten sie sich eine Stunde lang aus, bevor sie weiterkletterten. Die letzten drei Seillängen über gelben Granit waren die schwierigsten der gesamten Wand, aber auch sie wurden schließlich überwunden, und dann standen die beiden Brüder auf dem sturmumtosten Gipfelgrat. Es war acht Uhr abends, und auf der Südseite waberte dichter Nebel empor – also biwakierten sie hier und stiegen erst am nächsten Morgen nach Courmayeur ab.

Binnen zwei Tagen war dann diese Führe zum mittleren Pfeiler, heute Crozpfeiler genannt, zweimal wiederholt worden. Sein Gipfelpunkt, Pointe Croz (4110 m), ist nicht der höchste Punkt der Jorasses – das ist mit 4208 m der Pointe Walker, und später wurde dieser Hauptgipfel auch als Ziel der klassischen Nordwandroute der Jorasses angesehen, aber im Moment widmete man sich anderen Aufgaben: nachdem das Matterhorn und die Grandes Jorasses nunmehr »aus dem Weg« waren, wurde die Eigernordwand als das »letzte große Problem« eingeschätzt – eine düstere, 1829 m hohe Wand aus Eis und Fels oberhalb von Grindelwald im Berner Oberland.

Ein erster Angriff auf die Eigerwand wurde etwas später im gleichen Sommer unternommen. Max Sedlmayer und Karl Mehringer, beide aus München, verbrachten eine Woche damit, die Wand zu erkunden, und bestiegen den Berg dann auf seiner Normalroute, um ein Proviantlager auf dem Gipfel anzulegen. Am Morgen des 21. August um zwei Uhr früh brachen sie schließlich auf und entschieden sich für eine Route, die mehr oder weniger direkt in der Mitte der Wand in die Höhe führte. Am ersten Tag kamen sie außergewöhnlich gut voran, wobei sie nicht wußten, daß Touristen überall im Tal jede ihrer Bewegungen mit Ferngläsern beobachteten. Insgesamt hatten sie 800 Höhenmeter geschafft, als sie über der Eigerwandstation der Jungfraubahn, die hier durch den Berg führt, biwakierten. Am nächsten Tag schafften sie nicht so viel, da sie durch ständigen Steinschlag häufig zum Anhalten gezwungen waren. Diese Nacht verbrachten sie direkt über dem »Ersten Eisfeld«. Auch am dritten Tag hielt sich das Wetter noch, allerdings kostete sie die Traverse vom »Ersten« zum »Zweiten Eisfeld« ungewöhnlich viel Zeit. Gegen Abend hatten sich Nebelschwaden in die Wand gesenkt, so daß man nicht erkennen konnte, wo sie ihr drittes Biwak einrichteten, und in dieser Nacht schlug das Wetter um. Gewitter tobten durch das Tal und hielten den ganzen nächsten Tag noch an. Es wurde bitterkalt. Als sich der Nebel gegen Mittag des fünften Tages endlich aufgelöst hatte, waren die Beobachter überrascht und erleichtert, als sie sahen, daß die beiden Männer noch am Leben waren und ihren Aufstieg weiter fortsetzten. Sie durchstiegen gerade einen Felssporn, der »Bügeleisen« genannt wird, und befanden sich direkt am oberen Rand des »Dritten Eisfeldes«, als erneut Wolken die Nordwand verhüllten.

Man hat sie nicht lebend wiedergesehen. Wochen später flog Ernst Udet, das berühmte Fliegeras des Ersten Weltkriegs, in einem Leichtflugzeug dicht an der Wand entlang und sah einen der beiden verschollenen Männer auf einem schmalen Band erfroren aufrecht stehen; hier mußten sie ihre letzte Nacht verbracht haben. Sein Gefährte war nicht zu finden. Diese Stelle wird seitdem »Todesbiwak« genannt. Die Schweizer Presse beeilte sich, sowohl diese Kletterei als auch die Kletterer selbst zu verurteilen: diese ausländischen Akrobaten, versicherte man seinen Lesern, würden unter Schweizer Bergsteigern keine Nachahmer finden.

Die Saison des Jahres 1936 war von anhaltend schlechtem Wetter geprägt, aber trotzdem versammelten sich auf den Zeltplätzen von Kleine Scheidegg und Alpiglen wochenlang Eigerenthusiasten, die auf Wetterbesserung hofften. Es war das Jahr der Olympiade in Berlin, und es ging das Gerücht, daß Hitler eine Goldmedaille für alpinen Heldenmut bereithielt für die erste Gruppe, die die berüchtigte Nordwand bezwang. Man ging natürlich davon aus, daß das eine deutsche Mannschaft sein würde! Es gibt keinen Zweifel, daß die Nazis – so wie alle anderen Aktivitäten – auch das Bergsteigen für ihre Propaganda benutzten, und das verführte die Alpinisten dazu, davon zu träumen, wie sie in der Presse bei der Verleihung von Auszeichnungen oder als Mitglieder von Naziorganisationen abgebildet würden. Welzenbach beispielsweise gehörte den »Braunhemden« an. Seine Verteidiger führen an, er sei unpolitisch gewesen, habe jedoch als Bediensteter der Reichsbahn keine andere Wahl gehabt – aber wo immer seine politischen Sympathien auch gelegen haben mögen: ohne Zweifel war seine Motivation für das Bergsteigen, wie auch die anderer führender Alpinisten seiner Zeit, eher persönlicher Natur und nicht politisch oder gar nationalistisch begründet. Auf der anderen Seite haben sie wahrscheinlich die öffentliche Aufmerksamkeit in der gleichen Weise genossen wie John Hunt und Ed Hillary, als sie für die Erstbesteigung des Everest ausgezeichnet wurden.

Die Bergsteiger, die sich mit ihren begrenzten Mitteln mühsam durchschlugen und auf den Wiesen bei Alpiglen in durchnäßten Zelten kampierten, kümmerten sich kaum um Hitlers Pläne. Als sich das Wetter auch weiterhin nicht besserte, gaben die Bergrivalen nacheinander auf, bis nur noch die Bayern Kurz und Hinterstoisser sowie zwei Österreicher, Rainer und Angerer, zurückblieben. Die vier beschlossen, sich zusammenzutun, und als sich das Wetter dann endlich besserte, brachen sie am Morgen des 18. Juli voller Erwartung auf.

Erkundungstouren im unteren Teil der Wand hatten ergeben, daß es eine leichtere Alternative zu der schwierigen Direktroute gab, die Sedlmayer und Mehringer gewählt hatten. Zwischen ihrem ersten Biwakplatz am Fuß der »Roten Fluh« und dem Beginn des »Ersten Eisfelds« gab es eine glatte, plattige Passage, die einen Seilquergang nach unten erforderte. Das war Hinterstoissers Spezialität, und gekonnt zog er sich am Seil hinüber, worauf die anderen ihm nachfolgten. Sie kamen zügig voran, und keiner machte sich Gedanken darüber, wie sie diese Passage im Falle eines Rückzugs erneut überwinden konnten. Statt dessen nahmen sie das Seil mit und besiegelten damit ihr tragisches Schicksal.

Den ganzen Tag über kamen sie gut voran, und wieder wurden sie dabei durch Feldstecher beobachtet; des Nachts kauerten sie sich unter einem Überhang oberhalb der »Roten Fluh« zusammen. Einige Zuschauer hatten bemerkt, daß einer der Kletterer lange Zeit reglos verharrt hatte, als sie sich das »Zweite Eisfeld« hocharbeiteten. War er vom Steinschlag getroffen worden? Hinterher allerdings schienen ihm seine Gefährten weiterzuhelfen. Man machte sich darüber aber keine Gedanken mehr, als man am nächsten Morgen die Kletterer wieder in Bewegung sah. Nicht lange, und dichter Nebel fiel ein und verhüllte den oberen Teil der Wand, und für den Rest dieses Tages – Sonntag – blieben sie den Blicken verborgen.

Als man sie am Montag wieder ausgemacht hatte, waren sie am oberen Rand des »Zweiten Eisfeldes« – erheblich tiefer, als man erwartet hatte, zudem bewegten sie sich nur extrem langsam. Sie hatten noch nicht einmal das »Todesbiwak« erreicht, den höchsten Punkt des Vorjahres. Bald darauf sah man, wie die vier den Rückzug antraten. Diesmal konnte es keinen Irrtum geben: einem aus der Gruppe wurde von den anderen geholfen. Vorsichtig überquerten sie das große »Zweite Eisfeld« und seilten sich über die Felsen ab, die es vom »Ersten« trennen. Die dritte Nacht im Fels verbrachten sie an oder nahe einer Stelle, die »Schwalbennest« genannt wird. Das Wetter war abscheulich und wurde noch schlechter.

Als sie schließlich die glatten Platten seines Quergangs wieder erreichten, versuchte Hinterstoisser vergeblich, sie zu überwinden. Erschöpft und ohne verfügbares Fixseil erwies es sich als unmöglich, an dem glatten, vereisten Fels vorbeizukommen. Es gab keine andere Wahl, als sich direkt über den überhängenden

Felssturz unter ihnen nach unten abzuseilen. 26 Jahre später waren Don Whillans und ich in einer vergleichbaren Lage, als wir einem englischen Kletterer, Brian Nally, über das Zweite Eisfeld zurückhalfen, nachdem sein Partner durch Steinschlag ums Leben gekommen war. Don bewies hier seine nachtwandlerische Sicherheit im Festlegen einer Führe, als er zu einem Punkt oberhalb des »Hinterstoisserquergangs« traversierte, so daß wir uns diagonal auf den »Schwierigen Riß« abseilen konnten. Wenn Hinterstoisser dieselbe Stelle gefunden hätte, wäre alles wohl anders ausgegangen.

Denn als sie sich an der überhängenden Wand des »Ersten Bandes« direkt nach unten abzuseilen begannen, entwickelte sich alles sehr schnell zum Schlechten. Um Mittag hatte ein Eisenbahner durch ein Tunnelfenster, das hier die Wand unterhalb der »Roten Fluh« durchbricht, Rufkontakt zu der Gruppe hergestellt. Die Kletterer waren jetzt nur noch wenige Seillängen über ihm und schienen guter Dinge zu sein. Es konnte nicht mehr lange dauern, und sie würden seinen Platz erreichen – und um ihnen beim Auffinden dieser Stelle zu helfen, schaufelte er eine Plattform und ließ den Spaten als Sichtzeichen im Schnee stecken. Dann verschwand er im Berg, um Kaffee zu kochen.

Als sie nach einiger Zeit immer noch nicht eingetroffen waren, ging er nachschauen. Diesmal kamen von oben verzweifelte Schreie, und er rannte sofort nach innen, um über Bahntelefon Alarm auszulösen. Zu dieser Zeit war das Klettern in der Eigernordwand behördlich verboten, und die Schweizer Bergführer waren nicht verpflichtet, dort Menschen in Bergnot zu Hilfe zu kommen. Trotzdem kamen drei Führer, die den Sturm in der nahen Eigergletscherstation abgewartet hatten, mit einem Extrazug nach oben und querten vom Tunnelfenster hinaus in die Wand zu einer Stelle, die etwa 90 m unter ihnen lag; hier sahen sie Toni Kurz, der in einer Seilschlinge hing. Er schrie jämmerlich um Hilfe. Seine Gefährten waren alle tot. Hinterstoisser war am Nachmittag aus der Wand gestürzt, Angerer war – möglicherweise beim Sturz Hinterstoissers – vom Seil erwürgt worden, und Rainer war erfroren. Die beiden Österreicher hingen noch immer mit Kurz im selben Seil. Steine und Tropfwasser machten ihm zu schaffen, aber an diesem Abend konnte man nichts mehr für ihn tun – es wurde bereits dunkel. Die Bergführer blieben die ganze Nacht über im Bahntunnel, und beim ersten Tageslicht stiegen sie erneut in die Wand hinaus. Erstaunlicherweise war Toni Kurz noch immer am Leben und rief auch noch um Hilfe. Auf einem Schneeband unter dem Überhang, von dem er herabhing, konnten sie sich ihm nähern – aber noch immer hing er 37 m über ihren Köpfen, und wegen eines vorspringenden Felsens konnten sie ihn nicht sehen.

»Wir helfen dir, keine Angst«, riefen sie zu ihm hinauf. »Zunächst mal: kannst du ein Seil herablassen, so daß wir Seil und Haken fürs Abseilen nach oben schicken?«

Kurz schnitt zwischen den beiden Leichnamen an Seil heraus, soviel er konnte, aber das reichte bei weitem nicht. Die einzige Möglichkeit, mehr Länge zu bekommen, war, die Seile aufzuspleißen. Zu dieser Zeit konnte er seinen linken Arm aufgrund von Erfrierungen schon nicht mehr bewegen, aber mit seiner rechten Hand und mit den Zähnen gelang es ihm irgendwie, ein Seil von 45 m Länge zusammenzuknüpfen, das er zu den wartenden Bergführern hinabließ. Und die stellten erst, als es schon zu spät war, fest, daß das Seil, das sie ihm dann hinaufgeschickt hatten, nicht lang genug war, um Kurz bis zu ihnen herabzulassen. Schnell knoteten sie eine weitere Seillänge hinzu und hielten ihr Ende sorgsam fest, damit sie ihn zu sich auf das Schneeband ziehen konnten.

Schließlich war das Abseilen vorbereitet, und Kurz begann seinen verhängnisvollen Abstieg. Er schlang seinen gefühllosen Arm um das Seil, um die Balance zu halten, und benutzte die andere Hand als Führungs- und Bremshand. Als er endlich über der Kante des Überhangs erschien, erkannten die Führer schnell, in welch fürchterlicher Verfassung er war. Als er dann aber zu dem Knoten im Seil kam, paßte der nicht durch den Karabiner. Kurz hatte jetzt nicht mehr die Kraft, diese Sperre zu beheben, und die Bergführer konnten ihm nicht helfen, weil er noch immer außerhalb ihrer Reichweite war. In der Hoffnung, er könne die Dehnbarkeit des Seils nutzen, versuchte Arnold Glatthard, der das untere Ende hielt, in äußerster Verzweiflung, Kurz zu sich herüberzuziehen. Und es hätte fast geklappt: sie konnten seine Stiefelspitzen schon berühren – aber nicht ergreifen. Schließlich sah sich Glatthard gezwungen, ihn auszulassen, und Kurz schleuderte wild hin und her, als hinge er an einem Gummiband.

Die Bergführer versuchten, ihm Mut zu machen: »Na los doch«, drängten sie ihn, »du bist schon fast hier, und wir haben dich sicher. Versuch' es noch dies eine Mal!«

Wieder mühte sich Kurz ab, den Knoten durch den Karabiner zu zwängen. Sein Gesicht war jetzt rot und geschwollen, es erschien ausdruckslos. Sie wußten, daß es mit ihm zu Ende ging. Glatthard wollte ihn noch überreden, das Seil zu durchtrennen; er würde nicht weit fallen. Aber es war bereits alles zu viel für ihn.

»Nein, nicht mehr ...«, ächzte Kurz und fiel vornüber. Binnen Minuten war er tot, schwang am Seil wie ein nutzloses Bündel Kleider.

Das folgende Jahr brachte weitere Versuche – und einen weiteren Toten.

1938 war Ludwig Vörg, der im Jahr zuvor gerade bis über das »Todesbiwak« gelangt war, zurück am Eiger, diesmal mit Anderl Heckmair. Sie waren fürs Felsklettern wie fürs Eisklettern gleichermaßen gut vorbereitet, hatten zwanzig Eishaken in unterschiedlichen Größen und Längen bei sich und auch die neuen zwölfzackigen Steigeisen.

Am »Bügeleisen« über dem »Zweiten Eisfeld« holten sie die Österreicher Heinrich Harrer und Fritz Kasparek ein, die einen Tag vor ihnen losgegangen waren. Beide Paare kamen überein, als gemeinsame Gruppe weiterzuklettern. Heckmair übernahm die Führung, die er während der gesamten Tour beibehielt. Als sie in die »Rampe« einstiegen, waren sie in unbekanntem Gelände. Ihre erste Nacht verbrachten sie zusammengekauert im oberen Teil der »Rampe« – Heckmair litt

unter Magenverstimmung, da er als Abendessen eine ganze Dose Sardinen ver-
schlungen hatte, und Harrer schrak hoch, als er merkte, daß er von seinem Sitz-
platz gerutscht war und nur noch an einem dünnen Haken über dem Abgrund hing.
Der nächste Tag war mit schwieriger Kletterei bei sich verschlechterndem Wetter
ausgefüllt: sie überwanden eisglänzende Kamine und vorstehende Überhänge in
dem Bemühen, zu dem Felsband zu gelangen, das »Götterquergang« genannt wird
und sie dann zur »Weißen Spinne« führen würde. Das ist das auffällige, steile,
trichterförmige Schneefeld im oberen Teil der Wand, das Stürme zum Orkan wer-

*Die Rettung dicht vor Augen, quält sich Toni Kurz zu Tode – an einem Seil, dem die letzte Länge
in die Sicherheit fehlt.*

den läßt und Lawinen und Steinschlägen als natürliche Rutschbahn dient.

Harrer hatte als Seilletzter die Aufgabe, alle Fels- und Eishaken beim Weitergehen mitzunehmen. Als sie am Nachmittag das letzte Stück blanken Eises, das zur »Spinne« führte, überquerten, stellte Heckmair fest, daß er keine Haken mehr hatte – der arme Harrer am Schluß mußte sich mit dem Gewicht aller Haken nach oben kämpfen. Mittlerweile braute sich ein Gewitter zusammen, und Steine zischten an ihnen vorbei nach unten. Daher schien es ihnen zu gefährlich, darauf zu warten, daß Harrer und Kasparek, die getrennt kletterten, zu ihnen aufschlossen. So querten Heckmair und Vörg hinaus in die »Spinne«, wobei sie sich gegenseitig mit ihren Eispickeln sicherten. Am oberen Ende ließen sie sich auf einer Felskanzel nieder und warteten auf ihre Freunde. Jetzt war es sehr dunkel geworden, und Blitz und Donner leiteten Sturmböen mit Hagel- und Graupelschauern ein. Die beiden Österreicher wurden davon mitten in der »Spinne« überrascht und von Eisbrocken und einem Strom kleiner Lawinen bombardiert. Als dann das Wetter endlich aufklarte, sahen Heckmair und Vörg überrascht und erleichtert, daß ihre Gefährten noch da waren. Sie brachten einen Fixpunkt an der Felswand über sich an und ließen ein Seil zu ihnen hinunter; danach blieben sie für den Rest der gesamten Tour zu viert in einem Seil.

Spät am Abend waren sie gezwungen, sich mit zwei exponierten, nach außen abfallenden Bändern als Biwakplatz zufriedenzugeben. Zwischen den beiden Plätzen brachten sie eine Schnur an, an der sie ihren Kocher hin- und herziehen konnten. Die beiden Österreicher konnten sich nicht einmal hinsetzen. Am nächsten Morgen warfen sie dann alle überflüssigen Seile und Ausrüstungsteile nach unten, um den Rest der Tour schneller klettern zu können. Ein heikler Zwischenfall ereignete sich, als Heckmair in den »Ausstiegsrissen« abglitt und sein Steigeisen sich in Vörgs Hand bohrte – aber mit einer blitzschnellen Drehung fand sein Fuß wieder Halt, und er bekam Vörg zu fassen, der seinen Stand zu verlieren drohte. Diese schwierige Passage konnten sie im zweiten Anlauf dann ebenfalls nehmen, und danach wurde das Klettern einfacher, das Wetter allerdings verschlechterte sich weiter.

Die letzten Meter zum Gipfel bewältigten sie schließlich in einem ausgewachsenen Schneesturm. Die Sicht war dermaßen schlecht, daß Heckmair die Gipfelwächte betrat, mit einem Fuß einbrach und hinterher dazu äußerte: »Was für ein schrecklicher Gedanke – da ist man die ganze Nordwand hochgeklettert, nur um auf der anderen Seite gleich wieder runterzurutschen!«

Dann ging es darum, vor Dunkelheit vom Berg wegzukommen. Sie ermüdeten jetzt schnell: Heckmair, dessen Mammutaufgabe der Routensuche nun beendet war, fiel im Schnee häufig hin und ließ sich von den anderen die Westflanke hinabführen. Einmal konnten sie die Häuser von Kleine Scheidegg erkennen und waren erstaunt über die Menschenmassen, die dort unten auf sie warteten. Es war ihnen nicht bewußt gewesen, daß ihre Tour so viel Aufmerksamkeit erregt hatte, und sie hatten auch nicht vorhersehen können, daß sie unverzüglich zu Helden des

Dritten Reiches erklärt und als Paradebeispiele deutsch-österreichischer Zusammenarbeit und eines ehernen Willens hingestellt werden würden.

Das *Alpine Journal* allerdings sah keinen Grund, den einmal eingenommenen Standpunkt – der Wunsch, die Eigerwand zu durchklettern, sei eine »fixe Idee Geistesgestörter« – zu berichtigen.

Es war tatsächlich so, daß in den Jahren zwischen den Kriegen die ehrgeizigen Extremkletterer der Alpenländer – einer nach dem anderen – von einem »letzten großen Problem« zum anderen umherreisten. Als der bekannte italienische Bergsteiger Riccardo Cassin mit zwei Gefährten am Fuß des Eiger eintraf, mußte er feststellen, daß Heckmairs Gruppe bereits weit oben in der Wand war. Als deren Erfolg dann feststand, verschwendete Cassin keine Zeit und wandte sich dem Walkerpfeiler der Grandes Jorasses zu, der jetzt zum neuesten »letzten großen Problem« aufgestiegen war. In der ersten Augustwoche gelang der italienischen Gruppe dann in 82 Stunden die erfolgreiche Erstbegehung, eine brillante Leistung in griffigem, aber schwierigem Fels, der 50 Haken erforderlich machte, von denen sie die Hälfte in der Wand ließen. Das scheint eine Menge Eisen zu sein und wurde von den Traditionalisten auch dementsprechend angegriffen – aber 50 Haken in einer Wand von 1000 m Höhe sind gar nicht so viele, und die Route selbst hat alle Zeiten überdauert. Sie wird noch immer gern begangen und ist sicherlich der ästhetisch schönste Anstieg, nicht nur in der Nordwand der Grandes Jorasses, sondern aller großen Nordwände der Alpen überhaupt.

Und was war mit den Briten? Sie beteiligten sich nicht an dem Ansturm auf die großen Wände der Westalpen oder an der hochtechnisierten Kletterei, die zu dieser Zeit in den Dolomiten und in Österreich entstand. Zwar waren sie nicht völlig inaktiv, aber sie bevorzugten halt die Führertradition des Goldenen Zeitalters. Geoffrey Winthrop Young absolvierte eine Reihe großartiger Touren, die 1911 ihren

Das englische Alpine Journal *nannte ihre Leistung eine »fixe Idee Geistesgestörter« – die Bezwinger der Eigernordwand (von links): Harrer, Kasparek, Heckmair, Vörg (1938).*

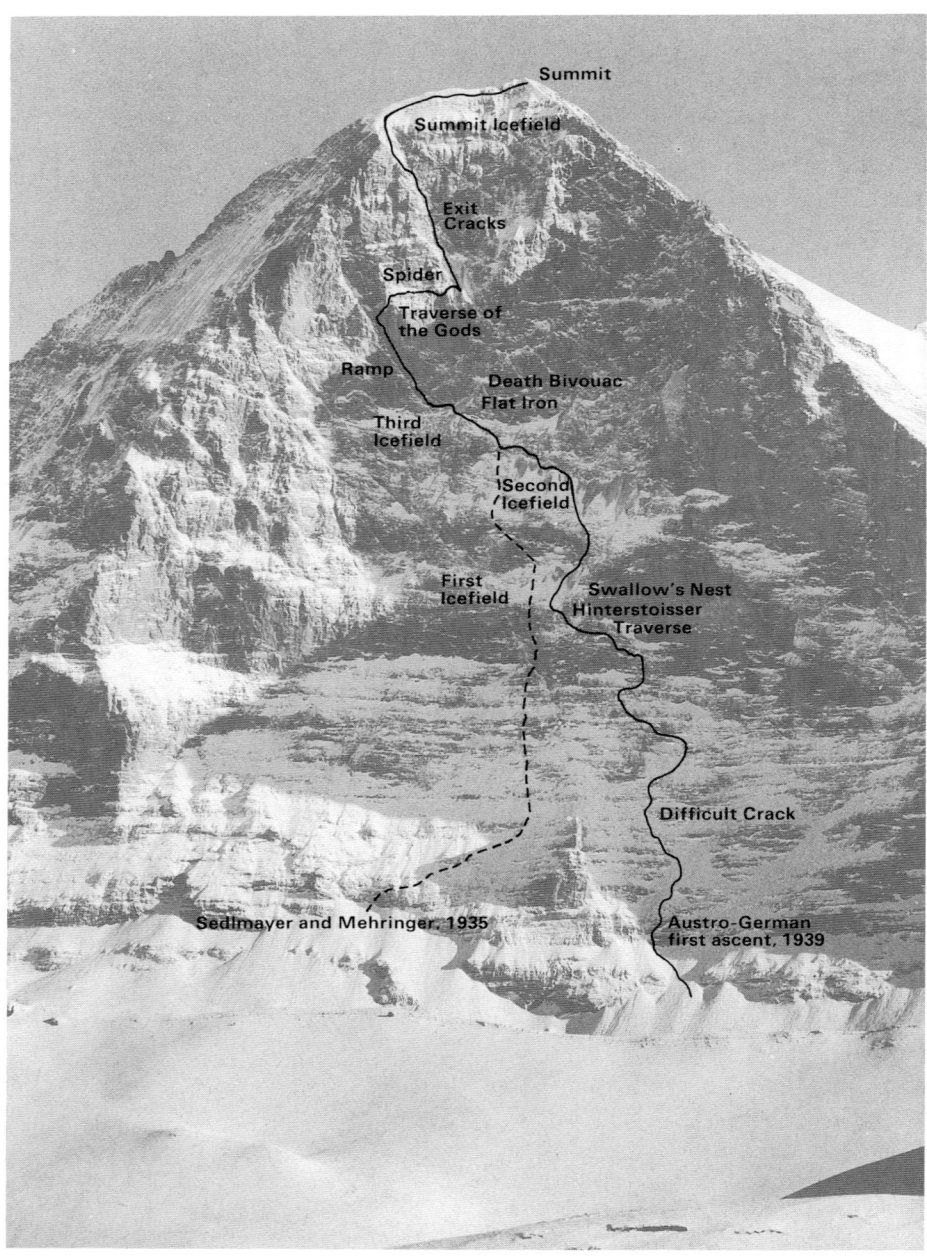

Die Eigernordwand mit den Routen der dreißiger Jahre:
– linke, gestrichelte Route: Sedlmayer und Mehringer 1935,
– rechts: die deutsch-österreichische Erstbegehung 1938.

Höhepunkt in der Erstbegehung der Ostwand des Grépon fanden – aber es war sein Führer Knubel, der die Route festlegte. Ryan konnte eine ebenso reichhaltige Ausbeute an Bergfahrten vorweisen – mit Lochmatter als Führer. Direkt nach dem Ersten Weltkrieg bestiegen Courtauld und Oliver als erste den Innominatagrat am Mont Blanc – aber ebenfalls mit Bergführern. Die herausragendste Route der Engländer zwischen den Kriegen war die Erstbegehung der Mayorführe der Brenvaflanke des Mont Blanc durch Graham Brown und den jungen Frank Smythe. Graham Brown erkundete dann die riesige und komplexe Schneeflanke, gewöhnlich mit Führern, noch im Einzelnen – aber um sich in den hohen Felswänden und steilen Eisflanken zu bewegen, brauchte man nicht nur Haken, sondern ein ganz anderes Konzept als das, was die englischen Kletterer noch immer so in Ehren hielten.

Die Entwicklung des englischen Felskletterns trug zu dieser Haltung mit bei. Es hatte sich eher als eigenständiger Sport entwickelt und wurde nicht als Vorbereitung auf die großen Berge gesehen. Die Ablehnung der Haken und anderer künstlicher Hilfsmittel war in der Bergwelt Englands auch durchaus angebracht, denn hier hätte ihr uneingeschränkter Gebrauch das Bergerlebnis gemindert. Insgesamt hatten sich die Techniken in der ersten Hälfte des 20. Jahrhunderts kaum weiterentwickelt. Der Bergsteiger hatte sein Hanfseil, seine Nagelschuhe für die

Riccardo Cassin mit seinen Begleitern Esposito und Tizzoni nach der Erstbegehung des Walkerpfeilers in den Grandes Jorasses, vielleicht die ästhetisch schönste aller großen Routen durch die Nordflanken der Alpen.

meisten Bergfahrten und Tennisschuhe, wie Mummery sie 1881 am Grépon benutzt hatte, für steilere Partien. Steilheit und Schwierigkeitsgrad der angegangenen Felsfahrten hingen untrennbar mit der Ausrüstung und der Technik zusammen, über die man verfügte – und doch waren einige der bewältigten Führen aufsehenerregend. Als Siegfried Herford 1914 den Mittelpfeiler des Scafell im Lake District erklomm – eine bedrohlich überhängenden Felswand hinauf mit sicherlich äußerst gefährlichen, kombinierten Taktiken – erschloß er eine darüberliegende Felswand. Das war eine Felsfahrt, die ihrer Zeit um Jahre voraus war. Herford war einer der vielen, die ihr Leben im Ersten Weltkrieg verloren und so ein Vakuum in der Zeit unmittelbar danach hinterließen.

Das Klettern begann dann auch andere soziale Schichten zu erfassen, besonders im Norden, wo die jungen Burschen der Arbeiterklasse sich an den Sandsteinflanken des Peak übten. So entstanden dann zwei unterschiedliche Gruppen: einmal die der Kletterer aus dem Norden, von denen nur wenige das Geld oder die Zeit aufbringen konnten, in die Alpen zu fahren, und dann die »Oxbridge«-Clique, die schon immer den Alpine Club mit Nachwuchs versorgt hatte. Letztere stand besonders unter dem Einfluß von Geoffrey Winthrop Young, der zwar im Krieg ein Bein verloren hatte, aber trotzdem noch die Tradition hochhielt, am Wochenende in Pen y Pass am Snowdon in Nordwales Bergsteigertreffen durchzuführen.

Die Felsfahrten am Clogwyn Du'r Arddu, dem wohl schönsten Berg in Großbritannien südlich der schottischen Grenze, entwickelten sich zunächst zu einem harten Wettstreit zwischen diesen beiden Gruppen, führten dann aber zur Zusammenarbeit. Der erste Sieg ging an eine Mannschaft aus dem Norden – Fred Piggott, Morley Wood, L. Henshawe und J.F. Burton – vom Rucksack Club aus Leeds, einem der örtlichen Vereine, die um diese Zeit entstanden. Sie nahmen 1926 den steilen, eckigen Ostpfeiler in Angriff und hatten im Jahr darauf auch Erfolg; dabei zeigten sie – innerhalb der damals erlaubten Grenzen – eine beträchtliche Findigkeit: sie verankerten Klemmkeile in den Rissen und arbeiteten sich an ihnen empor.

Im Jahr darauf versuchten zwei von Winthrop Youngs talentiertesten Schützlingen – Jack Longland und Frank Smythe, beide höheren Bergen vorbestimmt – die Erstbegehung des riesigen, plattigen Westpfeilers. Auch das Team aus Leeds versuchte sich 1927 an diesem Berg, und schließlich taten sich dann beide Gruppen für einen gemeinsamen Vorstoß zu Pfingsten 1928 zusammen. Auch hier wurden Klemmkeile benutzt, und es war Jack Longland, der die Gruppe dicht unter dem Gipfel durch eine überhängende Wand auf einer Route führte, die heute seinen Namen trägt. Es ist eine beeindruckende Felspassage, und für die damalige Zeit war das eine bemerkenswerte Leistung. Longland überwand auch die Wandstufe am Javelin Blade des Holly Tree Wall über den Idwal Slabs im Cwm Idwal, wahrscheinlich der schwierigste Anstieg, der vor dem Zweiten Weltkrieg bewältigt wurde. Später sagte er dazu: »Offen gestanden – ich hatte die Orientierung verloren. Ich war aus der ersten Wandstufe auf der Normalroute gekommen und wußte nicht, daß die hier nach rechts abknickt. Ich machte damals Stabhochsprung, was sicherlich die Finger kräftigt, und ich erinnere mich, daß das Hochziehen am Javelin Blade sehr anstrengend war, aber nicht gefährlich – der Fixpunkt lag nur etwa 13 m unter mir.« Ein Meisterstück der Untertreibung!

Eine weitere bedeutende Persönlichkeit in der Entwicklung des englischen Klettersports der dreißiger Jahre war Colin Kirkus. Er war ein brillanter Felskletterer mit einem scharfen Auge für die beste Führe nach oben und beging einige der schönsten noch verbliebenen Routen auf den Cloggy, sah sich dann auch im Ausland um und kam 1933 sogar bis zum Gangotri im Garhwal des Himalaja. Wenn er den Krieg überlebt hätte, hätte er wahrscheinlich den Nachkriegsexpeditionen zum Everest angehört. Ganz anders als Kirkus war dagegen Menlove Edwards. Er war vierschrötig und unglaublich stark, ging aber mit einer geradezu selbstquälerischen Einstellung auf Felsfahrten: sich selbst bis zur Erschöpfung zu verausgaben – und nicht die Freude am Klettern – war sein Hauptmotiv. Während des Krieges verweigerte er den Wehrdienst, und in der Zeit vor dem Krieg und direkt danach erschloß er eine Reihe von Routen an den steilen Felsen des Llanberispasses und um das Ogwental und spezialisierte sich auf anspruchsvolle – wenn auch kurze – Touren, die bereits den zukünftigen Trend verrieten.

Allerdings waren die Engländer nicht die einzigen Kletterer, die eisern an einer Felsethik festhielten. Mehr als tausend Kilometer weiter östlich, in den Sandsteintürmen der Sächsischen Schweiz, wurde diese Ethik genauso strikt eingehalten, vielleicht sogar noch strenger als in England. Haken waren verboten, und als

Am Fuß des Westpfeilers des Clogwyn Du'r Arddu (von links): T. Graham Brown, Ivan Waller, Frank Smythe und Jack Longland.

Sicherung waren nur Seile mit Knoten erlaubt, die sich in den weichen Sandstein-
rissen verklemmten. Der junge Deutsche Fritz Wiessner war einer der besten Kletterer der zwanziger Jahre; er übte sich erst im Elbsandsteingebirge und wechselte
dann in die höheren Kalkwände des Kaisergebirges, wo er eine Reihe kühner neuer
Routen erschloß. Wie Smythe und Longland war er für die höchsten Bergketten
der Erde vorbestimmt.

Die Einstellung, mit der die Bergsteiger aus Europa und Amerika den Himalaja angingen, die Art, wie sie ihre Expeditionen organisierten, die Beziehungen,
die sie zueinander unterhielten – all das war stark geprägt von den Erfahrungen,
die sie in der Bergwelt ihrer Heimat und an den höheren Wänden der Alpen gewonnen hatten.

Kapitel 7

DER EVEREST – EINE DOMÄNE DER ENGLÄNDER

Die frühen Expeditionen der zwanziger Jahre

●

Nachdem das Innerste Afrikas erforscht und die Pole erreicht waren, strahlte jetzt der Everest – der »Dritte Pol« – eine ganz besondere Anziehungskraft aus, und bereits kurz nach dem Ende des Ersten Weltkriegs hielten englische Bergsteiger schon wieder Ausschau nach dem Himalaja: es war der Beginn einer ganzen Serie von Expeditionen mit patriotischem Beigeschmack. Die englischen Aktivitäten der Nachkriegszeit wurden 1919 durch eine Versammlung der Royal Geographical Society (RGS) ausgelöst, bei der Hauptmann John Noel über eine Reise berichtete, die er 1913 nach Tibet unternommen hatte, um die Zugänge zum Everest zu erkunden. Er hatte sich als »Muslim aus Indien« ausgegeben, Haare und Haut dunkel gefärbt und war dann – mit einem Garhwali, einem Sherpa und einem Bhotia per Pony unterwegs – ohne Erlaubnis in Tibet eingedrungen. Hier hatte er Dörfer gemieden und war bis auf etwa 60 Kilometer an den Berg herangekommen, bevor ihn tibetische Soldaten wieder zur Grenze zurückbrachten. Er hatte vollbracht, was Freshfield, Bruce, Mumm und Longstaff mißlungen war, weil sie über offizielle Kanäle vorgegangen waren.

Noel war ein guter Fotograf und ein mitreißender Redner, und nachdem er seinen Reisebericht abgegeben hatte, sprachen Kellas und Freshfield begeistert über die Erkundung und kartographische Erfassung dieser Region, während Hauptmann J.P. Farrar, der damalige Präsident des Alpine Club, sich erbot, zwei oder drei talentierte junge Mitglieder abzustellen, die den Berg besteigen sollten. Der Präsident der RGS, Sir Francis Younghusband, der so viel für die Erforschung des Himalaja getan und 1903 die englischen Truppen auf ihrer Strafexpedition nach Lhasa angeführt hatte, gab dem Ganzen eine chauvinistische Note, als er die Erwartung aussprach, daß es natürlich ein Engländer sein müsse, der als erster auf dem Gipfel des Mount Everest stünde.

Hauptmann John Noel, dessen Vortrag vor der Royal Geographical Society über seinen heimlichen Vorstoß nach Tibet den Sturm auf den Everest auslöste. Er begleitete die Expeditionen von 1922 und 1924.

Wenige Tage nach diesem folgenschweren Treffen saß Younghusband beim Mittagessen zufällig Oberst Charles Howard-Bury gegenüber, einem wohlhabenden irischen Landbesitzer, der – obwohl er keinerlei Bergsteigererfahrung hatte – in den Alpen und im Himalaja gejagt hatte und sich jetzt erbot, zur Vorbereitung auf eigene Kosten nach Indien zu reisen. Hier gelang es ihm dann – mit Unterstützung der RGS und des Alpine Club – die Zustimmung der indischen Regierung zu bekommen, die ihrerseits die Erlaubnis des Dalai Lama erwirkte, daß eine Expedition zum Everest durch Tibet anreisen dürfe. Man hatte auch einen Anmarsch durch Nepal erwogen, aber Nepal ließ grundsätzlich keine Fremden ins Land, und so hielt man es für vertane Zeit, auch nur den Antrag zu stellen.

Als nächstes wurde ein Everestausschuß aus Mitgliedern der RGS und des Alpine Club gegründet, der alle Everestexpeditionen steuern sollte, bis der Berg

A.R. Hinks, graue Eminenz des Everestausschusses in den zwanziger und dreißiger Jahren.

schließlich bestiegen war. Das einflußreichste Mitglied dieses Ausschusses war sein Geschäftsführer A.R. Hinks, der zugleich Geschäftsführer der RGS war. Er behielt diese Positionen während aller Expeditionen inne, die zwischen den Kriegen stattfanden. Diese lange Kontinuität und die Tatsache, daß er der einzige »Profi« im Ausschuß war, gaben ihm alle Macht des manipulativen Staatsbeamten – eine Macht, die er auch voll ausnutzte.

Da der Krieg jeglichen Alpinismus verhindert und zudem so viele junge Bergsteiger das Leben gekostet hatte, war das Angebot an Bergsteigern knapp. Die Zahl engagierter Alpinisten war ohnehin klein, da nur wenige das Geld und die Zeit aufbringen konnten, regelmäßig in die Berge zu fahren. Darüber hinaus hielt das Establishment in den oberen Rängen der RGS und des Alpine Club noch immer an den puristischen Amateurtugenden des Goldenen Zeitalters des Alpinismus fest, was die Leistungen, die englische Bergsteiger zwischen den Kriegen in den Alpen erbringen konnten, drückte und auch ihre Einstellung zum Himalaja beeinflußte.

C.G. Bruce, dem man die Leitung der Expedition antragen wollte, war nicht verfügbar, und so fiel die Wahl auf Howard-Bury. Ihre Aufgabe sollte die Erkundung sein, obwohl Younghusband in seiner Einführung zum offiziellen Bericht klargestellt hatte: »Von Anfang an hatten wir festgelegt, daß das primäre Ziel der Expedition die Besteigung des Berges sein sollte und alle anderen Aktivitäten sich diesem obersten Ziel, den Gipfel zu erreichen, unterzuordnen hätten.« Aber die Bergsteiger wußten noch allzuwenig über die bevorstehenden Schwierigkeiten, und es war Longstaff, der hinsichtlich ihrer Chancen, den Berg gleich im ersten Anlauf zu bezwingen, zur Vorsicht riet.

Unter den jungen guten Bergsteigern, die Farrar vorschwebten, waren auch Mallory und Finch. Zwei gegensätzlichere Charaktere hätte man sich kaum vorstellen können. Mallory war von Anfang an vom alpinen Establishment akzeptiert worden und galt dann auch bald in der Öffentlichkeit als der Star für den Angriff auf den Everest. Finch dagegen war immer der Außenseiter. Mallory, Sohn eines Pfarrers, war in Winchester und Cambridge ausgebildet und dann Lehrer geworden. Er entsprach in allem dem Bild des typischen Mitglieds des Alpine Club. Er sah gut aus, war athletisch und umgänglich, hatte eine literarische Ader und Ambitionen zu schreiben. Im letzten Schuljahr war er von einem seiner Lehrer, R.L.G. Irving, dem Autor von *The Romance of Mountaineering*, in die Alpen mitgenommen worden. Als Student setzte er das Klettern fort und als Lehrer wurde er ein enger Freund von Geoffrey Winthrop Young.

Mallory hatte zwar Fähigkeiten, hatte sie aber – anders als Whymper oder Mummery – nie in innovatives Klettern umgesetzt. 1921 stand er am Scheideweg: er war jetzt 35 Jahre alt, unzufrieden mit seinem Lehrberuf und trug sich mit dem Gedanken, seinen Unterhalt mit Schreiben zu verdienen. Mit Frau und drei Kindern, die er ernähren mußte, war das allerdings ein gewagtes Vorhaben. Er konnte sich nicht einmal entschließen, ob er die Einladung zum Everest annehmen sollte oder nicht, und es war dann Young, der ihn dazu drängte.

Der Hintergrund von George Finch war da schon unkonventioneller. Sein Vater war Präsident des Landgerichts von Neusüdwales in Australien, aber als die Familie 1902 – George war jetzt vierzehn – Europa besuchte, entschieden seine Eltern, die Kinder sollten hier erzogen werden und die Mutter bei ihnen bleiben. Das war praktisch das Ende dieser Ehe. Charles Finch kehrte nach Australien zurück, und Laura ließ sich in Paris nieder, wo die Kinder von Privatlehrern erzogen wurden. George war sehr intelligent, studierte zunächst Medizin, wechselte dann aber zur Physiochemie, die er in Zürich und Genf studierte. Um diese Zeit begann er mit dem Klettern, zeigte beträchtliches Talent und avancierte zum Päsidenten des Akademischen Alpenclubs Zürich. Während Mallory ziemlich unpraktisch, ja unbeholfen war, hatte Finch viele originelle Ideen hinsichtlich Sauerstoffausrüstung und Bekleidung: so entwarf er zum Beispiel den allerersten Daunenanzug und den leichten Daunenschlafsack, für die er das neu entwickelte Ballongewebe verwandte.

Obwohl man sie die »jungen« Bergsteiger nannte, waren beide Mitte dreißig – vermutlich das beste Alter für den Himalaja. Wenn das so ist, dann gehörten die beiden anderen Mitglieder ihrer Mannschaft bereits zu den Betagten. Raeburn als

10 (Links): Doug Scott, Veteran zweier früherer Angriffe auf die Südwestwand des Everest, erreichte 1975 den Gipfel mit Dougal Haston. Seitdem hat er mit zahlreichen Expeditionen schwierige Gipfel dreier Erdteile im Alpinstil bestiegen. 11 (Unten): Herkömmliche Zelte sind an den steilen Wänden des Himalaja, die in den siebziger Jahren erschlossen wurden, kaum zu verankern. Don Whillans löste das Problem, indem er die »Whillansbox« entwarf, hier in Lager 4 der europäischen Expedition von 1972 zur Südwestwand des Everest. Von links: Scott, Whillans und Hamish MacInnes.

12 (Nächste Seite): Bergsteiger im Westkessel auf dem Weg zur alten Südjochroute auf den Everest. Dieser Südzugang ergab sich aus den politischen Gegebenheiten, als die Chinesen 1950 Tibet abschotteten und dafür Nepal seine Grenzen öffnete. Zunächst erkundete Houston das Gebiet, und 1951 fand dann Shiptons Gruppe einen Weg durch den abweisenden Khumbueisbruch hinauf zum Kessel.

13 (Vorhergehende Seite): Der Biafogletscher mit dem dreigipfligen Ogre (links von der Mitte), der höchsten Erhebung, und den steileren Latokgipfeln (rechts). 1892 biwakierte Conway dort, wo der Uzum-Brakk-Gletscher (Mitte) auf den Biafo stößt.

14 (Oben): Joe Tasker in Lager 2 an der Granitwestwand des Changabang, die er 1976 mit Peter Boardman durchstieg. 15 (Rechts oben): Tasker und Boardman begingen gemeinsam auch den Nordgrat des Kangchenjunga, den Dyhrenfurth schon 1930 versucht hatte. 16 (Rechts unten): Doug Scott folgt Georges Bettembourg hinauf zum Nordjoch des Kangchenjunga.

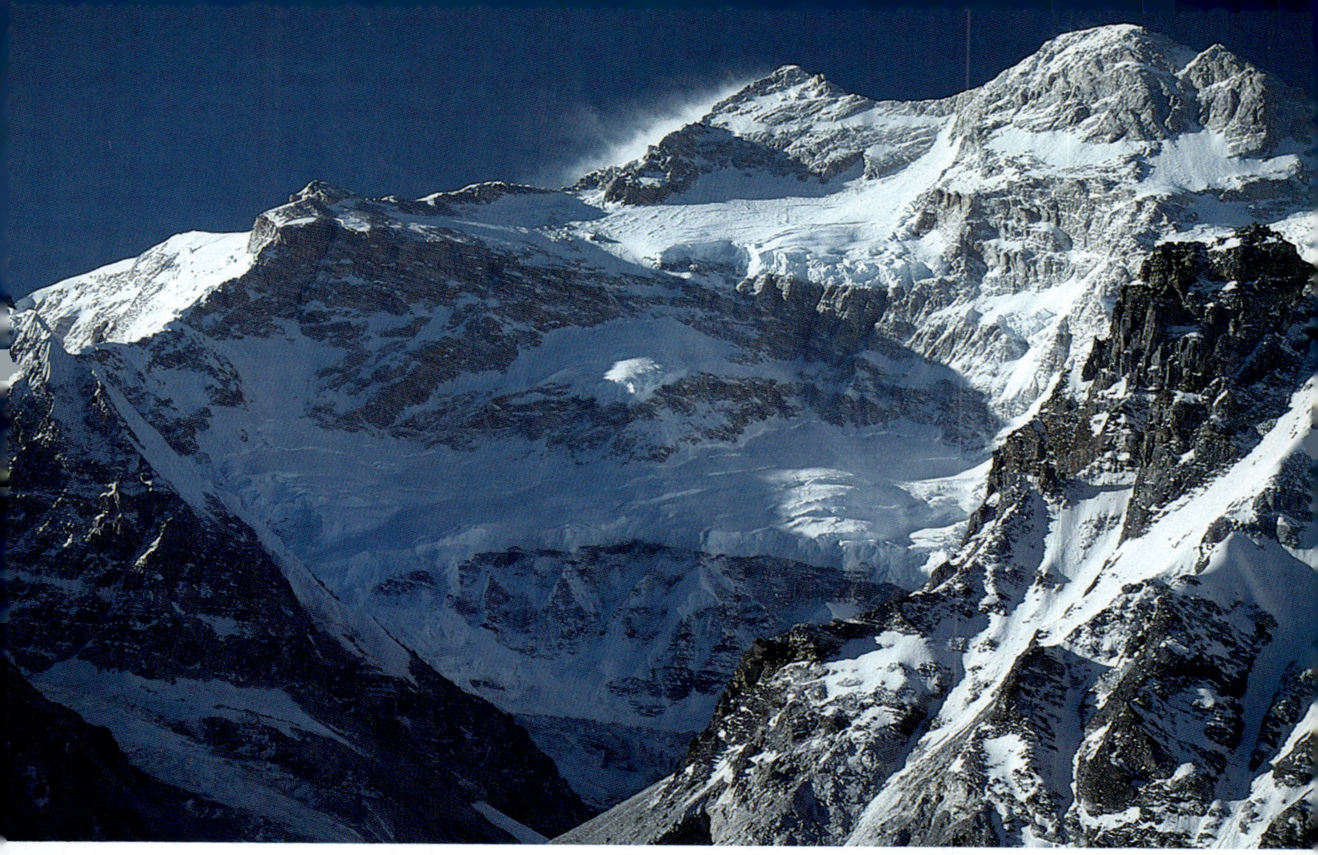

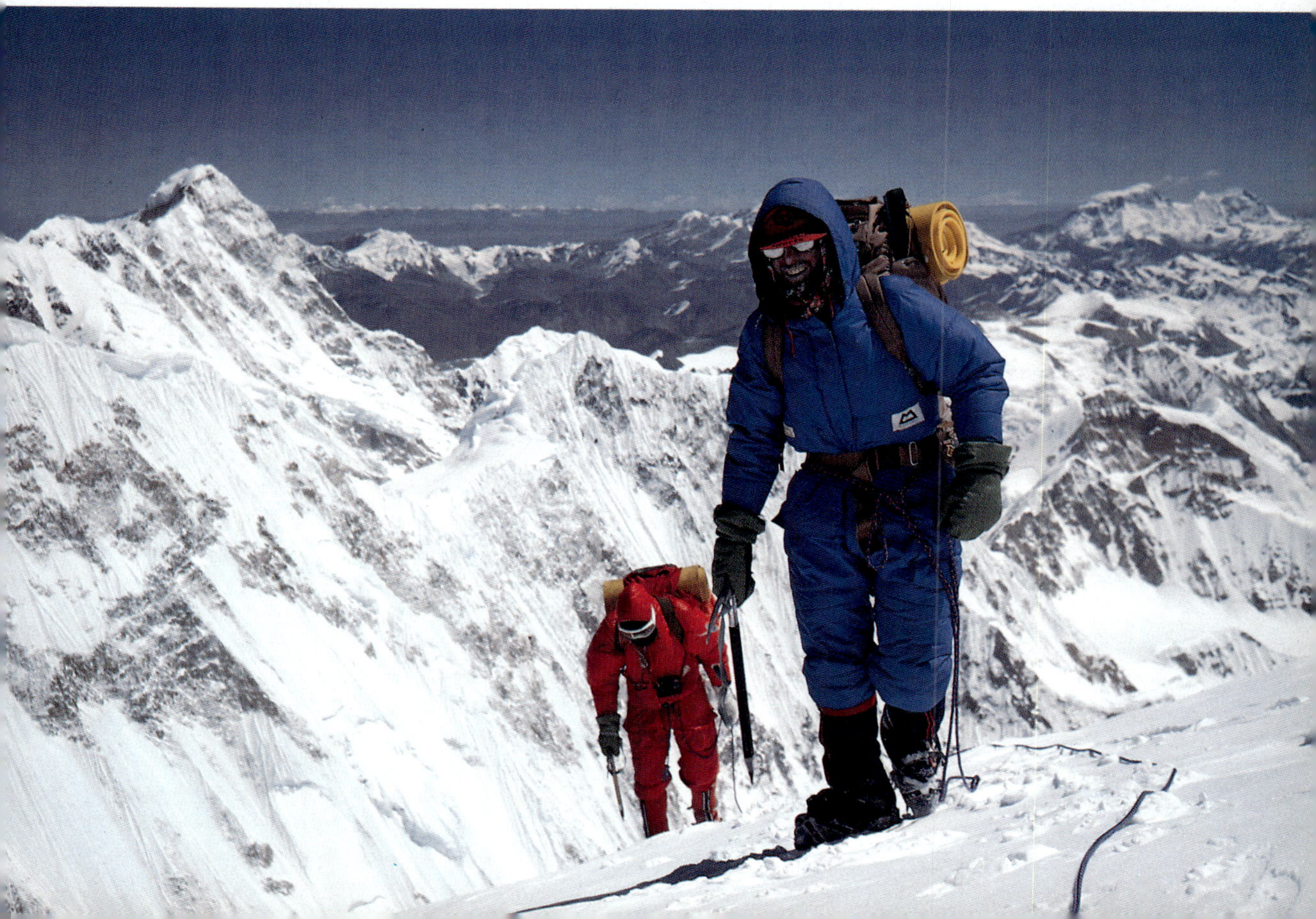

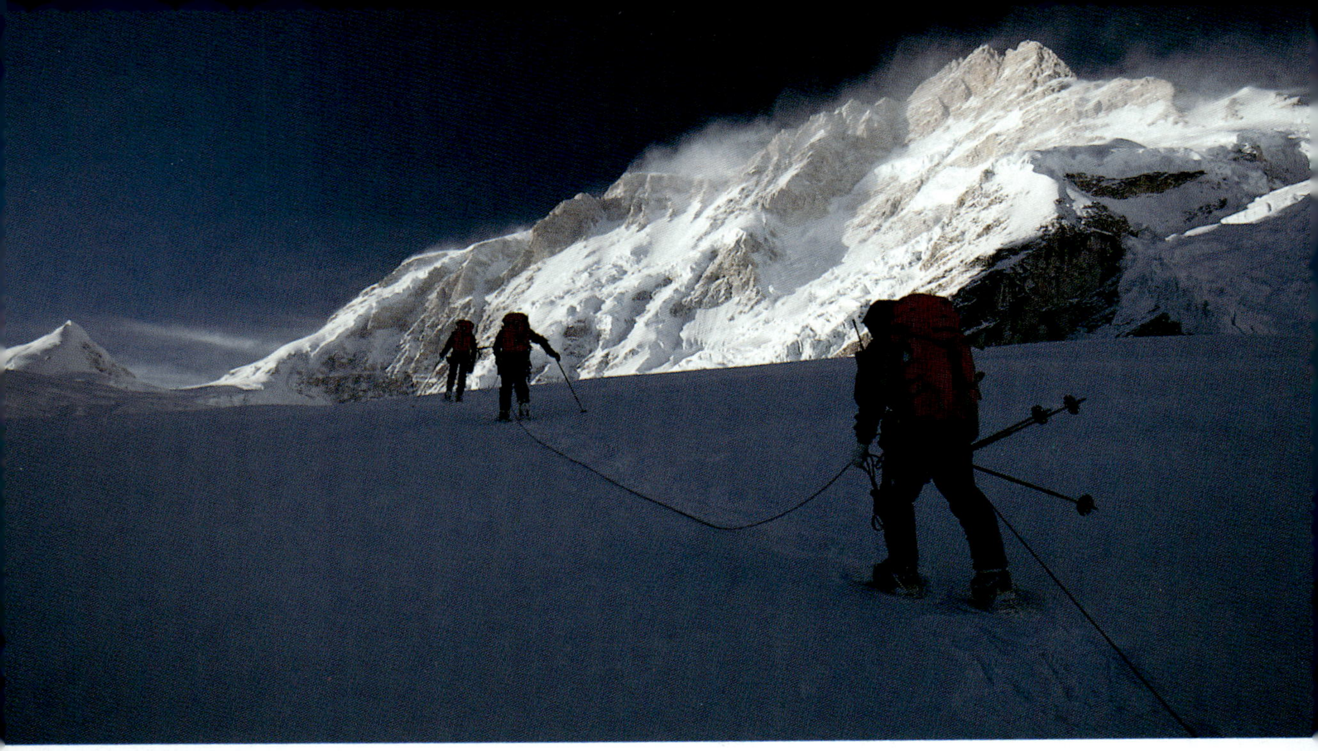

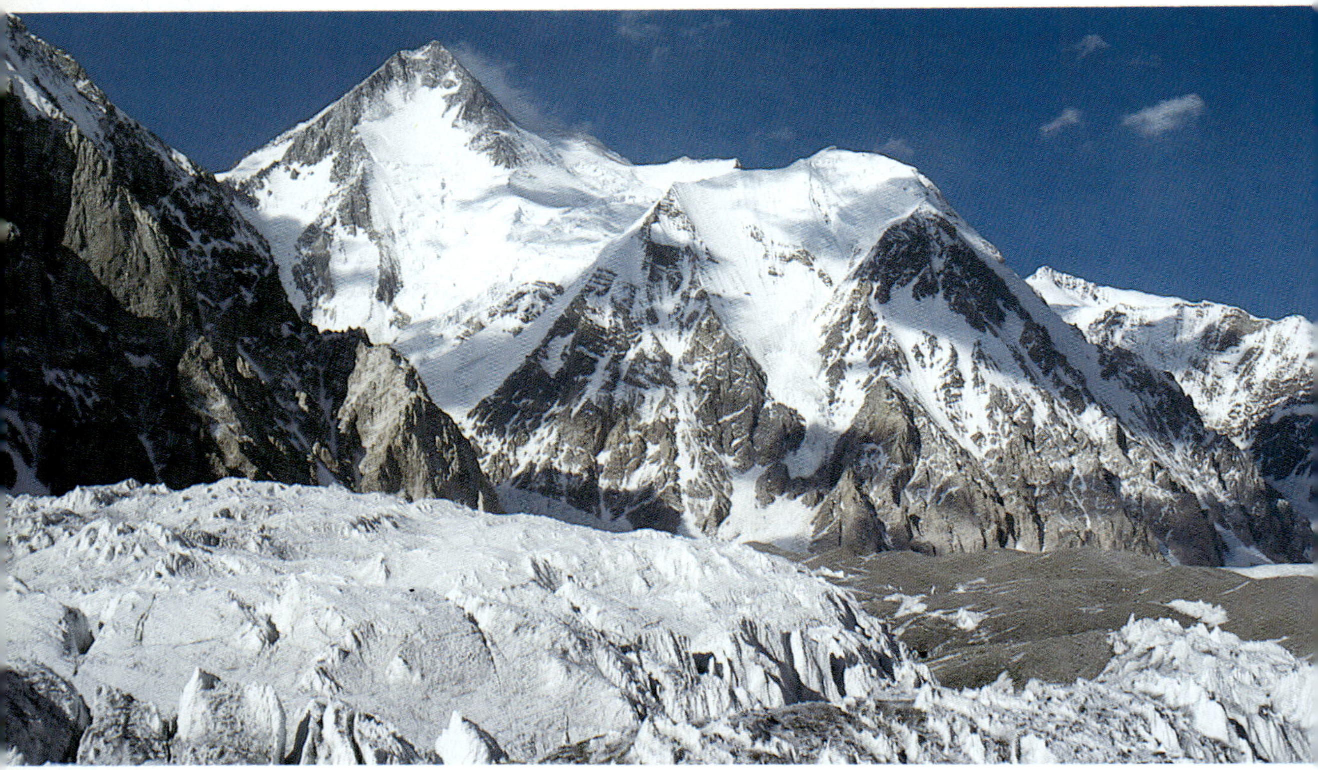

Anführer der Bergsteiger war 56, und man sah ihm das auch schon an. Er war eigensinnig, empfindlich und stur; seine Leistungen jedoch waren beachtlich. Er hatte eine ganze Serie neuer Routen in Schottland erschlossen, war führerlos in den Alpen geklettert und machte etliche verwegene Solobegehungen zu einer Zeit, als diese noch selten waren. Kellas war 53 und besser für die Führung des Bergsteigerteams geeignet als Raeburn. Abgesehen von seinen Vorkriegstouren hatte er im Jahr zuvor den Kamet versucht und als erster den Einsatz von Sherpas als Höhenträgern erprobt. Er war warmherzig und sympathisch, hielt am Middlesex Hospital Vorlesungen über Chemie und interessierte sich stark für die Physiologie in großen Höhen. Ferner gehörten zum Team noch der Expeditionsarzt, A.F.R. Wollaston, und zwei Landvermesser vom Indischen Vermessungsamt, Morshead und Wheeler, die beide Bergerfahrung hatten. Morshead war mit Kellas auf dem Kamet gewesen.

Obwohl sie Erkundungsexpedition genannt wurde, träumte die Gruppe davon, den Gipfel zu bezwingen, und besonders Mallory beklagte die Schwäche des Teams, was das Bergsteigen anbetraf. Dann entstand – sechs Wochen vor der Abreise – eine größere Krise. Es war beschlossen worden, daß jeder sich einer ärztlichen Untersuchung unterziehen sollte. Mallory bestand sie mit Glanz, Finch aber fiel durch. Er hatte während des Krieges einen schweren Malariaanfall gehabt und wurde jetzt als leicht blutarm, blaß und schlaff beschrieben, zudem verlor er an Gewicht und hatte Probleme mit seinen Zähnen. Finch sollte nicht der letzte bedeutende Höhenalpinist sein, der beim Arzt durchfiel. Don Whillans – einer der besten Bergsteiger, die ich kenne – bestand Anfang der fünfziger Jahre seine Wehrtauglichkeitsuntersuchung nicht, und John Hunt wurde nach einer ärztlichen Untersuchung nicht zur Everestexpedition von 1936 zugelassen. Wäre Mallory durchgefallen, hätte man vielleicht das Untersuchungsergebnis ignoriert – aber Finch war, obwohl Farrar sich für ihn stark machte, beim Ausschuß nicht beliebt, und so wurde beschlossen, sich an das Urteil der Ärzte zu halten. Finch war zutiefst verletzt, da er fühlte, daß er nur ein vorübergehendes Formtief hatte – eine Einschätzung, die sich wenige Tage später bei einer medizinischen Untersuchung, die in der Unterdruckkammer von Oxford in Vorbereitung einiger Höhenversuche durchgeführt wurde, bestätigte. Hier wurde er nicht nur für tauglich befunden, sondern es wurde besonders hervorgehoben, wie gut er den simulierten Bedingungen großer Höhen widerstanden habe. Als ob er dem Ausschuß beweisen wollte, wie ungerechtfertigt die Zurückweisung gewesen war, absolvierte er dann im Sommer eine Serie langer und anstrengender Felsfahrten in den Alpen. Seinen Platz in der Expedition nahm G.H. Bullock ein, Mitschüler von Mallory in Winchester, der im Konsulardienst stand und vor dem Krieg bereits viel in den Alpen geklettert war. Er konnte mit jedermann auskommen: wichtig in einem Team ausgeprägter – und manchmal auch streitsüchtiger – Individualisten.

Wie so viele der großen Expeditionen, die noch folgten, war auch diese zu hastig aufgestellt worden, und der für die Organisation verantwortliche Ausschuß –

Hinks vor allem – lag häufig mit den Expeditionsmitgliedern überquer, besonders in der Frage der Verträge, bis heute eine ständige Quelle des Ärgers. Es gab Schwierigkeiten bei der Beschaffung der Ausrüstung, und dann verspätete sich auch noch das Schiff mit den Vorräten – aber Mitte Mai war die Expedition dann endlich bereit, Darjeeling zu verlassen.

In mancherlei Hinsicht muß diese Expedition eine der aufregendsten von allen gewesen sein, auf jeden Fall wäre ich gern mit dabeigewesen. Obwohl man den Berg aus der Ferne schon gesehen hatte, war ihm noch niemand nahegekommen. Tibet war noch immer unbekannt und eine Welt für sich. Der Zugang führte von Darjeeling aus durch Regenwald über den Jeleppaß und die Klimascheide zum Chumbital in Tibet, wo der Regen spärlicher wird und Kiefern, große Rhododendronbüsche, wilde Rosen und Waldreben wachsen. Malerische Dörfer mit Gebetsfahnen über den flachen Dächern und Stapeln von Brennholz kleben an den Bergflanken, die der Chomolhari, ein großartiger Schneegipfel, überragt. Die Bewohner dieser Dörfer haben sich in all den Jahren nicht viel verändert mit ihrer abgerissenen Kleidung und den flachen, rußgeschwärzten Gesichtern. Vergnügt lachend und gastfreundlich ähnelt der Nachwuchs den Vorfahren: an allem interessiert, neugierig und auch langfingerig – als sei alles nur ein Scherz. Dann führt die Route über den Tangpaß auf die Hochebene von Tibet, eine hochgelegene, kahle Stein- und Kieswüste, die sich bis zu Bergketten aus vielfarbigem Gestein erstreckt, mit gelegentlichen Schneekuppen. Wolken ziehen wie riesige Segelboote über einen Himmel von metallischem, dunklem Blau. Zu meinem Erstaunen konnte Mallory dem nichts abgewinnen – er beschrieb Tibet als ein »abscheuliches Land mit abscheulichen Leuten«.

Er fühlte sich möglicherweise bedrückt von Zweifeln – nicht nur an den Mitgliedern des Teams, sondern auch an sich selbst. Und der Tod von Kellas machte das alles noch schlimmer. Er war schwer an Ruhr erkrankt, hatte sehr darunter gelitten und brach dann schließlich zusammen und starb, als man ihn über einen Paß nach Kampa Dzong trug. Aber trotzdem ging der Marsch zum Everest weiter: sie holten weit nach Norden aus, passierten die Bezirkshauptstadt Shekar Dzong (heute Xegur) mit ihrer gewaltigen Klosterfestung auf den Hügeln über der Stadt und erreichten dann Tingri, das mitten in einer weiten Ebene liegt und nach Süden einen überwältigenden Blick auf die Gipfel von Mount Everest, Lhotse, Gyachung Kang und Cho Oyu gewährt, rund 70 km entfernt. Hier wollten sie ihr Hauptlager einrichten, nicht nur, um eine Route auf den Everest zu finden, sondern auch, um das gesamte Gebiet zu erkunden.

Die Landvermesser wandten sich nach Süden zum Khumbupaß (heute Nangpapaß), der westlich vom Cho Oyu nach Nepal führt, und Mallory und Bullock brachen zum Everest auf. Es muß ein großartiges Gefühl gewesen sein, Tingri mit sechzehn Sherpas, einigen Yakhirten und den Yaks, die die Ausrüstung trugen, zu verlassen. Im Süden konnten sie die dunklen Wolken des Monsuns am Horizont erkennen, und die Größe der vor ihnen liegenden Aufgabe lastete schwer

Die Everestexpedition von 1920. Stehend von links: Wollaston, Howard-Bury, Herron, Raeburn; sitzend: Mallory, Wheeler, Bullock, Morshead.

auf ihnen. Aber nur wenige Tage später standen sie am Eingang des Rongbuktals auf einer Schulter, und ihr Ziel lag vor ihnen, am anderen Ende des Tals. Mallory über diesen Moment im Expeditionstagebuch: »Wir sagten gar nichts und stellten auch keine Fragen – wir blickten nur einfach hinüber … Das Auge ist sich sofort sicher: der höchste aller großen Berge der Welt bedarf keines Zeichens seiner Großartigkeit – er herrscht über sie alle, unermeßlich in seiner einmaligen und abgeschiedenen Souveränität.«

Sie folgten dem Tal aufwärts, passierten als erste Europäer das Kloster Rongbuk und biwakierten dann in rund 5320 m Höhe an der Zunge des Rongbukgletschers. In den folgenden Tagen erkundeten sie, wann immer das Wetter es zuließ, den Mittleren und den Westlichen Rongbukgletscher, spähten um eine Flanke des Everest herum in den Westkessel und erklommen einen der westlichen Gipfel, den sie »Kellas Peak« nannten. Auf diesem Gipfel erkannten sie auch, daß der Ausläufer, der vom Nordjoch zum Kamm des Nordostgrats führt, begehbar erschien, der Zugang zu diesem Joch von Südwesten her jedoch steil und gefährlich aussah. Wenn man es von Norden her erreichen konnte, war das vielleicht der Schlüssel zum Everest. Das wichtigste Merkmal des ganzen Gebiets allerdings übersahen sie: den Östlichen Rongbukgletscher. Zwar hatten sie einen Gletscher in einem Tal an der Ostflanke des Changtse ausgemacht, aber er schien sehr klein zu sein und sie vermuteten, daß dies nur ein unbedeutendes Nebental war und der Hauptgletscher auf der anderen Seite des Nordjochs mit Sicherheit nach Osten abfließen müsse. Für diese Fehleinschätzung ist Mallory später noch häufig kritisiert worden – aber hinterher ist es natürlich sehr einfach zu fordern, sie hätten auch in dieses Nebental noch hineinschauen sollen, nur um ganz sicherzugehen: es hätte nämlich bedeutet, über endlose Felsmoränen zu klettern, nur um möglicherweise einem Trugbild nachzujagen.

Zu dieser Zeit hatte der Rest der Expedition die Erkundung des westlichen Teils des Massivs nahezu abgeschlossen, und Howard-Bury verlegte das Lager nach Kharta an der Ostseite des Everest. Bullock und Mallory machten sich jetzt daran, den Zugang zur anderen Seite des Nordjochs zu finden, und erforschten dabei sowohl den Kangshung- als auch den Khartagletscher. Als sie auf den oberen Teil des Östlichen Rongbukgletschers hinüberblickten, sahen sie, daß Schneehänge direkt bis zum Nordjoch hinaufführten und der Gletscher selbst um 90 Grad abknickte, womit er auf den Mittleren Rongbukgletscher stoßen mußte und damit auch auf das Tal, das sie ganz zu Anfang als Sackgasse eingeschätzt hatten. Wheeler, der als Landvermesser methodisch vorging, hatte das längst festgestellt.

Diese Fehleinschätzung hatte aber kaum Auswirkungen, denn ihre Aussichten, den Berg noch zu besteigen, waren ohnehin nur gering – allerdings träumten sie immer noch davon, es zumindest zu versuchen. Und dieser Versuch war wirklich beeindruckend. Die Expedition hatte schon lang genug gedauert, und sie wollten nun endlich nach Hause – aber Mallery, Bullock und Wheeler brachen noch einmal auf, um das Nordjoch von Kharta aus zu erreichen, kletterten dabei vom Khartagletscher ins Nährgebiet des Östlichen Rongbukgletschers und erreichten dann das Nordjoch (6990 m) auf dem Höhepunkt eines Sturms. Es ist nicht verwunderlich, daß nur Mallory es noch schaffte, wenige hundert Meter über das Joch hinauszukommen.

Als Erkundungsexpedition war das Unternehmen wirklich erfolgreich. Sie hatten eine mögliche Route zum Gipfel gefunden, hatten das ganze Gebiet nördlich von Nepal bis zum Shisha Pangma erforscht und kartographisch erfaßt, den Fushipaß überschritten – eine Route, der ich 66 Jahre später auf dem Weg nach Menlungtse folgte –, waren der Rongsharschlucht gefolgt, um den Gauri Sankar zu identifizieren, und hatten dann die Berge nach Nordwesten überquert, um Nyalam zu erreichen; auf dieser Route verläuft heute die Hauptstraße von Katmandu nach Lhasa. Was sie erreicht hatten, war wirklich bemerkenswert; Mallory allerdings sah das nicht so und schrieb Geoffrey Winthrop Young auf dem Rückweg:

> Ich glaube, mehr als alles andere hat mich die Enttäuschung davon abgehalten, Ihnen eher zu schreiben: die grausame Diskrepanz zwischen meiner Vision, ich bräche mit einigen entschlossenen Männern von unserem engen Lager aus auf zu diesem hochgelegenen Joch, wo ich zum Schluß einen noch viel höheren Punkt erklimme, von dem aus der Gipfel schon fast

in Reichweite erscheint, und von dem ich dann erschöpft, aber nicht entmutigt, zufrieden eher mit dem Erreichten zurückkehre – und auf der anderen Seite die Wirklichkeit, wie sie sich uns darbot: endloser Schnee, der über graue Hänge dahinfegt, nur dieser eintönige Anblick, keine Wetterbesserung, keine Hoffnung.

Er erkannte sehr klar, daß sie beim nächsten Versuch früher aufbrechen mußten, um dem Monsun zu entgehen, und auch, daß sie ein stärkeres Bergsteigerteam brauchten. Er glaubte, acht fähige Bergsteiger wären gerade richtig – die aber in kurzer Zeit zusammenzutrommeln würde nicht leicht werden, wie Mallory seiner Schwester Avie schrieb:

> Sie bekommen die acht nicht, sicherlich nicht so bald, vielleicht nicht einmal für nächstes Jahr. Hinks, der Geschäftsführer, möchte jetzt schon wissen, ob ich wieder mit dabei bin. Wenn sie mich zu einer Antwort zwingen wollen, werde ich ihnen sagen, sie sollen sich erstmal um die anderen sieben bemühen. Dann werden sie sich auf die Liste des Alpine Club stürzen und in Briefen die Meinungen zu den einzelnen Kandidaten erfragen! Ich würde nächstes Jahr nicht nochmal gehen, nicht – wie man bei uns sagt – für alles Gold Arabiens.

Aber es ist gar nicht so einfach, eine Everestexpedition abzulehnen, und als er erstmal zu Hause war, beeilte er sich, die Einladung anzunehmen, obwohl der Ausschuß entschieden hatte, sechs Bergsteiger würden für einen großangelegten Vorstoß auf den Berg ausreichen. Sie hatten – was sicherlich taktlos war – General Bruce schon die Leitung angetragen, bevor Howard-Bury und sein Team überhaupt Indien verlassen hatten. Bruce war jetzt 56 und – wegen seiner Kriegsverletzungen und einer leichten Arterienverkalkung – alles andere als fit, aber er hatte Erfahrung und war eine starke, gefestigte und auch humorvolle Persönlichkeit. Ihm traute man zu, eine Expedition mit fester Hand zu führen, ohne dabei autoritär zu sein.

Sein Vertreter sollte Oberst Strutt sein, ein strenger Zuchtmeister, der in zunehmendem Maße und mit eiserner Hand die Moral des Alpine Club zwischen den Kriegen bestimmen sollte. Absolut konservativ und snobistisch, verabscheute er Tibet und seine schmuddeligen, fröhlich-unehrlichen Bewohner – und trotzdem gewann er durch sein kompromißloses Festhalten an der Bergsteigerethik und seine Anständigkeit im Umgang mit anderen. Er war sicherlich mit vielen Ansichten Finchs nicht einverstanden, aber bei der Expedition war er der einzige, der ihm dabei half, die anderen davon zu überzeugen, daß sie mit dem neumodischen und umstrittenen Sauerstoffsystem auch trainieren müßten.

Für den Rest des Teams war es überhaupt keine Frage, daß man Finch an die Wand drängen müsse, und so übertrug man ihm die Verantwortung für die Sauerstoffgeräte. Dr. A.W. Wakefield aus Kendal war ein guter Felskletterer, der zugleich ansehnliche Leistungen als Langstrecken-Bergwanderer vorweisen konnte. Howard Somervell, ebenfalls aus Kendal, war Chirurg von Beruf und ein Mann vielfältiger Interessen; er hatte eine beträchtliche Ausdauer, die er sich ebenfalls beim Bergwandern erworben hatte, sowie alpine Erfahrung. Major E.F. Norton –

Enkel von Sir Alfred Wills, dessen Besteigung des Wetterhorns als Markstein für den Beginn des Klettersports gilt – hatte relativ wenig Erfahrung als Bergsteiger, war dafür aber brillant bei der Sauhatz, und Hauptmann John Noel war offiziell für Fotos und Filme zuständig. Dr. Tom Longstaff, ein noch besserer Bergsteiger als Mallory, der bereits 1907 versucht hatte, den Everest zu erreichen, war zum Expeditionsarzt ernannt worden, was er mit den Worten kommentierte: »General Bruce und ich waren für das Klettern in großen Höhen schon zu alt.«

Es ist erstaunlich, daß er sich mit 47 Jahren schon für zu alt hielt, um in größerer Höhe Touren zu machen – wo sich heute 60jährige an Achttausendern versuchen. Ich habe allerdings selbst erfahren, daß man ab 50 mehr Zeit zum Regenerieren braucht und einem das Schleppen von Lasten zunehmend schwerer fällt.

Bruce verstärkte das Team noch, indem er zwei Offiziere der Gurkhatruppe anheuerte: seinen Neffen Geoffrey Bruce und John Morris; dazu kamen noch Colin Crawford vom indischen Staatsdienst, der Verbindungsoffizier werden sollte, und Morshead, der sich schon im letzten Jahr als Kartograph bewährt und Mallory beim Vorstoß über den Lhakpapaß zum Nordjoch unterstützt hatte. Damit hatte Bruce die Stärke der Bergsteiger listig auf die acht gebracht, die Mallory ursprünglich empfohlen hatte. Obwohl einige davon nur wenig alpine Erfahrung mitbrachten, erwiesen sich besonders die Offiziere des indischen Heeres als unersetzlich, da sie anpassungsfähig, praktisch und körperlich bestens in Form waren.

Aus der letzten Expedition hatte man viel gelernt. So wurde zum Beispiel die Verpflegung entscheidend verbessert – mit erlesenen Leckerbissen wie Wachteln in Aspik, die abgestumpfte Gaumen in Versuchung führen sollten. Die Ausrüstung allerdings war noch immer ziemlich archaisch mit der alpinen Standardbekleidung aus Tweedjacken und Lederstiefeln, spärlich genagelt, um die Leitfähigkeit zu verringern. Sie verfügten auch über Polarbekleidung mit feingewobenen Wollanoraks und Überhosen, die wahrscheinlich so winddicht waren wie das, was heute auf dem Markt ist, dazu auch, für die höhergelegenen Lager, große – und vermutlich plumpe – Daunenschlafsäcke für jeweils zwei Mann, die auch auf Polarerfahrungen zurückgingen. George Finch hatte seine eigene leichte Daunenbekleidung dabei, die man allerdings mit Argwohn, wenn nicht sogar mit Spott bedacht zu haben scheint.

Umstritten war auch der Sauerstoff. Finch, Farrar und Somervell erkannten seine Bedeutung, während Mallory, Hinks und Longstaff dagegen waren, aus ethischen wie praktischen Gründen. Hinks und Farrar hatten von Anfang an gegensätzliche Meinungen vertreten, und zwischen Mallory und Finch scheint es zumindest an menschlicher Wärme gefehlt zu haben. So schrieb Hinks an Bruce: »Heute nachmittag sehen wir uns die Gasausbildung an. Sie haben einen wundervollen Apparat entwickelt, über den Sie sich totlachen werden. Bitte sehen Sie doch zu, daß der offizielle Fotograf von Finch in seiner patentierten Kletterkleidung mit diesem Gasapparat eine Aufnahme macht … Ich würde gern mein Geld auf Mallory setzen, wenn er ohne die Hilfe von vier Zylindern und einer Maske auf 8000 m steigt.«

Einige Mitglieder des Teams von 1922 beim Frühstück. Am Tisch von links: Wakefield, Morris, General Bruce, Karma Paul, Norton, ein Gurkha, Geoffrey Bruce.

Als sie dann im Hauptlager waren, verliefen die weiteren Vorbereitungen unter der Führung von Oberst Strutt völlig reibungslos: sie legten die Route zum Nordjoch über den Östlichen Rongbukgletscher fest, errichteten auf dieser Strecke drei Zwischenlager, und am 18. Mai hatten sie ein Lager am Nordjoch eingerichtet und waren bereit, zum Gipfel vorzustoßen.

Die Planung dieses Vorstoßes zum Gipfel lag – aufgrund seiner bisherigen Erfahrungen mit diesem Berg – zwangsläufig in den Händen von Mallory. Daher wurde dem Sauerstoff nur eine untergeordnete Rolle zugewiesen, und der Plan sah vor, daß Mallory, Somervell, Morshead und Norton, die man für die besten Alpinisten hielt, zunächst zum Nordjoch aufsteigen, dann mit Hilfe der Höhenträger ein weiteres Lager in etwa 7900 m Höhe einrichten und von dort zum Gipfel vorstoßen sollten. Finch – fast, als habe man ihn übersehen – überließ man es, mit dem Sauerstoff und dem Anfänger Geoffrey Bruce nachzukommen.

Das Tragen der Lasten war Aufgabe der Träger. Nur sehr wenige Engländer, die an diesen Nachkriegsexpeditionen zum Everest teilnahmen, scheinen – wenn sie überhaupt etwas trugen – mehr als ihr Tagesgepäck auf dem Rücken gehabt zu haben, allerdings kletterten sie auch voraus und kümmerten sich – mehr oder weniger – um ihre Träger, die zu diesem Zeitpunkt vermutlich noch sehr wenig Bergerfahrung hatten. Die Träger selbst, die von ihren imperialen Gebietern »coolies«

(Kulis) genannt wurden, waren meist Sherpas, die eigentlich aus Sola Khumbu in Nepal stammten, sich aber in Darjeeling niedergelassen hatten, wo sie von Träger- oder Gesindediensten lebten. Es gab unter ihnen auch einige Tibeter (oder Bhotias), von denen die Sherpas ursprünglich ja abstammten, und auch Gurkhas, die in den Anfängen genausooft wie Sherpas verpflichtet wurden. Auch die Gurkhas waren aus Nepal, aber während die Sherpas Buddhisten waren, waren die Gurkhas Hindus und stammten ursprünglich aus Indien.

Die Träger lernten schnell und schienen Freude an ihrer Arbeit zu haben, denn sie gewannen den Respekt und – in vielen Fällen – auch die Freundschaft ihrer englischen Arbeitgeber. Der Begriff »coolie« verschwand dann schnell und wurde durch »Sherpa« ersetzt, aber die Beziehung zum Sherpa unterschied sich stets von der zum Bergführer in den Alpen: der stammte zwar auch von Bauern ab und gehörte damit einem »geringeren« sozialen Stand an – aber er wurde als Experte geschätzt, der mehr wußte als sein Klient. Dagegen lernte der Höhenträger seine Fertigkeiten vom Arbeitgeber und war noch dazu von anderer Rasse und Hautfarbe, was zählte in einer Zeit, als das Gefühl rassischer Überlegenheit die Europäer noch prägte.

Am 20. Mai brach Mallory mit seiner Gruppe vom Nordjoch auf. Das Gelände dort ist technisch nicht schwierig und erfordert kaum mehr als ein Berganstapfen – aber sie bewegten sich jetzt in einer Höhe, in der noch niemand vor ihnen gewesen war. Sie hatten ihre Steigeisen im Lager gelassen, weil sie befürchteten, die engen Riemen könnten zu Erfrierungen führen, aber das bedeutete auch, daß sie Stufen in den harten Schnee schlagen mußten, was Kraft und Zeit kostete. Der Wind schwoll an, und sie brauchten dreieinhalb Stunden, um 600 m höher zu kommen. Als sie 7600 m hoch waren, suchten sie zusammengedrängt Schutz in einer kleinen Mulde. Ihnen fehlten noch 300 m bis zu ihrem Tagesziel, aber als sie dann etwas weiter oben einige Schrägbänder ausmachten, beschlossen sie, dort die Nacht zu verbringen. Mallory beschrieb diesen Entscheidungsprozeß so:

> Bei allem, was wir zu tun beschlossen, gab es nie eine abweichende Meinung – zum Teil, vermute ich, weil wir in der Sache kaum eine andere Wahl hatten, und zum Teil auch, weil wir so veranlagt waren. Wir hatten ein gemeinsames Ziel und sahen es auch aus einem gemeinsamen Blickwinkel. Wir hatten keinen Führer im eigentlichen Wortsinn, also niemanden, der dem Rest der Gruppe Befehle erteilen konnte. Wir wußten aber alle, was wann zu tun war, und wenn dann der Augenblick kam, daß etwas erledigt werden mußte, übernahm das einer von uns. Wenn wir Verzögerungen vermeiden wollten, mußte einer von uns die Reihenfolge festlegen, in der die Dinge ablaufen sollten. Diese Verantwortung übernahm ungefragt ich, und der Rest nahm meine Initiative hin – vermutlich weil ich so viel darüber gesprochen hatte, was wir bei der letzten Expedition getan hatten.

Ich habe das Gefühl, daß Mallory seine nicht definierte Autorität genoß, und ich kann mir gut vorstellen, daß das zwei Jahre später einige seiner Entscheidungen beeinflußt hat. An dem Nachmittag jedenfalls stapften sie zu den Bändern hinüber, schickten ihre Träger nach unten und begannen mit der aufwendigen Arbeit, zwei Plattformen für ihre Zelte anzulegen. Sie verbrachten eine unangenehme Nacht, kamen am nächsten Morgen erst um acht Uhr los, und Morshead mußte nach kurzer Zeit wieder umdrehen. Die drei Übriggebliebenen kämpften sich bis zwei Uhr nachmittags weiter hinauf und erreichten dabei eine Höhe von 8203 m. Aber sie waren noch immer unterhalb der Nordostschulter, und als ihnen klar wurde, daß sie nicht den Gipfel erreichen und noch vor Dunkelheit zurück sein konnten, entschlossen sie sich zum Rückzug. Immerhin aber waren sie weit ins Unbekannte vorgestoßen und etwa 760 m höher gekommen, als jemals ein Mensch vor ihnen.

Finch und Bruce, das verlorene Häuflein, waren auch am Nordjoch gewesen, um dort das zurückkehrende Gipfelteam zu treffen und ihr Sauerstoffsystem zu überprüfen. Nach Rückkehr waren sie sehr zufrieden mit seiner Leistung: sie hatten für den Aufstieg nur drei Stunden benötigt und für den Abstieg 50 Minuten. Finch hatte eifrig an den Geräten gearbeitet und die Apparate, von denen die meisten beim Transit beschädigt worden waren, repariert, hatte die Masken modifiziert und die Geräte dann bei einer Serie von Miniexpeditionen erprobt; ihr Marsch zum Nordjoch war eine davon. Es war die systematische Vorgehensweise des Wissenschaftlers.

Am Abend des 24. Mai waren Finch und Bruce wieder am Nordjoch, jetzt mit Hauptmann Noel, der filmen sollte, und Tejbir, einem von Bruces Gurkhasoldaten, der beim Gipfelsturm mit dabeisein sollte. Am nächsten Morgen fühlte Noel sich ausgesprochen lethargisch und konnte nicht einmal die Energie aufbringen, seine Filmkamera auszupacken. Daraufhin beschloß er, Sauerstoff einzuatmen, was er etwa eine Viertelstunde lang tat: sofort fühlte er sich viel besser. Auch Finch tat das und stellte fest, welch wohltuende Wirkung der Sauerstoff auch auf einen Körper in Ruhestellung ausübt.

Finch und Bruce brachen dann erst einige Zeit nach ihren Trägern auf, und obwohl sie mit ihren Sauerstoffgeräten, die 30 Pfund wogen, mehr Gewicht trugen, hatten sie keine Mühe, sie einzuholen, so belebend wirkte der Sauerstoff. Auch sie hatten gehofft, in 7900 m biwakieren zu können, aber um ein Uhr nahm der Wind zu und es begann zu schneien, also machten sie bei 7750 m Halt – gerade etwas höher, als die andere Gruppe gewesen war. Es stürmte die ganze Nacht, und das Zelt knatterte und zerrte unter der Wucht des Sturms, der bis ein Uhr am nächsten Nachmittag anhielt. Unter solchen Umständen zu schlafen ist unmöglich, und zum Kochen hatten sie nur einen Spirituskocher, dessen tanzende Flamme das Zelt niederzubrennen drohte und entsetzlich lange brauchte, um einen Topf voll Schnee zum Schmelzen zu bringen.

Als sich das Wetter dann schließlich besserte, schlug Finch vor, sie sollten noch eine Nacht hierbleiben, um dann den Gipfel zu versuchen – aber in der Nacht litten sie arg unter der Kälte, weswegen Finch vorschlug, eines der Sauerstoffgeräte zu benutzen. Es hatte eine fast wundersame Wirkung: es wärmte sie und ließ sie tief schlafen. Noch vor Tagesanbruch begannen sie zu kochen, und um 6.30

Uhr waren sie bereits unterwegs. Tejbir, der auch Sauerstoff benutzte, aber zwei Extraflaschen für seine Sahibs zu tragen hatte, kam nicht weit und drehte bei etwa 7900 m um, aber Finch und Bruce gingen weiter, stiegen ohne Seil und wählten eine Diagonale über die fliesenähnlichen Platten der Nordflanke des Everest. Technisch wird hier nicht viel gefordert, es ist kaum mehr als ein gefährliches Gehen – aber ziemlich exponiert, und zudem waren sie jetzt ja sehr hoch. Finch schrieb darüber:

> Gelegentlich lag auch Schnee auf den Platten: trügerisches, pulvriges Zeug mit einer dünnen, täuschenden Kruste, die ihm den Anschein von Festigkeit gab. Aber darauf konnte man sich nicht verlassen, man mußte da sehr vorsichtig sein. Und manchmal waren auch steile Hänge mit Geröll zu überqueren, das bei jedem Schritt nachgab und nach unten wegrutschte. Sehr selten mußten wir bei unserer anstrengenden Arbeit kurze Pausen einlegen, um einen leeren Sauerstoffzylinder durch einen vollen auszutauschen. Die leeren Zylinder warfen wir weg – und wenn dann auf ihrem Weg nach unten bei jedem Aufprall der gute Stahl metallisch aufklang wie eine Kirchenglocke, lachten wir laut bei dem Gedanken: »Wieder fünf Pfund weniger auf dem Rücken!«

In 8320 m Höhe versagte Bruces Sauerstoffgerät seinen Dienst. Finch gab ihm seines, untersuchte das Gerät und stellte fest, daß eines der Glasröhrchen zerbrochen war – er griff in die Tasche, holte ein Ersatzröhrchen hervor und baute es ein. Aber es war jetzt schon spät, Bruce war ziemlich müde, und Finch muß sich wohl Sorgen über ihren Rückweg gemacht haben, besonders im Hinblick auf Bruces Mangel an Erfahrung – also drehten sie um und stiegen langsam nach unten ab.

Natürlich waren auch sie erschöpft, aber sie waren schneller vorangekommen als die erste Gruppe. Sie waren in 12$^1/_4$ Stunden rund 150 m höher und in Luftlinie auch ein gutes Stück weiter gekommen als die Mallory-Gruppe, die 2$^1/_2$ Stunden länger unterwegs gewesen war. Wenn man das in Klettergeschwindigkeit umsetzte, gab das der Gruppe mit Sauerstoffgeräten einen Schnitt von 156 Höhenmetern und der Gruppe ohne einen Schnitt von 119 pro Stunde.

In Hauptlager überdachten sie dann ihre Situation. Longstaff als Arzt untersuchte jeden einzelnen und erklärte alle – bis auf Somervell, der immun gegen die Auswirkungen von Kälte und Höhe zu sein schien – für außerstande, einen weiteren Versuch zu wagen. Finch und Strutt hatten ihr Herz überanstrengt, und Morshead litt unter schweren Erfrierungen und sollte eine Zehe und einige Fingerspitzen verlieren. Mallory aber wollte nicht aufgeben, sondern war zu einem weiteren Versuch entschlossen. Auch Finch bemühte sich, Lager 3 zu erreichen, brach aber vor Erschöpfung zusammen. Morshead mußte dringend abtransportiert werden, und es endete dann damit, daß Strutt, Finch, Morshead und Longstaff den Rückweg nach England antraten – zur herben Enttäuschung von Hinks, der meinte, sie hätten bis zum bitteren Ende ausharren müssen. Es ist interessant, daß Mallory von der Leistung von Finch und Bruce dermaßen beeindruckt war, daß er vorhatte, bei seinem dritten Versuch Sauerstoffgeräte einzusetzen – allerdings erst ab einer Höhe von 7600 m.

Dieser letzte Versuch war von Beginn an vom Unglück verfolgt. Am 6. Juni 1922 brachen Mallory, Somervell und Crawford mit 14 Trägern von Lager 3 zum Nordjoch auf. Es hatte vorher stark geschneit, und sie hatten dem Schnee einen Tag Zeit gelassen, sich zu setzen – zu wenig, wie sich später herausstellen sollte. Die Europäer gingen voraus und bahnten den Weg für die Trägerkolonne, als eine Lawine losbrach, was Mallory so beschreibt:

Die Bergwelt war eigentümlich hell und windstill, und da kaum gesprochen wurde, hörte man nichts als das Keuchen unserer Lungen. Plötzlich wurde die Stille unterbrochen. Wir wurden aufgeschreckt durch ein ominöses Geräusch: scharf, alarmierend, wild – und trotzdem irgendwie weich wie die Explosion unverdämmten Schießpulvers. Ich hatte in den Bergen noch niemals solch ein Geräusch gehört, aber ich nehme an, jeder von uns wußte instinktiv, was es bedeutete – als hätten wir es bislang tagtäglich vernommen. Und sofort beobachtete ich, wie die Schneefläche wenige Meter rechts von mir, die eben noch glatt gewesen war, aufriß und Falten warf. Ich machte instinktiv zwei Schritte in diese Richtung, wohl weil ich die Gefahr untersuchen wollte, die uns bedrohte. Und dann glitt ich langsam nach unten, wurde unausweichlich vom insgesamt gleitenden Hang getragen, von einer Kraft, gegen die ich unmöglich ankommen konnte. Irgendwie schaffte ich es, meine Lage zu verändern, so daß ich nicht kopfüber und auf dem Rücken nach unten rutschte. Ein oder zwei Sekunden lang dachte ich sogar, ich sei gar nicht in Gefahr, da ich ganz ruhig mit dem Schnee nach unten glitt. Dann aber straffte sich das Seil um meine Taille und hielt mich zurück. Eine Welle von Schnee überschüttete mich und begrub mich unter sich. Ich dachte, daß sei das Ende.

Die drei Europäer hatten Glück gehabt, denn sie blieben dicht unter der Oberfläche und waren anschließend in der Lage, sich aus den Schneemassen zu befreien; neun Sherpas allerdings wurden über einen Eisbruch in eine Spalte gerissen. Zwei von ihnen konnten sie noch retten, aber sieben Sherpas verloren ihr Leben – das schwerste Unglück, daß sich in der Geschichte des Bergsteigens bis dahin ereignet hatte.

Die Engländer waren wegen des Verlusts ihrer Sherpas, mit denen sie sich mittlerweile angefreundet hatten, nicht nur niedergedrückt, sondern machten sich auch schwere Vorwürfe. Somervell schrieb dazu: »Ich erinnere mich lebhaft, wie mich der Gedanke quälte: ‹Nur Sherpas und Bhotias getötet – warum, o warum nur konnte keiner von uns Briten ihr Schicksal teilen?!› In dem Moment hätte ich wirklich gern tot im Schnee gelegen, und sei es nur, um den prächtigen Kerlen, die überlebt hatten, das Gefühl zu geben, daß wir ihr Schicksal geteilt hätten, wie wir ja auch das Risiko geteilt hatten.«

Aber die Belagerung des Everest und die politischen Manöver, die jedes vom Ausschuß gelenkte Unternehmen begleiteten, gingen weiter. General Bruce wurde jetzt Vorsitzender des Ausschusses und einstimmig auch zum Leiter der Expedition von 1924 gewählt, obwohl sein Gesundheitszustand sogar noch fragwürdiger war als 1922. Mallory schwankte zwar zunächst noch, ob er wirklich ein drittes Mal mitkommen sollte, ließ sich dann aber doch schnell und leicht überreden.

Finch dagegen, der bei der letzten Expedition nicht nur den Höhenrekord aufgestellt, sondern die Sauerstoffgeräte entwickelt und vor Ort verbessert hatte, wurde ausgebootet. Er hatte sich mit dem Ausschuß in der Frage privater Vorlesungen über die Expedition und die Verwendung der offiziellen Bilder – laut Kontrakt nicht zulässig – überworfen. Sein Ausschluß von der Expedition schwächte die Mannschaft von 1924 zweifellos beträchtlich. Jetzt blieben außer Mallory als bewährte Alpinisten nur noch Somervell, Geoffrey Bruce und Norton. Und Hauptmann Noel, wieder offizieller Fotograf, zeigte Geschäftssinn, indem er dem Everestausschuß 8000 £ – ein sehr hoher Betrag für 1923 – für alle Foto- und Filmrechte der Expedition bot, eine Summe, die die Expedition nunmehr bequem schwarze Zahlen schreiben ließ.

Mit der Verpflichtung von vier neuen Mitgliedern wurde die Mannschaft dann wieder auf die Zahl Acht gebracht: Noel Odell, von Beruf Geologe, Bentley Beetham, Lehrer aus Lakeland, John de Vars Hazard, ein bewährter Alpinist, allerdings ohne Himalajaerfahrung sowie – für viele überraschend – Andrew Irvine, angehender Ingenieur, der die Universität Oxford im Rudern vertrat, aber nur sehr wenig vom Bergsteigen verstand. Er wurde auf Noel Odells Empfehlung hin ausgewählt, der mit ihm auf Spitzbergen eine geologische Erkundung durchgeführt hatte, bei der sie gemeinsam einen spektakulären, noch nicht bestiegenen Berg bezwungen hatten. Odell war von seiner Ausdauer, seinen natürlichen Fähigkeiten und seiner angenehmen, ungezwungenen Art beeindruckt gewesen. Ein weiterer wichtiger Faktor war sein Ingenieurwissen, das sich besonders bei der Lösung des Sauerstoffproblems als nützlich erweisen konnte.

Jetzt stand mehr Zeit für die Vorbereitung der Expedition zur Verfügung als 1922, aber trotzdem wurden nur sehr wenige Verbesserungen eingeführt. Finchs Experimente mit der Daunenbekleidung wurden ignoriert, und das Team verließ sich wieder einmal auf Wolle und die winddichten Schutzanzüge aus Baumwolle, die für die Polarregion entwickelt worden waren, und auf sparsam genagelte, filzgefütterte Lederstiefel. Die Expedition verließ Darjeeling nach Plan am 25. März 1924, wurde aber gleich darauf von Krankheiten heimgesucht. Bentley Beetham befiel die Ruhr so schlimm, daß er sich nie mehr ganz davon erholte. Bei Mallory vermutete man einen entzündeten Blinddarm, und Somervell bereitete sich schon darauf vor, ihn unterwegs zu operieren, was als bloße Drohung ausreichte, daß Mallory schnell wieder völlig gesund wurde. Der Zustand von General Bruce allerdings war besorgniserregender: auf dem Weg nach Darjeeling war er zur Tigerjagd gewesen und hatte sich Malaria zugezogen, und Hingston als Arzt der Expedition traf die Entscheidung, daß er nach England zurückkehren müsse.

Damit war Norton jetzt Expeditionsleiter. Er war wegen seiner administrativen Fähigkeiten zum Vertreter bestimmt worden, und es war daher nur natürlich, daß er jetzt Mallory zu seinem Vertreter machte, der für alle alpinen Belange zuständig war – also Leiter der Bergsteigergruppe. Das veränderte jedoch das Gleichgewicht der Kräfte und verlieh Mallory einen viel stärkeren Einfluß auf das Geschehen. Sie planten ihr Vorgehen bereits während des Anmarsches und beschlossen, daß Ge-

Die Expedition von 1924. Stehend von links: Irvine, Mallory, Norton, Odell, MacDonald (Handelsvertreter); sitzend: Shebbeare, G. Bruce, Somervell, Beetham.

offrey Bruce und Odell – sobald Lager 3 in der Firnmulde des Östlichen Rongbukgletschers eingerichtet war – zum Nordjoch aufsteigen und auf dem Nordgrat Lager 5 einrichten sollten. Somervell und Norton sollten dann den ersten Vorstoß zum Gipfel ohne Sauerstoff und Mallory und Irvine einen zweiten mit Sauerstoff unternehmen. Dabei hatte Mallory entschieden, mit Irving zu gehen, obwohl der erfahrenere Odell eigentlich der logischere Partner für ihn gewesen wäre. Abgesehen davon, daß er somit jemanden bei sich hatte, der die verachteten Sauerstoffgeräte in Gang halten konnte – konnte es sein, daß Mallory eine Partnerschaft bevorzugte, in der er unumstritten das Sagen hatte, was bei Odell, der ihm in Alter und Erfahrung näherkam, nicht der Fall gewesen wäre?

Am 28. April erreichten sie den Platz des Hauptlagers, aber hier machte ein wilder Orkan ihren Plan, den sie sich unterwegs so schön zurechtgelegt hatten, zunichte – er unterbrach den Aufbau und die Versorgung der Lager und schnitt vier Träger am Nordjoch von der Außenwelt ab. Alles was sie tun konnten, war, sie zu retten und sich dann zum Hauptlager zurückzuziehen. Es war jetzt Mitte Mai, und Norton machte sich Sorgen wegen des bevorstehenden Monsuns, wenn er nicht überhaupt schon da war. Daher war ihr nächster Versuch so etwas wie ein Alarmstart. Die Träger waren bald müde und demoralisiert, so daß die Bergsteiger beschlossen, den Sauerstoff zurückzulassen und einen schnellen Vorstoß zum Gipfel zu wagen. Mallory und Bruce sollten den ersten Versuch unternehmen, gefolgt von

Norton und Somervell, und Odell und Irvine sollten als Reserve am Nordjoch bleiben, jede Gruppe mit ihren eigenen Sherpas. Es scheint, als habe Norton die Expedition recht demokratisch geführt und jedermanns Meinung angehört, besonders aber die von Mallory. Er achtete darauf, sich nicht selbst für den ersten Vorstoß zu benennen, sondern die Festlegung der besten Reihenfolge seinen Gefährten zu überlassen.

Das Ende des Vorstoßes von Mallory läßt dann allerdings einige Fragen offen. Er brach am 1. Juni mit Bruce und acht Trägern vom Nordjoch auf. Es war ein schöner Tag, aber bitterkalt und windig. In 7600 m Höhe warfen vier der Träger ihre Lasten ab und bestanden auf Rückzug. Der Rest kämpfte sich noch 100 m höher, bevor er anhielt, um ein Lager zu errichten. Bruce und der Sherpa Lobsang gingen noch zweimal zurück, um das zurückgelassene Gepäck zu holen, während Mallory mit den anderen Zeltplattformen anlegte. In dieser Nacht blieben drei Sherpas bei den beiden Europäern, aber am nächsten Morgen – anstatt oben ein Hochlager einzurichten – kamen sie sehr zum Erstaunen von Norton alle wieder zurück nach unten. Hatte Mallory erkannt, daß es hoffnungslos war, und trug er sich mit dem Gedanken, den alten Plan wieder aufzugreifen und einen Versuch mit Sauerstoff zu unternehmen?

Norton und Somervell richteten am folgenden Tag, unterstützt von nur vier Sherpas, das Hochlager ein; hier kehrten ihre Sherpas um, und sie unternahmen an einem stillen, klaren Tag unter nahezu perfekten Bedingungen ihren Vorstoß zum Gipfel. Sie folgten einer ähnlichen Route wie Finch 1922, stießen aber über dessen höchsten Punkt hinaus und querten durch Gehängeschutt unterhalb der Ersten und dann der Zweiten Stufe. Jeder verausgabte sich bis an die Grenze. Norton plagte sich mit Doppeltsehen, und Somervell, der schon während der gesamten Expedition über einen rauhen Hals geklagt hatte, wurde so von Husten geschüttelt, bis er nicht mehr weiter konnte. Norton aber ging weiter, höher als jemals ein Mensch vor ihm gewesen war, und pflügte durch den tiefen Pulverschnee über dem Großen Couloir, das die Wand teilt:

Hinter dem Couloir wurde das Gehen immer schlimmer; ich stieg hier von Platte zu Platte, wobei jede Platte glatt und steil nach unten abfiel, und mir wurde bewußt, daß ich völlig abhängig war von der Reibungshaftung meiner Nagelschuhe. Das Gehen war nicht eigentlich schwierig, aber es war gefährlich für einen einzelnen, nicht angeseilten Bergsteiger, denn ein einziger Ausrutscher hätte mich aller Wahrscheinlichkeit nach an den Fuß des Berges befördert. Die Anstrengung, sich so konzentriert bewegen zu müssen, zeigte bald Folgen, und ich baute langsam ab. Zudem nahmen meine Sehstörungen zu und behinderten mich mehr und mehr. Ich hatte vielleicht noch 60 m dieses entsetzlichen Gehens zurückzulegen, ehe ich die Nordflanke der letzten Pyramide erreichte, wo ich eine sichere und leichte Route zum Gipfel vermutete. Es war jetzt ein Uhr nachmittags, und nach kurzer Berechnung kam ich zu dem Schluß, daß ich keine Chance hatte, die verbleibenden 250 oder 300 m hochzusteigen, wenn ich sicher zurückkehren wollte.

Er hatte 8570 m Höhe erreicht: alleine, halb blind, völlig ausgepumpt – und er mußte immer noch den ganzen Weg zurück. Absteigen ist stets schwieriger als aufsteigen, ganz besonders auf dem plattigen Grund der oberen Regionen des Everest. Aber er schaffte es bis zu Somervell, und sie begannen – angeseilt – den Abstieg: vorbei an ihrem Hochlager, vorbei an Lager 5, fest entschlossen, noch in dieser Nacht die relative Sicherheit des Nordjochs zu erreichen. Um diese Zeit war es bereits dunkel, aber der Boden war leichter, und sie nahmen das Seil ab. Norton begann sogar abzufahren und merkte nicht, daß Somervell ihm jetzt nicht mehr folgte.

Somervell hockte zusammengekrümmt im Schnee und wurde von einem besonders schweren Hustenkrampf geschüttelt, der dann tatsächlich einiges vom Belag seines Halses löste und die Luftröhre blockierte. Er konnte nicht atmen und konnte auch nicht nach Norton rufen, der nur wenig vor ihm war.

> So saß ich also im Schnee, um zu sterben, während er sich entfernte und nicht wußte, daß sein Gefährte nur wenige Schritte hinter ihm das Ende erwartete. Ich versuchte ein- oder zweimal, Luft zu holen, aber vergeblich. Schließlich preßte ich meine Brust mit beiden Händen und machte einen letzten allmächtigen Versuch – und das Hindernis kam hoch. Was für eine Erleichterung! Ich hustete noch etwas Blut, und dann konnte ich richtig frei atmen – freier als in all den letzten Tagen. Obwohl die Schmerzen schlimm waren, fühlte ich mich wie neugeboren, und bald setzte ich den Abstieg mit höherem Tempo fort, als ich in der letzten Zeit je gegangen war.

Er holte dann Norton ein, der zum Glück eine Taschenlampe dabei hatte, und dann wankten sie dem rettenden Lager am Nordjoch entgegen. Als sie ihm näherkamen, begann Norton um Hilfe zu rufen – Hilfe für das komplexe Netz von Spalten, die das letzte Stück Wegs zum Lager 4 versperrten.

> Endlich hatten sie mich gehört, und der Antwort konnte ich entnehmen, daß eine Eskorte unterwegs war und uns ein Sauerstoffgerät bringen würde. Aber da war etwas, was wir viel dringlicher herbeisehnten als Sauerstoff – wir kamen fast um vor Durst! Ich erinnere mich, daß wir immer wieder riefen: »Wir wollen nicht den verd... Sauerstoff, wir wollen was zu trinken!« Mein Hals und meine Stimme waren nicht gut beieinander, und mein schwaches Wimmern schien sich in der hellen Weite, die unter uns im Sternenlicht lag, völlig zu verlieren.

In dieser Nacht besprach Mallory mit Norton ein Projekt, das ihm bei seinem mißlungenen, beinahe halbherzigen Versuch mit Bruce eingefallen sein muß. Er wollte auf ihren ursprünglichen Plan zurückgreifen und noch einen weiteren Vorstoß auf den Berg unternehmen: zusammen mit Irvine, und mit Sauerstoff. Norton, der nun völlig schneeblind war und beträchtliche Schmerzen hatte, begrüßte das, stellte aber auch die Frage, ob nicht besser Odell ihn begleiten sollte, der zur Zeit besser in Form zu sei schien als jeder andere im Team – besser jedenfalls als Irvine, der unter einem bösen Höhenhusten litt.

Aber Mallory war entschlossen, mit Irvine zu gehen, und nach einem Ruhetag am Nordjoch brachen sie mit acht Trägern zum Lager 5 auf und erreichten Lager 6 tags darauf, während Odell ihnen folgte und als Reserve in Lager 5 blieb, mehr konnte er dort für sie nicht tun. Ihre letzte Notiz war typisch für so viele Bergsteiger, die einen Berg belagern – leicht chaotisch in dem Vertrauen darauf, die anderen würden schon für Ordnung sorgen oder Vergessenes an sich nehmen:

Lieber Odell,
tut uns furchtbar leid, alles so durcheinander zurückgelassen zu haben – unser Unnakocher ist im letzten Moment den Hang runtergerollt. Sieh zu, daß Du morgen rechtzeitig vor Dunkelheit IV erreichst; das haben wir auch vor. Im Zelt muß noch ein Kompaß liegen – versuch ihn um Himmels willen zu finden: wir haben keinen. Bis hierher haben wir in den zwei Tagen 90 Atmosphären verbraucht – also werden wir wohl zwei Zylinder mitnehmen, was fürs Klettern höllisch viel ist. Klasse Wetter für den Aufstieg!
Herzlichst,
G. Mallory

Lieber Noel,
werden morgen (8.) wahrscheinlich früh aufbrechen, um möglichst lange klares Wetter zu haben. Brauchst nicht vor acht Uhr abends [sic] nach uns Ausschau zu halten – auf dem Felsband oder auf dem Kamm.
Herzlichst,
G. Mallory.

Mallory und Irvine brachen am Morgen des 8. Juni 1924 zum Gipfel auf, allerdings hat sie niemand das Lager verlassen sehen. Es war ein ruhiger Tag mit Nebelschwaden um den Kamm des Grats. Noel Odell verließ Lager 5 um acht Uhr morgens und stieg hoch zum obersten Lager. Er war noch nie so hoch gewesen, fühlte sich aber fit, und da er nicht in Eile war, machte er beim Aufstieg geologische Beobachtungen und kletterte aus reiner Freude daran auf einen Felszacken. Als er dessen Spitze erreichte, konnte er weit über sich kurz die beiden anderen Bergsteiger erkennen:

Ich sah den gesamten Gipfelgrat und den Gipfel selbst frei vor mir liegen. Auf einem Schneehang, der zu etwas hinaufführte, was mir die letzte Stufe vor der Gipfelpyramide oder eine davor zu sein schien, sah ich – weit entfernt – ein kleines Objekt, das sich auf die Felsstufe zubewegte. Es folgte ein zweites Objekt, und dann kletterte das erste die Stufe hinauf. Während ich noch dastand und gespannt das dramatische Geschehen verfolgte, hüllte sich die Szene ein weiteres Mal in Wolken.

Noel Odell war sich nicht absolut sicher, ob das die Erste oder die Zweite Stufe war; damals allerdings nahm er an, es sei die Zweite gewesen.

Mallory und Irvine schienen für immer verschollen. Doch 75 Jahre nach den dramatischen Ereignissen ist die Sensation perfekt: Am 1. Mai 1999 entdeckt der Amerikaner Conrad Anker, Mitglied der Mallory/Irvine-Suchexpedition unter der Leitung von Eric Simonson, gegen Mittag auf einer Terrasse in 8230 Meter Höhe, in einer Mulde unter dem Nordostgrad eine wachsweiße Leiche. Sie liegt ziemlich genau unterhalb der Fundstelle des 1933 geborgenen Eispickels Irvines. Der Körper

Die letzte Aufnahme: Mallory und Irvine brechen mit Sauerstoff vom Nordjoch auf.

liegt bäuchlings und mit entblößtem Rücken auf einem 30 Grad geneigten Felsband, nicht allzuweit vom Lager VI von 1924 entfernt und mit einem gerissenen Seil um den Leib. Er ist noch immer mit den Überresten einer Tweedjacke, Pullover, Hemd, Hosen und Wickelgamaschen bekleidet. Der Nagelschuh am linken Fuß ist gut erhalten. Schien- und Wadenbein aber sind gebrochen. Die Sauerstoffmaske fehlt. Eine Schneebrille steckt in einer der Taschen. In Taschentuch und Hemdkragen sind die Initialen G. L. M. eingestickt. Unter den persönlichen Papieren, die der Tote immer noch bei sich trägt, u. a. ein Brief von Mallorys Ehefrau und eine auf diesen ausgestellte, unbezahlte Rechnung. Damit steht außer Frage: Es ist die Leiche George L. Mallorys. Vom Leichnam Andrew Irvines aber fehlt noch immer jede Spur.

Sind sie auf dem Gipfel gewesen, und dann beim Abstieg, vielleicht durch einen Sturz ums Leben gekommen? Denkbar ist es – aber unwahrscheinlich. Selbst wenn sie – als Odell sie sah – mittags an der Zweiten Stufe waren, waren sie zeitlich bereits zu spät dran, um noch die etwa 250 Höhenmeter bis zum Gipfel überwinden zu können. Zudem schlug das Wetter um, kurz nachdem Odell sein Zelt erreicht hatte. Die Sturmböen und Schneeschauer tobten danach zwei Stunden lang. Das hätte sie sicherlich zum Rückzug bewogen. Nein, wahrscheinlicher ist, daß sie ihren Vorstoß irgendwo zwischen der Ersten und Zweiten Stufe abbrechen mußten und umkehrten. Zumal es höchst fraglich ist, ob die Zweite Stufe 1924 überhaupt kletterbar war.

Aufschluß darüber, ob der Gipfel von Mallory und Irvine oder nur von einem von beiden erreicht worden ist, könnte wohl nur die kleine Kodak-Klappkamera geben, die sich Mallory von Somervell geliehen hatte. Doch diese wurde bisher nicht gefunden. Experten sind der Meinung, daß sich der Film in der Kamera noch entwickeln lassen müßte, vorausgesetzt es ist kein Licht in die Kamera gelangt.

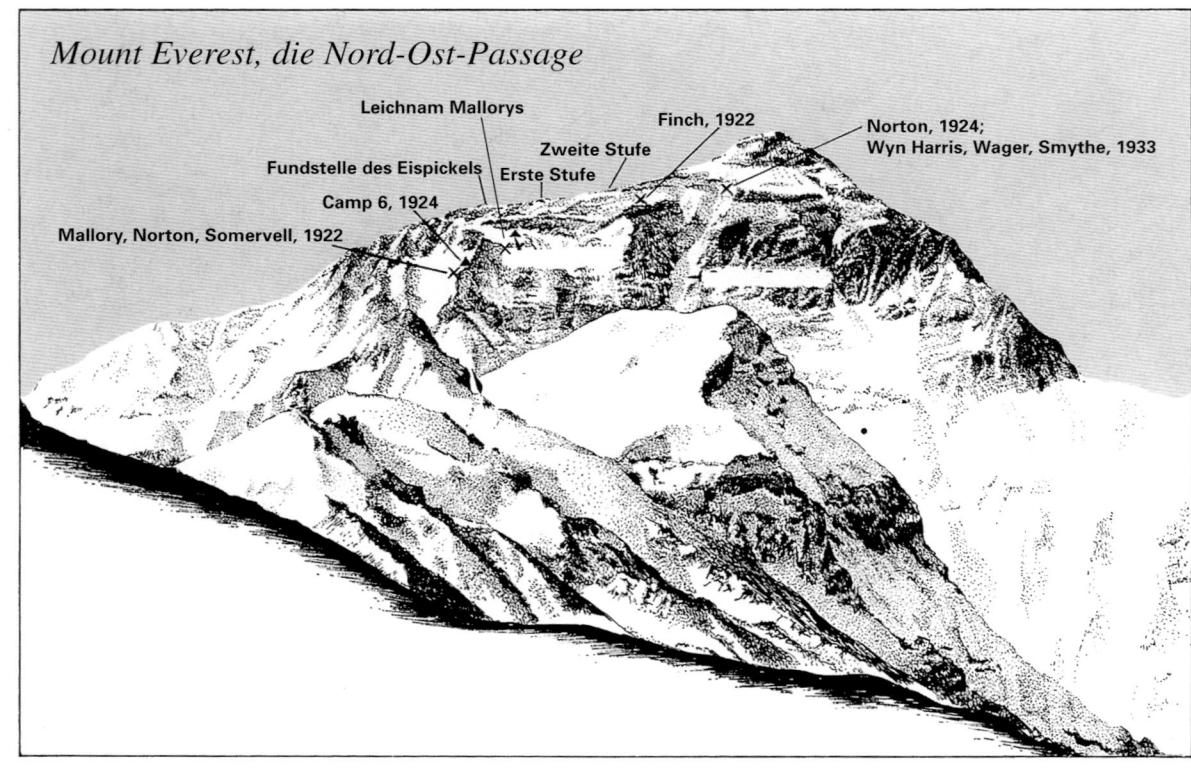

Mount Everest, die Nord-Ost-Passage

Leichnam Mallorys
Zweite Stufe
Finch, 1922
Norton, 1924;
Wyn Harris, Wager, Smythe, 1933
Fundstelle des Eispickels
Erste Stufe
Camp 6, 1924
Mallory, Norton, Somervell, 1922

Englische Besteigungsversuche über die Nordflanke des Everest in den zwanziger und dreißiger Jahren. Die höchsten Punkte von 1922, 1924 und 1933 sind mit einem Kreuz markiert. 1924 sah Odell Mallory und Irvine zum letzten Mal in der Nähe der Ersten oder der Zweiten Stufe. Wager fand 1933 einen Eispickel, der vermutlich Irvine gehört hat. Auch die Expeditionen von 1935 und 1936 schafften es nicht, den Grat zu erreichen. Am 1. Mai 1999 wurde der Leichnam von George L. Mallory entdeckt.

Mallorys Leiche wurde von den Teilnehmern der Suchexpedition am Berg gelassen. Man sah keine Chance, sie herunterzuschaffen. Stattdessen wurde sie, im Rahmen einer kurzen Zeremonie, unter einem Steinhaufen beerdigt.

Nach 1924 fiel der Everestausschuß bei der indischen Regierungsbürokratie in Ungnade. Es gab tibetische Proteste dagegen, daß die glücklose Expedition auf ihrem Rückweg versehentlich von der genehmigten Route abgewichen und nach Nepal eingedrungen war, und es gab weitere Beschwerden dagegen, daß Hauptmann Noel Lamas aus Gyantse importiert hatte, um seinen Filmvorführungen, die zehn Wochen lang im Scala Theatre liefen, etwas Lokalkolorit zu verleihen. Howard-Bury hatte gewußt, wie man die Primadonnen in der Politik zu behandeln hat. Seinen Nachfolgern fehlte dieses Geschick – und der Antrag des Everestausschusses für 1926 wurde schlichtweg abgelehnt. Damit war dem Drang der Engländer zum Himalaja zunächst ein Ende gesetzt, denn in den nächsten neun Jahren wurden sie kaum noch aktiv, und nach dem Zweiten Weltkrieg begannen andere, nach den Bergriesen des Himalaja zu greifen.

Kapitel 8

DIE UNSICHTBARE GRENZE

Sturm auf die Achttausender in den Dreißigern

●

In den zwanziger Jahren hatte der Himalaja fast ausschließlich den Engländern gehört; der Rest Europas mußte sich zunächst einmal vom Ersten Weltkrieg erholen. Einer der jungen Männer, deren Leben durch den Krieg unterbrochen worden war, war Paul Bauer. Er war 1896 in der Rheinpfalz zur Welt gekommen und hatte das Kriegsende in englischer Gefangenschaft erlebt.

> Wir waren als Soldaten des Königs in die Schlacht hinausgezogen, aber als wir zurückkehrten, mußten wir feststellen, daß die Monarchie abgeschafft war und die Leute verächtlich über diese altehrwürdige Institution sprachen. Wir hatten für unser Volk gekämpft, und viele meiner Freunde waren dem klassischen Beispiel gefolgt und hatten ihr Leben geopfert. Jetzt aber wurden Tugenden wie Vaterlandsliebe, Heldentum und Selbstaufopferung geschmäht und verunglimpft. Die Dinge, zu denen wir aufgeschaut hatten, waren vom Thron gestoßen worden. So suchte ich Zuflucht in den Bergen. Von München aus kann man sie in all ihrer Schönheit am südlichen Horizont sehen.

Es dauerte allerdings nicht lange, und er hielt nach weiter entfernten Zielen Ausschau. 1928 reiste er in den Kaukasus, und im Jahr darauf wandte er sich dem Himalaja zu, um den Kangchenjunga zu versuchen. Bauer war ein exzellenter Organisator, und seine Expedition unterschied sich von den englischen Everestexpeditionen vor allem dadurch, daß ein einziger Mann – Bauer – die Ideen entwarf und auch durchsetzte. Zwar gewann er auch die Unterstützung des Akademischen Alpenvereins, aber es war er, und kein Ausschuß, der die Expedition anführte, was Schlagkraft und Zusammenhalt seiner Mannschaft nachhaltig stärkte. Bauer hierzu:

> Unser Unternehmen mußte auf einer Art militärischer Disziplin und bedingungslosem Gehorsam beruhen. Und obwohl der Geist guter Kameradschaft diesen Zwang eigentlich noch übertrifft, wurde doch in den Jahren 1928 und 1929 alles verteufelt, was auch nur den Anschein von Disziplin erweckte. Selbst namhafte Bergsteiger konnten diesen Ideen verfallen, und ihre Weigerung, die von mir geforderte Disziplin zu erbringen, entsprach durchaus dem damaligen Zeitgeist.

Die Art von Gehorsam, die Bauer erwartete, war viel strenger als alles, was man je in den englischen Himalajaexpeditionen gefordert hatte, und sie wurde ihm wegen seiner Verdienste als Organisator, Stratege und Bergsteiger auch entgegengebracht. Die Deutschen scheinen in einem disziplinierten Team besser arbeiten zu können als die Engländer, die stets dazu geneigt hatten, die Dinge lockerer und weniger systematisch anzugehen, wobei die eifersüchtig gehütete Amateurethik allzuoft nur eine Entschuldigung für schlichte Ineffizienz war.

Bauers Mannschaft aus neun erfahrenen Alpinisten war schon vorher zusammen geklettert und hatte an den steilen Eiswänden der Ostalpen bereits neue Maßstäbe gesetzt. Nachdem sie Ausrüstung und Techniken der englischen Expeditionen untersucht hatten, hatten sie – auf den in den Alpen gemachten Erfahrungen beruhend – ihr eigenes Gerät entwickelt und die Zeit nach dem Monsun für ihren Versuch gewählt. Die Engländer hatten 1921 feststellen müssen, wie schwierig es ist, während des Monsuns Berge zu besteigen, und daraufhin zwei weitere Expeditionen eher in Marsch gesetzt. Aber auch das hatte Probleme gebracht: starke Höhenwinde und große Kälte in der Anfangsphase der Expedition und Vormonsunstürme gegen Ende. Bauer wollte das umgehen, indem er im herbstlichen Himalaja kletterte.

Da sich Nepal noch immer abschottete, blieben ihnen nur die östlichen Flanken des Berges, die sie von Sikkim aus erreichen konnten. Und die sahen wirklich abweisend aus und ließen ihnen kaum die Wahl mehrerer Routen. Ein steiler Kamm, Ostsporn genannt, führte hinauf zum Nordgrat des Berges, mit dem er in einer Höhe von etwa 7750 m zusammentraf. Hier mußte steiler geklettert werden als sonst irgendwo am Everest, und es war die bei weitem härteste Kletterei, die man bis dahin im Himalaja in Angriff genommen hatte. Die Route zog sich auf der Felsseite des Sporns in die Höhe und schlängelte sich dann um eine Anzahl riesiger Eistürme, in einem Fall sogar durch einen Eisturm hindurch. Sie gruben sich Schneehöhlen als Lager und stiegen mit beträchtlicher Zielstrebigkeit nach oben. Bauers Bericht klingt zwar sehr nach einer modernen Belagerungsexpedition, aber man darf nicht vergessen, daß sie nur ein Minimum an Fixseilen verwendeten, keine Kletterkarabiner hatten und – gemessen an der Größe ihrer Aufgabe – eine relativ kleine Mannschaft waren. Ihre Träger, von denen viele schon die englischen Everestexpeditionen mitgemacht hatten, begleiteten sie zwar bis auf den Grat, aber trotzdem waren ihre Verbindungen arg überdehnt.

Sie hatten sechs Anmarschlager benötigt, nur um bis zum Fuß des Sporns vorzudringen, so daß Lager 6 in 4700m Höhe in Wirklichkeit ihr Standlager war. Und sie wurden von Nachmittagsschneefällen des ausklingenden Monsuns geplagt. Am 3. Oktober hatten sie mit Lager 10 erst 7020 m erreicht, aber immerhin begann sich der Grat zu verbreitern und der Weg erschien einfacher. Aber dann schlug das Wetter um. Schwere Schneefälle schnitten am 4. Oktober alle Lager voneinander ab. Während einer kurzen Wetterberuhigung schafften sie es zwar noch, auf 7200 m zu kommen, aber dann kam ein wilder Sturm auf und zwang sie, ihr Vorhaben aufzu-

Links Paul Bauer, ein entschlossener und fähiger Expeditionsführer, der eine Mannschaft zusammenschweißen konnte. Rechts Professor G.O. Dyhrenfurth, der 1930 die Expedition zum Kangchenjunga leitete.

geben und einen verzweifelten Rückzug über den schneebeladenen Grat anzutreten.

Im Jahr darauf nahm dann Professor G.O. Dyhrenfurth, ein deutscher Wissenschaftler und Bergsteiger, der in der Schweiz lebte, den Kangchenjunga mit einer internationalen Expedition von elf Alpinisten zum Ziel. Hermann Hoerlin und Erwin Schneider waren die vielseitigsten Bergsteiger; sie hatten bereits Winterbesteigungen der Aiguille Noire de Peuterey und der Aiguille Blanche de Peuterey absolviert. Und Frank Smythe, der bei den englischen Everestexpeditionen von 1933 und 1936 eine wichtige Rolle spielen sollte und die Bergsteigerromantik in über einem Dutzend erfolgreicher Bücher eingefangen hat, hatte einige gute alpine Erfolge hinter sich und gehörte der Nachkriegsgeneration an. Keiner von ihnen hatte Himalajaerfahrung, und obwohl sie recht gut miteinander auszukommen schienen, fehlte ihnen doch der Zusammenhalt von Bauers Mannschaft. Ihre Ausrüstung ließ mit Sicherheit eine Menge zu wünschen übrig. Dyhrenfurth – und bis vor kurzem noch stimmte er darin mit vielen deutschen Bergsteigern überein – glaubte an solide Masse und stattete das Team, wie Smythe berichtet, wie folgt aus: »Eine Trikotjacke von 2,7 kg Gewicht, Breeches von 1,52 kg, ein Pullover von

1,2 kg, eine Windüberjacke von 1,4 kg – und das Schuhwerk kann ich nur als Koffer bezeichnen: sie wogen 3 kg pro Paar und waren mit 60 Flügel- und Tricouninägeln versehen.«

Das stand in krassem Gegensatz zu den Auffassungen Bauers oder der englischen Everestexpeditionen. Smythe war gewitzt genug, eine Auswahl leichter Wollpullover mitzunehmen, die er unter einem winddichten Überpullover trug; damit folgte er dem bewährten Zwiebelschalenprinzip mehrer Schichten oder Lagen.

Dyhrenfurth war zur Vormonsunperiode zurückgekehrt und hatte es tatsächlich geschafft, die Einreisegenehmigung für Nepal zu bekommen, die allerdings einen langen – wenn auch schönen – Anmarsch über den Kangpaß südlich vom »Kantsch« einschloß; man mußte sich dann in weitem Bogen westlich um den Jannu der Nordseite des Kangchenjunga-Gletschers nähern. Es ist daher nicht verwunderlich, daß man bereits den 26. April schrieb, als sie schließlich ihr Hauptlager errichteten. Dyhrenfurth war damit dem Rat Freshfields gefolgt, der 1899 als erster diese Seite des Massivs erkundet hatte und glaubte, es könne eine Route über die Nordwestwand hinauf zum Nordgrat geben – das war die Route, die Bauer von der anderen Seite aus zu erreichen versucht hatte.

Auf Fotos sah diese Route verlockend aus, und ihre erste Bewertung klang optimistisch. Die Wand selbst wurde von einer Reihe steiler Séracmauern bewacht, aber es schien möglicherweise eine Route durch die unterste Wand an ihrem linken Rand zu geben. Zu diesem Zeitpunkt hatten sie noch keine Vorstellung davon, wie schwierig und gefährlich das alles werden würde. Sie errichteten ihr Lager auf dem Gletscher direkt unterhalb der Wand und begannen mit dem Versuch, sich eine Route durch die Wand nach oben zu erschließen. Der Aufstieg war hart: sie spürten die Höhe und wurden sich zunehmend der lauernden Gefahren bewußt. Smythe dazu: »An vielen Bergen hatte ich zuvor das Fürchten kennengelernt – aber nie die dumpfe, hoffnungslose Angst, die diese entsetzliche Eiswand einflößte.«

Es gelang ihnen zwar, im Verlauf mehrerer Tage eine Führe durch die erste Stufe der Eiswand nach oben zu schaffen, aber Smythes Befürchtungen bewahrheiteten sich nur wenige Tage später. Dyhrenfurth dazu:

> Ein hohes, krachendes Geräusch war das erste, was ich hörte. Dann sah ich, wie sich ganz oben in der Wand, etwas rechts von mir, ein etwa 300 m breiter Eispanzer löste und ganz langsam vornüber fiel. Es schien Minuten zu dauern, obwohl es sicherlich nur eine Sache von Sekunden war, bevor die riesige Wand einknickte und ein gigantischer Eissturz herunterkrachte ... Ich rannte nach links – wenn Rennen das richtige Wort ist für eine hastige Flucht durch tiefen Pulverschnee in gut 6000 m Höhe – und hatte nur wenig Hoffnung, dem zu entgehen. Ich konnte von Eisblöcken erschlagen werden, im Schneestaub ersticken oder von den Massen mitgerissen werden und in einer Spalte enden.

Dyhrenfurth hatte Glück: er wurde nur von Ausläufern des Eissturzes getroffen, aber Chettan, einer ihrer erfahrensten Sherpas, wurde von einem Eisblock getroffen und war sofort tot. Schneider hatte direkt unter der Eiswand gestanden – und die Massen waren über ihn hinweggestürzt. Es war ein Wunder, daß nicht mehr passiert war. Und es war gar keine Frage: man würde diese Route weiterverfolgen. Smythe war zwar bereit, eine Niederlage einzugestehen, aber die anderen waren noch immer fest entschlossen, einen Weg auf den Kangchenjunga zu suchen.

Sie wandten ihre Aufmerksamkeit jetzt dem Nordwestgrat zu, der vom Westlichen Kangchenjunga-Gletscher zum Gipfel des Kangbachen führt. Das war ein aussichtsloses Unternehmen, weil der Grat sogar noch steiler war als der Ostsporn, den die Deutschen im Jahr zuvor versucht hatten; zudem war es vom Kangbachen (7902 m) ein weiter Weg bis zum Hauptgipfel. Und darüber hinaus war das Gestein erschreckend brüchig. So ist es nicht verwunderlich, daß sie nur 6400 m erreichten, bevor sie den Rückzug antraten. Konnte man den Kangchenjunga überhaupt besteigen? Smythes Meinung dazu: »Die Antwort ist ja, aber höchstwahrscheinlich nicht in unserer Zeit und mit den jetzigen Bergsteigermethoden.«

Seine Einschätzung war richtig, aber schon 1931 kehrte Bauer zurück, um das Gegenteil zu beweisen. Er wählte wieder die Nachmonsunzeit und auch die gleiche Route wie 1929, die er ja bereits kannte. Und sie nahmen die Belagerung mit der gleichen Entschlossenheit und dem gleichen Organisationsgrad wie im Jahr zuvor wieder auf, allerdings begannen sie früher. Das bedeutete erhöhte Gefahren am Ostsporn, da der Schnee weniger gut gefroren war und das Wetter sogar noch unbeständiger als bei ihrem ersten Versuch, und so lagen sie denn auch schon bald hinter ihrem Zeitplan zurück. Spätere Expeditionen hätten wahrscheinlich Fixseile bis hinauf zum Grat angebracht, aber Bauer scheint an eine derartige Vorsichtsmaßnahme nicht gedacht zu haben. Auf dem Kamm des Sporns schlugen sie ihr Lager 8 auf. Zwei Mann gingen voraus, um die Route zu suchen, und Schaller folgte ihnen mit einer Gruppe von Trägern. Ganz am Schluß ging Bauer mit einer weiteren Gruppe. Als er um eine Felsecke trat, erkannte er plötzlich, wie gefährlich das Gelände vor ihnen war. Sollte er sie zurückrufen? Das ist ein Dilemma, dem sich jeder Expeditionsleiter einmal gegenübersieht.

> Ich hob die Trillerpfeife mehrmals an die Lippen, um alle zurückzurufen; der Weg sollte neu, anders geführt, der Umzug aufgeschoben werden. Aber ich setzte die Pfeife immer wieder ab ... Sie alle hätten die schwere Stelle im Abstieg machen müssen, wenn ich sie zurückgerufen hätte. Es hätte Verwirrung und Ärger über die Umkehr gegeben.

Und dann:

> Auf einmal glitt lautlos ein schwarzer Körper – Pasang? – heraus, Schallers große Figur mit dem weit abstehenden Rucksack folgte unmittelbar ebenso lautlos.

Beide verloren bei dem Sturz ihr Leben, aber es gelang Bauer, die Leichname der beiden Gefährten zu bergen; man begrub sie am Hauptlager. Die Frage aber, ob man die Expedition abbrechen solle, stellte sich nicht. Bauer hielt dazu fest:

Die Fortsetzung des Angriffs auf den Kangchenjunga war für mich eine innere Selbstverständlichkeit. Jeder hatte von allem Anbeginn die Möglichkeit eines Unfalls erwogen, jeder wünschte, daß die anderen wenigstens das Ziel erreichen sollten, wenn seinem Leben vorzeitig ein Ende gesetzt wurde.

Man fragt sich hier natürlich, was wohl die Sherpas von diesem »Ziel« hielten, aber sie setzten ihre loyale Unterstützung fort, wie sie es auch später allzuoft nach Tragödien getan hatten.

So kämpften sie also weiter und trieben ihren Weg langsam den Grat hinauf. Es war der 15. September, als sie endlich Lager 10 errichteten, und die Schwierigkeiten erreichten ihren Höhepunkt. Sie waren sechs Bergsteiger und drei Träger und hatten Lebensmittel und Brennmaterial für vierzehn Tage sowie die Ausrüstung für drei weitere Lager bei sich. Sie waren später dran als vorgesehen, aber immer noch 14 Tage früher als 1929. Das Wetter war sicher, und der Weg zum Lager 11 hergerichtet. Aber sie hielten sich jetzt schon lange Zeit in diesen Höhen auf. Kurz nachdem sie zum Lager 11 aufgebrochen waren, mußte Bauer feststellen, daß er nicht mehr die Kraft besaß weiterzugehen. Er begann daher einen gefährlichen Alleinabstieg und überließ es den anderen, zum Gipfel vorzustoßen.

Hartmann und Wien erreichten den Sporngipfel am 17. und hatten von hier einen hervorragenden Blick auf die Route zum Gipfel. Es war einer dieser perfekten Tage, an denen alles möglich zu sein scheint, aber als sie tags darauf über den Sporngipfel hinausdrangen, um Lager 12 zu errichten, entmutigte sie der Anblick des Sporngrats, der zum Kamm des Nordgrats hinaufführte, zutiefst. Er war gefährlich lawinenverdächtig, und die Mannschaft war zu weit auseinandergezogen und überdies erschöpft. Widerstrebend gaben sie den Vorstoß auf: sie hatten 7700 m erreicht – auf den schwierigsten Routen, die zur damaligen Zeit begangen worden waren.

1932 brach eine weitere deutsche Gruppe zum anderen Ende des Himalaja auf, um den Nanga Parbat (8125 m) in Angriff zu nehmen. Aufgrund der Erkenntnisse von Mummery wählten sie den langen, aber anscheinend wohl geraden Anmarsch über das Rakhiottal. Die englischen Behörden machten es ihnen nicht leichter durch die Auflage, hinter Astor kein unbewohntes Gebiet mehr zu betreten, denn dadurch mußten sie die Gebirgsausläufer und eine Reihe hoher Pässe überqueren und benötigten 37 Tage von Srinagar bis Fairy Meadow am Nanga Parbat. Andererseits muß es ein herrlicher Anmarsch mit Pionier- und Abenteuerflair gewesen sein – ganz im Unterschied zu den zwei Tagen, die man heute braucht, um vom Karakoram Highway bis zu ihrem Hauptlager zu kommen. In Kürze wird es noch schneller erreichbar sein, da in Fairy Meadow bedauerlicherweise ein Hotel gebaut wird, das per Straße angefahren werden kann.

Leiter dieser Expedition war Willy Merkl, ein 34 Jahre alter Reichsbahner aus München mit einer eindrucksvollen Liste von Neuanstiegen in den Ostalpen und dem Ruf, ein exzellenter Organisator zu sein. Das Team wurde deutsch-amerikanische Expedition genannt, da auch ein talentierter junger Bergsteiger aus Amerika, Rand Herron, der in den Alpen Erfahrungen gesammelt hatte, mit dabei war. Zu den anderen Mitgliedern zählten Peter Aschenbrenner, ein österreichischer Bergführer aus Kufstein, Fritz Bechtold und Fritz Wiessner, der später nach Amerika auswanderte und 1939 die glücklose amerikanische Expedition zum K2 anführte. Obwohl noch keiner von ihnen im Himalaja gewesen war, war es ein junges und auch starkes Team qualifizierter Alpinisten, die einander gut kannten. Ein Fehler allerdings unterlief ihnen: um Geld zu sparen, heuerten sie ortsansässige und völlig unerfahrene Träger für den Berg an, anstatt Sherpas von Darjeeling mitzubringen.

Es war schon Juli, bevor sie ernsthaft mit Bergsteigen begannen. Obwohl der Weg über den Rakhiotgletscher technisch der einfachste Weg zum Gipfel ist, ist er doch auch lang und komplex und bringt die Überschreitung mehrerer Nebengipfel mit sich. Sie machten den Anmarsch während des Monsuns, der sich so weit westlich zwar nicht mehr voll auswirkt, dem Nanga Parbat im Süden des Karakorum aber trotzdem in dieser Zeit vermehrt unbeständiges Wetter beschert. Sie wateten häufig durch hüfttiefen Schnee und wurden mehrmals beinahe von Lawinen getroffen. Ende August hatten sie es erst bis um den Rakhiot Peak geschafft und dabei auf dem Sattel zwischen Rakhiot Peak und South-East Peak eine Höhe von 6949 m erreicht. Von hier aus konnten sie aber auch erkennen, daß es eine Route zum Gipfel gab.

Sie hatten eine Menge gelernt, waren ein paarmal mit einem blauen Auge davongekommen, und niemand war getötet worden – aber auf dem Rückweg durch Ägypten, ironischerweise, rutschte Rand Herron beim Besteigen einer Pyramide aus und verlor bei dem Sturz sein Leben. Was wäre wohl aus der amerikanischen K2-Expedition von 1939 geworden, wenn er am Leben geblieben wäre? Er war offensichtlich ein begnadeter Bergsteiger und wäre für Wiessner der geeignete Gefährte gewesen.

Gleich nach seiner Rückkehr nach Deutschland begann Merkl mit der Planung seiner nächsten Expedition; 1934 war er marschbereit. Von der alten Mannschaft waren noch Peter Aschenbrenner und Fritz Bechtold mit dabei. Auch Willo Welzenbach, der dem Alpinismus im vergangenen Jahrzehnt so viele Impulse gegeben hatte, war verfügbar, und Peter Mülritter, Willy Bernard (Arzt), Alfred Drexel, Erwin Schneider und Uli Wieland rundeten das Team ab. Die letzten beiden waren schon mit Dyhrenfurth am Kangchenjunga gewesen. Sie hatten auf der Expedition von 1932 viel Nützliches gelernt, als wichtigstes vielleicht die Notwendigkeit, ein starkes Sherpateam aufzustellen, daher verpflichteten sie auch viele von denen, die mit den Engländern im Jahr zuvor am Everest gewesen waren. Sie brachen auch eher auf, kamen schneller voran als beim letzten Mal und errichteten die tiefergelegenen Lager schneller – Lager 3 in 5898 m Höhe errichteten sie bereits Anfang Juni. Dann allerdings kam ein Rückschlag: Alfred Drexel zog sich ein Lungenödem zu. Es gelang ihnen zwar noch, ihn in ein tiefergelegenes Lager zu schaffen, aber sein Zustand verschlechterte sich weiter und er verstarb im Schlaf.

Die deutsche Nanga-Parbat-Expedition von 1934 bahnt sich einen Weg durch den Eisbruch des oberen Rakhiotgletschers.

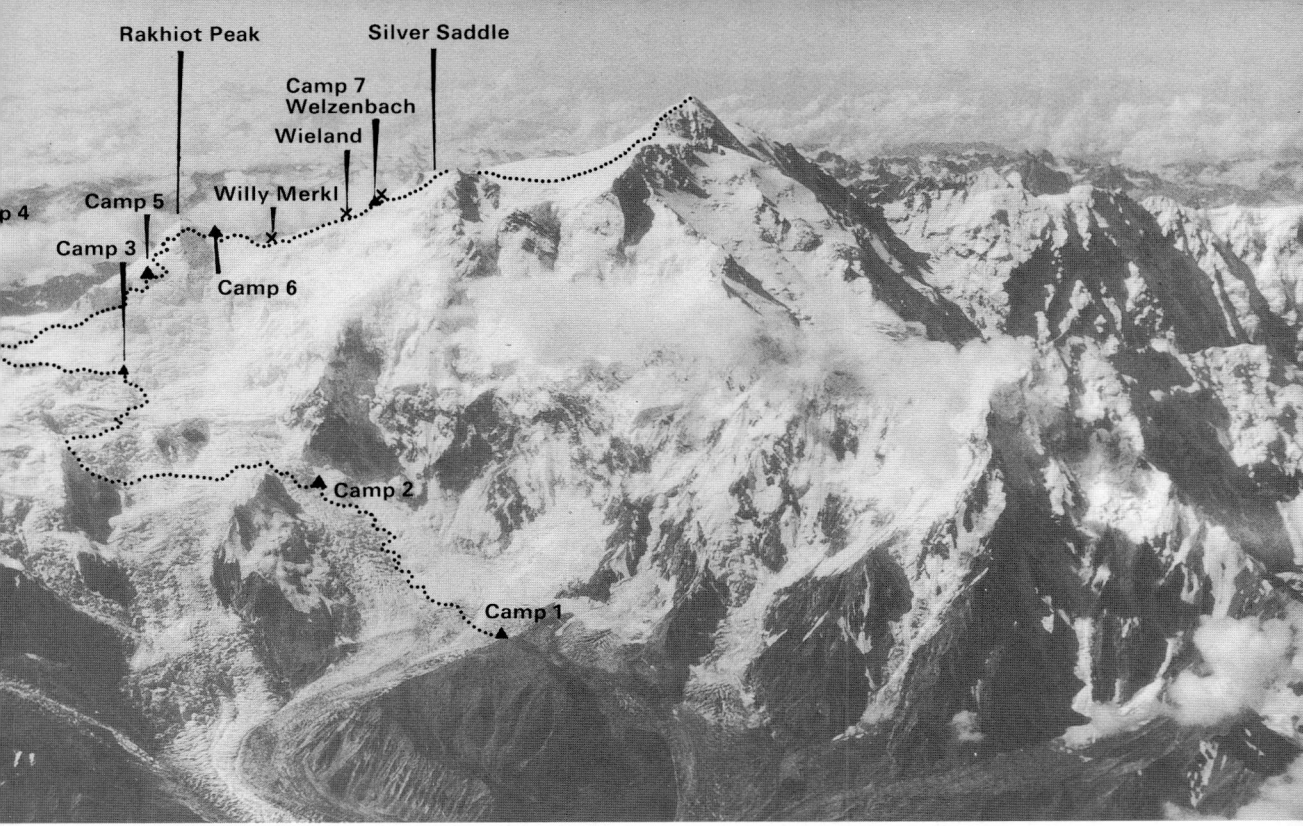

Die Rakhiotflanke des Nanga Parbat und die Route der Expedition von 1934; der Hauptgipfel ist im Hintergrund verborgen.

Nach Drexels Begräbnis ging der Aufbau der Lager weiter. Lager 4 in 6187 m am Fuß des Rakhiot Peak wurde ihr vorgeschobenes Lager. Sie waren gut ausgestattet und hatten sogar Funkverbindungen zwischen den Lagern – die Funknachricht allerdings, daß sich der Nachschub mit *tsampa*, der Hauptnahrung der Sherpas aus Gerstenmehl, auf dem Weg von Darjeeling zu ihnen verzögert habe, führte auch dazu, daß sie elf wolkenlose Tage lang im Hauptlager darauf warten mußten: Sherpas können in Ernährungsfragen sehr beharrend sein.

Am 22. Juni verlegte das Gipfelteam mit Aschenbrenner, Bechtold, Merkl, Schneider, Welzenbach und Wieland sowie 17 Sherpas wieder hinauf zum Lager 4. Sie waren guten Mutes, aber durchaus auch vorsichtig. Bernard, ihrem Arzt, mußte jeder von ihnen versprechen, »auf dem Berg nicht weiterzugehen als bis zu dem Punkt, von dem aus er denselben Weg ohne Hilfe wieder zurückgehen kann. Er prägte uns immer wieder ein, daß unter dem Einfluß der Höhe das Erkennen der eigenen Grenzen verlorengeht.«

Diesmal richteten sie Lager 5 in 6690 m Höhe auf dem Rücken des Grats zum Rakhiot Peak ein, um der Lawinengefahr zu entgehen, die die Route bedrohte, die sie 1932 gegangen waren. Eine Traverse durch steile, zerklüftete Wände brachte sie um den Rakhiot Peak herum in 6955 m zum Platz ihres Lagers 6. Jetzt konnten sie auch den Gipfel sehen, und – obwohl ihre Sherpaträger ermüdeten und drei von ihnen sogar abstiegen – endlich schien der Erfolg zum Greifen nah. Das Wetter war noch immer gut. Obwohl es erste Anzeichen des Monsuns gab und ein Meer von Wolken von Süden heranzog – sie waren über ihnen, über den anderen Lagern und auch über dem Rest der Welt: nur der Gipfelgrat und ihr Ziel, der Gipfel des Nanga Parbat, türmten sich, im Sonnenlicht gleißend, hoch über ihnen auf. Ihr Lager 7 lag am Fuß des Silbersattels in 7050 m Höhe. Als zwei weitere Träger krank wurden, beschloß Bechtold, sie nach unten in Sicherheit zu bringen und mit einer frischen Gruppe zurückzukehren, die dann – hoffentlich – das erfolgreiche Gipfelteam bilden würde.

Dann kam der 6. Juli. Aschenbrenner und Schneider waren als erste aufgebrochen, um die Route festzulegen und gute Tritte für ihre Gefährten und die schwerbeladenen Träger zu schlagen. Das Wolkenmeer erstreckte sich unter ihnen, als sie sich ihren Weg über die Hänge zum Silbersattel bahnten. Sie waren jetzt voll akklimatisiert, fühlten sich gut und erreichten den Sattel in 3¹/₄ Stunden. Sie hatten freie Sicht auf den unteren Gipfel und konnten erkennen, daß der Weg dorthin leicht sein würde. Zwischendurch legten sie eine Rast ein, um dem bitterkalten Nordostwind zu entgehen, dann brachen sie erneut auf in der Hoffnung, einen guten Platz für ihr Hochlager zu finden, von dem aus sie dann leicht zum Gipfel gelangen könnten. Welzenbach erreichte den Sattel kurz nach ihrem Aufbruch, machte ihnen aber durch Zuruf klar, er werde auf den Rest der Gruppe warten. Aschenbrenner und Schneider pflügten dann unbeirrt durch den verharschten Schnee bis zu einem Punkt, der mit 7712 m Höhe knapp unter dem Nebengipfel lag. Sie hätten es an diesem Tag wahrscheinlich bis zum Hauptgipfel schaffen können, aber sie hatten fest vor, ihn alle gemeinsam zu betreten. Dann beobachteten sie, wie die anderen offensichtlich ein Lager am Silbersattel errichteten. Schneider ging daraufhin zurück, um sie zu überreden, noch etwas weiter vorzustoßen, während Aschenbrenner weitere 1¹/₂ Stunden wartete und dann, als sich nichts tat, ebenfalls abstieg.

Über ihnen war der Himmel immer noch frei, aber der Wind nahm ständig zu und trieb Massen von Pulverschnee zu ihren Zelten. Am nächsten Morgen lag eines der Zelte flach, und die anderen füllten sich langsam mit treibendem Schnee. Obwohl sie Proviant für sechs Tage dabei hatten, verhinderte der Sturm jegliches Kochen, und sie lagen den ganzen Tag nur in ihren vereisten Schlafsäcken. Der Sturm tobte die ganze Nacht weiter, und am nächsten Morgen wurde ihnen klar, daß ihnen nur der Rückzug blieb. Es fällt nie leicht, die relative Wärme und trügerische Sicherheit eines Schlafsacks aufzugeben. Schließlich rangen sie sich aber dazu durch. Die Seile waren hart wie Draht, die Bergschuhe gefrorenes Eis, und der Sturm heulte und tobte, als sie versuchten, ihre Sachen zu packen. Schneider, gefolgt von drei Trägern und dann Aschenbrenner, brach als erster auf in der Absicht, eine Spur zu schaffen – sie wurde jedoch fast sofort wieder zugeweht. Nima Dorje hob der Sturm aus den Stufen: er fiel und riß die anderen beinahe mit sich,

Welzenbach bei einer Atempause auf dem Weg zum Silbersattel. Links oben Willy Merkl, Leiter zweier deutscher Expeditionen zum Nanga Parbat, der bei der Tragödie von 1934 sein Leben verlor.

zudem verlor er dabei seinen Rucksack, in dem sich einer der beiden Schlafsäcke befand, die sie mithatten. Aber sie machten weiter und kämpften sich ihren Weg durch den jaulenden Orkan. Als es flacher wurde, lösten sie sich aus den Seilen, und Aschenbrenner rief den Sherpas zu, sie sollten dranbleiben; dann stapfte er den Hang hinab.

Auf Meereshöhe ist es einfach, sie zu verurteilen, zu sagen, sie hätten doch auf die anderen warten oder zumindest ihre Sherpas nach unten geleiten müssen – in der Praxis aber ist das nicht so leicht. Aschenbrenner schrieb dazu in sein Tagebuch: »Bleierne Müdigkeit überfiel mich, und alle dreißig Meter mußte ich mich kurz in den Schnee setzen. Der Blizzard peitschte Schneekristalle wie glühende Nadeln in unsere brennenden Gesichter. Wir hatten die Träger aus den Augen verloren, nahmen aber an, sie seien kurz hinter uns. Auf jeden Fall aber würde die nachfolgende Gruppe sich ihrer annehmen.«

Wunschdenken vielleicht, das angesichts des Orkans aber den Tatsachen nicht entsprach: in Wirklichkeit war jeder Mann, zumindest aber jede der kleinen Gruppen, völlig auf sich selbst gestellt. Aschenbrenner und Schneider, die bei weitem Stärksten dieser Expedition, kämpften sich hinab zum Lager 4, das sie am frühen Abend erreichten – immer noch überzeugt davon, die anderen seien ihnen auf den Fersen oder hätten vielleicht im Lager 5 haltgemacht, das mit Verpflegung und Schlafsäcken gut versorgt war. Der Sturm aber tobte die ganze Nacht und auch den ganzen nächsten Tag weiter. Bechtold, Bernard und Mülritter, die im Lager 4 auf sie gewartet hatten, versuchten zwar, sich zu ihnen durchzukämpfen, gerieten aber in ein Meer tiefen Pulverschnees und mußten ihren Versuch aufgeben. Zwischendurch konnten sie durch ein Wolkenloch einen kurzen Blick auf den Berg über ihnen werfen: »Wir sahen eine ziemlich große Gruppe, die vom Silbersattel abstieg. Großer Gott! Warum nur waren sie nicht weitergekommen? Hoch oben auf dem Grat, noch weiter weg, folgte ein einzelner Mensch der absteigenden Gruppe. Jetzt setzte er sich in den Schnee, um auszuruhen. Warum ging er nicht weiter? Dann verschwand die Vision, da der Sturm weitere Schneewolken über den Grat trieb.«

Jetzt war ihnen bewußt, daß möglicherweise eine Katastrophe bevorstand und sie nur wenig tun konnten, um sie abzuwenden. Die Folgen dessen, was sie gesehen hatten, erkannten sie schon am nächsten Tag, als vier ihrer Sherpas – erschöpft und mit Erfrierungen – ihnen entgegentaumelten. Sie waren beim Abstieg am 8. Juli nur wenig vorangekommen, und die drei Deutschen hatten deswegen beschlossen zu biwakieren, obwohl sie alle zusammen nur drei Schlafsäcke hatten. Merkl und Wieland zwängten sich in einen davon, während Welzenbach in seiner charakteristischen Selbstlosigkeit frei im Schnee saß. Die acht Sherpas teilten sich die anderen beiden Schlafsäcke. Einer von ihnen, Nima Nurbu, starb in dieser Nacht. Am nächsten Morgen beschlossen drei der Sherpas, Gay-Lay, Angtsering und Dakshi, im Biwak zu bleiben, und die drei Deutschen brachen mit nur vier Trägern zum Abstieg auf. Es war Wieland, der sich als letzter der Gruppe in den

Schnee setzte – und nie wieder aufstand. Die anderen kämpften sich weiter nach unten durch, und Welzenbach ergriff die Initiative und brachte ein Fixseil an, damit die drei Sherpas im Biwak das letzte steile Stück vom Silbersattel zum Lager 7 absteigen konnten. Etwa eine Stunde später erreichten Merkl und Welzenbach das Lager. Hier gab es nur ein Zelt, daher sagten sie ihren Sherpas, sie sollten zum Lager 6 weitergehen, ein Befehl, der – obwohl vielleicht eigennützig – sehr wohl dreien der Sherpas das Leben gerettet haben könnte. Hier Kitars Bericht über das Geschehen:

> Der Blizzard war so entsetzlich, daß wir Lager 6 nicht mehr erreichen konnten, sondern die Nacht in einer Schneemulde verbrachten. Am nächsten Morgen, als wir über den Rakhiot Peak abstiegen, stießen wir auf Pasang, Nima Dorje und Pinzo Nurbu, die uns ursprünglich einen Tag voraus gewesen waren, dann aber im Schneesturm die Orientierung verloren hatten. Als wir durch die steile Wand abstiegen, traf uns der Blizzard mit solcher Gewalt, daß wir kaum noch weiterkonnten. Nima Dorje und Nima Tashi waren am Ende ihrer Kräfte und starben in den Seilen am Rakhiot Peak. Wir brachten Pinzo Nurbu noch bis Lager 5, wo er drei Schritte vor den Zelten zusammenbrach und ebenfalls starb. Hier warteten wir auf Da Tundu, der sich aus den Seilen mit den beiden Toten freigemacht hatte, und stiegen dann zusammen zum Lager 4 ab.

Die knappe Schilderung eines der erschöpften Sherpas. Bechtold brachte sie tags darauf zum Hauptlager, während Aschenbrenner, Schneider und Mülritter und drei Sherpas sich ohne Gepäck durch tiefen Schnee wieder zum Lager 5 hochkämpften. Hier trafen sie – direkt vor einem der Zelte – auf Pinzo Nurbus Leichnam. Aschenbrenner und Schneider versuchten dann, zu den Körpern der beiden anderen Sherpas zu gelangen, die sie in den Seilen der Traverse hängen sahen, wurden aber vom Sturm daran gehindert. Da mit Sicherheit keiner von ihnen noch am Leben sein konnte, schlugen sie sich wieder zum Lager 4 durch und beschlossen, am nächsten Morgen den Rückzug anzutreten.

Am nächsten Tag sahen sie dann durch eine Wolkenlücke drei Menschen beim Abstieg, irgendwo in der Nähe von Lager 7. Sie konnten sogar schwache Hilferufe vernehmen. Und am Morgen darauf wankte durch den Schnee eine Figur auf sie zu – es war der Sherpa Angtsering; hier sein Bericht:

> Am Morgen des 9. Juli, als die Sahibs und die Träger das Biwak unter dem Silbersattel verließen, blieben Gay-Lay, Dakshi und ich zurück, weil wir zu erschöpft und teilweise auch schneeblind waren. Wir hatten zwei Schlafsäcke. In der Nacht vom 10. auf den 11. Juli starb Dakshi in diesem Biwak. Am Morgen darauf stiegen Gay-Lay und ich zum Lager 7 ab, wo wir Sahib Wieland hinter einem Schneewall fanden – 30 Schritte vom Zelt entfernt. Im Lager selbst trafen wir die Sahibs Merkl und Welzenbach. Das Zelt war voller Schnee, und ich mußte es auf Sahib Baras Befehl hin säubern. An unserem gemeinsamen Schlafsack war so viel Schnee und Eis angefroren, daß nur Gay-Lay darin schlafen konnte. Die Sahibs hatten zum Schlafen nur Gummimatten. Da nichts mehr zu essen da war, wollte ich am nächsten Tag so schnell wie möglich nach unten, aber Sahib Bara zog es vor, zu warten, bis die Männer, die wir zwischen den Lagern 4 und 5 erkennen konnten, mit Proviant zu uns hochkämen. Sahib Welzenbach starb in der Nacht vom 12. zum 13. Juli. Wir ließen den toten Sahib Welzenbach im Zelt liegen und stiegen am Morgen zum Lager 6 ab, wobei Merkl sich

Überlebende des Schneesturms: Pasang Kikuli wird zum Lager 4 unter dem Rakhiot Peak zurückgeführt.

unter Schmerzen auf zwei Eispickel stützte. Da wir es aber nicht schafften, den Anstieg zum Mohrenkopf zu überwinden, gruben wir auf dem flachen Sattel eine Eishöhle. Sahib Bara und Gay-Lay schliefen zusammen auf einer Gummimatte, die wir mitgebracht hatten, und unter einer gewöhnlichen Trägerdecke. Ich selbst hatte auch eine Decke, aber keine Matte. Am Morgen des 14. rief ich vor der Höhle laut um Hilfe. Da beim Lager 4 niemand mehr zu sehen war, schlug ich Merkl vor, daß ich dorthin abstieg. Er war damit einverstanden. Als ich aufbrach, waren Merkl und Gay-Lay schon so schwach, daß sie sich nicht weiter als zwei oder drei Schritte von der Höhle entfernen konnten.

Schneider und Aschenbrenner konnten noch immer schwache Hilferufe von oben hören. Sie unternahmen einen letzten Versuch, ihre Freunde zu erreichen, aber der Schnee war einfach zu tief und sie selbst zu ausgelaugt. Und so endete dann die verhängnisvollste und langwierigste Tragödie, die es bis dahin in der Geschichte des Bergsteigens gegeben hatte: mit vier Deutschen und sechs Sherpas, die ums Leben gekommen waren. Erst im Sommer 1974 ereignete sich wieder ein ähnliches Unglück in sehr großer Höhe, als fünfzehn Menschen, die von einem Orkan in vergleichsweise leichtem Gelände gefangengehalten wurden, im sowjetischen Pamir ihr Leben verloren. 1986 wiederholte sich diese Art von Unglück, als sieben Bergsteiger hoch oben am K2 von einem lang andauernden Sturm festgehalten wurden. Die Folgerung daraus – wenn es denn überhaupt eine gibt – ist, daß man sich unbedingt und um jeden Preis aus großen Höhen nach unten durchkämpfen muß: so schnell wie möglich! Mit dieser Taktik überlebten Aschenbrenner und Schneider 1934, während die anderen sterben mußten. Hätten die beiden Überlebenden den anderen beim Abstieg helfen können? Es ist nicht leicht, im Wirrwarr derartiger Ereignisse und im Zustand völliger Erschöpfung in großen Höhen Entscheidungen zu treffen. Zwei weitere Schönwettertage, und der Aufstieg der Deutschen wäre höchstwahrscheinlich ein großartiger Erfolg gewesen, gepriesen wegen seiner gründlichen Planung und der eleganten Art der Durchführung. So dicht liegen beim Bergsteigen Triumph und Tragödie beieinander – eine Fügung, die sich stets wiederholen wird.

Es dauerte drei Jahre, bevor wieder eine deutsche Expedition zum Nanga Parbat aufbrach, aber schon 1936 kehrte Paul Bauer mit nur drei Gefährten in das Gebiet um den Kangchenjunga zurück, um erstmalig den steilen, aber auch schönen Siniolchu (6889 m) zu besteigen. Auch diese Expedition war ihrer Zeit voraus, indem sie schwieriges Klettern mit einer kleinen Mannschaft bewältigte. Bauer und seine Männer ließen sich von Trägern bis zum Gletscher am Fuß des Berges helfen, von hier aus machten sie dann einen schnellen Vorstoß im Alpinstil zu einem Hochlager, und zwei von ihnen – Karl Wien und Adolf Göttner – erreichten den Gipfel.

Die Expedition von 1937 zum Nanga Parbat war gut besetzt. Karl Wien war ihr Leiter, zwei Begleiter vom Siniolchu, Göttner und Hepp, waren mit dabei, ferner Hans Hartmann, mit dem Wien 1931 den höchsten Punkt am Kangchenjunga erreicht hatte, Mülritter, einer der Überlebenden der Nanga-Parbat-Expedition von 1934, und – neu in der Gruppe – Martin Pfeffer, der beachtliche alpine Erfolge vorweisen konnte. Sie folgten der Route früherer deutscher Expeditionen und errichteten trotz heftiger Schneefälle ihr Lager 4 als vorgeschobenes Lager am 11. Juni am Fuß des Rakhiot Peak. In der Nacht des 15. Juni wurden sieben Deutsche, zu denen alle Bergsteiger gehörten, und neun Sherpas in diesem Lager für den endgültigen Vorstoß zusammengezogen – aber dann brach eine riesige Lawine aus der Flanke des Rakhiot Peak, zerstörte das Lager und tötete jeden Mann darin.

Zwei Tragödien nacheinander am Nanga Parbat in einer Zeit, in der Nazi-Deutschland sich zunehmend expansionistisch verhielt und alle Bereiche des Lebens mit dem schrillen Ruf des Nationalismus durchdrang – hatten die Deutschen einfach nur Pech? Oder konnte man diese beiden Desaster mit einem Fanatismus in Zusammenhang bringen, der sie dazu verführte, zu große Risiken auf sich zu nehmen? Ohne Zweifel beseelte die Deutschen ein Nationalgefühl, das englischen Bergsteigern fremd war. Hartmann begann sein Expeditionstagebuch 1937 mit einem Gedicht:

Was Frost und Leid -
Mir gilt ein Eid,
Der glüht wie Feuerbrände
Durch Schwert und Herz und Hände.
Es ende drum, wie's ende -
Deutschland, ich bin bereit.

Das Wort von Flex muß ich darüberschreiben. Am 11. November 1934 habe ich es bei der Trauerfeier für die 1934 am Nanga Gebliebenen zum ersten Mal gehört, es ist dann in mir wachgeblieben.

Zweifellos verfügten die deutschen Alpinisten über Nationalstolz und Disziplin, die sich mit einem Professionalismus verbanden, den die englischen Alpinisten der damaligen Zeit ablehnten – aber ihr Drang zu klettern, neue Routen zu finden, die Grenzen hinauszuschieben, beruhte auf der gleichen persönlichen Motivation, die man bei allen modernen Bergsteigern beobachten kann. Paul Bauer und die anderen deutschen Bergsteiger trauerten um den Verlust ihrer Freunde genauso wie die Mitglieder der englischen Expedition von 1924 um Mallory und Irvine. Aber während diese Verluste in England zu der Frage führten, ob das Bergsteigen das überhaupt wert sei, waren die Deutschen der Meinung, das sei der Preis, der bezahlt werden müsse. Den Bergsteiger, der für sein Land und seinen Sport sein Leben gegeben hatte, umgab eine Aura des Ruhms.

Die deutsche Nanga-Parbat-Expedition des nächsten Jahres war dann auch ein deutliches Signal des nationalen Willens. Kosten spielten keine Rolle. Paul Bauer war Führer der stärksten und bestausgerüsteten Expedition, die es bis dahin gegeben hatte. Sie wurde am Berg durch Fallschirmabwürfe aus einer dreimotorigen Ju 52 unterstützt und verfügte über Sprechfunk. All das kam aber nicht gegen schlechtes Wetter an, und die Expedition mußte – kurz nachdem sie Lager 7 unterhalb des Silbersattels eingerichtet hatte – den Rückzug antreten.

Es gibt keine gesicherten Erkenntnisse darüber, ob das Wiederaufleben des englischen Interesses am Everest durch die deutschen Expeditionen zum Kangchenjunga ausgelöst wurden, aber im März 1931 trat der Everestausschuß zusammen und nahm die Verhandlungen mit den Regierungen Indiens und Nepals wieder auf. Beide Länder reagierten nicht sonderlich begeistert, aber es ist ja durchaus denkbar, daß die indischen Behörden dem zunehmenden Druck auch anderer Länder ausgesetzt waren, besonders dem Deutschlands. An die indische Adresse formulierte Younghusband das so: »Es sollte nicht außer acht gelassen werden, daß Indien Prioritäten setzen muß, denn schließlich – neben anderen Gründen – liegen seine Landsleute in der Nähe der Gipfel.«

Die Engländer bekamen die Erlaubnis für 1933. Obwohl jetzt durch die Nachkriegsgeneration von Bergsteigern mit alpiner Erfahrung etwas frisches Blut eingebracht wurde, war die Organisation noch fast die gleiche, da die Verantwortlichen im Everestausschuß noch immer dieselben waren. Und es gab noch immer die englische Einstellung zum Bergsteigen, die das extrem technische Fels- oder Eisklettern, wie es in Mitteleuropa praktiziert wurde, ablehnte. Das Bergsteigerteam, das für 1933 zusammengestellt wurde, war in technischer Hinsicht vielleicht stärker als die Teams der zwanziger Jahre – aber es hatte nicht den Zusammenhalt oder den Elan der deutschen Expeditionen.

Seit der Expedition von 1924 waren neun Jahre vergangen, somit gab es nur noch wenig Kontinuität. Norton und Geoffrey Bruce, die sich beide bestens als Leiter eigneten, waren nicht abkömmlich, und Finch – selbst wenn man ihn akzeptiert hätte – hatte das Bergsteigen fast gänzlich aufgegeben. Auch Odell wurde befragt, schied dann aber aus, und schließlich blieben nur noch Colin Crawford aus der Expedition von 1922 und E. O. Shebbeare (1924) übrig. Es gab damals nicht viele Alpinisten mit Erfahrung im Himalaja. Frank Smythe hatte wohl die größte Erfahrung durch seine Teilnahme an der Expedition zum Kangchenjunga 1930 und die Führung der erfolgreichen Expedition zum Kamet, der mit 7756 m der höchste Berg war, der damals erklommen wurde. In den Augen der Altvorderen allerdings hatte er einen Makel: er war ein bekannter Schriftsteller und verdiente durch das Bergsteigen seinen Lebensunterhalt. Zudem sagte man ihm Reizbarkeit und Ungeduld nach. Am Ende entschied sich der Ausschuß für einen politisch sicheren Kurs und ernannte Hugh Ruttledge, einen indischen Staatsbediensteten, der mehr Trekker als Kletterer war, zum Expeditionsleiter.

Ruttledge hatte einige begabte Alpinisten in seinem Team. Eric Shipton war Kaffeepflanzer aus Kenia, der sich in den Bergen Ostafrikas einen Namen gemacht und mit Smythe erstmals den Gipfel des Kamet bestiegen hatte, während Raymond Greene, der Expeditionsarzt, und Hauptmann E. St. Birnie die zweite Besteigung durchgeführt hatten. Auch Hugo Boustead hatte Himalajaerfahrung, während Jack Longland der Held des Westpfeilers des Clogwyn Du'r Arddu war, und Laurence Wager, ebenfalls neu in der Mannschaft, hatte mit Longland Touren in den Alpen und auch Expeditionen nach Grönland unternommen.

Sie begannen eher als frühere Expeditionen und verließen Darjeeling schon Ende Februar. Dabei wandten sie dieselbe Taktik an wie 1924, aber das Wetter war – mit Höhenwinden und heftigem Schneefall – ständig schlecht, daher kamen sie nur langsam voran. Und die organisatorische Struktur der Expedition war da auch nicht sonderlich hilfreich: Ruttledge, ihr Leiter, und Shebbeare, sein Vertreter, hatten am wenigsten bergsteigerische Erfahrung. Die Folge war, daß die Führung offensichtlich an die beiden Soldaten – Birnie und Boustead – fiel, die auch die Sherpas anheuerten, bis dann Birnie mit einer Gruppe Sherpas umkehrte, weil er die Bedingungen für zu schlecht hielt, um noch weiterzugehen. Wyn Harris, der sich im Himalaja noch nicht auskannte, war entschieden gegen einen Rückzug, und diese Meinungsverschiedenheit wuchs sich schließlich am Nordjoch zu einem handfesten Krach aus, so daß Ruttledge hinaufgehen und den Disput schlichten mußte.

Es war nie vorgesehen, Sauerstoff zu benutzen – teils wegen der Schwierigkeiten, ausreichende Vorräte davon vor Ort zu bringen, damit er wirkungsvoll eingesetzt werden konnte, vor allem aber, weil sie nur wenig Sympathie dafür aufbringen konnten. In dieser Hinsicht wurden die Erfahrungen von 1922 und 1924 ignoriert. Als sich dann schließlich in der zweiten Maihälfte das Wetter besserte, litt ihr Unternehmen unter mangelnder Koordinierung, und obwohl sie ein höheres Hochlager anlegen konnten, kamen sie doch nicht weiter als Norton 1924: Wyn Harris und Wager erreichten die gleiche Stelle im ersten Anlauf und Smythe – alleine – im zweiten, nachdem Shipton hatte umkehren müssen. Auf einer Platte unter der Ersten Stufe fand Wager einen Eispickel, der Mallory oder Irvine gehört haben muß.

Da es dem Everestausschuß gelungen war, auch für 1935 und 1936 die Erlaubnis zu bekommen, er aber zu wenig Zeit hatte, für 1935 eine richtige Expedition auf die Beine zu stellen, brach Shipton mit einer kleinen Erkundungsexpedition auf – ein Vorwand, mit leichtem Gepäck in die Berge zu ziehen, was er bevorzugte. Im Jahr zuvor hatten er und Bill Tilman, sein Berggefährte aus Ostafrika, versucht, mit Unterstützung von nur drei Sherpas einen Weg zum Nanda Devi zu finden, und waren mit geringer Last gereist, hatten heimische Nahrung gegessen und dabei das Fehlen des ganzen Drumherums einer formellen Expedition genossen. Diese Expedition von 1935 entwickelte sich dann zu einer großartigen Tour, bei der die Gipfel regelrecht »abgehakt« wurden: Shiptons Team bestieg sechsundzwanzig Gipfel von mehr als 6100 m Höhe. Es unternahm auch einen Versuch am Everest selbst, erreichte dabei aber nur das Nordjoch: mehrere Mitglieder der Mannschaft, auch Tilman, waren krank, das Wetter erwies sich als unbeständig, und tiefer Schnee behinderte ihr Vorankommen – also gaben sie ihren Versuch auf. Diese Expedition verriet zugleich Shiptons Stärken und Schwächen als Expeditionsleiter: er war eigentlich mehr ein Bergreisender und hätte in seinem rastlosen Drang nach Erforschung des Unbekannten nie die Zielstrebigkeit eines Alpinisten aufgebracht, der sich auf die Lösung eines wichtigen bergsteigerischen

Problems konzentriert. Einer der jungen Sherpas seiner ersten Expedition hieß übrigens Tenzing – zum damaligen Zeitpunkt konnte noch niemand seine spätere Laufbahn voraussagen.

Bei der Expedition von 1936 waren gleich zu Beginn sowohl die Führung wie auch die Administration in Frage gestellt worden, besonders durch die jüngeren Mitglieder des Teams von 1933. Longland, Wyn Harris und Wager sprachen sich für einen Wechsel in der Führung aus und schlugen Colin Crawford vor, Shipton und Smythe jedoch, deren Stimme mehr Gewicht besaß, waren für Ruttledge. Nach einigem Lavieren und etlichen taktischen Winkelzügen entschied sich der konservative Ausschuß dann wieder für Ruttledge, der daraufhin seinerseits ablehnte, Crawford in die Mannschaft aufzunehmen. Longland stieg aus grundsätzlichen Erwägungen aus, und Wager aus beruflichen Gründen. Zwei Bewerber, die sich geradezu anboten, kamen gar nicht erst ins Rennen: Odell schied wegen seines Alters aus und Tilman, weil er im Jahr zuvor bei dem Versuch am Everest Probleme mit der Höhe gehabt hatte. So änderte sich schließlich sowohl in der Führung wie in der Zusammensetzung der Expedition kaum etwas, und da 1936 im Himalaja besonders schlechtes Wetter herrschte und der Monsun sehr früh eintraf, erreichte die Mannschaft nicht einmal das Nordjoch.

Im selben Jahr unternahmen auch die Franzosen ihren ersten ernsthaften Angriff auf einen Achttausender: sie wählten den Gasherbrum I (8068 m), auch Hidden Peak genannt. Das von Henri de Ségogne geführte Team war mit sieben Bergsteigern und zwei Wissenschaftlern kompakt und stark; zu den Mitgliedern zählten auch Marcel Ichac, der 1950 den Annapurna bestieg, und Pierre Allain, der einen speziellen Bergschuh entwickelte. Sie hatten 35 Sherpas mit sich, mehr als viele Everestexpeditionen anwarben, gerieten aber ebenfalls in den vorzeitigen Monsun und erreichten nur 7070 m – allerdings hatten sie damit, schien es ihnen, die meisten Schwierigkeiten bereits überwunden. Wäre das Wetter damals besser gewesen, hätten sie durchaus Erfolg gehabt haben können.

Hätten Bauers Kangchenjunga- oder Merkls Nanga-Parbat-Mannschaft sich am Everest versucht: hätten sie mehr Aussicht auf Erfolg gehabt oder bloß mehr Aussicht auf Unfälle? Ich glaube, daß sie sehr wohl Erfolg hätten haben können, wo die Engländer versagten. Ihre größte Stärke, wie Bauer am Kangchenjunga bewies, waren der kameradschaftliche Zusammenhalt der Gruppe und die Tatsache, daß Bauer – als Leiter – in der Lage war, mit den besten seiner Mannschaft zu klettern, und daß ihm alle uneingeschränkt Respekt und Loyalität entgegenbrachten. Und darüber hinaus hatten sie noch den Extrabonus, den sie sich an den Steilwänden der Alpen erworben und dort ausgefeilt hatten – und der hätte den kleinen Unterschied ausmachen können.

Aber auch sie hatten schließlich ihre Gipfel nicht erreicht. Es schien da eine unsichtbare Grenze zu geben – in psychologischer, physiologischer oder logistischer Hinsicht, vielleicht auch als Kombination dieser drei Bereiche -, die die Bergsteiger davon abhielt, die Gipfel der Achttausender zu betreten.

Kapitel 9

HÄTTEN WIR ES GESCHAFFT?

Vorstöße im Himalaja vor dem Zweiten Weltkrieg

•

Charles Houston feierte gerade seinen 78. Geburtstag im Hauptlager des Nanga Parbat, als wir im Sommer 1990 unsere Pilgerfahrt zu der Stelle antraten, an der Mummery zum letzten Mal gegangen war. Houston ist ein kräftiger, zäher Amerikaner, verschmitzt und von trockenem, aber stets warmherzigem Humor. Er gehört zu den wenigen noch lebenden Bergsteigern, die an den Touren der Vorkriegszeit im Himalaja noch aktiv teilgenommen haben. Seine erste Bergfahrt unternahm er 1924:

> Meine Erinnerung daran ist so deutlich, daß sie fast Wirklichkeit sein könnte: weit unter mir, in völliger Stille, erkenne ich die funkelnden Lichter von Chamonix. Die kurz vor Tagesanbruch so kalte Luft beißt in der Nase, aber mich wärmen noch die warme Schokolade von Mitternacht und das harte Brot mit Honig. In den schwankenden Schatten der Kerzenlaterne meines Führers stapfe ich dahin, es riecht nach heißem, rauchigem Wachs, und ich bebe vor Erregung über das nächtliche Abenteuer. Es ist meine erste Bergfahrt. Ich bin zwölf und berauscht davon, Geoffrey Winthrop Youngs *On High Hills* zu durchleben.

Der junge Charles Houston 1925 auf dem Mer de Glace. Er war die treibende Kraft der Nanda-Devi-Expedition von 1936 und führte zwei K2-Expeditionen vor und nach dem Zweiten Weltkrieg.

Houston war der Sohn eines erfolgreichen Anwalts, der die Berge liebte und es sich leisten konnte, mit seiner Familie in die Alpen zum Bergwandern zu reisen. Charlie studierte später an der Columbia-Universität Medizin und unternahm auch weiterhin Bergfahrten in Europa und Amerika. 1934 ging er nach Alaska, um als erster den Mount Foraker zu besteigen, und hier lernte er auch, ohne logistische Unterstützung auszukommen und in der ausgedehnten Bergwelt ohne die Hilfe von Trägern zu klettern. Mit Bradford Washburn als Mentor baute er sich dann ein Team von engen Freunden auf, die ihn später auf seinen Expeditionen zum Himalaja begleiteten.

Houston hatte einen ganz besonderen Elan und war der Katalysator, der eine Reihe kühner Unternehmungen ermöglichte. Noch in Harvard plante er mit seinen Freunden die erste Himalajaexpedition und wählte den Ostgrat des Kangchenjunga als Ziel. Sie alle wußten nur wenig über den Himalaja, und da es in den Staaten keine vernünftige Ausrüstung gab, wurde Loomis, einer aus der Gruppe, im Februar 1936 nach England entsandt, um die Expedition auszurüsten und zu lernen, was immer nur möglich war. Im Alpine Club dort traf er Tilman und Shipton, und die vertraten – sehr höflich – die Meinung, daß der Ostgrat des Kangchenjunga für vier Studenten ohne Himalajaerfahrung wohl etwas schwierig sei. Das bewog Loomis, über eine Verstärkung des Teams durch englische Experten nachzudenken. Houston erinnert sich: »Loomis schickte mir deswegen ein Telegramm – ich war ja de facto der Organisator – und ich antwortete: `Gut, laden wir sie also ein.' Wenn ich heute so zurückdenke, dann war das schon ein ziemlich starkes Stück von den vier blutjungen Studenten in den Vereinigten Staaten, die Asse unter den britischen Bergsteigern dazu einzuladen, mit ihnen auf Expedition zu gehen.«

Shipton hatte sich schon dem Everest verschrieben, aber da Tilman und Odell dort nicht mit dabei waren, lud Houston sie ein, zusammen mit Graham Brown, mit dem er die Erstbesteigung des Mount Foraker unternommen hatte, und Peter Lloyd, der seine Erfahrungen in den Alpen gesammelt hatte. Da sie aber damit rechnen mußten, daß ihnen der Zugang zum Kangchenjunga verwehrt werden würde, schlug Tilman vor, sie sollten als Ausweichziel den Nanda Devi (7816 m) einplanen. Dessen nähere Umgebung hatte er schon 1934 zusammen mit Shipton erkundet.

In der Mannschaft dieser Expedition herrschte eine dermaßen entspannte und lockere Atmosphäre, wie man sie eigentlich erst bei modernen Unternehmungen beobachten konnte. Es gab keinen formell bestimmten Führer, und sie machten sich kleckerweise auf den Weg. Tilman brach zuerst auf – mit einem Teil der Ausrüstung und der Verpflegung der Expedition. Vor Ort kämpfte er zwar noch den Papierkrieg um seinen Kangchenjunga, aber dann fand er sich mit dem Nanda Devi ab und notierte voll bitterer Ironie: »Wenn die Feder tatsächlich mächtiger wäre als das Schwert, dann hätte ja die Schreibmaschine wirkungsvoller sein müssen als der Eispickel. Dann sollten sich künftig alle Expeditionen damit ausrüsten, selbst wenn die Eispickel dann zu Hause bleiben müssen.«

Die anglo-amerikanische Nanda-Devi-Gruppe von 1936 – klein, informell und harmonisch. Von links: Tilman, Loomis, Graham Brown, Houston, Lloyd, Odell, Emmons, Adams Carter.

Nachdem er endlich die Genehmigung für den Nanda Devi erhalten hatte, reiste er zum Trekking nach Sikkim, um »auch für Telegramme völlig unerreichbar« zu sein. Mitte Mai kehrte er nach Darjeeling zurück und traf dort Loomis; beide zusammen transportierten dann die vorhandene Ausrüstung ins Zielgebiet. Man kann sich des Eindrucks nicht erwehren, daß Tilman diese Zeit, in der das Team noch so überschaubar war, ganz besonders genossen hat, denn er hält voller Behagen im Tagebuch fest, daß »die Party nur aus den beiden Sherpas, einem zehnpfündigen Cheddar Cheese und uns zweien« bestanden habe.

Der Rest der Mannschaft traf dann in Grüppchen ein – Odell reiste gleich weiter nach Simla, um einige wissenschaftliche Instrumente zu besorgen, und Ad Carter war zuvor in Schanghai gewesen. Erst Anfang Juli 1936 waren sie soweit, daß sie die Rishischlucht hinaufsteigen konnten; der – früh eingetroffene – Monsun hatte gerade seinen Höhepunkt erreicht. Sie brauchten einen vollen Monat, um ihre Ausrüstung durch die Schlucht zu transportieren und ein Standlager einzurichten. Dann begannen sie mit der Belagerung des Berges.

Sie hatten keine Fixseile und verfügten nur über sechs Sherpas: die waren von der englischen Everestexpedition übriggelassen worden und zeigten enttäuschende Leistungen. Der bei weitem beste davon war Pasang Kikuli, einer der Überlebenden der Nanga-Parbat-Expedition von Willy Merkl, aber er wurde bald schneeblind und mußte ausscheiden, bevor die Hochlager eingerichtet waren. Zu dieser Zeit trugen englische Alpinisten noch keine Lasten, zumindest nicht am Everest – das überließen sie ihren Sherpas. Die Amerikaner dagegen, und hier ganz beson-

.W. Tilman, Pasang Kikuli und Charles Houston. Tilman, der in Kenia mit dem Bergsteigen begonnen hatte, hatte das Nanda-Devi-Gebiet schon mit Eric Shipton erkundet. Er war Mitglied der englischen Erkundungsexpedition am Everest von 1935 gewesen und hatte sich in Sikkim umgesehen, bevor er 1936 mit Odell den Gipfel des Nanda Devi erreichte. 1938 führte er eine weitere Everestexpedition; nach dem Krieg erforschte er das sich öffnende Nepal. Ab 1960 wandte er sich mehr dem Abenteuer mit kleinen Segelbooten zu – mit 79 Jahren blieb er in der Südsee verschollen.

ders Graham Brown, waren es von Alaska her gewohnt, ihre Ausrüstung selbst zu schleppen, und Tilman hatte es bei seinen Unternehmungen in Afrika und im Himalaja schon immer vorgezogen, von Trägern unabhängig zu sein. Schon beim Marsch durch die Rishischlucht hatte jeder von ihnen 60 Pfund auf dem Rücken gehabt, und bei der Errichtung der Hochlager am Berg schleppten sie ihre Lasten schließlich ganz alleine.

Die Gruppe arbeitete gut zusammen: sie wechselten sich beim Vorsteigen ab und trugen auf diese Weise Proviant und Brennstoff für 25 Tage den Berg hinauf; trotz des Monsuns trieben sie die Aufstiegsroute immer höher. Erst in Lager 4 – am 21. August – hielten sie die Zeit für gekommen, einen formellen Führer zu bestimmen, der dann entscheiden sollte, wer beim Gipfelvorstoß mit dabeisein durfte. Die geheime Wahl fiel auf Tilman, der daraufhin Odell und Houston als die fittesten für den Gipfelvorstoß einteilte. Jetzt mußte nur noch ein letztes Hochlager eingerichtet werden, dann konnte der Angriff auf den Gipfel losgehen. Sie brachen am 25. August mit Loomis, LLoyd und Tilman auf und trugen Zelte und Proviant auf die Spitze eines Felsturms in etwa 7000 m Höhe. Das Gelände hier war steil und voller Schnee, und es gab nichts, was sich als Lagerplatz angeboten hätte. Dann machten sich die drei Lastenträger auf den Rückweg, um das untere Lager noch bei Tageslicht zu erreichen, und überließen es Odell und Houston, eine Lagerstelle für die Nacht ausfindig zu machen.

Tags darauf stiegen Tilman, Loomis und Lloyd zum Lager 3 ab, um noch mehr Ausrüstung zu holen. Am Morgen des 27. wurden sie durch Jodler aufgeschreckt, »mehr wie die Schreie eines Esels«, die von weit oben kamen. Zunächst glaubten sie, es sei Siegesgebrüll, aber dann erkannten sie, daß es Hilferufe waren. Sie verstanden allerdings nur: »Charlie is killed« (Charlie ist tot), und kämpften sich voller Entsetzen zum Hochlager empor – geplagt von der Ungewißheit, was sie dort erwarten würde. Im Hochlager jedoch waren beide Bergsteiger am Leben, allerdings war Houston krank und sehr schwach. Was Odell am Morgen wirklich gerufen hatte, war: »Charlie is ill« (Charlie ist krank).

Der Grund dafür war vermutlich das Corned beef, daß beide am Abend zuvor gegessen hatten. Aber entweder war nur ein Bissen davon verdorben gewesen, oder Odell hatte einen Magen aus Gußeisen – denn nur Houston litt unter heftigen Krämpfen, Durchfall und Unwohlsein. Es gibt nur wenige Dinge, die einen Menschen derartig schnell entkräften können, besonders in großer Höhe, wo ja immer noch die Gefahr der Austrocknung hinzukommt. Am Tag zuvor hatten sie noch eine Erkundungstour unternommen, etwa 150 m nach oben, um eine gute Stelle für das Hochlager zu suchen, und waren dann über zerklüfteten Fels zu einem Punkt gekommen, wo die Steigung flacher wurde und sich ein Schneegrat zum Gipfel emporschwang. Sie hatten es schon fast geschafft.

Houston wußte, daß er eigentlich unverzüglich absteigen und Tilman vorschlagen müßte, er solle seinen Platz einnehmen, damit der Vorstoß zum Gipfel wie geplant ablaufen konnte, aber sie begleiteten ihn alle nach unten, bis er sicher mit Graham Brown und Ad Carter zusammen war; dann kehrten Odell und Tilman zum Hochlager zurück. Am nächsten Tag verlegten sie es auf einen noch besseren Platz in 7300 m Höhe, und am 29. August machten sie sich auf den Weg zum Gipfel. Anfangs mußten sie noch ziemlich hart klettern, und beinahe wären sie von einer herabstürzenden Schneewächte getroffen worden, was – so mysteriös wie bei Mallory und Irvine – in einer Tragödie hätte enden können, aber sie ließen sich nicht beirren und erreichten den Gipfel um drei Uhr nachmittags. Odell, der Wissenschaftler, hatte ein Thermometer dabei, das hier milde -29° C anzeigte, als sie sich auf dem höchsten Gipfel sonnten, der bis dahin erklommen worden war; dann kehrten sie um zum Hochlager.

Es war eine herrliche Expedition gewesen, kameradschaftlich und harmonisch und mit so viel Gemeinschaftsgeist, daß sie sogar vorhatten, die Namen der Gipfelstürmer für sich zu behalten: sie sahen das Ganze als eine gemeinsame Leistung an. Aber das Verlangen der Öffentlichkeit nach Helden erwies sich als stärker, und schließlich ließen sie sich dazu überreden, die Namen Odell und Tilman preiszugeben, deren Leistung in einem Jahr, in dem die englische Expedition zum Everest nicht einmal das Nordjoch erreicht hatte, besondere Bedeutung zukam.

Wie allzuviele Alpinisten mußte auch Houston immer wieder die Forderungen von Beruf und Bergsteigen gegeneinander abwägen. Zwei Jahre später – er war noch immer Medizinstudent – bot man ihm die Leitung der amerikanischen Expedition zum K2 an. Der Amerikanische Alpenverein hatte sich schon seit geraumer Zeit bemüht, die Erlaubnis für den zweithöchsten Berg der Erde zu bekommen, und hatte sie jetzt von der indischen Regierung für 1938 und 1939 erhalten. Man hatte die Führung zunächst Fritz Wiessner angeboten, der erst vor kurzem aus Deutschland eingewandert war und sich als Bergsteiger einen Namen gemacht hatte. Er hatte 1932 bereits an der Nanga-Parbat-Expedition teilgenommen und in Amerika eine Reihe beachteter Erstbesteigungen durchgeführt, so zum Beispiel auf den Devil's Tower in Wyoming und den Mount Waddington im kanadischen Küstengebiet. Diese beiden Führen – die eine eine Klettertour und die andere eine größere bergsteigerische Herausforderung – waren die schwierigsten Touren, die man in Nordamerika unternehmen konnte. Er hatte das technische Können und die Angriffslust – verbunden mit einer hohen Risikofreudigkeit, die in den zwanziger und dreißiger Jahren die Einstellung vieler mitteleuropäischer Bergsteiger kennzeichnete. Allerdings war er gerade dabei, sich nach der Weltwirtschaftskrise in den USA eine neue Existenz aufzubauen, und so war er 1938 absolut unabkömmlich. Also trug man Houston – in Anbetracht seines Erfolges am Nanda Devi – die Leitung der Expedition an, allerdings unter der Bedingung, daß dies nur eine Erkundungstour sein solle; im Jahr darauf werde Wiessner dann einen ernstgemeinten Erstbesteigungsversuch unternehmen.

Anders als der englische Alpine Club, der die Organisation jeder Everestexpedition fest im Griff hatte, bestimmte der Amerikanische Alpenverein lediglich einen Führer und überließ es dann ihm, das Unternehmen vorzubereiten – und ich bin sicher, daß das den Expeditionsteilnehmern besser gefiel. Charlie Houston stellte seine Mannschaft mit Bedacht zusammen. Er war fest entschlossen, sie klein zu halten: nur sechs Alpinisten einschließlich des wichtigen Verbindungsoffiziers, den die britische Regierung abstellte, dazu noch sechs Sherpas. Als erstes fiel seine Wahl auf Bob Bates, einen alten Freund, der schon mit ihm in Alaska war. Dann lud er Bill House ein, einen Förster aus New Hampshire, der mit Wiessner auf dem Mount Waddington gewesen war, weiter Paul Petzoldt, einen Hünen aus Wyoming, der auf Winterexpeditionen in die Rocky Mountains Pionierleistungen erbracht hatte und auf eine zweifache Überschreitung des Matterhorns verweisen konnte, und schließlich Dick Burdsall, mit 42 Jahren der Älteste, der 1932 den Gipfel des Minya Konka (7587 m) in China erreicht hatte. Houston wählte sein Team nach bergsteigerischen wie nach kameradschaftlichen Gesichtspunkten aus – »fünf Amerikaner: beseelt von Kipling und voller Abenteuerlust« -, und es war eine gute und starke Mannschaft. Denn obwohl sie nur erkunden sollten, waren sie sich insgeheim darüber im klaren, daß sie auch versuchen würden, den Berg zu besteigen. Ihr Verbindungsoffizier war Hauptmann Norman Streatfeild, der schon mit den Franzosen auf dem Hidden Peak gewesen war; er wurde ein vollwertiges Mitglied dieser kleinen Gruppe.

Wie alle Vorkriegsexpeditionen begannen auch sie ihren Anmarsch in Srinagar. Sie erlebten Streiks ihrer Träger und abenteuerliche Flußüberquerungen, wie sie noch heute die Expeditionen plagen, und schließlich erreichten sie – nachdem sie einen Monat lang durch wildes, unberührtes Land gezogen waren – am 12. Juni den K2. Dort sahen sie sich einer schwierigen Aufgabe gegenüber. Da frühere Expeditionen keine begehbare Route zum Gipfel gefunden hatten, mußten sie praktisch bei Null anfangen. Zwei volle Wochen lang unternahmen sie Vorstöße zum Nordostgrat, zum Abruzzisporn und zum Nordwestgrat, der sich vom Savoiasattel hochschwingt, den sie wegen seiner Steilheit und des harten Eispanzers nie erreichten. Zu diesem Zeitpunkt war noch völlig offen, welche Route zum Erfolg führen könnte. Der Südostgrat mit seinem Abruzzihorn war zu steil, zudem schien es dort kaum geeignete Lagerplätze zu geben.

Am 28. Juni hielten sie – in der Erkenntnis, daß ihnen die Zeit davonlief – eine Konferenz ab und einigten sich demokratisch auf den Abruzzisporn, obwohl Houston und Burdsall noch immer für den Nordostgrat waren, der ihnen weniger scharf erschien, aber lang und schwierig war. (Tatsächlich sind seine unteren und mittleren Partien bisher nur einmal durchstiegen worden: 1977 von einer polnischen Expedition; die abschließende Pyramide ist noch immer unbestiegen.)

Zunächst suchten sie am Abruzzisporn verzweifelt nach einem Lagerplatz, aber Petzoldt und House gaben nicht auf und entdeckten eine kleine Senke voller Schnee, die – gerade sechs Meter im Durchmesser – all ihre Zelte aufnehmen konnte. Das war der Durchbruch, und nachdem sie hier ihr erstes Lager aufgeschlagen hatten, trieben sie von hier aus langsam und systematisch ihren Weg am Sporn nach oben, trotz unbeständigen Wetters und technischer Schwierigkeiten, die sie – nur an wenigen sehr steilen Abschnitten – mit Fixseilen und Haken überwanden: Taktiken des modernen Belagerungsalpinismus.

Gelegentlich gab es freundschaftliche Wortwechsel über den Gebrauch von Haken. Houston, der seine alpine Lehrzeit unter englischem Einfluß absolviert hatte, mißbilligte ihren Einsatz und hatte überhaupt nur zwanzig Haken auf die Expedition mitgenommen – aber Petzoldt, der sein Können in den Rockies unter mehr mitteleuropäischen Gesichtspunkten erlernt hatte, hatte sich auf der Anreise in Paris klammheimlich weitere fünfzig besorgt. Die setzten sie jetzt alle ein, und Houstons Moral wurde bis in die Grundfesten erschüttert, als Bates verriet, daß sie in Alaska Dynamit verwendet hatten, um damit Schneewächten vom Grat abzusprengen. Die Masse ihrer Himalajaausrüstung beruhte auf dem, was die Engländer am Everest entwickelt hatten – windundurchlässiges Grenfelltuch, innere Isolierung durch mehrere Lagen leichter Shetlandpullover und sparsam genagelte, kältefeste Bergschuhe aus Leder. Darüber hinaus hatten sie verhältnismäßig leichte Daunenschlafsäcke doppelter Dicke, und ihre Zelte, von Meade für große Höhen entwickelt, waren denen ähnlich, die ich 1960 auf meiner ersten Himalajafahrt benutzt hatte, allerdings waren ihre Zeltstangen noch aus Bambus, denn Alulegierungen mußten erst noch erfunden werden.

Ihre Kocher ähnelten Primuskochern, und ihre Verpflegung entsprach den spartanischen Rationen, wie sie Bill Tilman liebte: Dörrfleisch, Trockenobst, Schokolade, Haferbrei und Tee. Trotzdem – oder vielleicht deswegen – hatten sie während der gesamten Expedition einen unersättlichen Appetit, ein Tribut an die lange Periode der Akklimatisation beim Anmarsch und den ersten Erkundungen. Petzoldt erwies sich als der stärkste Esser des Teams – er war ein Mann von riesigem Appetit und immenser Kraft, allerdings wurde er immer wieder von Fieberanfällen geplagt, mit denen er aber glücklicherweise jedesmal fertig wurde.

In einer Höhe von etwa 6500 m entwickelten sie so etwas wie einen Rollenwechsel, wie er auch im modernen Alpinismus gern angewendet wird. Burdsall hatte sich erboten, zum Hauptlager zurückzugehen und Streatfeild bei der Erkundung des Baltoro- und des Godwin-Austen-Gletschers zu helfen. Das ermöglichte es den vier jüngeren Alpinisten und den drei besten Sherpas, angeführt von Pasang Kikuli, das Tempo am Sporn zu erhöhen. Sie arbeiteten jetzt in zwei Gruppen: die eine trieb vom jeweiligen Hochlager aus die Route immer weiter nach oben, während die andere mit den drei Sherpas abstieg und Proviant und Ausrüstung nach oben zum Hochlager schaffte, bis sie das Lager wieder verlegen und sich in Führungsrolle und Versorgerrolle ablösen konnten.

Sie hatten jetzt eine Periode beständigen Wetters und stießen immer weiter nach oben vor, wobei ihr Weg um Felspfeiler und durch Eiskamine führte. Eine besondere Schwierigkeit war das, was heute House's Chimney genannt wird – Houses Kamin. Hier ist sein Bericht darüber:

> Drei Meter vom Anfang des Kamins entfernt gab es eine einen Meter lange Schuppe, etwa eine Fußlänge von der Wand abstehend. Bates schlug Stufen bis dorthin, machte sich daran fest und führte auch mein Seil dahinter durch. Das war eine exzellente Sicherung, würde mir aber kaum noch etwas nützen, wenn ich weiter oben war. Von dieser Stelle aus zum Kamin zu queren war schwierig. Als ich dann drüben war, schlug ich erstmal einen schweren Haken in einen Riß und fixierte mein Seil: er erwies sich als der einzige Riß auf den ersten fünfzehn Metern, der für eine Seilfixierung zu gebrauchen war.
>
> Während Bates mein Seil straff hielt, verschnaufte ich, weil die Wände des Kamins weiter oben glatt aussahen und ich all meine Kraft brauchen würde. Mit Händen und Füßen in alle Richtungen tastend, kletterte ich etwa sechs Meter nach oben, wo die Wände etwas zurückschwangen und so glatt wurden, daß ich mich mit Rücken und Füßen nach oben stemmen mußte.
>
> Jetzt wurde mir auch deutlich bewußt, daß ich vergessen hatte, meine Steigeisen bei Bates abzugeben – ich hatte sie noch im Rucksack, und sie preßten sich mir in den Rücken und verhakten sich im Fels. Für diesen Leichtsinn habe ich bitter büßen müssen, aber nach einer Weile konnte ich dann Hände und Füße an beiden Wänden des Kamins benutzen. In etwa dreizehn Metern Höhe verschaffte mir eine schmale Leiste genau zur richtigen Zeit

eine kurze Verschnaufpause, denn jeder Meter nach oben unter solchen Bedingungen kostet Kraft. Ich kann mich erinnern, daß ich enorm viel Kraft aufwandte, einen weiteren Haken einzuschlagen, um mein Seil einzuschlaufen und daran hinabzugleiten – aber das Metall verformte sich schon, nachdem es nur einen Zentimeter in den Felsen eingedrungen war. Ich hatte das Gefühl, in einer gefährlichen Situation zu sein, aber es gab hier keine Risse für Haken, und ich dachte mir, weiterzuklettern wäre besser als ein Abklettern ohne Sicherung von oben.

Wenn heute Alpinisten House's Chimney durchsteigen, hängen sie sich meist in die alten Fixseile ein, die dort überall herumhängen, und sie sind stets beeindruckt von der Steilheit und der Schwierigkeit des Kamins. Für damals aber war das eine wirklich bemerkenswerte Leistung. Am 19. Juli hatten sie die Spitze des Abruzzisporns erreicht, waren aber noch immer unterhalb der großen Schulter, diesem hohen Aufbau auf dieser Seite des Berges. Die sieben lebten jetzt in ihrem sechsten Lager in rund 7100 m Höhe. Praktisch waren sie völlig auf sich selbst gestellt, weil Burdsall und Streatfeild mit ihren drei Sherpas im Falle einer Notlage hoch oben am Berg nur wenig für sie hätten tun können.

Sie waren sich natürlich bewußt, daß die Schönwetterperiode, die sie jetzt schon tagelang genossen hatten, irgendwann zu Ende gehen und ein Rückzug bei Sturm schwierig werden würde, aber schließlich waren die Lager unter ihnen ja mit Vorräten wohlversorgt. Daher beschlossen sie, wenigstens einmal versuchsweise auf den Gipfel vorzustoßen, um festzustellen, ob es überhaupt eine Route hinauf gäbe. Houston dazu:

Unser Hauptziel war immer gewesen, eine sichere und direkte Route zum Gipfel zu finden. Und unser zweites Ziel überlagerte stets das erste: die gesamte Mannschaft wieder heil nach Hause zu bringen. Zudem waren wir der Meinung, daß wir unser Hauptziel sehr wohl erreicht hätten, wenn wir bis zu dem großen Schneefeld unterhalb des Gipfelkegels kämen. Der Abruzzigrat war zwar bei weiten keine einfache Route, aber sie war relativ kurz und – bei gebotener Vorsicht – auch eine sichere Führe zum Gipfel.

Als Houston und Petzoldt die Route zum Gipfelkegel dann erkundet hatten, erklärten sich House und Bates bereit, ihnen bei der Errichtung eines letzten Lagers am Fuß des Gipfels behilflich zu sein, damit sie von dort aus ihren Vorstoß unternehmen konnten. Es war charakteristisch für sie, daß sie es – in Anbetracht der Höhe und der schwierigen Kletterei – für unfair hielten, den Sherpas das Tragen der Lasten aufzubürden; der hartnäckige und loyale Kikuli allerdings überredete Houston, ihn mitzunehmen.

Die ungewöhnlich lange Zeit, die sie jetzt schon oberhalb des Hauptlagers ohne Pause gearbeitet hatten, forderte jetzt ihren Tribut. Um drei Uhr nachmittags sahen sich House und Bates gezwungen, mit Kikuli umzukehren – sie waren jetzt kurz vor einer steilen Eistraverse in rund 7500 m Höhe. Houston und Petzoldt schafften die Lasten durch diese Traverse und schlugen auf der anderen Seite ihr Lager auf, noch immer unter dem Kamm der Schulter. In dieser Nacht machten sie eine fatale Entdeckung: sie hatten ihre Streichhölzer vergessen. Nachdem sie alle Taschen durchsucht hatten, lagen vor ihnen:

> Vier Sicherheitsstreichhölzer und fünf Überallzündhölzer, alle von zweifelhaftem Wert. Die Überallzünder stammten noch aus New York, waren in den tiefergelegenen Lagern oft sorgsam in der Sonne getrocknet worden und hatten über 6000 m ständig versagt – sie glühten nur schwach auf, nachdem man sie mit Fett getränkt und dann kräftig gerieben hatte. Und die Sicherheitszünder waren in Kaschmir hergestellt und äußerst zerbrechlich.
>
> Petzoldt strich das erste an: es zischte kurz – und ging sofort aus. Dann versuchte ich eines von den Sicherheitsstreichhölzern: es brach direkt am Kopf ab. Jetzt nahm sich Petzoldt in seiner Verzweiflung eines der Überallzündhölzer und strich es beinahe nebenbei irgendwo an: es flammte auf – und der Kocher brannte.

Am nächsten Morgen unternahmen sie ihren Gipfelvorstoß, aber sie hatten sich einfach übernommen – das Wetter drohte umzuschlagen, und als sie den Fuß des Kegels erreichten, war Houston ausgepumpt:

> Jeden Zentimeter Höhe mußte ich mir unter Aufbietung aller Kräfte erkämpfen. Meine Beine waren so schwach, daß ich mich alle fünf oder sechs Schritte ausruhen mußte, und die Erschöpfung ließ mich alle von obenher drohenden Gefahren vergessen. Trotzdem wühlte ich mich weiter – warum, weiß ich nicht, denn es war töricht, noch ein paar Meter Höhe gewinnen zu wollen. Und trotzdem trieb mich irgendetwas, so hoch wie nur irgend möglich zu kommen. War ich schon jemals zuvor so müde gewesen? Wäre ich weniger ausgelaugt, wenn ich in dieser Höhe noch einen Tag zur Akklimatisierung hätte? Hätten Bob oder Bill es besser geschafft?

52 Jahre danach, auf der Alm unterhalb des Nanga Parbat, war Houston zuversichtlicher:

> Ob wir's geschafft hätten? Ich glaube schon – ja sicher! Petzoldt war außerordentlich kräftig, ich selbst nicht ganz so stark. Aber wir hatten keine Streichhölzer mehr, und es wäre ein enormes Risiko geworden. Was mir – selbst heute noch – am meisten zu schaffen macht, ist: warum sind wir nicht zum nächsten Lager abgestiegen und haben ein anderes Team nach oben geschickt, oder warum haben wir es nicht selbst noch einmal versucht? Ich weiß wirklich nicht, warum wir das nicht getan haben – vielleicht waren wir tatsächlich zu ausgebrannt.

Das waren sie mit Sicherheit! Bei jeder Expedition kann ein Punkt erreicht werden, an dem man sich – ohne es auszusprechen – die Erschöpfung, ja auch einen gewissen Willensverlust eingestehen muß. Sie hatten sich bis an die Grenze eines technisch schwierigen Gebiets vorgewagt, von dem man noch wenig wußte: sie waren Pioniere. Zudem war ihnen ein starkes Sicherheitsgefühl zu eigen, geprägt von der englischen Tradition und ihren eigenen bergsteigerischen Erfahrungen in Amerika. Houstons und Petzoldts Versuch war eine Art letzte verzweifelte Anstrengung gewesen, da sie ja wußten, daß sie eigentlich noch ein weiteres Hochlager benötigt hätten. So entschieden sie sich einstimmig für die Sicherheit und kehrten als einiges und zufriedenes Team zurück.

Mittlerweile war Wiessner bereits dabei, den nächsten Versuch vorzubereiten. Im Grunde waren seine Aussichten gut, aber in der Zusammenstellung seiner Mannschaft lag schon der Keim potentiellen Desasters. Von Anbeginn an hatte er nur wenig Auswahl. Er hätte gerne House und Petzoldt dabei gehabt, aber beide waren nicht abkömmlich. House konnte nicht ein weiteres Jahr seinen Beruf vernachlässigen; zudem scheint er wohl seine Zweifel an Wiessner gehabt zu haben. Und Petzoldt konnte nicht nach Indien zurück: er war nach der Expedition von 1938 in Indien geblieben, hatte sich einer Sekte angeschlossen und war dann in eine Schlägerei geraten, bei der sein Gegner sein Leben verlor. Es hatte seine Gefährten und den Amerikanischen Alpenverein viel Überredungskunst gekostet, ihn ohne Strafverfolgung in die Vereinigten Staaten zurückzuholen. Bates und Houston wurden nicht befragt, aber auch sie hätten sicherlich Probleme gehabt, schon wieder so lange Urlaub zu nehmen.

Und zu allem Unglück schieden die beiden erfahrensten Bergsteiger, die Wiessner eingeladen hatte, Al Lindley und Bestor Robinson, in allerletzter Minute aus. Ihr Aussteigen scheint von einem Instinkt geleitet gewesen zu sein, einem Gefühl, das manchmal ein Gefährte in einem weckt. Wie House hatten sie beide schon erfolgreiche Bergfahrten mit Wiessner unternommen, sich aber bei ihm nicht wohlgefühlt. Inwieweit das an der unterschiedlichen Herkunft und einer gewissen Fremdartigkeit gelegen hat, die Wiessner ja wohl gehabt haben muß, oder an seiner energischen und kraftvollen Art, ist schwer zu sagen.

So blieb ihm schließlich nur noch O. Eaton Cromwell, ein wohlhabender 42jähriger, der in den Alpen viele Touren mit Bergführern unternommen hatte. Als Erfahrenster wurde er stellvertretender Leiter, obwohl er nur Standardrouten gegangen war und sich daran gewöhnt hatte, daß andere für ihn die Entscheidungen trafen. Zur Mannschaft zählten dann noch zwei 21jährige Studenten aus Dartmouth, Chappel Cranmer und George Sheldon, die wenige Sommer Bergerfahrung hatten, und Dudley Wolfe, ein 44jähriger Angehöriger des Geldadels, der sich mit Segeln und etwas mit Bergsteigen befaßte, auch er auf klassischen und einfachen Routen in den Alpen und mit mindestens zwei Bergführern. Er hatte die Expedition finanziell unterstützt.

Mit einem derartig schwachen Team brach Wiessner dann nach Indien auf. Wenige Tage nach der Abreise wurde ihm per Funkspruch mitgeteilt, daß einige ältere Angehörige des Vorstands des Amerikanischen Alpenvereins ein weiteres Expeditionsmitglied ausgewählt und finanziert hätten: Jack Durrance, ein talentierter Alpinist, der am Beginn seiner medizinischen Ausbildung stand und in seinen Ferien manchmal als Führer in den Tetons gearbeitet hatte. Nicht nur, daß man Wiessner wegen dieses zusätzlichen Mitglieds überhaupt nicht befragt hatte – Wiessner muß offensichtlich auch seine Zweifel an diesem Mann gehabt haben, aus denen er dann keinen Hehl mehr machte, als Durrance in Genua das Schiff bestieg.

Aber jetzt waren sie unterwegs, und zunächst verlief unter ihrem britischen

Durrance (links) trifft sich auf dem Weg zum K2 in Genua mit Wiessner und Wolfe (rechts).

Verbindungsoffizier G. Trench auch alles glatt. Zudem hatten sie eine gute Sherpatruppe zusammen, geführt von Pasang Kikuli, der sich im Jahr zuvor so hervorragend bewährt hatte. Sie waren viel früher aufgebrochen als andere Expeditionen vor ihnen und erreichten Rawalpindi am 14. April, wodurch sie im Erholungsort Gulmarg in Kaschmir zwei Wochen lang Ski fahren konnten, was ihrer Akklimatisierung zugute kam. Auch der Anmarsch ins Zielgebiet verlief gut, ausgenommen den üblichen Trägerstreik, und am 31. Mai erreichten sie den Platz ihres Hauptlagers. In einem Brief an einen Freund im Amerikanischen Alpenverein lobte Wiessner: »Es sind wirklich nette Kerle, sie nehmen alles ganz gelassen, packen aber auch hart mit an, wenn es sein muß. Es macht richtig Spaß, einer so sympathischen Gruppe anzugehören. Ich bin ganz sicher, daß sie sich am Berg gut schlagen werden und ich überhaupt keine Schwierigkeiten haben werde, einen reibungslosen, effizienten und gut koordinierten Aufstieg zu leiten.«

Aber die Expedition stand ja noch am Anfang. Die meisten Anmärsche verlaufen freundschaftlich, und zudem waren die der Gruppe eigenen Schwächen noch gar nicht zutage getreten oder Leistungen gefordert worden. Wiessners Planung war äußerst methodisch. Mit dem Wissen, das ihm die Expedition von 1938 vermittelt hatte, konnte er seine Lager besser planen. So beabsichtigte er, jedes der Lager mit drei Schlafsäcken und Luftmatratzen, mit Kochern sowie Proviant und Brennstoff für zwei Wochen auszurüsten. Sauerstoff und Funkgeräte allerdings verschmähte er, wie er später dem Schriftsteller David Roberts mitteilte: »Mein

Ideal war immer das freie Klettern gewesen. Ich hasse mechanische Hilfsmittel. Ich wollte nicht mal Handfunkgeräte am Berg zulassen.«

In dieser Aussage liegt allerdings ein Widerspruch, denn er wandte Belagerungstaktiken an – mit Fixseilen und Haken. Es ist wie mit allen ethischen Grundsätzen: am Ende wählt man sich die Regeln aus, die einem passen – und wenn er Funkgeräte benutzt hätte, wäre vielleicht alles ganz anders verlaufen.

Als sie am Berg immer höher kamen, ihr Lager 6 aufschlugen und am 5. Juli fast den Platz des Lagers 7 an der Spitze des Sporns erreicht hatten, wurde die Unerfahrenheit des Kletterteams offensichtlich. Alles hing von Wiessners überragender körperlicher Verfassung und von seiner Zielstrebigkeit ab. Er ging stets vorn und hielt den Aufstieg trotz einer Reihe heftiger Stürme in Schwung, während seine Gefährten wegen Erschöpfung oder Krankheit schlapp zu machen begannen. Sheldon hatte mit Erfrierungen ins Hauptlager zurückkehren müssen, und die anderen trugen Vorräte von Lager 1 zum Lager 2 und weiter zu einem Depot am Platz des früheren Lagers 3, das Wiessner hatte auslassen können, da sein Anstieg direkt zum Lager 4 in 6400 m Höhe führte, knapp unterhalb von House's Chimney.

Am 8. Juli kehrte er von seinem höchsten Punkt zurück und fand unten seine Gefährten müde und pessimistisch vor, sie hatten sogar schon die Heimreise vorbereitet und die Träger für den 23. Juli zum Hauptlager beordert. Die Expedition hatte sich jetzt in zwei Lager gespalten: auf der einen Seite Wiessner, der Einzelgänger, in bester Verfassung und voller Zuversicht, angetrieben von dem Bewußtsein, daß er den Gipfel schon fast in Reichweite hatte – und auf der anderen Seite seine Gefährten, mutlos und ausgelaugt vom endlosen Transport des Nachschubs, mit nur wenig oder gar keiner Verbindung zu ihrem Führer. Ich vermute, daß Wiessner selbst dann an vorderster Stelle gegangen wäre, wenn er stärkere Vorsteiger gehabt hätte. Das war halt seine Art: es reizte ihn, die Route festzulegen, und zudem war er – wohl zu Recht – überzeugt, schneller zu sein als die anderen. Er ging auch davon aus, daß die anderen seine Pläne, die sicherlich gut waren, widerspruchslos ausführen würden. Allerdings berücksichtigten diese Pläne nicht den Mangel an Erfahrung und an Enthusiasmus sowie die generelle Schwäche der Gruppe als Ganzes. Das war nicht unbedingt eine teutonische Einstellung, wie ihm einige seiner Kritiker vorgeworfen haben. Auch Paul Bauer war am Kangchenjunga einer der besten Kletterer gewesen – aber er hatte auch Proviant geschleppt und als Führer sichergestellt, daß die Kommunikation klappte. Die Belagerung eines Berges, bei der die Versorgungsgüter von Lager zu Lager den Berg hinauffließen müssen, bedarf der Koordination, und es hat sich immer wieder gezeigt, daß ein Führer seine Rolle von der Spitze aus nicht wirkungsvoll ausüben kann, besonders dann, wenn er nicht mal Funkverbindung zum Rest seiner Mannschaft hat.

Unmittelbar nach seiner Expedition hat Wiessner in einem Artikel für das *American Alpine Club Journal* den Kompromiß beschrieben, den er dann mit seinen Nachschubkletterern aushandelte: »Es wurde vereinbart, daß Wolfe und ich, zusammen mit einigen Sherpas, noch einige Zeit oben am Berg bleiben konnten, da wir über reichliche Vorräte verfügten, und daß die Mannschaft in zwei Gruppen aufgeteilt wurde – Durrance, Wolfe und ich im Hochlager, Cromwell und Trench in Lager 4 oder darunter; am 24. Juli würden sie mit Sheldon und Cranmer abreisen, selbst wenn wir noch oben am Berg waren. Gemäß diesem Plan stiegen Wiessner, Wolfe und Durrance am 12. Juli mit sieben Sherpas zum Lager 6 auf. Es war eine unausgewogene Gruppe. Dudley Wolfe, enthusiastisch und völlig auf Wiessners Seite, war nicht nur unerfahren, sondern auch sehr unbeholfen und mußte am Seil ständig überwacht werden. Es war, wie wenn ein Führer einen ungeschickten Touristen auf Bergfahrt mitnimmt. Diese Verantwortung machte Durrance, der Erfahrung als Bergführer hatte, zunehmend zu schaffen. Durrance war in seinen alpinen Möglichkeiten dadurch behindert, daß er kein passendes Schuhwerk hatte. Auf der Anreise durch Europa hatte er zwar ein Paar Hochgebirgsschuhe bestellt, aber sie hatten ihn nicht mehr erreicht. So hatte er denn mit alten Bergschuhen, noch dazu falsch genagelt, antreten müssen und litt ständig unter kalten Füßen. Aber selbst so war er unter den Nachschubträgern noch der stärkste und der mit Abstand engagierteste gewesen. Doch jetzt war – wie bei den anderen – seine Einsatzfreude auf einem Tiefpunkt: die ständige Lastentragerei hatte ihm arg zugesetzt, und zudem litt er unter Schlaflosigkeit. Er war an dem Abend der letzte, der Lager 6 erreichte, riet aber trotzdem Wolfe dringend davon ab, noch höher zu steigen, worauf Wolfe sich an Wiessner wandte, der ihm aus Dankbarkeit für seine Unterstützung beistand, zudem hatte er wohl das Gefühl, daß Wolfe stärker war als Durrance. Und Wiessner vermutete auch, daß Durrance auf Wolfe eifersüchtig war – ein klares Anzeichen für den Zerfall der Expedition.

Am nächsten Tag gingen sie daran, Lager 7 einzurichten, das höchste Lager des Vorjahres. Wolfes Vorbehalte schienen jetzt gerechtfertigt, denn Durrance konnte nicht mehr weiter und mußte umkehren. Diese Nacht verbrachten Wiessner und Wolfe, Pasang Lama, Pasang Kitar und Tendrup in Lager 7, während der Rest, einschließlich des Sirdars Pasang Kikuli, zum Lager 6 abstieg mit dem Auftrag, tags darauf weiteren Nachschub nach oben zu bringen. Aber Durrance fühlte sich am nächsten Morgen so krank, daß er mit Pasang Kikuli und drei Sherpas zum Lager 4 abstieg und so den einzigen brauchbaren Führer unter den Sherpas abzog. Sheldon und Trench – erschöpft, krank und wahrscheinlich auch völlig mutlos – hatten Lager 4 bereits aufgegeben und waren zum Standlager zurückgekehrt. Daraufhin kämpfte sich Durrance mit Kikuli ebenfalls zum Standlager durch, so daß als einzige Amerikaner am Berg Wiessner und Wolfe übrigblieben.

Am 14. Juli – in den unteren Lagern war jetzt niemand mehr – erreichten Wiessner und Wolfe mit den verbliebenen drei Sherpas den Kamm der Schulter und errichteten in 7700 m Höhe Lager 8. Pasang Lama blieb bei ihnen, während Pasang Kitar und Tendrup zum Lager 7 abstiegen, von wo sie am Tage darauf weiteren Nachschub nach oben bringen sollten. Am 15. und 16. jedoch schneite es, und auf dem Berg bewegte sich nichts mehr. Am 17. Juli war es dann wieder klar. Der Schwerpunkt des Sturms hatte unter ihnen gelegen, und der Schneefall war vergleichsweise gering. Der Gipfel lag jetzt 900 m über ihnen und erschien ihnen nah und greifbar. Der Blick hinüber zum Broad Peak, immer noch höher als sie selbst, und durch das Windy Gap in das Shaksgamtal war überwältigend. Wiessner war mit dem Erreichten sehr zufrieden. Seine Ausgangsposition schien bei weitem besser als die von Houston im Vorjahr. Sein Stützpunkt lag bereits höher, er hatte die Kapazität, vor seinem Gipfelvorstoß noch ein weiteres Lager anzulegen, und er hatte eine Kette gutbestückter Lager unter sich.

Um neun Uhr morgens brachen sie mit einem Zelt, Schlafsäcken, Proviant und Brennstoff für sieben Tage auf, kamen durch den hüfttiefen Pulverschnee aber nur langsam voran. Dann erreichten sie schließlich den Bergschrund, der die Hänge der Gipfelpyramide bewacht. Der Schnee schien uferlos zu sein, und Wiessner brauchte zwei Stunden, um die Sechs-Meter-Kluft zu überwinden. Er und Pasang Lama waren zäh und leicht gebaut, Dudley Wolfe hingegen ein großes, ungeschlachtes Walroß – stark zwar, aber doch mit einem ungünstigen Kraft-Gewicht-Verhältnis. Diese Anstrengung war für ihn zuviel. So sehr er sich auch abmühte: er kam kaum noch voran. Schließlich gab er auf und sagte, er werde unten in Lager 8 auf sie warten. Die beiden anderen Sherpas, Pasang Kitar und Tendrup, würden ja auch dorthin kommen und ihm Gesellschaft leisten.

Wiessner und Pasang Lama schlugen daraufhin auf der anderen Seite des Bergschrunds ihr Lager auf, verlegten allerdings am folgenden Tag dieses Lager auf einen besseren und mit 7940 m höher gelegenen Platz direkt am Fuß eines Felsgrats. Sie waren jetzt bereit für den Gipfel, und Wiessner fühlte sich fit und war zuversichtlich. Der 19. Juli zog mit Schönwetter herauf, und sie bahnten sich ihren Weg über eine Reihe von Felspfeilern an die Seite des Gipfelkegels. Natürlich kamen sie dabei nur langsam voran, und es war dann auch schon 18.30 Uhr abends, bevor die Schwierigkeiten nachzulassen schienen und eine Traverse durch eine steile Wand zu einer Schneerinne führte, die sich bis zum Gipfelgrat emporschwang. Vor dieser Traverse, in 8365 m Höhe, weigerte sich Pasang Lama, in dieser Nacht noch weiterzugehen, und schlug vor, zum Lager zurückzukehren und das Eiscouloir direkt darüber zu probieren, das ihm ein leichterer Weg zum verschneiten Gipfelgrat zu sein schien. Wiessner gab sein Bestes, um Pasang Lama zu überreden, in dieser Nacht noch weiterzugehen – aber umsonst. Das ist auch nicht verwunderlich: selbst die besten Sherpas – und Pasang Lama war hervorragend – hatten nur begrenzte Erfahrung mit technisch anspruchsvollem Klettern in Steilwänden. Zudem war ein nächtlicher Vorstoß ohne Stirnlampen äußerst riskant. Und schließlich konnten sie sich keineswegs sicher sein, daß all die Schwierigkeiten schon vorüber waren.

Der Abstieg war dann keineswegs einfach. Sie mußten sich frei über einen Überhang abseilen, und mir drängt sich die Frage auf, ob der Sherpa etwas derartiges schon jemals zuvor mitgemacht hatte. Beim Abseilen verfing sich auch noch das Seil mit den zwei Paar Steigeisen, die hinten auf den Rucksack des Sherpas geschnallt waren, und in dem Bemühen, das Seil freizubekommen, riß er die Steigeisen los, und sie fielen in die Tiefe. Erst um halb drei morgens waren sie wieder im Lager 9. Wiessner notierte: »Bei diesem Abstieg habe ich mehrmals zutiefst bedauert, nicht auf dieser letzten kurzen Traverse bestanden zu haben.«

Wundersamerweise hielt sich das Wetter, und so verbrachten sie den nächsten Tag faulenzend in ihrem sonnengewärmten Zelt, um am 21. Juli ihren zweiten Angriff zu wagen. Sie brachen um sechs Uhr morgens auf und schlugen die Richtung zu der Rinne ein, die sich an den Séracs entlangzog, die die Route zum Gipfelkegel verstellten. Sie müssen nicht nur müde gewesen sein – da sie jetzt keine Steigeisen mehr hatten, mußte Wiessner die ganze Rinne hinauf Stufen in den harten Schnee schlagen. Damit kamen sie zu langsam voran, und schließlich gab es keine andere Wahl als den Rückzug. Aber Wiessner gab noch nicht auf. Er beschloß jetzt, zum Lager 8 abzusteigen, die Vorräte aufzufüllen, Ersatzsteigeisen mitzunehmen und dann einen weiteren Vorstoß zum Gipfel zu unternehmen.

Am nächsten Morgen stiegen sie zum Lager 8 ab; Wiessner ließ seinen Schlafsack im oberen Lager, Pasang jedoch nahm seinen mit. Hatte Pasang jetzt genug von diesen besessenen Attacken auf den Gipfel? Sie hatten nunmehr vier Nächte in 7925 m Höhe verbracht, hatten sich an zwei Tagen bis zur Erschöpfung verausgabt – aber Wiessner war noch immer der Meinung, er könne die Spitze erreichen. In dieser Höhe können sich gefährliche Illusionen einstellen, besonders wenn das Wetter schön ist, die Sonne brennt und man absteigt und nicht aufwärts klettert.

Dudley Wolfe war erleichtert, als er sie auf das Lager zumarschieren sah: die Sherpas waren nicht zurückgekehrt, und er war fünf Nächte lang alleine gewesen. Und da hier die Vorräte zu Ende gingen, hatten sie keine Wahl, als zum Lager 7 weiterzugehen. Sie brachen noch am selben Nachmittag auf. Dabei stolperte Wolfe – möglicherweise leicht höhenkrank – über ihr Seil, riß die anderen von den Füßen, und sie begannen, den Hang abwärts zu rutschen. Es war schon ein kleines Wunder, daß es Wiessner gelang, den Sturz mit seinem Eispickel zu bremsen und sie dann alle zum Halten zu bringen.

Am späten Abend erreichten sie Lager 7 und mußten zu ihrem Entsetzen feststellen, daß es leer war. Ein Zelt war durch das Gewicht des Schnees beschädigt worden, und die Verpflegung lag unordentlich und überall verstreut herum – das schlimmste aber war, daß die Schlafsäcke und die Luftmatratzen entfernt worden waren. Dudley Wolfe hatte seinen Schlafsack bei dem Sturz verloren, damit hatten sie zu dritt nur noch den von Pasang Lama. Sie verbrachten eine bitterkalte und strapaziöse Nacht und beschlossen am nächsten Morgen, sich zum Lager unter ihnen zurückzuziehen, Vorräte und Schlafsäcke einzupacken und dann wieder aufzusteigen.

Was muß in dieser Lage in ihren Köpfen vorgegangen sein? Wiessner war noch immer vom Gipfel besessen, und sein einzelgängerischer Ehrgeiz war durchaus in der Lage, die Realität und auch den Zustand seiner Gefährten zu verdrängen, Wolfe war dermaßen erschöpft, daß er nur noch den Wunsch hatte, sich hinzulegen und zu schlafen, und Pasang Lama – möglicherweise der einzige, der die

Gefahren richtig einschätzte – wollte nach unten in Sicherheit; aber er war es gewohnt zu gehorchen und die Sahibs zu respektieren, die ohnehin immer recht hatten. Wolfe blieb in diesem Lager und benutzte Pasangs Schlafsack und Luftmatratze, während die beiden anderen sich auf den Weg zu Lager 6 machten, um Vorräte zu beschaffen. Eigentlich hätten die Alarmsirenen bei Wiessner aufheulen müssen – aber er hatte sich durch den Sauerstoffmangel, die Fixierung auf den Gipfel und einen klaren blauen Himmel schon zu weit von der Wirklichkeit entfernt. Wiessner hatte nur einen Gedanken: den nächsten Vorstoß zum Gipfel. Er war jetzt aber schon sehr lange den Auswirkungen der Höhe ausgesetzt, und es scheint daher unwahrscheinlich, daß er unter diesen Bedingungen noch einen weiteren Gipfelvorstoß unternehmen konnte – möglicherweise hätte er es nicht mal mehr zu seinem bisher höchsten Punkt geschafft.

In Lager 6 war niemand mehr – und auch keine Schlafsäcke oder Matratzen. Wiessner tobte, er fühlte sich getäuscht und betrogen, zudem nahm seine Erschöpfung zu; aber trotzdem stiegen sie zu den anderen Lagern ab: sie waren alle leer. An jenem Abend schafften sie es noch bis Lager 2, weiter kamen sie nicht mehr. In ein Zelt eingewickelt froren sie die ganze Nacht und wankten am nächsten Tag zum Hauptlager, wo Wiessner seinem Stellvertreter Tony Cromwell – in heiserem Flüstern, denn er hatte seine Stimme verloren – wütend Vorhaltungen machte und drohte, wegen dieses vorsätzlichen Verrates gerichtlich gegen ihn vorzugehen. Cromwell wehrte sich verärgert und versuchte, seine Handlungsweise zu rechtfertigen.

Es waren Tendrup und Pasang Kitar gewesen, die die oberen Lager ausgeräumt hatten. Anstatt – wie von Wiessner angeordnet – die Vorräte zum Lager 8 zu schaffen, waren sie am 17. Juli zum Lager 4 abgestiegen. Hier trafen sie auf Pasang Kikuli, der sie wieder den Berg hinaufschickte mit dem Auftrag, ihre Nachschubaufgaben durchzuführen. Am 19. Juli erreichten sie Lager 6, wo Phinsoo und Tsering geblieben waren, und am Tag darauf – dem Tag, an dem Wiessner und Pasang Lama in Lager 9 eine Verschnaufpause eingelegt hatten – stiegen sie weiter zum Lager 7 auf. Oben angekommen, riefen sie den Berg hinauf und waren, als sie keine Antwort bekamen, überzeugt davon, daß ein Unglück geschehen sein müsse und alle drei in den oberen Lagern tot wären. Also griffen sie sich alle Schlafsäcke und taten dasselbe auch in den anderen Lagern; am 23. Juli trafen sie dann im Hauptlager ein – gerade einen Tag vor Wiessner. Warum auch die unteren Lager leergeräumt wurden, war unklar und wurde nach Rückkehr in die USA Thema einer erbitterten Auseinandersetzung.

Viel wichtiger als alle Beschuldigungen jedoch war jetzt die Bergung von Dudley Wolfe, der noch immer in Lager 7 wartete. Eigenartigerweise hatte Wiessner noch immer nicht erfaßt, wie prekär die Lage und wie erschöpft er war. Er sprach noch immer davon, daß er nach einigen Ruhetagen wieder aufsteigen und dann mit Dudley Wolfe einen weiteren Vorstoß unternehmen würde. Durrance hingegen war klar, daß umgehend eine Rettungsaktion eingeleitet werden mußte. Er brach schon am nächsten Morgen mit drei Sherpas auf und erreichte Lager 4 am 26. Juli, war aber noch immer von seiner Krankheit geschwächt und fühlte die Symptome des Lungenödems zurückkehren. So stieg er zusammen mit Sherpa Dawa, der ebenfalls krank war, wieder zum Hauptlager ab, während die anderen beiden Sherpas – Pasang Kitar und Phinsoo – sich zum Lager 6 hocharbeiteten. Im Hauptlager war jetzt keiner der Amerikaner mehr körperlich dazu in der Lage, zum Berg zurückzukehren, also erbot sich Kikuli, zusammen mit Tsering aufzubrechen, und sie erreichten am 28. in einem großartigen Vorstoß an einem Tag Lager 6. Am nächsten Tag gingen sie weiter zu Lager 7, und hier fanden sie Dudley Wolfe in seinem Schlafsack liegend – bei Bewußtsein, aber äußerst schwach und nicht in der Lage, zusammenhängend zu denken. Das Zelt war ein chaotisches Durcheinander von Verpflegung und seinen eigenen Körperausscheidungen. Er war nicht ganz bei Sinnen und trug ihnen auf, am nächsten Tag wiederzukommen: und die Sherpas – an unbedingten Gehorsam gewöhnt – folgten ihm aufs Wort. Sie stiegen wieder zum Lager darunter ab, und am nächsten Morgen brachen drei von ihnen – Pasang Kikuli, Kitar und Phinsoo – trotz eines Sturmes erneut auf, um Dudley Wolfe nach unten zu bringen. Man hat sie nie wiedergesehen. Nur Tsering, der im unteren Lager geblieben war, kehrte zurück. Als der Sturm dann am 3. August etwas nachließ, versuchte Wiessner, der jetzt den Ernst der Lage erkannt hatte, mit Dawa und Tsering einen Aufstieg, aber er war noch immer zu erschöpft, und zudem verschlechterte sich auch das Wetter wieder. Am 7. August gab er den Versuch auf – er war nicht höher als bis Lager 2 gekommen.

Nach dieser Tragödie kam es natürlich wieder zu den unvermeidbaren Streitereien, und Wiessner wurde zum Sündenbock abgestempelt. Kenneth Mason schrieb darüber in seiner klassischen Geschichte des Bergsteigens im Himalaja, *The Abode of Snow*: »Es ist schwer, in zurückhaltenden Worten die Torheiten dieses Unternehmens zu beschreiben. Vom 11. Juli bis zum Ende des Monats wurden jeden Tag Fehlentscheidungen getroffen. Das Wetter war nie ein bestimmender Faktor.«

Ein Untersuchungsausschuß des Amerikanischen Alpenvereins kam zu keinem verwertbaren Ergebnis, was Wiessner enttäuschte, aber die öffentliche Meinung – geleitet auch von den antideutschen Gefühlen der damaligen Zeit – verurteilte ihn, und er trat aus dem AAC aus. Das Klettern allerdings gab er nie auf, und er spielte auch weiterhin eine bedeutende Rolle bei der Entwicklung des Felskletterns in den Vereinigten Staaten. Später wurde er insofern rehabilitiert, als ihn der Amerikanische Alpenverein – verdientermaßen – zum Ehrenmitglied ernannte.

Ohne Frage war Wiessner ein technisch überragender Kletterer mit exzellenten Leistungen in großer Höhe. Dazu war er eine überzeugende Persönlichkeit, und seine Begeisterung für das Bergsteigen hielt bis in seine achtziger Jahre an – seine Führungsqualitäten am K2 müssen allerdings bezweifelt werden. Es nützt nichts, einen brillanten logistischen Plan zu haben, wenn man die Persönlichkeiten und die Schwächen seiner Mannschaft nicht berücksichtigt. Bei einer Belage-

Fritz Wiessner in späteren Jahren: ein exzellenter Bergsteiger, ausdauernd in größter Höhe, aber nicht der beste Leiter von Belagerungsexpeditionen, wenn zudem die Route schwierig und sein Team minderbefähigt ist.

rungsexpedition, bei der die einzelnen Bergsteiger in Gruppen über den ganzen Berg verteilt sind, muß der Führer das Unternehmen als Ganzes verantwortlich steuern und sich um das Wohlergehen jedes einzelnen Mitglieds kümmern.

An dieser Stelle muß ich nochmal die Expeditionen von 1938 und 1939 vergleichen. In beiden Fällen befand sich eine kleine Gruppe von Bergsteigern hoch oben am Berg, die vom Hauptlager aus versorgt werden mußte. Der Unterschied war allerdings, daß Houstons Mannschaft von 1938 sich gegenseitig unterstützte und sich auch um ihre Sherpas kümmerte: sie nahm ihnen am Hochlager sogar das Lastentragen ab. (Erst nach längerem Bitten wurde Pasang Kikuli erlaubt, sich zusammen mit den Amerikanern am Lasttransport beteiligen zu dürfen!) Da Houstons Männer sich während des gesamten Aufstiegs selbst versorgt hatten, wußten sie genau, was in jedem Lager an Vorräten vorhanden war. Wenn man dann noch berücksichtigt, daß sie fast den gesamten Abruzzisporn erst noch erkunden mußten, dann zählt ihre Leistung nicht weniger als die von Wiessner. Der große Unterschied war nur, daß es ihnen gelang, einen geordneten Rückzug anzutreten.

Am Nanda Devi hatte es einen fruchtbaren Gedankenaustausch zwischen amerikanischen und englischen Alpinisten gegeben, und mit der Berufung Bill Tilmans als Leiter der englischen Everestexpedition von 1938 durch den Everestausschuß sollte dieses Unternehmen die gleiche philosophische Einstellung bekommen wie Houstons K2-Expedition. Das war allerdings mehr Zufall: der Ausschuß trug immer noch die Kosten der Expedition von 1936 ab, und der Sinn des gesamten Projektes wurde in der Bergsteigerschaft sowie in der breiten Öffentlichkeit eher angezweifelt – da erschien das Konzept einer »abgespeckten« Expedition durchaus überzeugend. Der Kern der Expedition bestand aus Tilman, Smythe und Shipton sowie Odell und Lloyd, die mit Tilman am Nanda Devi gewesen waren; dazu kamen noch Peter Oliver sowie Charles Warren als Arzt. Das war ein leistungsstarkes und erfahrenes Team, das zudem auch gut zusammenpaßte – aufgebaut auf dem schmalen Budget von 2360 £, mit dem sie auskommen mußten; allerdings ließ ihnen der Ausschuß dabei auch weitgehend freie Hand. Einziger Streitpunkt war die Qualität der Verpflegung; und Tilmans frugale Diät aus Dörrfleisch, Trockenobst und Haferbrei hätte dann am Berg auch fast zu Ernährungsmängeln geführt.

Trotz allem aber war es die wahrscheinlich stärkste Expedition, die bislang zum Everest aufgebrochen war. Sie reiste früh ab, um nicht unter Zeitdruck zu geraten, verließ Gangtok an der Grenze zu Sikkim am 3. März und erreichte ihr Hauptlager bei Rongbuk am 6. April. Leider aber war dies ein besonders kalter und windiger Frühling, und so mußten sie sich ins Khartatal zurückziehen und auf wärmeres Wetter warten. Als sie dann Anfang Mai zurückkehrten, brach schlechtes Wetter herein: der Monsun war ungewöhnlich früh eingetroffen. Die Schneehänge, die zum Nordjoch führten, waren so gefährlich, daß sie einen Zugang von Westen her über den Rongbukgletscher suchen mußten. Dort war es zwar steiler, aber dafür war die Lawinengefahr geringer und die Wühlarbeit durch den Schnee einfacher. Obwohl es Shipton und Smythe noch gelang, in 8291 m Höhe ein Hochlager zu errichten, mußten sie den Gedanken an einen Gipfelvorstoß fallenlassen – der Schnee lag zu hoch.

Diese Expedition mit ihren acht Alpinisten und zwölf Höhenträgern war eher kompakt als leichtgewichtig und mit Sicherheit größer als Houstons K2-Mannschaft. In Wirklichkeit verfügte sie über eine ähnliche Anzahl von Bergsteigern wie frühere Everestexpeditionen, und bei besserem Wetter hätte sie wohl auch sehr gute Erfolgschancen gehabt. Obwohl Tilman von Sauerstoff nicht viel hielt, hatte er doch vier Geräte mitgenommen, die dann beim Aufstieg auch erfolgreich eingesetzt wurden. Auf dieser Expedition wurden auch einige grundlegende Erfahrungen gewonnen, besonders im Umgang mit den Sherpas für größere Höhen, von denen sich Tenzing Norgay als der stärkste erwies.

In den dreißiger Jahren fand auch eine zunehmende Anzahl kleinerer Expeditionen zu den weniger hohen Gipfeln statt. Shipton und Tilman hatten 1937 zusammen mit Michael Spender und John Auden das Shaksgamgebiet im nördlichen Karakorum erforscht und kartiert, und Shipton war 1939 noch einmal mit einem größeren Team zurückgekehrt, um die Vermessung abzuschließen. Diese Art von Bergfahrten machte ihm am meisten Spaß. André Roch stellte eine Expedition im Stil des 19. Jahrhunderts zusammen, nahm zwei Bergführer aus Grindelwald und einen Kartographen mit ins Garhwal und bestieg den Dunagiri, während eine polnische Expedition den Östlichen Dunagiri bezwang. Am meisten Aufsehen erregte aber die Besteigung des Chomolhari (7314 m) in Bhutan durch F. Spencer Chapman, einen jungen Angestellten im indischen Staatsdienst. Er hatte den Berg auf dem Rückweg von einem offiziellen Besuch in Lhasa gesehen und kehrte 1937 dorthin mit C.E. Crawford und drei Sherpas zurück: Nima Thondup, Pasang Lama und Pasang Kikuli, der 1939 am K2 sein Leben lassen mußte. Den Berg auch nur zu erreichen war schon eine harte Aufgabe, und daß Spencer Chapman und Pasang Lama ihn dann auch noch bezwangen, war eine wirklich herausragende Leistung.

Während sich über Europa bereits die Wolken des Krieges zusammenzogen, untersuchte eine kleine deutsche Gruppe, die sich stark von vorhergegangenen Nanga-Parbat-Expeditionen unterschied, dessen riesige Diamirflanke. Sie umfaßte vier Männer, zu denen auch Peter Aufschnaiter und Heinrich Harrer zählten, die gerade die Erstbegehung der Eigernordwand hinter sich hatten. Sie kamen zwar nicht viel höher als damals Mummery, entdeckten aber eine brauchbare Führe, über die Aufschnaiter schrieb:

> Eine Gruppe guter Bergsteiger mit Erfahrung in Eis und Fels dieser Art könnte die Diamirflanke der Rakhiotseite vorziehen. Dafür würde man dann mindestens sieben Bergsteiger brauchen – einige davon bereiten den Weg vor, und für den Gipfelvorstoß wird eine Reserve bereitgehalten. Auf die Bergsteiger würde zusätzlich eine Menge Lastentragen zukommen, da wohl nur wenige Träger willens oder in der Lage wären, sich in derart steilem und ausgesetztem Fels und Eis zu bewegen.

Diese Vorhersage erfüllte sich erst 1962, als eine Expedition unter Karl Herrligkoffer die Flanke belagerte. Die Gruppe von 1939 wurde vom Kriegsausbruch überrascht, und alle vier wurden von den Briten interniert. Aufschnaiter und Harrer allerdings gelang die Flucht in das größte Abenteuer ihres Lebens – sie verbrachten sieben Jahre in Tibet.

Im Jahre 1939 waren die Grundlagen für alpine Unternehmungen im Himalaja geschaffen. Die unsichtbare Grenze, die bisher einen Erfolg an den Achttausendern verhindert hatte, konnte man auch Pech mit dem Wetter nennen. Wiessner war sehr nah dran gewesen, und es ist ebenso wahrscheinlich, daß – bei besserem Wetter – auch Tilman am Everest Erfolg gehabt hätte. Man hatte alle Taktiken ausprobiert: von der durchorganisierten Belagerung mit umfangreichen Expeditionen bis hin zur kleinen und kompakten Gruppe, die im alpinen Stil vordrang. Man hatte die volle menschliche Bandbreite durchlebt: von bürokratischer Führung bis zum kameradschaftlichen Miteinander, von engstirniger Ichbezogenheit bis zur selbstlosen Hingabe – und die Sherpas hatten sich von Kulis zu Könnern in großen Höhen entwickelt. Den Himalaja erwartete jetzt eine Flut von Unternehmungen, die durch den Zweiten Weltkrieg zwar zunächst noch zurückgehalten wurde, dann aber mit einer Wucht hereinbrach, die bis heute anhält.

Kapitel 10

DIE LETZTEN KLASSISCHEN FÜHREN

Alpinismus im Nachkriegseuropa

●

Die Kriegstechnologie führte dann im Frieden zur Entwicklung von Metallegierungen für leichtere Karabiner, von Nylonseilen, die stärker und einfacher zu handhaben waren, von Profilgummisohlen, Trockennahrung und vielem anderen mehr. Aber noch viel stärker wirkten sich die sozialen Veränderungen auf alle Bereiche des Lebens aus und führten – auf das Bergsteigen bezogen – dazu, daß es auch andere Bevölkerungs-Schichten als die begüterte Mittelklasse erfaßte. Diese Entwicklung hatte in England schon vor dem Krieg eingesetzt, besonders in den Industriestädten um den Peak und oben am Clyde. Der Sandstein von Stanage Edge, Laddow und Kinder Scout hatte dabei Entspannung von langen Stunden in den Fabriken geboten oder – während der Wirtschaftskrise – vom Schlangestehen. Und es hatte Auseinandersetzungen mit uneinsichtigen Landbesitzern gegeben, die dann schließlich zur Massenbesetzung des Gebiets um den Kinder Scout geführt hatten. Aber wenn man sechs Tage pro Woche arbeitete, war es schwierig, weiter als bis zu den Felsen in der unmittelbaren Umgebung zu kommen. Bill Peascod, ein junger Bergmann aus Workington, schildert das so:

> Ich hatte Nachtschicht gehabt. Als ich dann aus der Grube und an Gottes frische Luft kam, war der Morgen so wunderschön, daß ich's nicht fertigbrachte, zu Bett zu gehen. Ich radelte heim, aß was und wusch mich, wo mein Vater und ich das immer taten: in einem Zuber vor dem Feuer, zog mich an und schwang mich auf mein wackeliges Fahrrad, das mein Vater mir für fünf Shilling gekauft hatte, und fuhr los – der Sonne entgegen.
>
> An dem Tag, mit siebzehn Lenzen, entdeckte ich den Lake District … es war eine Offenbarung. Mein ganzes Leben hatte ich nur zwanzig Kilometer vom Buttermere Valley entfernt verbracht, aber ich hatte es noch nie gesehen oder je daran gedacht, mir's anzuschauen. Wie London oder der Mars – ich wußte zwar: das gab's. Aber es hatte noch keinen Grund gegeben, mal herauszufinden, wo … die Entdeckung des Lake District berührte in mir eine neue Saite.

Er unternahm danach eine Reihe von Erstbesteigungen in West Cumberland und wurde Mitglied im Fell and Rock Climbing Club, aber weiter als bis zu den

Bergen des Lake District kam er nicht. Erst die Einführung der Fünftagewoche nach dem Zweiten Weltkrieg und die allgemeine Anhebung der Löhne eröffneten ihm andere Möglichkeiten.

Joe Brown war 1930 in Manchester als Jüngster einer siebenköpfigen Familie zur Welt gekommen. Sein Vater starb, als er sechs Monate alt war, und nun war es Aufgabe seiner Mutter, die Familie durchzubringen – in einer Zeit, in der es nur wenig oder überhaupt keine Sozialhilfe gab, und sie war ohnehin zu stolz, um sie anzunehmen. Mit dem Klettern fing er in den alten Bergwerksschächten von Alderley Edge an, dann erforschte er die Sandsteinbrüche und die Edges – in den Worten der berühmten Ballade von Tom Patey: »Er besaß nichts als Schneid, unverschämtes Glück – und die Wäscheleine seiner Mutter.«

Das Bergsteigen war ein Prozeß der Selbstentdeckung, und man ging im Sommer wie im Winter auf Zeltfahrten in den Lake District oder nach Schottland, mit gleich zähen jungen Männern der gleichen Einstellung, fuhr per Anhalter, wanderte oder nahm auch schon mal einen Bus – ein immer stärker werdendes Erlebnis.

Es gab viele junge Burschen, die sich wie Joe in Felsfahrten versuchten, aber er war besonders begabt. Er probierte Neurouten im Sandstein und wagte sich in einen Fels, der steiler war und technisch schwieriger als alles, was vorher versucht worden war. Seine ersten großen Routen ging er am Froggatt, einer Gratkante aus Sandstein in der Nähe von Sheffield, und 1948 kam Brown's Eliminate dazu, ein glatter und scheinbar griffloser Plattenschuß. Andere folgten: der Right und der Left Unconquerable am Stanage, zwei steile, ausgeprägte Risse, an denen schon die besten Kletterer jener Zeit gescheitert waren. Dann wandte er sich Wales zu: den steilen Felsen von Llanberis Pass und den dunklen Wänden des Clogwyn Du'r Arddu.

Die technologischen Entwicklungen brauchten im mittellosen England der Nachkriegszeit einige Zeit, bis sie sich durchsetzen konnten. In schwierigem Fels wurden noch immer Turnschuhe getragen, die Profilgummisohle kam erst Ende der vierziger Jahre, und das Nylonseil war zwar schon bekannt, aber es gab ja noch Hanfseile zuhauf. Mein erstes eigenes Seil – 1951 – war ebenfalls aus Hanf. Die Seilsicherung war nur dürftig entwickelt: der Kletterer trug zwei oder drei Seile aufgeschossen um die Schulter und legte sie um Felsnadeln oder Klemmblöcke. Es war eine Zeit, in der es für den Seilersten höchst gefährlich werden konnte, falls er stürzte. 1952 kletterte dann schon nahezu jeder mit Nylonseilen, von denen er rund ein halbes Dutzend dabei hatte: die dünnen quetsche er – mehr zur psychlogischen Beruhigung – hinter Felssplitter, die dickeren schlang er um Felsköpfl oder andere Fixpunkte.

Joe Browns Führen waren um so beachtlicher, als die englische Bergsteigerethik ja die Verwendung von Haken ächtete. Er aber hatte schon recht früh den Wert von Klemmsteinen erkannt und trug stets eine Auswahl davon mit sich, die er in Risse klemmte und als Zwischensicherung benutzte, eine Technik, die die

Joe Brown bei der Erstbesteigung des Trango, Castell Cidwm. Links Doug Belshaw, Nat Allen und Joe Brown nach der Erstbegehung der Corner on Clogwyn Du'r Arddu.

Mehrheit der Bergsteigerschaft erst langsam übernahm. Ich bin mit Joe erstmals 1962 geklettert, bei der Erstbegehung des Tramgo im Castell Cidwm durch eine kontinuierlich überhängende Felswand. Er überließ mir höflicherweise die Führung, aber ich gab schon nach wenigen Metern auf. Dann glitt er langsam nach oben und brachte seine Klemmsteine mit einer Geschicklichkeit an, wie ich das noch nie gesehen hatte.

Mit der Anzahl der Bergsteiger in England nahm dann auch die Zahl der Vereine zu, gegründet von Leuten, die zusammen auf Felsfahrt gingen und sich Mitte der Woche mal in einem Gasthaus treffen wollten. Der Valkyrie Club, dem Joe Brown angehörte, war ursprünglich ein Radfahrerverein gewesen. Er hielt sich ein paar Jahre und schlief dann langsam ein – und wurde durch den legendären Rock and Ice Club ersetzt, einer lockeren Gruppierung von jungen Männern der Arbeiterklasse aus der Gegend um den Peak.

Don Whillans erschien 1951 auf der Bildfläche. Er war Klempnerlehrling in Salford und vier Jahre jünger als Joe. Die Grundregeln des Bergsteigens begriff er schnell, und bald war er für Joe Brown ein ebenbürtiger Partner. Sie bildeten eines der stärksten Klettererteams in der Geschichte des englischen Bergsteigens, waren im Charakter aber durchaus unterschiedlich. Joe hatte eine fröhliche, lockere Art, die einen ausgeprägt kämpferischen Elan verbarg, während Don, kleiner von Statur, aber muskelbepackt, aus härterem Holz geschnitzt war. Er hatte einen schnellen, bissigen Humor, neigte zum Dogmatismus und erwarb sich bald einen Ruf als

Der junge Don Whillans am Stony Middleton; er tat sich später mit Joe Brown zusammen, und die beiden wurden zum bekanntesten Kletterpaar ganz Englands.

19 (Vorhergehende Seite): Ed Webster bei der höchsten Traverse der Welt weit oben an der Kangshungwand des Everest. Nachdem die Viermanngruppe im Alpinstil die Ostwand auf einer Neuroute durchstiegen hatte, schloß Stephen Venables die Kletterei mit einem Alleingang – ohne Sauerstoff – zum Gipfel ab.

20 (Oben links): Catherine Destivelle, eine überragende Felsathletin, die das künstliche Klettern aufgab und alleine die Westwand des Dru auf einer neuen Route durchstieg. 21 (Links): Wanda Rutkiewicz bezwang als erste Europäerin den Everest und als erste Frau den K2; sie hat etliche polnische Expeditionen zum Himalaja angeführt. 22 (Ganz oben): Zwei Jahrzehnte lang setzte Reinhold Messner neue Maßstäbe – sowohl im Kletterstil als auch im Überleben in großen Höhen. 23 (Oben): Tomo Česen – seine Erstbegehungen der Nordwand des Jannu und der Südwand des Lhotse werden den extremen Alpinkletterern in den neunziger Jahren die Richtung weisen.

24 (Rechts): Die Nordwand des Jannu.

25 (*Vorletzte Doppelseite*): *Die berüchtigte Südwand des Lhotse. Messner nannte sie eine Aufgabe für das 21. Jahrhundert, Kukuczka starb in ihr und Tomo Çesen nahm sie 1990 im Alleingang – er kletterte vornehmlich nachts, um dem Steinschlag zu entgehen.*

26 (*Vorhergehende Doppelseite*): *Der Südgrat des Kunyang Kish, eine der Herausforderungen des Karakorum, der sich Andrzej Zawadas polnisches Team 1971 stellte. Der Berg wurde dann erst 1988 wieder bestiegen.*

27 (*Oben*): *Eine noch nicht bewältigte Aufgabe im Himalaja ist die Westwand des Makalu. Sie liegt zwischen dem Grat links (auf dem die Franzosen 1955 anstiegen) und dem Westgrat (zur Kamera). Die wirklichen Schwierigkeiten liegen in der Wand unter dem 8481 m hohen Gipfel.*

Kämpfer. Und ihr Kletterstil spiegelte auch ihre Persönlichkeit wider: Joe war schöpferisch in der Entdeckung von Neurouten und hatte ein Auge für die heikle Führe auf einen Felszacken, während Don natürliche Linien bevorzugte, die steil, hart und fordernd waren. Seine Felsfahrten haben Bestand. Sentinel Crack am Chatsworth Edge, ein brutal überhängender Riß von mehr als Faustbreite durch ein Dach, Extol am Dove Crag im Lake District oder Slanting Slab am Cloggy – sie alle haben eine Reputation für Schwierigkeit.

Es war eine praktische und für beide vorteilhafte Partnerschaft, die zwar abseits der Berge nie zur Freundschaft wurde, aber dem englischen Bergsteigen die größten technischen Fortschritte brachte. Es dauerte zehn oder mehr Jahre, bevor einige ihrer Routen wiederholt wurden, und erst zu Beginn der sechziger Jahre entwickelte eine neue Generation Neurouten ähnlichen Standards – und noch schwieriger.

Whillans erlebte seine erste Saison in den Alpen 1952. Sie bedeutete für ihn, daß er vorher Fahrten nach Nordwales unternehmen und am Clogwyn Du'r Arddu an schwierigen Führen üben mußte – denn er mußte das ganze Jahr lang jeden Penny beiseite legen, um sich diesen einzigen, kurzen Urlaub leisten zu können, seinen ersten im Ausland. Das war im gleichen Sommer, als Joe Brown Cenotaph Corner durchstieg, die große, quadratische Ecke am Dinas Cromlech, dem auffallendsten Merkmal im Llanberis Valley. Diese Tat bewies seinen Pragmatismus: auf dem letzten glatten Stück benutzte er zwei Haken, denn hier hatte er schon einmal aufgeben müssen (nachdem er fünf Haken in den Fels getrieben und ihm dann der Hammer aus der Hand gerutscht war – auf den Kopf seines Seilzweiten, dessen stabiler Helm den Anschlag gottlob überstand). Als Don von dieser erfolgreichen Begehung hörte, meinte er: »Sowas macht man doch besser in den Alpen!«

Tat er dann auch. In dieser ersten Saison gingen sie unter der Anleitung von Don Cowan – einem Mitglied des Rock and Ice Club, der schon ein halbes Dutzend Male in den Alpen gewesen war – einige der Klassiker, Routen wie die Ryan/Lochmatter-Führe an der Aiguille du Plan, und Don entdeckte seine Liebe für höhere Bergfahrten. Sie lagen ihm immer am meisten am Herzen.

1953 kehrten sie mit einem größeren Team, dem nun auch Joe Brown angehörte, in die Alpen zurück: sie fuhren mit Motorrädern bis Chamonix und lebten dann auf dem Zeltplatz von Biollay, einem Platz, der in den nächsten Jahren zum Tummelplatz der englischen Bergsteiger werden sollte. Zur gleichen Zeit wurde der konservative englische Alpine Club durch eine unabhängige Gruppierung herausgefordert: die Alpine Climbing Group. Sie wollte den englischen Alpinismus wiederbeleben und nahm schwierige Fels- und kombinierte Routen am Mont-Blanc-Massiv in Angriff, die ihre Vorgänger bisher verschmäht hatten.

Auch in Frankreich kam Bewegung in die Dinge. Vor dem Krieg waren die alpinen Impulse hauptsächlich aus Deutschland, Österreich und Italien gekommen, während die Franzosen eine mehr konservative Haltung eingenommen hatten und der Verwendung von Haken und anderen Hilfsmitteln ablehnend gegenüberstanden. Viele von ihnen kamen aus Paris, wo die Sandsteinzacken von Fontainebleau einen Ruf für freies, hakenloses Klettern genossen – sehr ähnlich dem, was in England gefordert wurde. Pierre Allain, der einen speziellen Kletterschuh entwickelte, der dann seine Initialen trug, hatte rund um Chamonix eine Reihe von schwierigen Felsführen festgelegt. Sie wurden alle frei geklettert – um so beeindruckender, wenn man bedenkt, daß er nur ein Hanfseil benutzte, einige Seilschlingen, Nagelschuhe (mit PAs für die schwierigsten Stellen) und einen Eispickel. Seine Ausrüstung glich noch in vielem der Ausrüstung von Mummery, der bei der Erstbesteigung des Grépon Tennisschuhe benutzt hatte. Eine von Allains schönsten Routen war die Nordwand des Petit Dru, an der Seite des großartigen Felszackens hoch, der alle anderen Felstürme um Chamonix überragt. Die Route steigt durch eine Reihe von steilen Verschneidungen und Ecken an, in schlechten Jahren häufig mit Eis gefüllt und – obwohl nicht so ausgedehnt und abgelegen wie die Nordwand der Grandes Jorasses – immer noch eine große Herausforderung. Den Blick hinab auf die glatte Westwand hatte er wie folgt beschrieben:

> Nach rechts taucht der Blick in die unergründliche Tiefe der Westwand. Hier ist alles absolut senkrecht, unterbrochen lediglich – von Zeit zu Zeit – durch riesige Überhänge; über fünfzig oder auch hundert Meter zeigen immense Platten von Urgestein eine glatte, makellose Oberfläche, geradezu ein Modell des Unmöglichen. Hier verliert der Alpinismus seine Rechte: nur verankerte Sprossen oder ähnliche Vorrichtungen würden es ermöglichen, hier durchzukommen – und das wäre kein Alpinismus mehr, sondern Bearbeitung des Berges. Wenn man mit dieser Einstellung daran geht, ist natürlich alles möglich – selbst eine Eisenbahn, die sich spiralförmig im Berg nach oben windet.

Das war in etwa so bissig wie eine Bemerkung von Oberst Strutt – berührt aber wieder einmal die Grundsätze: den Konflikt zwischen dem Puristen, der solche Felsabschnitte lieber unberührt lassen möchte, und dem ehrgeizigen Kletterer, der neue Gebiete erschließen will und dafür auch Hilfsmittel in Kauf nimmt. Der Streit um die Ethik des Bergsteigens ist so alt wie unser Sport selbst. Es gab Zeiten, da galt der Gebrauch von Steigeisen als Betrug. Und es hat immer eine mächtige Lobby gegen den Einsatz von Haken gegeben – nicht nur in England und Frankreich, sondern auch anderswo: der Österreicher Paul Preuß war ein Verfechter des Freikletterns, und die Bergsteiger in der Sächsischen Schweiz hatten an ihren Sandsteintürmen eine ähnliche Ethik entwickelt. Aber das Verlangen, das Unbekannte zu erobern, ist übermächtig, ist ein Ehrgeiz, der sowohl vom Wunsch des Entdeckens als auch vom Wettstreit beseelt ist, dem Verlangen, Zeichen zu setzen, der erste zu sein. So war es in den Ostalpen zum extensiven Gebrauch der Haken gekommen, und mit der gleichen Einstellung ging man jetzt im Mont-Blanc-Massiv vor.

Nach Ende des Zweiten Weltkriegs wollten dann auch die jungen französischen Kletterer – wie die aus England – die großen Nordwände begehen, die Deutsche und Italiener bereits durchstiegen hatten, und sie waren auch bereit, die Techniken zu erproben, die die Vorkriegsgeneration verschmäht hatte. Da war die

Westwand des Petit Dru, die Chamonix beherrscht und so uneinnehmbar aussieht, ein ganz natürliches Ziel. Schon 1939 und 1945 hatte es dort Versuche gegeben, die aber sehr schnell steckengeblieben waren. Den ersten ernsthaften Angriff hatten 1949 Marcel Schatz und Jean Couzy unternommen, zwei der besten französischen Bergsteiger der unmittelbaren Nachkriegszeit, und Georges Livanos und Robert Gabriel, die ihre Techniken im Kalkstein der Dolomiten verfeinert hatten.

Im nächsten Jahr trat dann Guido Magnone in Aktion. Er hatte an den glatten, vorspringenden Kalkwänden von Le Saussois, südöstlich von Paris, die Methode und auch die Männer entdeckt, die er brauchte. Le Saussois war ein Zentrum des künstlichen Kletterns, hier entwickelten die Franzosen ihre Techniken unter Mißachtung der starren Freikletterethik, wie sie in Fontainebleau noch gepflegt wurde. Drei der besten Kletterer hier bildeten ein temperamentvolles Trio: Lucien Berardini, Adrien Dagory und Marcel Lainé, und sie hatten die Westwand des Dru bereits ins Auge gefaßt. Magnone schloß sich ihnen an und scheint dann die treibende Kraft innerhalb der Gruppe geworden zu sein. Sie feilten ihre Technik des künstlichen Kletterns noch weiter aus, bereiteten die Begehung vor und hielten sie vor allen potentiellen Wettbewerbern geheim.

Guido Magnone (rechts) mit seinen Gefährten Marcel Lainé, Adrien Dragory und Lucien Berardini – sie brauchten sechs Anläufe, um eine der damals schwierigsten Routen zu gehen: durch die Westwand des Petit Dru.

Im Sommer 1950 unternahmen sie vier Versuche, und jedes Mal kamen sie ein wenig höher. Bei ihrem dritten Anlauf stießen sie auf Konkurrenz: eine Gruppe aus Lyon, zu der auch Gilbert Vignes und Louis Dubost gehörten. Der untere Teil der Route zog sich durch eine Reihe ineinandergreifender Blöcke, die den Eindruck erwecken, als ob das Herauslösen eines einzigen Schlußsteins das ganze Bauwerk zum Einsturz bringen würde. Darüber wurde es noch schwieriger, mit steilen oder überhängenden Ecken und Rissen. Die gemeinsame Gefahr und die Anstrengungen führten die beiden Gruppen nach anfänglichem gegenseitigem Mißtrauen zusammen, und ihr Zusammenhalt wurde noch fester, als sie sich einer Reihe heftiger Gewitter ausgesetzt sahen, die sie schließlich zum entsagungsvollen Rückzug zwangen. Anfang August kletterten Vignes und Dubost wieder mit Berardini und Dagory zusammen – Magnone und Lainé mußten zur Arbeit nach Paris zurück. Man mag Magnone verzeihen, daß er sich erleichtert fühlte, als ein weiteres Gewitter zum Abbruch auch dieses Unternehmens führte. Und gegen Ende des Sommers wurde der mittlere Teil ihrer Route, den sie unter vielen Mühen angelegt hatten, durch einen schweren Felssturz weggerissen, der eine tiefe Narbe in der Mitte der Wand hinterließ.

1951 waren sie wieder am Dru, allerdings mußte Magnone ein weiteres Mal zurückbleiben: er hatte sich beim Training im Eis des Bossonsgletschers böse den Fußknöchel verstaucht. Doch auch dieser Versuch wurde bald aufgegeben, da die Bänder erschreckend hoch mit losen Felsbrocken angefüllt waren, den Resten den Felssturzes. Im darauffolgenden Winter reiste Magnone nach Patagonien und bestieg mit Lionel Terray zusammen erstmals den Fitzroy, einen gewaltigen Obelisk aus Granit, der von den heftigsten Stürmen dieser Erde umtobt wird. Diese Erfahrung gab ihm eine Vorschau auf die Herausforderungen, die ihn in der Westwand des Dru erwarten würden, und im Sommer darauf reiste das ursprüngliche Team an, um es wieder einmal zu versuchen.

Der untere Teil war schrecklich. Magnone beschreibt ihr mühsames Vorankommen so:

> Loses Gestein ergoß sich wie Wasser über die Platten. Jede Bewegung hier löste endlose Ströme davon aus, die sich mit furchtbarem Getöse in das Couloir ergossen. Bitterer Staub umgab uns, drang in unsere Lungen und bedeckte unsere Gesichter mit einer grauen Maske…
>
> Ich probierte einige Griffe, die sich dann als fest erwiesen. Mit unendlicher Vorsicht versuchte ich, einen Holzkeil in einen tiefen Riß zu treiben. Plötzlich stellte ich mit Entsetzen fest, daß sich der Riß mit jedem Hammerschlag verbreitete und ich dabei war, einen Block von mehreren Tonnen Gewicht herauszulösen. So schnell ich konnte, verdoppelte ich die Sicherung durch einen Haken, den ich ein paar Zentimeter höher ansetzte. Durch diese beiden lächerlichen Fixpunkte gesichert, versuchte ich mein heftiges Herzklopfen zu beruhigen…

Schließlich wurde der Fels griffiger, sie waren aus dem Steinschlag heraus, aber jetzt wurde die Neigung noch steiler. Dort gab es noch Relikte früherer Aufstiege – Reste brüchiger Fixseile und alte Steigleitern, die man nur mit Vorsicht benutzen konnte. Ihr erstes Biwak war dürftig, aber ihr zweites – schon über ihrem früheren Höchstpunkt – war dann etwas besser. Da der Sommer gerade erst begonnen hatte, floß in den Rissen reichlich Schmelzwasser. Dann durchstiegen sie einige tiefe, schlammige Kamine und wurden naß bis auf die Haut von dem Wasser, das sich über sie ergoß. Ihr drittes Biwak lag unter einer Verschneidung, die ihnen am nächsten Morgen drohend bevorstand und sie dann zu dem großen, überhängenden Dach führte, das diesen Teil der Wand abschließt. Hier gab es kein Durchkommen, aber sie hofften, es umgehen zu können, indem sie sich diagonal über einige steile Plattenschüsse abseilten. Das versuchten sie dann auch, aber es erwies sich als unmöglich.

Von den vier Tagen in der Wand ausgezehrt und erschöpft entschlossen sie sich zum Rückzug – aber der war gar nicht so einfach. Die Schulter der Nordwand lag zwar nur fünfzehn Meter über ihnen, aber der Fels war glatt und überhängend, und sie kamen nicht voran. Und die Route nach unten sah beängstigend aus: die Verschneidung, die sie gerade erst hochgestiegen waren, hing über und verlief diagonal. Da bestand immer die Gefahr, daß sich die Seile verfingen, ein stetes Problem in der Zeit vor Einführung spezieller Abseiltechniken, oder daß sich irgendwo ein Sicherungshaken löste.

Auch auf dem Rückzug biwakierten sie einmal, und dann mußten sie wieder durch das Steinschlaggebiet, daß sie eigentlich gern umgangen hätten, und schließlich überfiel sie noch ein letztes Gewitter, bevor sie sicheren Boden und die wartende französische Presse erreicht hatten. Wie der Eiger ist auch der Dru eine riesige Bühne, und ihr Abenteuer hatte die Phantasie der Franzosen beflügelt.

Sie gestanden sich gerade zehn Tage zur Erholung zu, in denen sie auf eine Schönwetterperiode warteten, und dann waren sie wieder am Dru. Man kann ihnen keinen Vorwurf daraus machen, daß sie den Teil der Westwand, den sie schon begangen hatten, ausließen und über die Nordwand gleich zu der kleinen Scharte aufstiegen, die sie beim letzten Mal zu erreichen versucht hatten. Von hier aus kamen sie nach einer schwierigen Abseilaktion wieder auf ihre alte Führe. Frisch ausgeruht und mit einer Menge Seil und Ausrüstung kam ihnen die Situation gar nicht mehr so gefährlich vor. Die Kletterei war nicht so hart, wie sie eigentlich angenommen hatten, und so war der letzte Vorstoß geradezu enttäuschend. Noch ein Biwak im oberen Teil der Wand, und sie erreichten den Gipfel. Ihr Aufstieg hatte bewiesen, daß man die Techniken, die im Kalkstein der Dolomiten entwickelt worden waren, sehr wirkungsvoll mit der Taktik einer Expedition verbinden kann, und für kurze Zeit hatte die Westwand des Petit Dru den Ruf der schwierigsten Felsfahrt in den Westalpen.

Aber auch die Engländer holten auf. Don Whillans und Joe Brown hatten beschlossen, den gesamten Sommer 1954 in den Alpen zu verbringen, was bedeutete, daß sie eine Menge Geld zurücklegen mußten – das Ergebnis war, daß ihnen in dem Jahr in Wales oder im Lake District keine Neuroute zugeschrieben wurde. Sie hörten auf zu rauchen, radelten viel und beschränkten ihre Kletterei auf Derbyshire, darüber hinaus nutzten sie die Zeit zur Verfeinerung ihrer Technik des künstlichen Kletterns, indem sie eine Reihe von Hakenrouten in den Kalksteinfelsen anlegten. Dann hatten sie jeder etwa hundert englische Pfund beisammen – und fuhren in die schlechteste Saison seit Jahren.

Die ersten Wochen verbrachten sie auf dem Zeltplatz von Chamonix in durchnäßten Zelten unter tropfenden Bäumen. Dann aber nutzten sie jedes sich bietende schöne Wetter, und im Laufe des Sommers führten sie zwei Begehungen durch, die sie an die Spitze des Alpinismus versetzten. Durch die Westwand der Aiguille de Blaitière gingen sie eine neue Führe, bei der ihre Rißklettertechnik, die sie am Sandstein des Peak geübt hatten, zum Tragen kam. Die Route folgte einer Reihe von Rissen an der Seite der Narbe, die bei einem Felssturz entstanden war, nach oben und trug ihnen die Hochachtung der mitteleuropäischen Bergsteiger ein, die weniger an Rißklettern ohne Hilfsmittel oder Sicherung gewöhnt waren. Dann durchstiegen sie zum dritten Mal die Westwand des Dru – bei unbeständigem Wetter, durchnäßt vom Schmelzwasser, das die Risse hinabströmte, und von Nachmittagsgewittern. Ihre Ausrüstung dabei war eher primitiv: ein Biwaksack für die Nacht und eine Routenbeschreibung, die Donald Snell übersetzt hatte, der Inhaber des Bergsteigerladens von Chamonix, der sich über die Jahre mit den Engländern angefreundet hatte.

Als sie dann nach Chamonix zurückkehrten, gratulierte ihnen Hamish Nicol, der mit Tom Bourdillon als erster Engländer die Nordwand des Dru begangen hatte, und meinte, sie hätten damit etwas »für ihr altes Land« getan – und Joe Brown fühlte unter den bisher unterlegenen Engländern auf dem Zeltplatz so etwas wie Stolz darüber aufkommen, daß sie jetzt mithalten konnten und den Anschluß an den kontinentalen Alpinismus gewannen. Joe fuhr fort:

> Auch Louis Lachenal, einer der besten Bergführer Frankreichs, kam, um uns Respekt zu zollen. Er war makellos gekleidet und in Begleitung eines bildhübschen Mädchens – und wir lümmelten uns am Boden rum, in Schmutz und Dreck, wie eine Bande Straßenräuber. Weiß der Himmel, was der von uns gedacht hat. Die Anerkennung eines so Hochrangigen aus der Bergsteigerelite war wirklich eine Überraschung. Danach kamen in den Straßen von Chamonix die Bergführer auf uns zu, um uns die Hände zu schütteln.

Nachdem er von der Westwand des Dru zurück war, wurde Joe eingeladen, Charles Evans zum Kangchenjunga zu begleiten. Es war wieder einmal der unbeschwerte und diplomatische Joe, der solche Einladungen auf sich zog, während Don dabei das Gefühl haben mußte, man lasse ihn im Regen stehen. Aber trotzdem kletterten sie – nachdem Joe vom Kangchenjunga zurück war – noch eine Reihe von Jahren gemeinsam und erschlossen einige der schwierigsten Routen der damaligen Zeit: Woubits am Far Left Buttress des Clogwyn Du'r Arddu, eine großartige und fordernde Führe, den Thing am Dinas Cromlech, eine kurze, aber wilde und überhängende Verschneidung, dann den Girdle im selben Massiv, eine herrlich gewundene Route, die durch die hohen – und damals noch unüberwindlichen – Wände an beiden Seiten des Cenotaph Corner führt. Dann trennten sie sich, da

Dons Interesse am englischen Fels nachließ und er sich mehr und mehr den Alpen zuwandte, bald auch noch entfernteren Regionen, während Joe mit Begeisterung die englische Bergwelt erkundete und jetzt mit Pete Crew kletterte, einem der besten Vertreter der nächsten Bergsteigergeneration.

Der große Unterschied zwischen Joe und Don war vielleicht, daß Joe seine überragenden natürlichen Fähigkeiten zwar voll ausschöpfte, aber nie etwas erzwang. Er betrachtete Klettern als Zeitvertreib, dem man sich hingibt wie vielen anderen Dingen auch. Er war stets damit zufrieden, sich zurückzulehnen und auf Gelegenheiten zu warten – und sie kamen. Don andererseits schien das Gefühl zu haben, daß man ihm aufgrund seiner Fähigkeiten diese Gelegenheiten schuldete. Als wir im Sommer 1961 unter der Nordwand des Eiger saßen, sagte er mir: »Ich komme jedem Burschen auf halbem Weg entgegen, aber erwartet nicht von mir, daß ich noch weiter gehe.« Das klang nicht nach einer einfachen Partnerschaft.

In den Alpen blieb der Petit Dru ein Anziehungspunkt, weil sein auffallendstes Merkmal, der Südwestpfeiler, der sich über dem Ende des Mer de Glace auftürmt, noch nicht begangen war. Ihn erkor sich Walter Bonatti als Ziel, der in den fünfziger Jahren und in der ersten Hälfte der Sechziger die Entwicklung des Alpinismus so stark beeinflußte. Auch er war ein Produkt der sozialen Explosion im Alpinismus der Nachkriegszeit – als Sohn eines italienischen Fabrikarbeiters hatte er das Klettern in den Bergen um seine Heimatstadt Bergamo gelernt. Während des Krieges hatte Bonatti erkennen müssen, was es heißt, ständig hungrig zu sein. Seine Mutter starb, als er noch sehr jung war, und sein Vater vertrat die Ansicht, er müsse lernen, für sich selbst zu sorgen. Mit den Worten seines Freundes Carlo Mauri: »Jeder tat, was er wollte. Sie lebten zwar zusammen, gingen aber eigene Wege. Es war nicht das Verhältnis von Vater und Sohn oder gar Liebe. Im Grunde hieß die Regel: `Du bist ein Mann, ich bin ein Mann, und wir sind zusammen – aber laß uns ohne Emotionen leben.'«

Kann das seine Einstellung zum Bergsteigen geprägt haben? »Es ist Anlaß für Kampf und für Selbstüberwindung, für geistige Entspannung und Freude an der einzigartigen Bergwelt. Die Forderungen, die Anstrengungen, die Entbehrungen, mit denen ein Aufstieg zum Gipfel stets verbunden ist, werden – aus genau diesem Grunde – zu echten Prüfungen, die der Bergsteiger auf sich nimmt, um seinen Willen und seinen Charakter zu zügeln.«

»Spaß« kommt in Bonattis Wortschatz sehr selten vor. Von Beginn an ist bei ihm der intensive Drang zu spüren, seine eigenen Grenzen zu erforschen. Wie Whillans träumte er davon, in seiner ersten alpinen Saison den Walkerpfeiler zu besteigen. Mit neunzehn Jahren mißlang sein erster Versuch, aber nur wenige Tage später hatte er Erfolg: in einem vierköpfigen Team, zu dem auch Andrea Oggioni gehörte, der dann sein verläßlichster Kletterpartner wurde. Andere Aufstiege folgten, so die Erstbegehung der Ostwand des Grand Capucin 1951. Heute ist dieser Granitmonolith ein hochgelegenes Felssportgelände, das man in wenigen Stunden durchquert: mit »klebrigen« Kletterschuhen aus Gummi und nur wenig Ausrüstung. Es ist schwierig, den Schwierigkeitsgrad einzuschätzen, den die Wand 1951 aufwies. Nachdem 1950 ein Versuch wegen schlechten Wetters gescheitert war, hatte Bonatti keine Bedenken, Techniken des künstlichen Kletterns anzuwenden, um sein Vorhaben zu Ende zu bringen. Preuß' strenge Regeln waren längst vergessen. Keine der großen Wände hätte ohne Haken begangen werden können, und Bonatti brauchte über sechzig auf 450 Metern senkrechtem oder überhängendem Fels. Das minderte aber keineswegs das Erlebnis eines Abenteuers:

> Gegen Abend, als ich versuchte, den xten Haken in den senkrechten Fels zu treiben, löste sich der schon unsichere Haken, an dem ich hing, aus der Wand und fiel ins Nichts. Indem ich mich mit der Hand in die Felswand krallte, gelang es mir – teils instinktiv, teils mit Glück, – etwa eine Armlänge tiefer beim Abrutschen eine Leiste zu erfassen, und da hing ich dann, die schmerzenden Fingerspitzen in die Granitkristalle gebohrt.

Bonatti und sein Gefährte Luciano Ghigo wurden von einem Sturm überrascht, überstanden ein gefährliches und kaltes Biwak und erkämpften sich dann ihren Weg über schneebedeckten Fels.

Da Bonatti die Grenzen seiner Leistungsfähigkeit herausfinden wollte, interessierte ihn natürlich auch das Winterbergsteigen. Dann sind kaum andere Bergsteiger unterwegs, und da jede Leiste voller Schnee und die Risse in ihrem Grund mit Eis gefüllt sind, ähneln die Verhältnisse schon eher dem Himalaja. Gemeinsam mit Carlo Mauri, einem warmherzigen und geselligen Mann aus Lecco, der später ein enger Freund und Kletterpartner wurde, unternahm er die erste Winterbegehung der Nordwand der Westlichen Zinne, eine Führe, die Riccardo Cassin erschlossen hatte und die damals als eine der schwierigsten Routen in den Dolomiten galt. Das Ergebnis dieser Leistungen war, daß man Bonatti einlud, an der italienischen K2-Expedition von 1954 teilzunehmen.

1953 hatte er den Südwestpfeiler des Petit Dru versucht, war aber von Schlechtwetter zurückgehalten worden. Am K2 hatte er die Chance geopfert, beim erfolgreichen Gipfelteam mit dabeizusein. Und 1955 war ein weiterer Versuch am Südwestpfeiler – mit Mauri, Oggioni und Aiazzi – fehlgeschlagen. Damit war Bonattis Selbstverständnis in eine Krise geraten, die schon zu lange anhielt. Aus dieser Stimmung heraus entstand jetzt sein Plan, den Südwestpfeiler solo anzugehen.

Alleingänge sind die allerletzte Form dieses Sports, weil hier das Leben des Kletterers von seinem Beurteilungsvermögen abhängt. Zwar gibt es auch Techniken der Selbstsicherung, aber die »Selbst« ist aufwendig, kostet Zeit und ist im Falle eines Sturzes von nur zweifelhaftem Wert. Die meiste Zeit verbringt der Alleingeher unangeseilt und hält dabei sein Leben buchstäblich in seinen Händen – und das gibt ihm ein Gefühl der Herrschaft über sein Schicksal, wie es Bonatti jetzt dringend brauchte.

Sehr gute Kletterer gingen häufig allein – aber gewöhnlich auf Routen, die bereits erschlossen waren. Bonatti aber erwog jetzt eine Führe, die nicht nur unbekannt war, sondern vermutlich auch zu den technisch schwierigsten der Westalpen zählte. Er brach am 17. August 1955 auf, seilte sich vom Kamm der Flammes de Pierre in die gefährliche Rinne ab, die zum Fuß des Südwestpfeilers hinaufführt, und benötigte sechs einsame Tage, um den Gipfel zu erreichen. Und dann kam er zum Ende des Risses, hing nur am obersten Haken. Der Gedanke, sich an den Fuß des Überhangs zurückzuziehen, war naheliegend. In seiner Verzweiflung blickte er um sich und sah einen langen, dünnen Riß, der sich rechts von ihm durch die Wand zog. Wenn er den bloß erreichen könnte – aber das Gestein dazwischen war glatt, senkrecht und unüberwindlich. Vielleicht konnte er an seinem Seil da hinüberqueren?

Er hängte den zweiten Seilstrang in den obersten Haken ein und kletterte ab, wobei er die von ihm eingeschlagenen Haken mitnahm, bis er seinen Rucksack erreicht hatte. Dann begann er, hin- und herzuschwingen, bis er dem Riß sehr nahe war. Aber damit waren seine Schwierigkeiten noch nicht überwunden: Das Seil verklemmte sich, als er es abzuziehen versuchte, was ihn dazu zwang, wieder nach oben zu klettern und es einzuholen; dann ging es wieder zurück. Er war fast am Ziel: nur zwölf Meter trennten ihn von dem Riß. Höher konnte er nicht mehr klettern, um vielleicht einen zweiten Sicherungspunkt zum Pendeln zu bekommen, und er konnte auch nicht mehr so zurück, wie er gekommen war, da er das Seil hinter sich jetzt eingeholt hatte. Wenn er sich jetzt abwärts bewegte, hing er frei im Raum. Alleine und am Ende eines fünftägigen Kampfes war er der Panik nahe, aber dann sah er am Fuß des Risses, den er zu erreichen suchte, ein kleines Felsköpfl hervortreten, wie eine Hand mit fünf Fingern. Das war seine letzte Chance. Wenn er es doch nur mit dem Seil einfangen und sich dann hinüberziehen könnte! Er machte sich eine Art Lasso mit mehreren Schlingen und seinem gesamten Vorrat an Fiffihaken und Metallringen, um sich an dem Stück Fels so fest zu verankern, daß es sein Gewicht trug. Ein dutzendmal mußte er werfen, bevor sich eine der Schlingen an dem Köpfl verfing – und schon beim ersten Probezug war sie wieder frei. Er versuchte es wieder und immer wieder.

Endlich hielt sie, aber er konnte nicht fest genug an ihr ziehen – er würde erst wissen, ob sie sicher genug war, wenn er anfing zu schwingen: »Ein letztes zermürbendes Zögern, ein letztes Stoßgebet um Sicherheit, und dann – mich durchlief ein innerer Schauer – schloß ich, bevor meine Kräfte nachließen, für eine Sekunde die Augen, hielt den Atem an und ließ mich nach unten gleiten, hielt dabei das Seil mit beiden Händen. Für einen kurzen Moment hatte ich das Gefühl, mit dem Seil zu fallen, aber dann wurde ich aufgefangen und fühlte, daß ich hin- und herschwang. Der Fixpunkt hatte gehalten.«

Mit schmerzenden Muskeln hangelte er sich am Seil nach oben. Noch etwas hartes Klettern, und er war auf der Spitze des Dru. Dieser Anstieg verlieh Bonatti eine einzigartige Position in der Welt des Alpinismus. Weitere alpine Erstbegehungen folgten: die Ostwand des Pilier d'Angle, der Rote Pfeiler des Brouillard und der Mont Maudit auf einer Direktroute durch die Südostwand, Expeditionen nach Patagonien und Peru, dann der Himalaja, wo er den Gipfel des Gasherbrum IV bestieg – es war eine Liste unglaublicher Leistungen. Dann – 1961 – hatte er ein Erlebnis, das ihn für sein Leben zeichnen sollte.

Es ging um die Frêneypfeiler über dem Frêneygletscher, dem wildesten und abweisendsten aller Gletscher in den Alpen, an der Südseite des Mont Blanc. Der Rechte Pfeiler war 1940 bereits durch den großen italienischen Kletterer Giusto Gervasutti bestiegen worden, aber der Zentralpfeiler war noch unberührt. 1961 waren die wichtigsten Berge in den Alpen alle bestiegen, und der Zentralpfeiler war sicherlich der eindrucksvollste von denen, die noch übrigblieben. Bonatti hatte schon seit neun Jahren mit ihm geliebäugelt und 1959 mit Oggioni einen Versuch an ihm unternommen. Er war nicht der einzige Kletterer, der sich an ihm bewähren wollte, denn im selben Jahr strichen auch zwei junge und kaum bekannte schottische Bergsteiger um seinen Fuß, Robin Smith und Dougal Haston.

Am 7. Juli 1961 erreichte Bonatti mit Oggioni und Roberto Gallieni, einem Freund, die Biwakschachtel am Col de la Fourche unterhalb der Brenvaflanke des Mont Blanc. Es war noch Frühsommer, weshalb sie erstaunt waren, dort vier französische Bergsteiger vorzufinden: Pierre Mazeaud, Antoine Vieille, Pierre Kohlman und Robert Guillaume. Ihrem Ruf und ihrer Ausrüstung nach konnten auch sie nur ein Ziel haben. Also sprachen sie darüber. Bonatti erbot sich sogar zurückzustehen, aber Mazeaud bestand darauf, daß sie sich zusammentun sollten, und so brachen sie um Mitternacht zum Zentralpfeiler auf. Ihn nur zu erreichen ist schon ein größerer Aufstieg für sich: Traverse unterhalb der Brenvaflanke über das Col Moore und den oberen Teil des Brenvagletschers zum Couloir de Peuterey, das sich 762 m durch steiles Eis oder Schnee zum Col de Peuterey hochzieht. Der Sockel der Frêney-Pfeiler liegt höher als die meisten Gipfel in den Alpen.

Zunächst verlief alles gut. Das Gestein war schneeverkrustet und der Aufstieg war langsam und stetig, als sie sich den steilen Pfeiler hinaufarbeiteten. Es war klassisches Klettern. Beim Halt am Abend hatten sie etwa zwei Fünftel der Gesamthöhe zurückgelegt, und am nächsten Tag erreichten sie eine kleine Schulter knapp unterhalb des letzten Riegels, einer glatten Säule aus Granit. Der Erfolg schien schon zum Greifen nah, aber sie hatten sich kaum um eine Zusammenballung hoher grauer Wolken gekümmert, die von Westen her aufgezogen waren. Der Sturm überraschte sie völlig, als er vom Gipfel des Mont Blanc mit einem Gewitter aus Blitz, Donner und Schnee über sie herbrach. Kohlman wurde von einem Blitz getroffen und war zunächst fast gelähmt; er erholte sich aber, nachdem er etwas Coramine geschluckt hatte.

Der Weg war ihnen durch etwa siebzig Meter steilen Fels verstellt. Dahinter – das wußten sie – wurde die Neigung flacher, was es leichter und auch sicherer für sie gemacht hätte, die Vallothütte auf der anderen Seite des Mont Blanc zu erreichen und dann zu versuchen, den gleichen Weg zurückzugehen, den sie gerade gekommen waren. So aber beschlossen sie, den Sturm auszusitzen und zu hoffen, daß er nicht zu lange dauern würde. Dem Gewitter folgte dichter und anhaltender Schneefall, der die Italiener in ihrem winzigen Zelt zu ersticken drohte und unter die Plastikbahnen der Franzosen drang. In dieser Umgebung konnten sie weder kochen noch Wasser für Getränke schmelzen, und am Morgen des vierten Tages – der Sturm tobte so wild wie zuvor – wurde ihnen klar, daß sie den Rückzug antreten mußten, wollten sie überleben.

Unter derartigen Bedingungen ist schon der Aufbruch ein quälend langsamer und mühsamer Vorgang, der durch die Größe der Gruppe nicht leichter gemacht wurde. Bonatti übernahm die Führung und seilte sich als erster ab; es gab dann frustrierend lange Wartezeiten und zudem die stete Gefahr, daß sich ein Seil verklemmte. Schließlich aber erreichten sie den Fuß des Zentralpfeilers. Sie hätten jetzt alle zusammengehen können, aber ihre Schwierigkeiten waren noch längst nicht ausgestanden. Der Sturm heulte so wild wie zuvor, der Neuschnee war hüfttief, und die Welt um sie versank in Weiß. Ohne Bonattis Führung hätten sie vermutlich nie das Col de Peuterey gefunden, die Vorbedingung zum Überleben. In der Nacht – ihrer vierten im Sturm – fanden sie eine Spalte, die ihnen etwas Schutz bot. Zu dieser Zeit waren die Plastikbahnen der Franzosen bereits zerrissen. Sie steckten Kohlman, dem es offensichtlich schlecht ging, in das kleine Biwakzelt: seine Hände waren blau und von Erfrierungen geschwollen. Also gab ihm Bonatti die Flasche mit Brennspiritus, damit er sich die Finger damit einrieb – aber bevor er es verhindern konnte, hatte Kohlman die Flasche an die Lippen gesetzt und zu trinken begonnen. Es war die schlimmste Nacht von allen, bitterkalt, und der Wind jaulte durch die halb offene Spalte.

Am nächsten Morgen waren sie sich einig, daß ihre einzige Chance zu überleben war, zur Spitze des Rochers Gruber hinabzugelangen, eines Pfeilers, der vom Col de Peuterey auf den Frêneygletscher hinabführt. Wieder führte Bonatti und bahnte einen Weg durch den tiefen Neuschnee. Lawinengefahr bestand ständig. Vieille wurde jetzt zusehends schwächer, und nahe der Spitze der Rochers Gruber brach er zusammen und starb. Die anderen kämpften sich weiter und seilten sich in dem entsetzlichen Sturm scheinbar endlos an geforenen Seilen ab, um den Frêneygletscher zu erreichen. Hier war der Schnee tiefer, als Bonatti es je erlebt hatte, nicht einmal im Winter. Aber jetzt verbesserte sich die Sicht etwas, und sie konnten sich einen Weg durch das Labyrinth von Spalten suchen, das ihnen den Weg zum Col de l'Innominata versperrte, von dem aus sie schließlich in Sicherheit gelangen konnten. Bonatti führte noch immer, und Oggioni machte den Schluß. Dann aber zog sich die Gruppe in die Länge, und Guillaume setzte sich hin. Er konnte einfach nicht mehr. Zu diesem Zeitpunkt war schon jeder auf sich selbst gestellt, und man ließ ihn zurück. Das Couloir, das zum Col de l'Innominata hinaufführt, war steil und völlig vereist. Jetzt war Oggioni so sehr geschwächt, daß er es nicht mehr durchsteigen konnte, auch nicht an einem straffen Seil.

Mazeaud blieb unten bei Oggioni, und Bonatti nahm Gallieni und Kohlman – der jetzt unter Wahnvorstellungen litt – ans Seil. Sie erreichten dann einfacheres Gelände, aber Kohlman ging es immer schlechter: Er griff Bonatti und Gallieni an, die sich schließlich in ihrer Verzweiflung vom Seil losmachten und davonliefen, um von der Gambahütte weiter unten Hilfe zu holen. Von dort brach sofort ein Rettungstrupp auf, um den anderen zu helfen – aber nur Mazeaud überlebte.

Damit endete eine der bedrückendsten Tragödien in den Alpen überhaupt. Bonatti war dem Tode nahe und lag lange im Krankenhaus. »Als wir dann das Hospital verließen, versprachen Mazeaud und ich einander, zum Zentralpfeiler zurückzukehren, um diese letzten siebzig Meter auch noch zu überwinden. Dieser Vorsatz war für uns wie eine Pilgerfahrt, auf der wir das Denkmal für den Mut und das Opfer unserer toten Freunde errichten wollten. Aber da hatten wir uns zu viel vorgenommen.«

Nur zwei Wochen später versuchte es eine französisch-italienische Gruppe mit Pierre Julien und Ignazio Piussi und strapazierte dabei die alpine Ethik: sie flog mit einem Hubschrauber zum Gipfel des Mont Blanc und stieg dann zum Peutereygrat ab – aber auch so konnte sie den Gipfel des Zentralpfeilers nicht erreichen. Zur gleichen Zeit im selben Sommer warteten Don Whillans und ich am Fuß des Eiger: wir wollten die ersten Engländer sein, die diese großartige Nordwand begingen, die eine solch hervorragende Prüfung der bergsteigerischen Fähigkeiten darstellt. Aber das Wetter war stets schlecht, und wir hatten schon über sechs Wochen hier herumgehangen. Wir hatten zusammen nur vierzig englische Pfund, die den ganzen Sommer reichen mußten und uns kaum eine Reise erlaubten – aber jetzt war es Zeit für einen Ortswechsel.

Es war Don, der den Zentralpfeiler ins Gespräch brachte. Wir waren uns mehr des Versuchs der beiden Schotten von 1959 bewußt als der Tragödie, die erst kürzlich hier stattgefunden hatte. Für uns war das lediglich eine weitere, noch nicht begangene Route. Zudem hatten wir uns mit vier polnischen Bergsteigern angefreundet, die – wie wir – am Fuß des Eiger warteten, und einer von ihnen, Jan Djuglosz, bat uns, ihn mitzunehmen. In Chamonix brachten wir unser Team dann mit Ian Clough auf vier, einem jungen Kletterer aus Yorkshire, der gerade die Couzy-Führe an der Westlichen Zinne hinter sich hatte.

Wir nahmen denselben Anstieg, wie ihn Bonatti etwas früher in diesem Sommer gewählt hatte: über die Biwakschachtel am Col de la Fourche zum Col de Peuterey, das wir am Morgen des 27. August erreichten, und da wir gleich weiterkletterten, waren wir am frühen Abend dann an ihrem schicksalsträchtigen höchsten Punkt. Da es bereits Spätsommer war, war das Gestein frei von Eis und Schnee, was ein hervorragendes Klettern unter recht günstigen Bedingungen ermöglichte. Das Band am Fuß des letzten Turms wies noch einige traurige Reste der letzten Gruppe auf: eine leere Gaspatrone und einige leere Dosen. Hier wurde mir auf einmal bewußt, wie wenig wir über die Routen an der Südseite des Mont Blanc wußten und wie schwierig ein Rückzug im Falle eines Wetterumschwungs sein würde. Aber das Wetter war ja beständig, nur die Nacht war bitterkalt.

Don war am Abend zuvor zum Beginn eines Überhangs geklettert, der vermutlich der höchste Punkt des Versuchs von Julien gewesen war. Jetzt stieg er mit Hilfe von Prusikknoten am Seil hinauf, das er dort angebracht hatte, und begann –

von mir gesichert – um eine massige, vorstehende Nase herumzuklettern, die den Weg in einen Knick versperrte, der zu einem großen Überhang führte. Das war Whillans in Bestform: kühnes, wildes Freiklettern. Dann zog er kurz am Seil, brachte mich an den Fuß des Knicks und kletterte einen Riß zum Überhang hoch, der durch einen Kamin zweigeteilt war. In diesen Kamin konnte er seine Schultern hineinstemmen, kam dann aber nicht höher und auch nicht wieder hinaus. Unweigerlich fiel er dann heraus, stürzte etwa ein Dutzend Meter, bis er von seinem obersten Haken aufgefangen wurde, und pendelte dann etwa einen Meter von der Wand entfernt, auf gleicher Höhe mit mir. Alles, was er dazu sagte, war: »Hab meinen verdammten Hut verloren.« Und dann die traurige Erkenntnis: »Meine Glimmstengel waren im Hut!« Es störte ihn überhaupt nicht, daß auch unser gesamtes Bargeld darin war.

Mittlerweile hatte uns eine vierköpfige Gruppe, die am Vorabend am Col de Peuterey eingetroffen war, eingeholt; sie war die Rinne an der Seite des Pfeilers hochgeklettert. Dabei stellte sich heraus, daß es Pierre Julien war – mit René Desmaison, Yves Pollet-Villard und Ignazio Piussi. Sie suchten auf der linken Seite des Pfeilers einen Weg nach oben.

Jetzt war ich an der Reihe. Ich wußte, daß ich mich im Freiklettern mit Whillans nicht messen konnte, und der Riß hier war zu breit für unsere Haken und zu eng für die hölzernen Klemmkeile, die wir mithatten. Über Ian bat ich die Franzosen, uns das passende Gerät auszuleihen, aber die meinten – völlig zu Recht _, sie brauchten jedes Stück für ihre eigene Führe. Daraufhin kehrte ich zur englischen Klettertechnik zurück und suchte mir im Riß kleine Felsstücke, die ich dann – quasi als Klemmkeile – an den passenden Stellen verkeilte, dann legte ich eine Schlinge darum und trat hinein; auf diese Weise erreichte ich den Eingang des Kamins unten im Überhang. Als ich mich oben über vereistes Gestein aus dem Kamin herauswand, fand ich ein Band und entdeckte, daß der Fels hier zerklüfteter war und die Steigung flacher. An dieser Wandstufe verbrachten Don und ich den ganzen Tag. Wir ließen ein Seil zu Ian und Jan hinab, an dem sie sich nach oben »prusiken« konnten, und die andere Gruppe, die an ihrer Seite des Pfeilers in eine Sackgasse geraten war, bat Ian, eines ihrer Seile mit nach oben zu nehmen und dort zu befestigen, damit sie uns tags darauf auf dem Weg nach oben folgen konnten.

Nach einem weiteren frostigen Biwak erreichten wir die Spitze des Pfeilers, gingen über die einfachen Schneehänge zum Gipfel des Mont Blanc de Courmayeur und dann weiter zum Gipfel des Mont Blanc. Es war eine herrliche Felsfahrt gewesen, sicher eine der schönsten Routen, die ich als erster begangen habe – und sie verschaffte mir die persönliche, kreative Genugtuung, die aufkommt, wenn man eine Führe erschlossen hat, der es vorbestimmt ist, ein Klassiker zu werden. Ich verstand Bonattis Enttäuschung, aber auch wir hätten vom Wetter überrascht werden können und dann unseren Preis zahlen müssen. Ich betrauerte ihren Verlust, aber ich nahm für mich – und für jeden anderen Bergsteiger – das Recht in Anspruch, diese Route zumindest zu versuchen.

Ende September war Bonatti so weit genesen, daß er sich wieder den Bergen zuwenden konnte, und er wählte eine klassische Route zwischen dem Rechten Frêneypfeiler und dem Peutereygrat. In den dann folgenden Jahren beging er eine Reihe bedeutender Neurouten, dazu zählten drei Führen am Grand Pilier d'Angle, die erste Winterbegehung des Walkerpfeilers und eine eindrucksvolle Direktroute auf den Whymperpfeiler. An der Eigernordwand – auf die zu Beginn der sechziger Jahre ein Ansturm eingesetzt hatte, weil jeder sie als erster im Alleingang packen wollte – hatte er weniger Glück: er versuchte es im Juli 1963, geriet aber in einen dieser massiven Steinschläge, die in dieser Wand immer eine Gefahr darstellen, und konnte von Glück sagen, daß er mit Rückenverletzungen und einigen durchtrennten Seilen davonkam. Den Alleingang schaffte schließlich – etwas später in jenem Sommer – der junge Schweizer Bergführer Michel Darbellay.

Dann sah sich Bonatti einem Problem gegenüber, das sich jedem stellt, der sein Leben den Bergen widmen möchte: wenn man nicht über private Mittel verfügt, muß man sich seinen Unterhalt verdienen. Man kann entweder seinen Beruf ausüben und dann jede freie Minute mit seinem Sport verbringen – oder aber versuchen, von diesem Sport zu leben. Jeder ernsthafte Bergsteiger hat sich mit diesem Problem herumschlagen müssen. Whymper hatte die Berge als Quelle der Anregungen fürs Schreiben und Zeichnen benutzt, Smythe lebte von Büchern und Vorträgen. Andere wiederum verdienten sich ihr Geld – besonders nach dem Zweiten Weltkrieg – als Bergführer. Auch Bonatti hatte sich schon als Bergführer versucht, aber das paßte nicht zu seinem Temperament. Jetzt begann er Aufträge von der *Epoca* zu bekommen, der führenden Illustrierten Italiens, und unternahm Abenteuerreisen in ferne Länder. Im Winter zuvor hatte er den kältesten Fleck der Erde – mitten in Sibirien – besucht; ich kann mich erinnern, diesen Bildbericht in einem der englischen Magazine gesehen zu haben. Er begann jetzt über einen Wechsel seiner Lebensbedingungen nachzudenken, und 1965 tat er seinen Schwanengesang.

Es war das hundertjährige Jubiläum der Erstbesteigung des Matterhorns, und er hatte die Möglichkeit eines neuen Anstiegs an der Seite der riesigen überhängenden Nase erkannt, die aus der Nordwand herausragt. Zunächst versuchte er es am Neujahrstag mit zwei Freunden, mußte aber wegen schlechten Wetters aufgeben. Dann entschied er sich für einen Alleingang und brach am 18. Februar in aller Stille auf. Diese Felsfahrt belastete ihn bis an seine Grenzen. Es war bitterkalt, und das Gestein des Matterhorn ist entsetzlich locker. Und nachdem er den ersten Überhang überwunden hatte, gab es keine Möglichkeit mehr für einen Rückzug. Obwohl er sein Vorhaben eigentlich ungestört ausführen wollte, hatte er die Story seines Aufstiegs mit Bildern an die Medien verkaufen müssen. Jeden Tag kurvten jetzt kleine Flugzeuge um ihn herum, und ganz Europa sah zu. Es war ein Schwanengesang in aller Öffentlichkeit. Am Ende seiner Tour wurde er vom italienischen Staatspräsidenten mit der »Goldmedaille für Zivile Tapferkeit« ausgezeichnet.

Bonatti konnte zwar mit bergsteigerischen Schwierigkeiten fertigwerden, dem

Scheinwerferlicht der Medien und ihrer schlecht informierten Kritik aber – der Preis des Erfolgs – war er nicht gewachsen. Nach dem Matterhorn sagte er sich los von dem, was er die »jetzt so überlaufene Welt des Bergsteigens, verkommen in Mittelmaß, Unverstand und Neid« nannte.

Das war eine Entscheidung, die ich nie so recht verstanden habe. Mir macht Bergsteigen viel zu viel Spaß, als daß ich jemals daran denken könnte, es aufzugeben, aber in Bonattis Beschreibungen seiner Felsfahrten kommt das Wort »Freude« kaum mal vor. Er war ein Mann der Extreme, der hohe Anforderungen an Freunde stellte und auf Kritik unsicher reagierte – eigentlich war er ein Romantiker in seiner Einstellung zum Bergsteigen, mit einer Vorliebe für Einsamkeit und wilde Touren. Von allen Bergsteigern der unmittelbaren Nachkriegszeit hinterließ er die deutlichsten Spuren.

Das Leben von René Desmaison weist viele Parallelen zu dem von Bonatti auf. Auch er verlor als Kind seine Mutter, und da sein Vater sich aufgrund seiner Kriegsverletzungen nicht um ihn kümmern konnte, wurde er nach Paris geschickt, wo er bei seinem Paten aufwuchs. Dieser Pate brachte ihm die Sandsteinfelsen von Fontainebleau nahe, und dann entdeckte er während seines Wehrdienstes auch das Bergsteigen. Als er wieder in Paris war, ging er eine Kletterpartnerschaft mit Jean Couzy ein, der auf dem Annapurna gewesen war und mit Lionel Terray auch den Gipfel des Makalu erreicht hatte. Gemeinsam bewältigten sie den Direktanstieg der Nordwestwand des Olan, 1957 unternahmen sie die erste Winterbegehung der Westwand des Dru und versuchten eine Direktroute durch die hohe, überhängende Wand auf der linken Seite der Westlichen Zinne. Im Jahr darauf wurde Couzy von einem herabfallenden Gesteinsbrocken erschlagen, und als Desmaison dann zusammen mit Bernard Lagesse, Pierre Mazeaud und Pierre Kohlman die Route auf die Westliche Zinne abschloß, nannten sie diese Route nach ihrem Freund »Couzy-Führe«.

Wie Bonatti durchlief auch Desmaison die Ausbildung zum Bergführer, hatte allerdings Schwierigkeiten, von den Bergführern in Chamonix anerkannt zu werden – teils weil er nicht aus ihrem Tal kam, teils aber auch wegen seines Erfolgs als Extremkletterer und der Art, wie er sein Geld verdiente: durch Vorträge, Schreiben und auch durch Zuwendungen. All das spitzte sich 1966 zu, als er in eine spektakuläre Rettungsaktion in der Westwand des Dru verwickelt war. Zwei junge Deutsche, die wohl besser nie diese Route hätten gehen sollen, waren nach einem Seilquergang unterhalb des Gipfels steckengeblieben. Die offizielle Rettungsaktion – die von der Gendarmerie geleitet wird, die dann ihrerseits den Bergführerverein um Hilfe ersucht – war bereits angelaufen und versuchte, das in Bergnot geratene Paar über die normale Route und dann von oben her zu erreichen. Eine kleine internationale Gruppe von Kletterern jedoch – angeführt von Desmaison – war der Auffassung, der schnellste Weg dorthin führe durch die Westwand selbst, durch die das Paar dann auch nach unten gebracht werden sollte. Diese Rettungsaktion gelang auch – und René Desmaison wurde aus dem Bergführerverein ausgeschlossen.

In den sechziger Jahren wurden dann die meisten der unbegangenen, bedeutenden Routen, die es in den Alpen noch gab, erschlossen. Und Desmaison war daran entscheidend beteiligt, besonders durch Winterbegehungen: der Walkerpfeiler 1963, wenige Wochen nach Bonatti, der Zentralpfeiler des Frêney 1967, das Leichentuch, dieser steile Eispanzer auf der linken Seite des Walkerpfeilers, 1968, und 1971 probierte er eine Route an der linken Flanke des Walker, die sich den Ruf erworben hatte, das derzeit »letzte große Problem« zu sein. Sie folgte einer Kette von Rampen, die sich auf der Seite nach oben zieht, und hatte Sommerbegehungen stets mit Steinschlag abgewehrt.

Desmaisons Gefährte war Serge Gousseault. Der 23jährige Alpinist hatte sich in Chamonix mit einer Reihe kühner und schneller Aufstiege einen Ruf erworben und soeben den Bergführerlehrgang mit Bestnoten abgeschlossen. Aber von Anfang an lehnte Gousseault die Führung ab mit der Begründung, Desmaison sei erfahrener und auch schneller. Das paßte Desmaison zwar, aber vielleicht hätte es ihm auch zu denken geben sollen. Der Aufstieg war schwierig und langsam, aber sie kamen voran und bahnten sich ihren Weg über die langen Rampen nach oben. Die Nordwand der Jorasses ist unwirtlich und ohne jede Sonne, umgeben von zerklüfteten Gipfeln und Hängegletschern über dem Leschauxgletscher. Und der gezackte Kamm der Aiguilles de Chamonix versperrt jede Sichtverbindung mit dem Tal.

Am sechsten Tag schlug das Wetter um und ihre einzige Verbindung mit der Außenwelt – ein Handfunkgerät – versagte den Dienst. Am zehnten Tag waren sie nur noch hundert Meter unterhalb der Gipfelwächte des Pfeilers, aber es gelang Desmaison nicht, Gousseault zu weiteren Anstrengungen zu überreden. Von einem Kokon aus Seilen gehalten hatten sie keine andere Wahl, als auf Hilfe durch Hubschrauber zu warten. Und an zwei Tagen hintereinander verstand ein Rettungshubschrauber die Gesten Desmaisons unbegreiflicherweise nicht als Zeichen der Bergnot. Zu diesem Zeitpunkt war es schon zu spät für Gousseault – er starb am zwölften Tag. Desmaison baute jetzt schnell ab, und erst am vierzehnten Tag fand ein Hubschrauber aus Grenoble einen Landeplatz unterhalb des Gipfelgrats. Desmaison wurde dann die letzten Meter des Walkerpfeilers hochgezogen – halbtot vor Unterkühlung und Auszehrung. Nur wenige Menschen hätten überlebt, was er durchgemacht hatte.

Desmaison mußte dann die gleichen Vorwürfe über sich ergehen lassen wie Bonatti, aber schließlich konnte er seinen Groll überwinden, indem er die Tour, die ihn so teuer zu stehen gekommen war, abschloß. Er versuchte es bereits im folgenden Jahr, aber wieder zwang ihn das Wetter zur Aufgabe. Schließlich aber, im Januar 1973, hatte er Erfolg: er und Giorgio Bertone erkämpften sich den Weg nach oben – in einem weiteren Unwetter.

Damit neigte sich eine Ära dem Ende zu, denn Bonatti und Desmaison hatten viele der bedeutenden und bislang noch nicht begangenen Routen jetzt erschlossen. Sie praktizierten eine besondere Ethik des Abenteuerkletterns, indem sie den

Walter Bonatti, der überragendste und kreativste Alpinist der Nachkriegszeit, krönte seine Laufbahn mit einem Alleinanstieg auf einer neuen Führe durch die Nordwand des Matterhorn.

Gebrauch von Bohrhaken oder die Belagerungstaktik mit Fixseilen zurückwiesen. Aber beide lösten auch Kontroversen aus, hauptsächlich wegen der Art, wie sie die Aufmerksamkeit der Öffentlichkeit auf sich lenkten, um das Geld zu verdienen, das sie brauchten für den Sport, den sie liebten.

Vielleicht führte die Tatsache, daß sie aus den Grenzen der Bergsteigerschaft an eine breitere Öffentlichkeit traten, zu der Unterstellung, sie hätten die Vertraulichkeit einer Art Freimaurerloge unterlaufen. Und gleichzeitig forderten sie das Schicksal heraus. Die Medien neigen dazu, jemanden aufzubauen und ihn dann genauso schnell wieder fertigzumachen: weil sie den schwierigen Balanceakt zwischen Erfolg und Verderben – Triumph und Tragödie – nicht voll verstehen, zwischen dem Adrenalinstoß der Gefahr und der individuellen Verantwortung, die jeder Bergsteiger auf sich nimmt. Aber wie immer die breite Masse Bonatti und Desmaison auch gesehen haben mag: ihre Begehungen und ihre Bergphilosophie sind ihr Beitrag zur Entwicklung des Alpinismus.

Um diese Zeit – Mitte bis Ende der sechziger Jahre – begann ein weiterer junger Bergsteiger auf sich aufmerksam zu machen. Reinhold Messner, zweiter in einer Familie von acht Jungen und einem Mädel, wuchs im Dorf Villnöss in Südtirol heran, in der Nähe der Dolomitengipfel. Es ist das Gebiet, das Italien nach dem Ersten Weltkrieg Österreich abgenommen hat, aber obwohl die Bewohner dort italienische Pässe haben – ihre Sprache, auch ihre Kultur ist unverändert deutsch geblieben.

Messners Vater war Dorfschullehrer. Als gradliniger, aufgeschlossener Mann brachte er seinen Kindern die Bergwelt nahe und ließ ihnen die Freiheit, ihre Fähigkeiten zu entwickeln – auch wenn das bedeutete, daß sie sich Gefahren aussetzten. Gleichzeitig scheint er ihnen in ihrer Jugend auch ein Gefühl für Wettbewerb, vielleicht sogar Wettkampf beigebracht zu haben, den Gedanken, sich aneinander zu messen. Das aber änderte nichts an einer glücklichen, abgeschirmten und sehr ungetrübten Jugend. Geld war knapp, reichte aber für ihre bescheidenen Ansprüche. Und vor ihrer Tür lag einer der schönsten Abenteuerspielplätze dieser Erde. Mit fünf Jahren wurde er von seinem Vater auf den höchsten Gipfel der Geislergruppe mitgenommen. Sein jüngerer Bruder Günther wurde dann sein Kletterpartner, und ihre erste schwierige Route – Messner war erst sechzehn – führte auf den höchsten Berg der Umgebung: durch die Nordwand auf den Sass Rigais, den 1925 erstmals Fritz Wiessner und Emil Solleder bestiegen hatten. Mitte der sechziger Jahre hatten sie bereits die meisten der klassischen Dolomitenrouten begangen – und auch so manchen hohen Berg in den Westalpen: mit dem »Helikopter«, dem vom Vater ausgeliehenen alten Motorroller.

Messner stellte seinen alpinistischen Ehrgeiz auf ein sehr solides Fundament: eine ständige Fortentwicklung seiner Erfahrungen durch alle Schwierigkeitsgrade des Kletterns, indem er härtere und steilere Routen ging, Neuführen erschloß, erste Winterbegehungen unternahm und dann die eigenen Grenzen durch Alleingehen auslotete. Das sollte nicht nur das Geheimnis seines Erfolgs werden, sondern auch das seines Überlebens überhaupt: ein analytisches Angehen des scheinbar Unmöglichen, indem er sich eine Strategie zurechtlegte, die dieses Ziel in den Bereich des Möglichen verlagerte.

Sein erster wichtiger Alleingang war die Soldàroute durch die Südwand des Piz de Ciavázes, ein Klassiker des Schwierigkeitsgrades VI. Weitere fordernde Touren folgten: ein erster Alleingang durch die eisbewehrte Nordwand des Droites, dann durch die hohe und komplexe Nordwand des Langkofel und auch die steile Philipp-Flamm-Führe auf den Gipfel der Punta Civetta. Er ging Neutouren und unternahm erstaunlich schnelle Aufstiege: so schaffte er den Frêney-Zentralpfeiler an nur einem einzigen Tag. Damit verschaffte er sich eine sehr solide Grundlage für seine weiteren Schritte – die höheren Gebirge dieser Welt, wo er sich eine herausragende Stellung erkämpfen sollte. Um etwa 1970 zählte er zu den talentiertesten – wenn er nicht überhaupt schon der beste war – Bergsteigern der Alpen, hatte aber insgesamt die Bühne ein paar Jahre zu spät betreten: die wirklich großen Führen waren alle schon von Leuten wie Bonatti oder Desmaison begangen worden.

Er legte sich dann auch eine Bergsteigerphilosophie zurecht, die sich ihm im Himalaja als nützlich erwies. In den fünfziger und sechziger Jahren hatte es zunehmende Meinungsverschiedenheiten gegeben zwischen den Alpinisten, die sich ein hohes Niveau des Abenteuers, verbunden mit allen Risiken und Unsicherheiten, erhalten wollten, und jenen, die sich mehr Erfolg bei geringerem Risiko wünschten. Der Einsatz künstlicher Hilfsmittel spielte bei diesen Auseinandersetzungen die entscheidende Rolle. Es waren noch immer die alten Argumente, wie sie rational von Paul Preuß zu Beginn des Jahrhunderts vorgebracht wurden und eher empfindlich von Oberst Strutt in den dreißiger Jahren – jetzt aber noch zugespitzt durch die Einführung des Bohrhakens, der in den Fels getrieben wird, nachdem zuvor ein Loch gebohrt oder geschlagen wurde. Unter Verwendung dieses Hilfsmittels konnte der Kletterer überallhin gelangen, unabhängig von natürlichen Merkmalen des Gesteins. Nach Messners Auffassung war dies die »Abschaffung des Unmöglichen« und damit auch die Beseitigung eines der stärksten und auch wichtigsten Aspekte des Abenteuers.

An der Nordwand der Großen Zinne, einer der dramatischsten und auch schönsten Wände der Dolomiten, kann man diese Entwicklung ablesen. Die ursprüngliche Route, 1933 von Comici und den Gebrüdern Dimai erschlossen, folgt der rechten Seite der Wand, ist steil und technisch aufwendig mit einigen Haken zur Sicherung und zum gelegentlichen Hochziehen. Zu ihrer Zeit war sie eine der schwierigsten Felsfahrten der gesamten Dolomiten. 1958 erschlossen vier Deutsche – Lothar Brandler, Dieter Hasse, Jörg Lehne und Siegfried Löw – die Direktroute durch die Mitte der Wand nach oben. In ihrem unteren Teil gab es noch viel herrliches und wenig gesichertes Freiklettern. Dann aber wollten sie zu einer Reihe von Überhängen, die in ein verzweigtes System von Rissen und Kaminen führen, und um dorthin zu gelangen, mußten sie durch eine griff- und trittlose

Wand. Das aber konnten sie nur schaffen, wenn sie dieses Stück mit Bohrhaken versahen, um eine insgesamt anspruchsvolle und sehr schöne Führe abzuschließen. Kann man so etwas rechtfertigen? Ich bin sie ziemlich früh – 1959 – gegangen und habe mich dabei völlig verausgabt, habe sie aber auch sehr genossen. Aber damit wird dann auch eine weitere Tür aufgestoßen: wenn man erst einmal ein paar Bohrhaken auf einer Route akzeptiert, kann man auch ein paar mehr anbringen – und damit eine komplette Hakenleiter vom Fuß bis zur obersten Kante einer Wand installieren. Und das wurde bei den beiden folgenden Führen auch getan: dem Saxonweg von 1963 und der Camilloto-Pellisier-Route von 1967 – beide weisen eine hohe Zahl von Bohrhaken über eine langgezogene Strecke auf. Messner dazu:

Der Kletterer von heute denkt nicht mehr an Rückzug: er trägt seine Courage im Rucksack – in Form von Bohrhaken und anderer Ausrüstung. Felswände werden heute nicht mehr mit bergsteigerischen Fähigkeiten überwunden, sondern werden Stufe für Stufe mit methodischer manueller Arbeit geradezu gedemütigt; was heute nicht geschafft wurde, wird eben morgen weitergeführt. Freikletterpartien sind gefährlich – also werden sie mit Haken gesichert. Der Erfolg beruht nicht mehr auf Können, sondern auf Material und verfügbarer Zeit. Der entscheidende Faktor ist nicht mehr der Mut, sondern die Technik – ein Anstieg kann viele Tage dauern und ruhig Haken und Nägel zu Hunderten verschlingen. Der Rückzug gilt als unehrenhaft, denn jeder weiß ja, daß die Kombination von Technik und Zielstrebigkeit dich überall hochkommen läßt, sogar die unbezwingbar aussehende Direttissima.

Dieser Konflikt besteht bis zum heutigen Tag.

Eine weitere wichtige Phase dieser Zeit war die gegenseitige Befruchtung mit Techniken und Vorstellungen, die Mitte der sechziger Jahre zwischen europäischen und amerikanischen Alpinisten stattfand, entwickelt an den hohen und glatten Wänden des Yosemitetals. In fast völliger Abgeschiedenheit hatten die Amerikaner für die alpinen Probleme, die ihnen der Granit des Yosemite bereitete, ihre eigenen Lösungen gefunden. Sie brachten das beste der amerikanischen Psyche hervor, obwohl auch sie – wie die Europäer – sich dem gleichen ethischen Dilemma mit Haken, Belagerungstaktiken und Freiklettern gegenübergesehen hatten. Die Entwicklung des Chrom-Molybdänhakens, des Leichtmetallbongs für breitere Risse, des Nylonbandes, das den Steigbügel ablöste, und eine methodische Technik für künstliches Klettern und Sacktransport verschafften ihnen die Führung vor ihren europäischen Gefährten. An der Spitze stand eine relativ kleine Gruppe von Kletterern: Warren Harding – ein wilder Bilderstürmer, anarchisch, hart trinkend und ebenso hart lebend, der sich keinen Deut um die Ethik scherte, die andere aufgestellt hatten – war die treibende Kraft hinter der Erstbegehung der Nase des El Capitan, der ersten Route, die diese großartige Wand hinaufführte. Yvon Chouinard und Tom Frost erschlossen nicht nur einige der schönsten Anstiege, sondern entwarfen und fertigten auch die Ausrüstung, die sie erst möglich machte.

Sie verfeinerten das künstliche Klettern auf außerordentlich hohem Niveau, entwickelten aber auch eine strenge Ethik des Freikletterns. Das wurde durch einen Gedankenaustausch mit englischen und mitteleuropäischen Alpinisten gefördert, die Anfang der siebziger Jahre in wachsender Zahl den Yosemite-Nationalpark besuchten. Der englische Einfluß erwies sich dabei als besonders stark; er unterstützte zum Beispiel die Verwendung von Klemmkeilen verschiedener Größen, die in England aus den Klemmsteinen der fünfziger Jahre entwickelt worden waren und dann zu Leichtmetallkeilen geführt hatten. Sie hatten ästhetisch den Vorteil, daß sie den Fels nicht beschädigten oder verunzierten und – wie Klemmsteine – einiges Geschick bei ihrer Anbringung erforderten. Aber stärker als der Einfluß der Europäer dort war der der Amerikaner, die nach Europa kamen.

Katalysator bei dieser Verschmelzung der europäischen Bergsteigerkultur mit der amerikanischen war John Harlin, ein amerikanischer Jagdbomberpilot, der – nachdem er bei der amerikanischen Luftwaffe in Deutschland gedient hatte – in Europa geblieben war. Zunächst hatte er an der Internationalen Schule von Leysin in der Schweiz unterrichtet, 1965 dann aber dort die Internationale Alpinschule gegründet. Er hatte die Physis eines amerikanischen Footballstars, die ihm – zusammen mit seinem charismatischen Auftreten – den Namen »Der Blonde Gott« eingetragen hatte. Von den amerikanischen Spitzenalpinisten waren in den sechziger Jahren ohnehin etliche nach Europa gekommen. Einer der talentiertesten von ihnen war Royal Robbins: hager und gefühlsbetont, mit einer ernsthaften, nahezu pedantischen Art, aber ein brillanter Felskletterer, der einige der schwierigsten Routen im Yosemite erschlossen hatte. 1962 fand er eine direkte Einstiegsvariante in die Westwand des Dru – zusammen mit Gary Hemming, der im Jahr zuvor in derselben Wand europaweit Beachtung gefunden hatte aufgrund seiner Rolle bei der umstrittenen Rettungsaktion von Desmaison. Im Jahr darauf durchstiegen Hemming, Tom Frost, John Harlin und der Schotte Steve Fulton die beeindruckend steile Südwand der Aiguille du Fou, und noch im selben Jahr erkletterten Harlin und Frost den Dritten Frêneypfeiler, eine glatte Granitsäule neben dem Zentralpfeiler. Am eindrucksvollsten allerdings war 1965 die Direktroute durch die Westwand des Dru, als Robbins und Harlin sich die überhängenden Verschneidungen und die feinen Risse zwischen der Westwand und dem Südwestpfeiler hocharbeiteten. Das war im Gebiet des massiven Felssturzes, der in den fünfziger Jahren die Wand getroffen hatte. Die Führe war technisch schwierig und das Gestein gefährlich locker.

Diese Periode fand 1966 mit dem Tod von John Harlin ein natürliches Ende – er hatte eine Direktroute durch die Eigernordwand gehen wollen. Sie war zu der Zeit das »letzte große Problem« in den Alpen gewesen. Und Harlin hatte sich schon seit einigen Jahren an ihr versucht – im Sommer wie im Winter. Im Winter 1966 hatte er Layton Kor, einen hervorragenden Felskletterer aus Colorado, nach Europa geholt und auch Dougal Haston, einen jungen Schotten, der bereits den Ruf hatte, einer der besten englischen Bergsteiger zu sein, für seinen Plan gewonnen. Er und Robin Smith hatten während ihres Philosophiestudiums an der Universität von Edinburgh in den späten fünfziger Jahren das schottische Klettern beherrscht, indem sie sommers wie winters eine Reihe technisch anspruchsvoller Routen erschlossen; zudem hatten sie einen lakonischen, aber sehr lebendigen Schreibstil entwickelt, der die Bergsteigerliteratur noch beträchtlich beeinflussen sollte. Die Partnerschaft endete 1962, als Smith, der mit Wilf Noyce unterwegs war, im Pamir ums Leben kam.

Harlins Gruppe traf im Februar 1966 in Kleine Scheidegg ein und plante einen Aufstieg im Alpinstil – aber das Wetter war unbeständig, und so blieb ihnen nichts anderes übrig, als zu warten. Die Lage änderte sich allerdings schlagartig, als ein acht Mann starkes deutsches Team eintraf, zu dem auch Jörg Lehne zählte. Diese Gruppe war auf Belagerungstaktik aus und verschwendete keine Zeit, Fixseile anzubringen, die in der Wand nach oben führten. Einmal mehr ergab sich so die Situation, daß die größere Chance des technischen Erfolgs gegen das Abenteuer und die Unsicherheit eines Vorstoßes im Alpinstil angetreten war. Harlin befand sich damit in einem Dilemma – wenn er auf das beständige Wetter wartete, das er für einen alpinen Vorstoß benötigte, konnten die Deutschen mit ihrer Tour nahezu fertig sein, bevor er überhaupt begonnen hatte. Damit sah er sich gezwungen, seine vernünftige ethische Einstellung aufzugeben und die Belagerung mit einem Team zu beginnen, das für eine derartige Aufgabe viel zu klein war.

Zu diesem Zeitpunkt wurde auch ich in das Geschehen verwickelt, da ich Aufnahmen für das *Telegraph Magazine* machen sollte, das diese Begehung finanziell unterstützt hatte, und ich stellte mich Harlin jetzt auch als Kletterer zur Verfügung. Das ganze war ein außergewöhnlicher Medienzirkus der krassen Gegensätze: die nach oben führenden Fixseile bedeuteten, daß man am Nachmittag an einer dünnen Eisschicht mitten in der Wand hängen konnte und am Abend dann wieder in seinem Hotel war – in der Kellerbar trinkend und tanzend. Aber trotzdem war die Gefahr allgegenwärtig. Das Fixseil war aus 7 mm starkem Perlon, was – aus heutiger Sicht – viel zu dünn war und sich für lange Passagen nicht eignete. Damit war ein Unglück fast unvermeidbar, und es geschah auch, als die Kletterer dem Erfolg schon greifbar nahe waren. Die beiden konkurrierenden Gruppen hatten sich zusammengeschlossen: Dougal Haston war mit vier Deutschen in der Weißen Spinne, und John Harlin stieg gerade am letzten Seil auf, um zu ihnen zu stoßen – da riß das Seil, durchgescheuert an einer scharfen Kante. Die Kletterer in der Weißen Spinne entschieden sich allerdings fürs Weitergehen, schlossen die Route bei heftigem Sturm ab und benannten sie nach John Harlin.

Andere Führen durch die Nordwand des Eiger folgten dann, so zum Beispiel die japanische von 1969, die ausgiebig Gebrauch von Bohrhaken machte, aber auch waghalsige Routen, die im Alpinstil geklettert wurden wie die der Tschechen 1976. Der überragende englische Kletterer Alex MacIntyre beging die Harlinroute 1977 mit dem Amerikaner Tobin Sorenson zum vierten Mal – aber erstmalig im Alpinstil.

Royal Robbins, oben links, war einer der talentiertesten amerikanischen Felskletterer. Er brachte in den sechziger Jahren die Techniken der hohen Wände, die im Yosemite entwickelt worden waren, in die Alpen und wachte über die Ethik des Kletterns. Gary Hemming, rechts, ein weiterer Amerikaner, der sich an der Rettungsaktion am Dru beteiligt hatte und zur Kultfigur der französischen Klettererszene wurde, mit einigen seiner Hartstahlhaken und Bongs, die das Klettern in Chamonix revolutionierten. Unten links Dougal Haston, der sich einen Namen als Englands führender Alpinkletterer machte und sich dann im Himalaja noch weiter hervortat.

Der Bergsteiger, der jetzt noch unberührte Wände und unbestiegene Gipfel suchte, mußte sich nun woanders umsehen als in den Alpen. Trotzdem bleiben die Alpen ein gutes Terrain für Bergsteigen im großen Stil, und in den sechziger und siebziger Jahren bildeten sie – bei sich wandelnder Technik und Ethik – die Basis, die den Himalaja in einen gigantischen, superalpinen Tummelplatz verwandelte, ein Prozeß, der einige ganz großartige Leistungen hervorbrachte – aber auch Tragödien eines Ausmaßes, das man in den Alpen nicht kannte. Und dazu kamen dann Umweltprobleme, deren Langzeiteffekt noch gar nicht absehbar ist.

Kapitel 11

Aufstieg zum Dach der Welt

Sieg über die ersten Achttausender

●

Fünf Jahre verstrichen nach den Wirren des Zweiten Weltkriegs, bevor sich die Alpinisten wieder unter den höchsten Gipfeln der Erde einfanden. Die Franzosen waren – mit ihrer Expedition zum Dhaulagiri (8167 m) und zum Annapurna (8091 m) im Frühjahr 1950 – am schnellsten aus den Startlöchern. Und es war die Tatkraft eines einzigen Mannes, Lucien Devies, die das in Szene setzte. Er war vor dem Krieg nicht nur ein begabter Kletterer gewesen, sondern war auch ein geschickter Organisator und Verhandlungsführer, dessen Ziel es war, Frankreich an die Spitze des Nachkriegsalpinismus zu setzen, und er war auch in der Lage, dieses Ziel zu erreichen. Während des Krieges war es Männern wie Lionel Terray, Gaston Rébuffat und Louis Lachenal gelungen, den Sport weiter auszuüben, und direkt nach Einstellung der Feindseligkeiten hatten sie sich einige der großen Nordwände vorgenommen: Terray und Lachenal bestiegen den Walkerpfeiler und begingen zum zweiten Mal die Eigernordwand, während Gaston Rébuffat eine Serie schwieriger Führen erschloß, so auch eine Neuroute auf die Aiguille du Midi.

Alle drei boten sich für die Dhaulagiriexpedition an, Lucien Devies jedoch bestimmte Maurice Herzog als Leiter. Herzog war zwar nicht einer der Spitzenkletterer seiner Zeit, aber dafür ein guter Organisator. Zur Gruppe der Bergsteiger stießen dann noch Jean Couzy und Marcel Schatz, zwei herausragende Amateure, die in Paris lebten. Von allen war nur Marcel Ichac, ihr Kameramann, schon einmal im Himalaja gewesen.

Zu dieser Zeit stand Tibet schon stark unter dem Einfluß seines Nachbarn im Norden, und es sah für Expeditionen nahezu aussichtslos aus – da gelang Devies ein Coup, indem er die nepalesische Regierung überredete, ihre Grenzen für Ausländer zu öffnen. Bisher war nur der Kangchenjunga einigen Expeditionen zugänglich gewesen, und man wußte nur sehr wenig über die Berge in Nepal. Die verfügbaren Karten hatte sich der indische Vermessungsdienst heimlich besorgt, und Fotografien gab es überhaupt nicht.

Der erste Anblick des von ihnen ausgewählten Berges war ehrfurchtgebietend:

Eine riesige Eispyramide, in der Morgensonne wie ein Kristall glitzernd, erhob sich mehr als 7000 m über uns. Die Südwand, die blau durch den Morgennebel schimmerte, war unglaublich hoch, nicht von dieser Welt. Angesichts dieses gewaltigen Berges waren wir sprachlos – natürlich war uns nach all den Gesprächen über ihn sein Name geläufig, aber die Wirklichkeit bewegte uns so sehr, daß wir kein Wort herausbrachten. Dann gewann langsam das Bewußtsein, warum wir überhaupt hier waren, die Oberhand über unsere Gefühle und ästhetischen Eindrücke, und wir betrachteten den Giganten unter mehr praktischen Gesichtspunkten.

Der Dhaulagiri, der sechsthöchste Berg dieser Erde, war ihr erstes Ziel. Er bot einen beeindruckenden Anblick, war aber offensichtlich zu schwierig. Sie unternahmen eine Reihe von Erkundungsvorstößen, fanden in seinem Panzer aber keine Schwachstelle und wandten ihre Aufmerksamkeit daher dem Annapurna zu. Aber es erwies sich als gar nicht so einfach, den Berg überhaupt zu finden. Was auf ihren Karten eingetragen war, stimmte mit der Wirklichkeit kaum überein. Ein kompletter Grat schien an der falschen Stelle eingetragen zu sein, und sie benötigten einen vollen Monat für den Versuch, einen Weg zu seinem Fuß zu finden. Folglich schrieb man schon den 23. Mai, als es ihnen endlich gelang, ein Hauptlager direkt unterhalb der Nordseite des Annapurna aufzuschlagen, die eine begehbare Route zum Gipfel anzubieten schien. Die Nordflanke ist hoch und komplex, aber nicht so steil – etwa so wie die Nordflanke des Mont Blanc. Sie gingen die Kletterei mit Schwung an, wechselten sich beim Lasttragen mit ihren Sherpas ab und in der Führung untereinander, besonders durch den gefährlichen Kessel unter dem Sicklegletscherbruch und die steile Rinne hinauf, die in die oberen Regionen des Berges führt. Herzog, technisch vielleicht der schwächste Kletterer des Teams, erwies sich dabei als in großer Höhe ausgesprochen leistungsstark; die andere treibende Kraft war Lionel Terray.

Schließlich – am 2. Juni – waren sie bereit für den Gipfelvorstoß. Wer daran teilnehmen darf, hängt von der dann erreichten Position am Berg wie auch von der körperlichen Verfassung ab. Herzog wollte den Versuch gern mit Terray unternehmen, aber sie waren jetzt von unterschiedlicher Fitneß, da Terray unermüdlich Lager 4 mit Nachschub versorgt hatte – er wußte ja, daß das getan werden mußte, auch wenn es bedeutete, daß er seine Chance mit Herzog dadurch einbüßen würde. So war es der rastlose, vielseitige Lachenal, der mit Herzog und zwei Sherpas über den Sicklegletscherbruch zu dem langen Hang aufstieg, der sich bis zum Gipfel hinaufzieht. Sie wühlten sich an diesem Nachmittag auf über 7300 m Höhe hinauf, bis der eisbewehrte Fels des Gipfelgrats sich vor ihnen auftürmte.

Hier kehrten die Sherpas um, nachdem sie ihnen noch geholfen hatten, ein schmales Band für ihr Zelt aus dem Eis zu schlagen. In der Nacht drohte sie der Schnee, der sich an der Zeltwand ansammelte, aus ihrer Stellung zu werfen, aber in der Lethargie der großen Höhe kochten sie sich nur einen Tee und schluckten ein paar Tabletten. Am Morgen war das Zelt fast ganz über ihnen zusammenge-

Links Lionel Terray, der wohl stärkste Kletterer der Expedition, beschied sich am Annapurna mit einer Nachschubrolle und half dann den erschöpften, von Erfrierungen gezeichneten Gipfelstürmern zurück in die Sicherheit. Louis Lachenal, rechts, war einer der beiden Männer, die als erste den Gipfel eines Achttausenders betraten, als er 1950 mit Maurice Herzog den Annapurna

brochen, und es erwies sich als zu umständlich, den Kocher anzuzünden. So brachen sie dann auf – sie hatten am Abend zuvor nur eine Tasse Tee gehabt und am Morgen darauf überhaupt nichts zu essen oder zu trinken.

Der Hang sah relativ einfach aus, und so ließen sie ihre Seile zurück und kämpften sich den Tag über nach oben, bei jedem Schritt nach Luft ringend. Schließlich führte eine kurze Rinne durch das Gipfelgestein, ein heftiger Wind zerrte plötzlich an ihren Kleidern, und das Gelände fiel nach allen Seiten ab. Sie hatten den Gipfel des Annapurna erreicht und waren damit die ersten Menschen, die eine Höhe von über 8000 m erstiegen hatten – die magische Höhe, die zukünftig noch so viele Alpinisten in ihren Bann schlagen sollte.

Als sie sich umschauten, konnten sie den wohlgeformten, fischschwanzartigen Gipfel des Machapuchare erkennen – fast eingeschlossen von dunklen Wolken, die drohend von Süden heraufzogen. Es war Zeit, die Flucht zu ergreifen. Lachenal begann unverzüglich mit dem Abstieg, aber Herzog ließ sich noch Zeit. Er zog seine Handschuhe aus, um irgend etwas aus seinem Rucksack zu holen, und mußte dann voller Entsetzen mit ansehen, wie sie den Berg hinuntergetrieben wurden. Das Unwetter, das sie von Gipfel aus gesehen hatten, war nun direkt über ihnen, als sie sich getrennt zu ihrem Hochlager zurückkämpften. Lachenal überlebte einen Sturz, hatte allerdings schwere Erfrierungen an den Füßen. Herzog verlor alle seine Finger. Es war ein Preis, den er zu zahlen gewillt war. Er beendete seinen Expeditionsbericht mit den Worten: »Der Annapurna, zu dem wir mit leeren Händen gekommen waren, erwies sich als ein Schatz, von dem wir bis zum Ende unserer Tage zehren werden. In dieser Erkenntnis schlagen wir ein neues Kapitel auf: ein neues Leben beginnt. Es gibt noch weitere Annapurnas im Leben eines Menschen.«

Für Herzog mit Sicherheit. Er ist ein weltgewandter, nonchalanter Mann, war Sportminister in der französischen Regierung und macht durchaus den Eindruck, daß sein Leben ihn tief befriedigt hat. Er und Lachenal hatten eine Schranke durchbrochen, die jetzt alle Achttausender bezwingbar erscheinen ließ.

Im gleichen Frühjahr wurden am anderen Ende Nepals zwei Freunde – Charles Houston und Bill Tilman – von Houstons Vater zu einer historischen Reise eingeladen, die in die Heimat der Sherpas führte, mit denen sie vor dem Krieg zusammengearbeitet hatten. Sie waren die ersten Menschen aus dem Westen, die Sola Khumbu durchquerten, und bei so vielen Dingen, die ihre Aufmerksamkeit fesselten, kann es nicht verwundern, daß sie nur einen kurzen Blick auf die Zugänge zum Everest warfen. Sie stiegen fast ganz den Kala Patar hinauf, um über die Schulter des Nuptse den Eisbruch und den Westkessel auszumachen. Von dort aus konnten sie aber auch nur die steil abfallenden Pfeiler der Südwestwand erkennen, die sich bis zum Südjoch zu erstrecken schien. Folglich klang ihr Bericht nicht sehr ermutigend.

Aber drüben in England ließ sich ein unbekannter Student der Medizin namens Michael Ward davon nicht abschrecken. Von Herzogs Erfolg beflügelt unternahm er die ersten Schritte, die Englands Rückkehr zum Everest einleiteten. Der Himalajaausschuß, der aus dem früheren Everestausschuß hervorgegangen war, um alle Himalajaexpeditionen zu unterstützen, segnete Wards Vorschlag einer Erkundungsexpedition halbherzig ab, und prompt wurde Eric Shipton eingeladen, sie zu leiten. Der Präsident des Alpenvereins von Neuseeland machte darauf aufmerksam, daß vier seiner Landsleute gerade im Garhwal auf Bergfahrt seien und fragte an, ob zwei von ihnen sich an der Expedition beteiligen könnten. Shipton stimmte zu, und so stießen im September 1951 in Katmandu ein Imker namens Ed Hillary und der neuseeländische Expeditionsleiter Earle Riddiford zu ihnen.

Sie erreichten den Khumbugletscher Ende September und standen dann vor dem 600 m hohen Eisbruch. Das muß ein entmutigender Moment gewesen sein. Der Khumbueisbruch ist ein gigantischer gefrorener Katarakt mit brüchigen Wänden, Türmen und Blöcken, die alle unerbittlich vom Gewicht der Eismassen im Westkessel vorwärtsgeschoben werden. Da hindurch mußten sie einen Weg finden, der dann noch längere Zeit von schwerbeladenen Trägern begangen werden konnte. Der Eisbruch ist ständig in Bewegung, man hört sein Ächzen und dann immer wieder die dumpfen Schläge zusammenbrechender Eistürme und -wände. Eisbeben, ausgelöst durch die unterschiedlichen Drücke, die sich dort aufbauen, sind an der Tagesordnung.

Erst am 19. Oktober erreichten sie die obere Kante des Eisbruchs, aber der

Oben links Michael Ward, nach dem Krieg Triebfeder der Rückkehr der Engländer zum Everest. Rechts Eric Shipton, wie Tilman ein überragender Kletterer und Erforscher der Berge Ostafrikas und des Himalaja; nach drei Everestexpeditionen – 1936, 1938 und 1951 – sah jeder in ihm den Führer der Mannschaft von 1953, aber dann befürchtete der Everestausschuß, daß sein alpinistischer Ehrgeiz und seine Führungseigenschaften doch schwächer entwickelt seien als sein Forscherdrang und löste ihn ab: die Engländer wollten unbedingt den Gipfel des Everest erreichen. Unten die Bergsteiger 1953 an der Oberkante des Khumbueisbruchs, der Schlüsselstelle auf der Südroute zum Everest.

Weg war ihnen noch immer versperrt durch eine riesige Spalte, die sich durch den gesamten Kessel erstreckte. Ausgelaugt und entnervt von der ständigen Bedrohung durch das sich bewegende Eis entschieden sie, daß sie genug gesehen hatten, auch wenn sie nicht in den Kessel selbst eingedrungen waren, und kehrten um. Es ist bezeichnend für Shiptons gute Motivation, daß er dann bei der Erkundung der Umgebung des Everest nochmals Erfolge vorweisen konnte. Auf dem Rückweg nach Katmandu wechselten er und Michael Ward sogar nach Tibet hinüber, überquerten den Menlungpaß und betraten ein Tal, das sich zwischen den mächtigen, unbezwungenen Gipfeln des Menlungtse und des Gauri Sankar hinzieht. Es war dieses Tal, in dem sie die umstrittenen Spuren fotografierten, die man dann dem Yeti zuschrieb, und hier entkamen sie auch nur mit Mühe den Tibetern, die sie hätten festnehmen und den Chinesen übergeben können.

Die Engländer hatten ihre Rückkehr zum Everest zu nachlässig betrieben. Sie hatten es auch unterlassen, die Erlaubnis für den Berg für das nächste Jahr zu beantragen, wodurch es den Schweizern gelang, die kostbare Genehmigung zu bekommen, ohne die keine ausländische Expedition einen der großen Berge des Himalaja betreten darf. Die Schweizer waren dem Erfolg schon sehr nahe: sie fanden eine Route durch den Eisbruch in den Westkessel und dann weiter die Lhotsewand hinauf, wo sie am Südjoch in 7986 m Höhe ein Lager errichteten. Raymond Lambert und Tenzing Norgay, ein junger Sherpa der Vorkriegsexpeditionen, die von Norden her aufgestiegen waren, machten einen entschlossenen Vorstoß zum Gipfel, mußten aber 165 m unterhalb des Südgipfels umkehren. Sie waren dann im Herbst noch einmal vor Ort, kamen aber aufgrund der Monsunstürme nicht weiter als bis zum Südjoch.

Die Engländer mußten derweil untätig zuschauen. Sie beschlossen dann, eine Expedition zum Cho Oyu (8153 m) aufzustellen, das potentielle Team zu erweitern und Höhenerfahrung zu sammeln – immer in der Hoffnung, daß die Schweizer am Everest keinen Erfolg hatten. Eric Shipton war wieder der Leiter, und die Mannschaft von 1951 wurde auch etwas vergrößert. Die Expedition selbst war dann jedoch ein völliger Fehlschlag. Der Cho Oyu liegt an der Grenze, und wie bei vielen Bergen an der Wasserscheide des Himalaja ist ein Aufstieg von Norden – von Tibet – her bei weitem einfacher. Um den Gipfel zu erreichen, hätte man chinesischen Boden betreten müssen, und Shipton – vielleicht die Erfahrungen des Vorjahres vor Augen – war dazu nicht bereit, obwohl es höchst unwahrscheinlich war, daß irgendein Tibeter, geschweige denn Chinese, ihr Vorgehen entdeckt hätte. Das spricht vielleicht für das Gewicht, das er dem offiziellen Charakter der Expedition beimaß. Sie schlugen auf der nepalesischen Seite ein Standlager auf, unternahmen einen halbherzigen Vorstoß zum Südwestgrat und teilten sich dann in

Die Lhotsewand des Everest mit dem Gipfel des Lhotse rechts. Die Schweizer erreichten das Südjoch, links im Bild über dem Genfer Sporn; von dort versuchte Raymond Lambert mit Tenzing Norgay den Gipfel zu erreichen.

Gruppen auf, um dem nachzugehen, was Shipton – und deshalb auch den anderen – am meisten Spaß machte: diese Kette unerforschter Berge zu erkunden. Ed Hillary und George Lowe demonstrierten ihren Mangel an Respekt vor chinesischen Hoheitsansprüchen, indem sie den Nuppaß überquerten, den Westlichen Rongbukgletscher erreichten und dann dem Östlichen Rongbukgletscher folgten, um den Everest von Norden her erkunden zu können. Danach taten sie sich mit Eric Shipton und Charles Evans zusammen, um die Berge um den Makalu zu untersuchen. Das war alles schön und gut und geographisch sehr nützlich – zeigte aber nicht die Zielstrebigkeit, die notwendig war, um den Mount Everest zu besteigen.

Trotzdem aber bekamen die Briten jetzt ihre Chance: sie hatten die Erlaubnis für 1953 – aber es war zunächst auch ihre einzige Chance, denn die Franzosen waren für 1954 zugelassen und die Schweizer für 1955. Der Erfolgszwang nahm zu und auch die Unruhe über Eric Shiptons Führungsqualitäten. Es kehrten jetzt die gleichen Tricks und Intrigen zurück, wie sie für die Vorkriegsexpeditionen so kennzeichnend gewesen waren, und am Ende fand sich Shipton in einer Position wieder, in der er gar keine andere Wahl mehr hatte, als zurückzutreten. Damit konnte der Ausschuß Oberst John Hunt – den Mann, den er insgeheim bevorzugte – mit der Führung der Expedition betrauen.

John Hunt war Berufssoldat und hatte den größten Teil seiner Dienstzeit vor dem Krieg in Indien verbracht, wo er eine Reihe kleiner, aber abenteuerlicher

John Hunt, der 1953 überraschend die Führung der Expedition zum Everest angetragen bekam und sich glänzend schlug, mit Dawe Thondup, einem Überlebenden von Merkls unheilvoller Nanga-Parbat-Expedition von 1934.

Bergtouren unternommen hatte. Er zeichnete sich dann auch im Krieg aus, den er als Kommandeur einer Infanteriebrigade in Griechenland beendete. Er entsprach absolut nicht dem Bild, das man sich gemeinhin von einem Berufssoldaten macht, und hatte es zum Beispiel in Indien vorgezogen, mit der indischen Polizei zusammenzuarbeiten, obwohl klassenbewußte Heeresoffiziere der damaligen Zeit auf so etwas herabsahen.

Diese Ernennung war für ihn eine Herausforderung: Eric Shipton war bei seinem Team beliebt und zudem der bekannteste Bergsteiger Englands, während John Hunt praktisch unbekannt war, selbst unter Bergsteigern. Die Organisation der Expedition geriet unter Druck, da sie nicht gleich voll loslegen konnte – das ging erst im November 1952, als endgültig bekannt wurde, daß die Schweizer keinen Erfolg gehabt hatten. Und nachdem das Unternehmen dann anlief, mit John Hunt als Führer, ging alles seinen richtigen Weg. Hunt stellte die Expedition zusammen, wählte das Team aus, übertrug den richtigen Leuten Verantwortung und ließ sie dann auch machen. Im Grunde sind sich die Führung einer Brigade und die Belagerung eines Berges sehr ähnlich, und Oberst Hunt sollte beweisen, daß er beides gut konnte.

Den früheren Mitgliedern der Everesterkundungs- und der Cho-Oyu-Expeditionen gab Hunt den Vorzug, weil sie eine kleine Handvoll junger englischer Alpinisten mit Himalajaerfahrung repräsentierten. Auch die Verbindung nach Neuseeland wurde aufrechterhalten, denn Ed Hillary und George Lowe hatten am Cho Oyu hervorragende Leistungen erbracht. Und Charles Evans, ein Gehirnchirurg, hatte mit seiner Leistung und seiner gefestigten Einstellung beeindruckt: er wurde stellvertretender Leiter. Michael Ward, der das alles erst in die Wege geleitet und jetzt seine Examen bestanden hatte, wurde zum Expeditionsarzt ausgewählt. Tom Bourdillon war bei beiden Expeditionen dabeigewesen, war außergewöhnlich kräftig und technisch sicherlich der beste Kletterer, während Alf Gregory, ein Handelsvertreter aus Blackpool und der einzige, der nicht zum »Oxbridge«-Zirkel zählte, sich in den Höhen des Cho Oyu besonders bewährt hatte und zudem noch ein erstklassiger und passionierter Fotograf war. Die Neulinge kamen alle aus dem »Oxbridge«-Zirkel oder von den traditionellen Internaten: Mike Westmacott, Statistiker und ehemaliger Präsident des Bergsteigervereins der Universität Oxford, George Band, Geologe und vormaliger Präsident des Bergsteigervereins der Universität Cambridge, und Wilfrid Noyce, Lehrer, begabter Felskletterer und Alpinist der unmittelbaren Vorkriegsjahre. Die Mannschaft rundete sich ab mit Charles Wylie, einem 32jährigen Gurkhaoffizier, und Griffith Pugh, einem Höhenphysiologen, der sich viel mit den Auswirkungen großer Höhen beschäftigt und dadurch einen beträchtlichen Einfluß auf die Planung der Expedition hatte.

Diese Mannschaft war – sowohl vom sozialen Umfeld her als auch in Ausgewogenheit und Erfahrung – den englischen Vorkriegsexpeditionen sehr ähnlich. Der große Unterschied jedoch lag in ihrer Führung. John Hunt hatte einen sorgfältig durchdachten Plan aufgestellt. All die einzelnen Komponenten wie Training an der Sonderausrüstung, Ausbildung, Vorbereitung, Zusammenspiel von Alpinisten und Sherpas mußten zu einem harmonischen Ganzen zusammengefügt werden. Diese sorgsam angestrebte Qualität sollte ihnen den Erfolg ermöglichen, wo andere Expeditionen gescheitert waren. Ein weiterer bedeutender Schritt war, Tenzing – der im Frühjahr zuvor dem Gipfel des Everest bereits so nahe gewesen war – zum Vollmitglied der Mannschaft zu machen. Das war ein gewaltiger Unterschied zur Einstellung der Vorkriegsjahre, als man Sherpas noch deutlich als Angehörige der Dienstbotenklasse betrachtet hatte.

Die Expedition erreichte das Kloster Thyangboche, geistlicher Mittelpunkt der Sherpagemeinden, am 27. März. Das ist ein idyllischer Fleck, der sich in Rhododendren und Birken einschmiegt, auf einer Schulter hoch über dem schnellfließenden Dudh Kosi. Der Everest wird – wie der Bergfried einer normannischen Burg – von den Ausläufern des Lhotse, des vierthöchsten Berges der Erde, und des Nuptse bewacht. John Hunts konzertierte Belagerung des Berges begann mit einem entspannten, aber dennoch wirksamen Akklimatisierungsprogramm und entwickelte dann immer mehr Unternehmungen: Erkundungen, Sicherung der Route zum nächsten Lager, Aufbau dieses Lagers, Verlegung dorthin und dann weiterer Vorstoß. Sie war ein Musterbeispiel für die Planung eines Gipfelsturms – jedes Lager wurde abgesichert, die Vorräte wurden überprüft und gepflegt, und die potentiellen Gipfelteams mußten völlig ausgeruht sein, bevor sie in Stellung gingen. Das Nachbringen von Vorräten zum Beispiel überwachte Hunt, indem er auf einem Hügel in der Nähe des Lagers Stellung bezog, von wo er einen Eindruck davon bekommen konnte, was seine Bergsteiger vorne an der Front taten und wie der Nachschub rollte. Er erwarb sich so den Respekt seiner Mannschaft, obwohl noch immer eine gewisse Distanz zwischen ihnen bestand. Hillary beschreibt das so: »Ich lernte John zu respektieren, obwohl ich es manchmal schwierig fand, ihn zu verstehen. Er trieb sich mit unglaublicher Zielstrebigkeit an, und ich hatte immer das Gefühl, er war darauf aus, sich zu beweisen, daß er körperlich mit jedem von uns mithalten konnte.«

Von Anfang an war Hunt der Meinung gewesen, daß Hillary und Tenzing wohl das stärkste Paar waren. Gut paßten auch Evans und Bourdillon zusammen. Die beiden hatten bei Shiptons Expedition diesem am nahesten gestanden. Und Bourdillon hatte tatsächlich die Expedition verlassen, nachdem Shipton abgelöst worden war – man hatte ihn dann überreden müssen, doch noch mitzukommen. Hunt war tief bewegt gewesen, als Bourdillon ihm beim Anmarsch zum Lager angedeutet hatte, wie sehr die Teilnehmer sich wohlfühlten. Er wollte, daß das so blieb.

Obwohl Bourdillon jünger war als Evans und viel schwierigere Touren in den Alpen absolviert hatte, hatten sie doch vieles gemeinsam, und Evans – obwohl anfangs noch skeptisch – befaßte sich immer mehr mit Bourdillons Geistesprodukt: dem Kreislaufatemgerät, das sein Vater speziell für diese Expedition entwickelt hatte in der Hoffnung, damit die Verschwendung der herkömmlichen offenen Systeme abstellen zu können. Theoretisch hätte es das bessere System sein müssen, praktisch allerdings erwies es sich als weniger zuverlässig und beeindruckte die

Zelte und Vorräte des Hauptlagers beim Kloster Thyangboche – das Lager ist noch im Aufbau.

anderen Mitglieder überhaupt nicht. Hillary gefiel schon das Aussehen der offenen Geräte besser und meinte, daß zu viel Zeit in die Verbesserung der Kreislaufgeräte investiert würde. Insgeheim dachte Hunt genauso, unterstützte aber trotzdem die Kreislaufgeräte gleichermaßen. Am 2. Mai um 6.30 morgens brachen Hillary und Tenzing vom Hauptlager auf – mit offenen Sauerstoffgeräten und einer Gesamtlast von 40 Pfund. Sie erreichten Lager 4, das Zwischenlager im Westkessel, nach 1000 Höhenmetern Kletterei und einem Marsch von etwa 6½ Kilometern, bei dem sie fast die gesamte Strecke durch tiefen Schnee spuren mußten. Das war ein Beweis sowohl für ihre gute körperliche Form und Eignung für den Gipfel als auch für den Nutzen der offenen Sauerstoffgeräte.

Nachdem das Zwischenlager ausgebaut war, erläuterte Hunt seinen Plan für den Vorstoß zum Gipfel. Sobald die Fixseile in der Lhotsewand angebracht waren, sollten Evans und Bourdillon einen ersten Versuch vom Südjoch aus unternehmen; später sollte Hillary mit Tenzing einen zweiten Vorstoß von einem höheren Lager aus durchführen, das sie auf der Schulter des Südostgrats anlegen würden. Hunt selbst hatte vor, an den Vorbereitungen für das zweite Gipfelpaar teilzunehmen – ein verständliches Vorhaben des Führers, der persönlich sicherstellen will, daß alles getan wird, um den Erfolg zu gewährleisten. Und wie immer gab es Enttäuschung und Kritik bei denen, die nicht dabeisein konnten.

Ward brachte zwei starke Argumente gegen Hunts Plan vor. Er konnte die Logik nicht verstehen, die vorsah, einen ersten Versuch vom Südjoch aus zu unternehmen, wenn mit nur geringfügig größerem Einsatz der Träger ein – etwas größeres – Lager für Evans und Bourdillon errichtet werden konnte, das dann auch Hillary und Tenzing mitnutzen konnten. Und er griff auch Hunts Entscheidung an, an der Errichtung des Hochlagers teilzunehmen – mit der Begründung, er sei dafür nicht fit genug. Letzteres erwies sich als unbegründet. Aber ich selbst habe John Hunts Entscheidung nie so recht verstanden, Bourdillon und Evans ihren Versuch vom Südjoch aus durchführen zu lassen – denn das bedeutete, daß es nur noch einen richtigen Vorstoß zum Gipfel geben würde. Hätte man ihnen ein Hochlager gestattet, wären es wahrscheinlich Bourdillons und Evans' Namen gewesen, die in die Geschichtsbücher eingegangen wären als die ersten Menschen auf dem Everest. Es ist allerdings immer einfach, hinterher klüger zu sein. Vielleicht war Hunt das einzige Mitglied der gesamten Mannschaft, das ganz genau wußte, wie schwach die Kapazität der Sherpas im Lastentragen wirklich war, vor allem dann, wenn sie erst einmal über das Südjoch hinaus waren. Wäre der Vorstoß von Hillary und Tenzing allerdings mißlungen und hätte die englische Mannschaft 1953 den Everest nicht erreicht – ohne Zweifel wären die nachträglichen Analysen und Vorwürfe lang und bitter ausgefallen; aber nach einem Erfolg ist an einer Untersuchung meist niemand mehr interessiert.

Welche Vorbehalte einige der Betroffenen auch immer gehegt haben mögen – sie alle fügten sich in ihre Rollen und verausgabten sich in den nächsten drei Wochen bis an ihre Grenzen. Aber jetzt lief so manches schief. Um den Schwung einer Besteigung in Gang zu halten, bedarf es einer ruhelosen Zielstrebigkeit und gleichzeitig auch einer gewissen Flexibilität. Die Lhotsewand war doch schwieriger als erwartet, und schon bald hinkten sie hinter ihrem Zeitplan her. George Lowe hatte nach zehn anstrengenden Tagen in dieser Höhe noch immer das Südjoch nicht erreicht, und es waren schließlich Wilfrid Noyce und der Sherpa Annullu, ein umgänglicher, hart trinkender und rauchender Bulle von einem Mann, die das schafften.

Desgleichen mußte Hunt schon jetzt Hillary und Tenzing bitten, ein Sherpateam unter Führung von Charles Wylie mit für den Gipfelvorstoß benötigten Vorräten bis zum Südjoch hinaufzubegleiten. Von dort aus sollten zunächst Bourdillon und Evans ihren Vorstoß unternehmen. Die beiden kamen dann dem Erfolg sehr nahe: am frühen Nachmittag des 26. Mai erreichten sie den südlichen Gipfel. Jetzt – in einer Höhe, in der noch kein Bergsteiger gewesen war – waren sie auch in der Lage, den letzten Grat zum Gipfel zu überblicken. Er sah nicht ermutigend aus. Von vorne gesehen erschien er steiler, länger und schwieriger, als er tatsächlich war.

Mit dem Gipfel in Reichweite sahen sich Evans und Bourdillon jetzt dem klassischen Dilemma gegenüber – Vorstoß oder Rückzug? Sie konnten ihn erreichen, aber konnten sie auch heil wieder zurückkehren? Bourdillon war dafür, für den Gipfel alles auf eine Karte zu setzen. Evans plädierte für einen klugen Rückzug, solange der Sauerstoff noch reichte, und nach einer heftigen Diskussion – so heftig man sie unter einer Sauerstoffmaske eben führen kann – setzte sich der stellvertretende Leiter durch.

Jetzt war die Reihe an Hillary und Tenzing. Zu diesem Zeitpunkt hatte die Expedition weder ausreichend Zeit noch Vorräte, einen weiteren Gipfelvorstoß durchzuführen. John Hunt und Da Namgyl machten sich mit Lasten auf den Weg zur Schulter des Südostgrats, schafften es aber nicht ganz. Daher halfen jetzt Alf Gregory und George Lowe, die schon so viel an der Lhotsewand geleistet hatten sowie der Sherpa Ang Nyima dem Gipfelpaar Hillary und Tenzing nach oben zu ihrem Hochlager. Der große Unterschied zwischen dieser und jeder der Vorkriegsexpeditionen war die gute Versorgung oben und die Tatsache, daß die Bergsteiger ihren Trägern halfen. Mit 63 Pfund trug Hillary die schwerste Last von allen. In

Evans und Bourdillon beim Rückzug vom Südgipfel. Zum Gipfel hätten sie es ja vielleicht geschafft – aber auch zurück?

8480 m Höhe errichteten sie ihr Zelt, und am nächsten Morgen brachen sie zum Gipfel auf. Sie erreichten den Südgipfel einige Stunden früher als ihre Vorgänger und hatten noch reichlich Sauerstoff zur Verfügung. Dann hackten sie sich ihren Weg über die steilen Schneehauben des Grats, bis sie von einer steilen Stufe aufgehalten wurden, die ihnen den Weg verstellte:

> Vor mir stand eine Felswand, senkrecht und mit nur wenigen Griffen. Hinter mir war die Eishaube der Wächte, glitzernd und hart, aber mit Rissen hier und da. Ich suchte mir einen Griff am Fels vor mir und rammte dann eines meiner Steigeisen hart in das Eis hinter mir. Dann lehnte ich mich mit dem Sauerstoffgerät gegen das Eis und stemmte mich langsam nach oben. Nach fieberhafter Suche mit meinem freien Fuß fand ich eine schmale Leiste am Fels und verlagerte mein Gewicht. Dann lehnte ich mich wieder gegen die Wächte und rang nach Luft. Ich stand unter der ständigen Furcht, daß die Wächte wegbrechen könnte, und meine Nerven waren zum Zerreißen angespannt. Aber langsam schob ich mich nach oben – mich windend und schlängelnd und jeden kleinsten Halt nutzend. An einer Stelle konnte ich meinen Eispickel in einen Riß im Eis schlagen, und das gab mir den notwendigen Halt, um eine trittlose Strecke zu überwinden. Dann wiederum fand ich einen richtigen Tritt für meinen Fuß im Eis, und im nächsten Moment griff ich über die Kante des Felsens und zog mich in Sicherheit. Das Seil wurde schon straff – seine zwölf Meter hatten gerade gereicht.

Das war die letzte große Anstrengung. Oberhalb der Stufe, die später als Hillary Step bekannt wurde, weitet sich der Grat und führt in einer Serie von sanften Wellen bis zum höchsten Punkt der Erde. Sie betraten den Gipfel am 29. Mai 1953 um 11.30 Uhr morgens, umarmten sich und blickten dann die Nordseite des Everest hinab – Schauplatz all der verzweifelten Mühen vor dem Krieg, dann über die ausgedehnte Fläche brauner und purpurner Hügel der Hochebene Tibets. Hillary fotografierte Tenzing, wie er die Flaggen Englands, Indiens, Nepals und der Vereinten Nationen hochhielt, und dann kehrten sie in die Zivilisation zurück. Die Evakuierung des Berges verlief dann wie der Aufstieg: diszipliniert und in voller Ordnung. Sicherlich hatte auch das Wetter zum Gelingen mit beigetragen – hauptsächlich aber war es der präzisen Planung von John Hunt und der ausgezeichneten Zusammenarbeit des Teams zu verdanken: die Erstbesteigung des Everest bleibt ein gutes Modell für die Belagerung eines Berges.

Die Öffentlichkeit in England wertete die Erstbesteigung als nationalen Sieg, der ausgezeichnet zur Krönung Elizabeths II. paßte. Und noch heute sind die Namen von Ed Hillary und Sherpa Tenzing in aller Welt bekannt. Nur wenige Leistungen sind überzeugender oder leichter zu verstehen als die Erstbesteigung des höchsten Punktes der Erde. Hunt und Hillary wurden in den Ritterstand erhoben, Tenzing bekam die George Medal – ein Zeichen noch von Klassendenken, denn als Ausländer hätte man ihm durchaus die Ritterwürde ehrenhalber verleihen können. Seit dem Everest hat jeder dieser Männer der Gesellschaft einen großen Teil seines Ruhmes zurückgezahlt: Hillary machte sich das Wohlergehen der Sherpa-familien mit seinem Himalayan Trust zur Lebensaufgabe, John Hunt ging in den Staatsdienst und half dem Herzog von Edinburgh bei der Gründung seines Hilfswerks, er

Edmund Hillary und Tenzing Norgay, die ersten Menschen auf dem höchsten Punkt der Erde.

leitet noch immer die Kommission für bedingte Haftentlassung, während Tenzing als Lehrgangsleiter des Himalayan Institute in Darjeeling arbeitete und der inoffizielle Botschafter der Sherpas wurde.

Gerade als die Engländer mit ihrer Arbeit an der Lhotsewand begannen, näherte sich eine deutsche Expedition ihrem Hauptlager an der Nordseite des Nanga Parbat – ebenfalls darauf aus, eine alte Rechnung zu begleichen. Leiter war Dr. Karl Herrligkoffer, ein praktischer Arzt aus München, der noch einen starken und anhaltenden Einfluß auf die Nachkriegsunternehmungen im Himalaja ausüben sollte. Der Nanga Parbat hatte für Herrligkoffer eine besondere Bedeutung, denn Willy Merkl, der sein Leben bei der Expedition von 1934 verloren hatte, war sein Halbbruder gewesen, und der junge Herrligkoffer hatte beschlossen, den Berg zu bezwingen, um eine »heilige Pflicht« zu erfüllen. Allerdings hatte er ein wesentliches Manko: obwohl er alles über den Nanga Parbat gelesen hatte, was er erreichen konnte, bewegte er sich auf unbekanntem Terrain – er war kein richtiger Bergsteiger. So begnügte er sich mit der Rolle des Organisators und verpflichtete einen Veteranen der Expeditionen der dreißiger Jahre als Führer der Alpinisten: Peter Aschenbrenner.

Ein bedeutendes Mitglied seiner Mannschaft war Hermann Buhl. Er hatte den gleichen sozialen Hintergrund wie die der Arbeiterklasse entstammenden Engländer Brown und Whillans, hatte ihnen gegenüber aber den geographischen Vorteil, in Innsbruck zu leben; etwa 1942 hatte er sich bereits einen Ruf als Felskletterer in den Ostalpen erworben. Das Kriegsende erlebte er in sowjetischer Kriegsgefangenschaft, die er aber überstand. Danach führte er in den Alpen einige eindrucksvolle Klettertouren durch, so zum Beispiel auch die erste vollständige Überschreitung der Nadeln von Chamonix. Buhl war eher ein hartnäckiger als ein technisch brillanter Kletterer – und diese Eigenschaft erwies sich bei seinem ersten Aufenthalt im Himalaja als entscheidend.

Aber dann entwickelten sich Reibungen zwischen der Führung der Kletterer und der Organisation. Der Mann vorn an der Spitze verfällt leicht auf den Gedanken, er sei der einzige der Expedition, der arbeite – die Kletterer ärgerten sich über die verzögerte Bestückung der höheren Zwischenlager, Herrligkoffers Anweisungen wurden ignoriert, Aschenbrenner reiste ab, und Bergsteiger wie Organisatoren bezogen körperlich wie geistig unterschiedliche Lager. Es war das klassische Muster für eine Niederlage – und aus ihr entstand ein unglaublicher persönlicher Erfolg, als Hermann Buhl von Lager 5 in 6900 m Höhe aufbrach, um einen Alleingang zum Gipfel zu versuchen.

Zunächst mußte er 1220 m auf dem welligen Grat ansteigen, und dann 8 km über den Silbersattel und den Vorgipfel zur Bazhinscharte zurücklegen. Vor der letzten Schulter hatte er einige Schwierigkeiten mit den Gratzacken, aber schließlich kroch er – um sieben Uhr abends – auf allen vieren auf den Gipfel des Nanga Parbat. Beim Abstieg mußte er dann ein erzwungenes Notbiwak ohne Zelt oder entsprechende Bekleidung in fast 8000 m Höhe überstehen, und am nächsten Morgen wankte er zurück ins Lager 5 – mit schweren Erfrierungen und dem Aussehen eines runzligen Greises.

Der nächste größere Angriff auf einen Achttausender im Jahre 1953 unterschied sich stark von den vorigen. Charles Houston wollte nochmal den K2 versuchen und hatte für 1953 eine Genehmigung erhalten. Er nahm Bob Bates mit, der schon 1938 mit ihm dort gewesen war, und fünf weitere, gleichgesinnte Amerikaner. Die Gruppe rundete Hauptmann Tony Streather als Verbindungsoffizier ab, der diese Aufgaben schon vor dem Krieg durchgeführt hatte; Houston allerdings schätzte an ihm besonders die Tatsache, daß er schon 1950 mit einer norwegischen Expedition den Tirich Mir (7706 m) bestiegen hatte – er ernannte ihn zum Vollmitglied der Klettergruppe der Expedition.

Zunächst verlief alles nach Plan. Sie kamen gut miteinander aus, waren bestens in Form, akklimatisierten sich ständig und trieben die Route am Abruzzi-

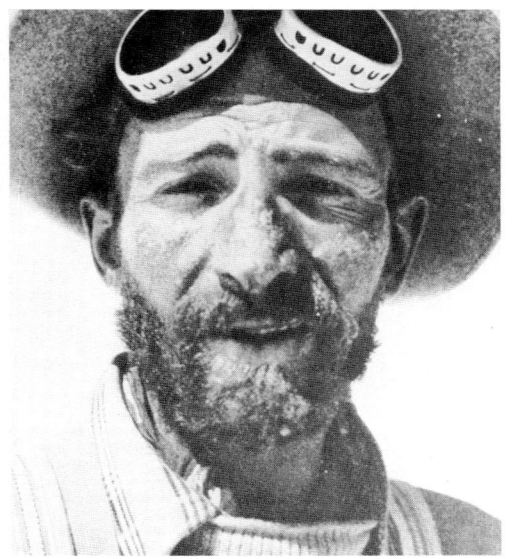

Links ein ausgezehrter Hermann Buhl nach der Rückkehr von seinem aufsehenerregenden Alleingang zum Gipfel des Nanga Parbat. Rechts Dr. Karl Herrligkoffer, der strenge Leiter mehrerer deutscher Nachkriegsexpeditionen in den Himalaja. Da er selbst kein richtiger Bergsteiger war, mußte er die Operationen vom Hauptlager aus führen, was die Schwierigkeiten beim Umgang mit ehrgeizigen Alpinisten wie Hermann Buhl oder Reinhold Messner nur noch verschärfte.

sporn in vertrauter Umgebung voran, wobei sie immer wieder auf Relikte der gescheiterten Expedition von 1939 stießen. Mitte Juli begann das Wetter mit Höhenwind und heftigem Schneefall umzuschlagen, aber sie ließen sich nicht beirren und brachten ihre Vorräte im gleichen Stil wie 1938 den Berg hinauf.

Am 1. August errichteten Schoening und Gilkey Lager 8 auf der Schulter unterhalb der Gipfelpyramide in rund 7770 m Höhe, und am 2. August waren alle acht Kletterer – auch Streather – dort versammelt: bereit für den Vorstoß zum Gipfel. Das Wetter war noch immer schlecht und unbeständig, und in dieser Nacht tobte ein Unwetter, das an ihren Zelten rüttelte, und der Schnee erdrückte sie fast. Aber sie hatten genügend Proviant und waren entschlossen, es auszusitzen und auf besseres Wetter zu warten, das ja irgendwann kommen mußte. Wer so etwas noch nicht erlebt hat, kann sich nur schwer das entnervend unbequeme Leben in einem Unwetter vorstellen: eingeengt in einem kleinen Zelt, mit Schlafsäcken, die von Kondenswasser und treibendem Pulverschnee immer nasser werden, dazu das Knattern der Zelte, die Mühsal, einen widerspenstigen Kocher anzuzünden, die Ewigkeit, die es dauert, bis der Schnee schmilzt, und auch der Horror, das Zelt zu verlassen, um sich zu erleichtern. Aber ihre Moral und ihr Wille, den Gipfel zu erreichen, waren ungebrochen, als sie ihr Vorgehen gemeinsam festlegten.

Charlie beschreibt seine Einstellung als Führer der Gruppe so:

Die Philosophie unserer Expedition ging dahin, einsame Entschlüsse zu vermeiden, und ich zögerte, von mir aus die Männer zu bestimmen, die die große Chance des krönenden Erfolgs erhalten sollten. Daher führten wir eine geheime Abstimmung durch, mit der wir alle zusammen unsere besten beiden Männer ermitteln wollten. Jeder dachte lange und sorgfältig nach, und als ich dann durch den Schneesturm von den anderen Zelten zurückkroch, war ich stolzer auf unsere Gruppe als je zuvor. Als die Stimmen ausgezählt wurden, bildeten Craig und Bell das erste Team, Gilkey und Schoening das zweite. Aber ich bat Ata [Verbindungsmann] am Abend über Funk, die Namen nicht an die Träger weiterzugeben, denn wir wollten – im Falle eines Erfolgs – die Anonymität des Gipfelteams wahren. Wir wollten nur durchgeben: »Zwei Mann haben die Spitze erreicht« – nicht mehr und nicht weniger.

Diese enge Zusammenarbeit wurde durch die Art ihres Aufstiegs erleichtert, bei dem ihre Gruppe nur selten über mehr als zwei benachbarte Lager verteilt war. Die Frage ist, ob dieselbe Einstellung bei der Everestexpedition von 1953 hätte greifen können, bei der Schwerpunkte und personelle Planung ja mehrfach wechselten.

Am 7. August schließlich ließ der Sturm nach, und sie begannen, den Gipfel ins Auge zu fassen, aber als Gilkey aus seinem Zelt kroch, brach er bewußtlos im Schnee zusammen. Houstons Diagnose lautete auf Thrombophlebitis: in den Venen seiner linken Wade hatten sich Blutgerinnsel festgesetzt. Abgesehen von der Gefahr für sein Bein konnten Teile des Gerinnsels wegbrechen und – mit fatalen Folgen – zur Lungenembolie führen. Seine einzige Überlebenschance war, ihn schnell nach unten zu schaffen.

Also begannen sie den Abstieg, pflügten durch den tiefen Neuschnee, zogen Art in seinem Schlafsack, eingewickelt in ein Zelt, wie einen Schlitten – keine leichte Aufgabe, auch nicht zu siebt. Ihr erster Kurs führte sie in ein Lawinengebiet, aus dem sie sich wieder zurück zu ihrem Ausgangspunkt hochkämpfen mußten. Das Unwetter lebte wieder auf, ihre Lage war verzweifelt – und doch sprachen sie noch immer über die Chance eines Angriffs auf den Gipfel, während sie darauf warteten, daß Gilkeys Zustand sich verbesserte. Aber das trat nicht ein, und in Wirklichkeit verschlechterte er sich weiter. Jetzt waren seine Lungen betroffen, und auch im anderen Bein traten die Gerinnsel auf. Am 10. August – das Wetter hatte sich in nichts gebessert – erklärte Houston, daß sie sich zurückziehen müßten, wenn sie Gilkey überhaupt noch eine Überlebenschance einräumen wollten.

Sie waren jetzt zehn Tage lang in einer Höhe von über 7700 m gewesen und hatten – abgesehen von den Auswirkungen dieser Höhe – von gekürzten Rationen gelebt und litten stark unter Wasserentzug. Einen hilflosen Mann eine steile Flanke hinabzuschaffen ist eine langsame und heikle Aufgabe, die sorgfältig koordiniert werden muß, selbst in Meereshöhe. In ihrer Höhe, bei einem Unwetter und mit einem erschöpften Team war das ein Alptraum. Am Grat wurden sie von einer Lawine überrascht, die sie aber überstanden, und dann erreichten sie auch die Höhe des Lagers 7 – aber auf der falschen Seite. Um hinüberzukommen, mußten sie einen Hang aus blankem Eis überwinden und dann Gilkey irgendwie nachholen. Sie waren jetzt alle angeseilt, Schoening sicherte sie, und die meisten hatten den Eishang schon geschafft, als Bell abrutschte, nach unten stürzte und Streather von den Füßen riß, der dann seinerseits Molenaar, Houston und Bates mitriß. Sie rasten den Hang abwärts, und ihr Leben hing von der Stärke eines einzigen Mannes ab und seiner Standsicherung mit dem Eispickel. Irgendwie konnte Schoening sie halten, und erstaunlicherweise war niemand ernsthaft verletzt, Houston allerdings hatte eine schwere Gehirnerschütterung, wußte kaum, wo er war, und war auch sonst ziemlich hilflos. Bates bahnte sich einen Weg zu ihm durch und sagte eindringlich, wobei er ihm fest in die Augen blickte: »Charlie, wenn du jemals Dorcas und Penny [Frau und Tochter] wiedersehen willst, *klettere* jetzt da hoch.« Das half, allerdings fragte Houston auch weiterhin: »Was machen wir denn hier?«

Sie ließen Gilkey an dem Eispickel verankert, der sie alle gerettet hatte, schätzten die Lage ein, bereiteten einen Lagerplatz vor und kehrten dann zurück, um ihren Freund nachzuholen – und mußten feststellen, daß er verschwunden war. Es gab keine Spur vom Pickel oder vom Seil, aber eine schwache Furche im Schnee – Anzeichen einer Lawine, die alles hinweggefegt haben mußte. Rettung und furchtbarer Verlust – beides zur gleichen Zeit: sie wußten, daß ihre Chancen, Art Gilkey lebend nach unten zu schaffen, minimal gewesen waren, und sie wußten auch, daß dieses Unterfangen sie höchstwahrscheinlich auch das eigene Leben gekostet hätte. Und doch hatten sie niemals auch nur daran gedacht, ihn zurückzulassen.

Dieses Geschehen zeigt, wie eine Gruppe zusammengeschweißter Männer auch die schwersten Prüfungen bestehen kann. Aber auch die Überlebenden mußten ihren Preis zahlen. 1954 erreichte eine starke italienische Gruppe den Gipfel des K2, was auf die vorherige Erkundungsfahrt des Duca degli Abruzzi zurückzuführen war. Diese Nachricht traf Houston hart, da er die Genehmigung für 1955 bereits vorliegen hatte. Ob er wirklich aufgebrochen wäre, ist unklar, denn seine Gefühle in dieser Hinsicht waren zerrissen. Er durchlebte den Alptraum immer wieder und fühlte sich für Gilkeys Tod noch jahrelang verantwortlich; nach 1953 unternahm er auch keine ernsthaften Bergfahrten mehr. Statt dessen arbeitete er von 1967 bis 1979 in der Höhenforschung auf dem Mount Logan im kanadischen Yukon und anschließend an einer Druckkammer in den Colorado Rockies. Er war dann auch Direktor des Friedenskorps in Indien. Im Sommer 1990 war er ein aktiver, 78jähriger Mann in guter körperlicher Verfassung, der es auf dem Anmarsch zum Hauptlager am Diamir sichtlich genoß, wieder in den Bergen zu sein. Wenn es dabei überhaupt den kleinsten Hinweis darauf gegeben hat, daß er bedauerte, keinen der großen Gipfel je betreten zu haben, dann überwogen doch auf jeden Fall die starke Freude und die Genugtuung über das erfüllte Leben, das hinter ihm lag.

Bei ihrem Sturm auf den K2 konnten die Italiener mit ihren vorherigen Expeditionen einen Trumpf ausspielen, der fast so stark war wie der der Amerikaner. Professor Ardito Desio, der schon der K2-Expedition des Duca di Spoleto von 1929 als Geologe angehört hatte, führte das Unternehmen von 1954. Anders als bei

Houston war dies eher eine nationale Expedition, die vom Staat auch bezahlt wurde. In der Tradition vorheriger Expeditionen war auch sie hierarchisch in ihrer Struktur, verfügte über eine starke wissenschaftliche Forschungskomponente, und ihre zwölfköpfige Alpinistengruppe enthielt eine Anzahl von Bergführern, die – mehr noch als das englische Team am Everest – einen hohen Standard technischer Expertise vorweisen konnten und es gewohnt waren, Befehle auszuführen. Die Expedition benötigte 500 Träger, um ihre Ausrüstung ins Hauptlager zu schaffen.

Sie brachen viel eher auf als die Amerikaner, hatten anfangs auch schönes Wetter und trieben ihre Route am Abruzzisporn nach oben, aber Mitte Juni traf sie das Unglück, als Mario Puchoz an einem Lungenödem starb, bevor sie ihn nach unten bringen konnten. Sie beschlossen, den Aufstieg fortzusetzen, aber das Wetter verschlechterte sich und es war schon Ende Juli, als ihre besten Kletterer – Achille Compagnoni und Lino Lacedelli – zum Gipfel aufstiegen. Ihre Benennung als Gipfelpaar und ihr anschließender Erfolg sollten bei einem anderen Mitglied der Gruppe tiefe Spuren hinterlassen. Walter Bonatti, damals 24 Jahre alt, hatte sich bereits als einer der stärksten Alpinisten Italiens erwiesen. Ehrgeizig, aber auch introvertiert, hatte er am K2 gute Leistungen gezeigt und war entschlossen, am Gipfelvorstoß teilzunehmen, aber er erkrankte – wie Houston am Nanda Devi vor dem Krieg – im falschen Moment an einer Lebensmittelvergiftung und wurde vom Gipfelangriff ausgeschlossen.

Bonatti erholte sich völlig, schleppte Lasten und bemühte sich, sich mit dieser Rolle abzufinden – was ihm besonders schwerfiel, weil er glaubte, besser zu sein als Lacedelli oder Compagnoni. Und wie es so oft passiert, selbst bei den bestgeführten Expeditionen: die Dinge verselbständigen sich, besonders in den oberen Regionen des Berges. Das Gipfelpaar hatte geplant, beim letzten Vorstoß Sauerstoff einzusetzen, aber die Bergsteiger, die die Atemgeräte heraufbringen sollten, hatten es nicht bis zum vorletzten Lager geschafft. Damit blieb Bonatti nichts anderes übrig, als abzusteigen und sie zu holen.

Es endete dann mit einer quälenden Erfahrung, die seinen Ausschluß vom Gipfelvorstoß noch bitterer machte. Er hatte die Atemgeräte an sich genommen und stieg – zusammen mit Mahdi, einem der Hunzaträger – sofort wieder auf, wobei er direkt bis zum Hochlager kommen wollte, das Lacedelli und Compagnoni errichtet hatten. Sie schafften das aber wegen der hereinbrechenden Dämmerung nicht mehr ganz und mußten völlig ungeschützt auf einem schmalen Band biwakieren, das Bonatti im Schnee geschaffen hatte. Mahdi fror nicht nur entsetzlich, sondern hatte auch Angst und wurde hysterisch. Wieder und wieder rief Bonatti nach Lacedelli und Compagnoni, von denen er annahm, daß sie ganz in der Nähe sein müßten, bekam aber keine Antwort. Schließlich sah er ein Licht auf der anderen Seite des Hanges aufglühen und konnte klar Lacedellis Stimme erkennen. Er rief um Hilfe – aber Lacedelli behauptete später, er habe das nicht verstanden, und kehrte in sein warmes Zelt zurück.

Am nächsten Morgen stieg Bonatti – halb erfroren – nach unten, nachdem das

Gipfelpaar sich die Atemgeräte geholt hatte: die beiden begaben sich jetzt auf den Weg zum Gipfel und holten sich ihren Anteil des Ruhms. Diese Erfahrung veranlaßte Walter Bonatti nach seiner Rückkehr nach Europa zu seiner aufsehenerregenden Solobegehung des Südwestpfeilers des Dru.

Herbert Tichys Expedition zum Cho Oyu im Herbst desselben Jahres war wiederum völlig anders. Tichy, ein Anthropologe aus Österreich, zog Reisen in den Bergen allen Klettertouren vor. Er fühlte sich in Begleitung der Sherpas wohl und reiste am liebsten mit ihnen allein. Zu seinen sieben Sherpas stießen dann auch nur noch zwei Europäer: Sepp Jöchler und Helmut Heuberger. Führer seiner Sherpas war Pasang Lama, der 1939 mit Fritz Wiessner dem Gipfel des K2 schon so nahe gekommen war.

Anders als Shipton hatte Tichy keine Hemmungen, chinesisches Hoheitsgebiet zu verletzen: er überschritt den Nangpapaß und errichtete sein Hauptlager unter der Nordseite des Berges auf tibetischem Gebiet. Er sah seinen Berg hoch in die Weite des Himmels hineinragen. »Vor meinen Augen erhob sich der Cho Oyu, und seine Grate waren Leitern zum ersehnten Gipfel. Plötzlich überkam mich ein unbezähmbarer Drang, sie emporzusteigen.« Beim ersten Versuch gerieten sie in ein heftiges Unwetter, das ihr Zelt zu zerreißen drohte. Um es zu retten, vergrub Tichy seine bloßen Hände so tief in den Schnee, daß er Erfrierungen erlitt, die seine weitere Teilnahme am Aufstieg in Frage stellten. Aber Tichy wollte nicht aufgeben und versuchte, seine Hände in der Herbstsonne zu heilen, während Pasang nach Namche Bazar abstieg, um mehr Proviant zu holen. Seine Wiederherstellung wurde allerdings rüde unterbrochen, als eine Schweizer Expedition eintraf, die sich nach etwas Leichterem umsah, nachdem sie den Gauri Sankar aufgegeben hatte. Klar – sie hatten keine Genehmigung für den Cho Oyu. Aber warum – fragte der pragmatische Schweizer und sah bedeutungsvoll auf Tichys geschwollene Finger – taten sie sich nicht einfach zusammen? Sie könnten doch gemeinsam mit dem Aufbau der Lager beginnen, würden aber den Gipfel nicht antasten, bevor Tichys Gruppe nicht einen weiteren Versuch von ihrem Hochlager aus unternommen hatte!

Damit sah sich Tichy, der Philosoph, zum Handeln gedrängt. Ohne auf Pasang zu warten, kehrten die Österreicher daher in ihr Lager 3 zurück, eine Schneehöhle in 6590 m Höhe, in der sie dann vom ersten Herbststurm festgehalten wurden. Zu ihrem Schreck sahen sie plötzlich durch den Nebel einige Gestalten auf sich zukommen: das mußten die Schweizer sein – stärker an Zahl, viel ausgeruhter, und offensichtlich im Begriff, an ihnen vorbeizugehen. Dann erkannten sie zu ihrer Verblüffung, daß es Pasang war mit zwei von ihren Sherpas. Nachdem er vom Eintreffen der Schweizer erfahren hatte, war er, schwer beladen, herbeigeeilt: aus 4000 m Höhe über den Nangpapaß über mehr als 50 km bis hierher – in zwei Tagen.

Seine erste Frage war:

»Haben die Schweizer es geschafft?«

»Nein.«

Pasang Dawa Lama, links, ein Überlebender von Wiessners K2-Expedition von 1939, entwickelte ein abnormes Tempo, um Tichys kleines Team zu versorgen und ihm die Chance zu erhalten, noch vor der Konkurrenz den Cho Oyu zu besteigen. Rechts: Tichys erfrorene Finger machten das Klettern zur Qual, aber trotzdem erreichte er – mit Jöchler und Pasang – den Gipfel, fest entschlossen, ihn nicht den Schweizern zu überlassen.

»Dem Himmel sei Dank – sonst hätte ich mich umgebracht.«

Tichy erklärte dann, er werde mit ihnen so hoch wie möglich steigen und tun, was in seiner Macht stehe, um ihnen behilflich zu sein. Er konnte kaum etwas in der Hand halten und mit Sicherheit keinen Sturz abfangen – nicht seinen eigenen und auch nicht den eines anderen. Und trotzdem war er durchdrungen von der Gewißheit, daß er den Gipfel packen könnte. Das war etwas, das für ihn immer mehr Bedeutung gewann. Bei diesem Aufstieg vereinte er all die Zielstrebigkeit und Hartnäckigkeit eines Desmaison, eines Bonatti und eines Messner in sich, und zusammen mit seiner Besessenheit, den Gipfel zu erreichen, ergab sich für ihn daraus eine tiefe seelische Erfahrung: »Die Welt erschien mir durchtränkt mit einer bislang unbekannten Güte und Milde. Die Grenzen zwischen mir und dem Rest der Schöpfung hörten auf zu bestehen. Die Naturerscheinungen Himmel, Eis, Gestein, Wind und ich, die jetzt das Leben ausmachten, waren ein untrennbares und göttliches Ganzes. Ich selbst fühlte mich – der Widerspruch liegt auf der Hand – so mächtig wie Gott und gleichzeitig so unbedeutend wie ein Sandkorn.«

Tichy, Jöchler und Pasang erreichten den Gipfel des Cho Oyu am 19. Oktober

1954 um drei Uhr nachmittags. In gewisser Hinsicht war das eine ganz besondere Erstbesteigung – nicht nur wegen der ungewöhnlich kleinen Gruppe, sondern auch wegen des Geistes, in dem dieses Vorhaben zum Erfolg geführt wurde. Obwohl die anderen Tichy zum Gipfel hinaufhelfen mußten, waren es sein unbezähmbarer Wille, seine menschliche Wärme und seine Aufgeschlossenheit, die sie dazu brachten zu erkennen, wie »der endlos blaue Himmel rings um uns steil nach unten abfiel wie eine Glocke. Den Gipfel erreicht zu haben, war großartig, aber die Nähe des Himmels war überwältigend.«

1955 wurden dann auch der Kangchenjunga, der dritthöchste, und der Makalu, der fünfthöchste Berg der Erde bezwungen. Die Expedition zum Kangchenjunga (8598 m) leitete Charles Evans, der stille Gehirnchirurg aus Liverpool. Seine neunköpfige Mannschaft hatte sehr deutlich den sozialen Hintergrund des englischen Nordens und schloß auch Joe Brown ein, der das Klettern in England so nachhaltig beeinflußt hat. Sie waren nach den gleichen Kriterien ausgewählt worden, wie sie schon Charles Houston angewandt hatte: sie mußten befähigte Kletterer sein und gut miteinander auskommen können. George Band, der sich am Everest nur so mühsam akklimatisiert hatte, war der einzige aus dem »Oxbridge«-Zirkel.

Sie entschieden sich für die Yalungseite, die Route, die Crowley 1905 versucht hatte. Sie besteht aus einem riesigen Komplex von Hängegletschern, Bändern und Eisbrüchen, die zum Gipfelfelsen hinaufführen. Die Gruppe arbeitete gut zusammen und kam stetig voran, und am 25. Mai 1955 gelang Joe Brown und George Band – mit Sauerstoff – die Erstbesteigung von einem Hochlager in 8200 m Höhe aus. Joe Brown fand sogar einen Handriß dicht unterhalb des Gipfels, der allerdings Streather und Hardie bei der zweiten Besteigung nicht zum technischen Felsklettern in 8500 m Höhe verlocken konnte – sie fanden einen Weg um den Fels herum und wühlten sich durch den Schnee.

Die Franzosen hatten sich mittlerweile auf den Makalu (8481 m) eingeschossen, den sie 1954 nicht geschafft hatten, und es gelang ihnen 1955 ein triumphaler Erfolg, indem alle neun Kletterer der Mannschaft – und auch der Führer der Sherpas – schließlich zusammen auf dem Gipfel standen. Lionel Terray und Jean Couzy, die 1950 beide keine Chance hatten, den Gipfel des Annapurna zu erreichen, stellten das erste Gipfelpaar.

Die Höhe von 8000 m begann eine magische Bedeutung auszustrahlen, auf mitteleuropäische Alpinisten übrigens mehr noch als auf englische oder amerikanische, die mit ihr rangen. In den Alpen lag die magische Grenze bei 4000 m, und es war vielleicht die Verdopplung auf 8000 m, die diese Faszination noch erhöhte. Im Himalaja gibt es 14 Achttausender, und 1955 waren erst sechs bestiegen worden. Der Rest schien dann allerdings schneller zu fallen. 1956 kehrten die Schweizer zum Everest zurück und absolvierten nicht nur dessen Zweitbesteigung, sondern drehten sich auf dem Südjoch um und bestiegen auch noch den Lhotse (8511 m) zum ersten Mal.

George Band wenige Meter unter dem Gipfel des Kangchenjunga. Er und Joe Brown versagten es sich, den Gipfel zu betreten – aus Respekt vor dem Glauben der Einheimischen, er sei der Sitz der Götter.

1957 machte sich eine österreichische Gruppe von vier Alpinisten auf den Weg zum Broad Peak (8047 m). Sie bestand aus Hermann Buhl, der sich am Nanga Parbat bereits Ruhm erworben hatte, Marcus Schmuck, Fritz Wintersteller und einem Bergsteiger, der gerade erst begann, sich einen Namen zu machen – Kurt Diemberger. In mancher Hinsicht bildeten sie die erste Expedition modernen Stils: sie hatten keine Höhenträger und benutzten – obwohl sie drei Lager am Berg einrichteten – keine Fixseile. Ihr Erfolg, zu viert den Gipfel erreicht zu haben, ist um so bemerkenswerter, als sie absolut kein festgefügtes Team waren. Buhl hatte Streit mit Wintersteller und Schmuck. Er hatte am Nanga Parbat wahrscheinlich zu viel aus sich herausgeholt – auf dieser Expedition jedenfalls zeigte er keine überragende Stärke, und vielleicht ärgerte er sich darüber. So wandte er sich Diemberger zu, der ihn vergötterte, und sie kletterten die ganze Zeit über zusammen. Wintersteller und Schmuck erreichten den Gipfel des Broad Peak als erste, Buhl und Diemberger folgten ihnen, wobei Diemberger weit vor Buhl oben ankam, zu ihm zurückging und seinen Freund im schwindenden Licht am Ende eines langen und anstrengenden Tages zum Gipfel hinaufbegleitete. Damit war Buhl der erste Mensch, der zwei Achttausender bestiegen hatte. Der Erfolg jedoch konnte die Männer einander nicht näherbringen: Schmuck und Wintersteller machten sich auf, um die Erstbesteigung des Skilbrum (7420 m) zu versuchen, während Buhl und Diemberger den Chogolisa (7654 m) aufs Korn nahmen. In diesem Vorhaben lag sicherlich ein Element des Wettstreits: das Verlangen, das andere Paar zu übertrumpfen. Darüber hinaus war es die höchste Bergspitze, die bislang im reinen Alpinstil angegangen wurde – anders ausgedrückt: indem man im Hauptlager seinen Rucksack packte und dann stetig den Berg hinaufstieg, wobei man unterwegs zeltete oder biwakierte.

Zunächst verlief alles gut. Buhl hatte sich nicht nur von der Plackerei am Broad Peak erholt, sondern erschien sogar wie ausgewechselt. Sie alle trugen schwere Lasten, und Buhl übernahm auch seinen Anteil am Spuren. 300 m unterhalb des Gipfels schien die Route einfacher zu werden, aber jetzt begann das Wetter umzuschlagen. Ohne die Spur hinter sich würden sie niemals in der Lage sein, in der völlig weißen Umgebung den Rückweg zu finden – also riet Buhl zur Vorsicht, und sie begannen mit dem Rückzug. Äußerst langsam tastete sich Diemberger voran, wählte seinen Weg vorsichtig den schneebepackten Grat hinab, kaum in der Lage zu erkennen, wo der Wächtensaum endete und der Schneestaub der Wolke begann. Nur mit Mühe entkam er einem Wächtenbruch. Entsetzt wartete er auf Buhl, und als der nicht kam, keuchte er den Grat hinauf zu ihm zurück, wo er nur noch den gezackten Rand eines Wächtenbruchs und ein paar Tritte im Schnee fand, die zu ihm hinführten.

Und was geschah mit dem Rest der Achttausender? Der Manaslu (8156 m) fiel 1956 an die Japaner, und im selben Jahr noch bestieg eine österreichische Expedition den Gasherbrum II (8035 m). Den Gasherbrum I (8068 m) holte sich 1958 eine amerikanische Expedition unter Führung des Rechtsanwalts Nick Clinch, der in den folgenden Jahren der erfolgreichste Expeditionsleiter der Amerikaner werden sollte. Pete Schoening, der 1953 fast das gesamte K2-Team gerettet hatte, indem er dessen Sturz auffing, bestieg mit Andy Kauffman den Gipfel. Der Dhaulagiri (8167 m), sechsthöchster Berg, ging 1960 an eine Expedition von Österreichern und Schweizern, die einen Pilatus-Porter-Hochdecker einsetzten, um ihre Vorräte ins Hauptlager zu schaffen. Zur Gipfelgruppe gehörte auch Kurt Diemberger. Der dann noch verbliebene letzte Achttausender war der Shisha Pangma (8046 m), der in Tibet liegt; ihn bestiegen 1964 die Chinesen mit einer der großen Expeditionen, die sie schon immer bevorzugt hatten: sechs Chinesen und vier Tibeter standen schließlich auf seinem Gipfel.

Der Andrang der Expeditionen in den fünfziger und auch noch den sechziger Jahren war im Verhältnis zu heute gering – es waren nur einige wenige pro Jahr. Noch 1960, als ich zum ersten Mal im Himalaja war, hatte Katmandu nur ein Hotel, und es gab keine Touristen. Und als wir das Massiv des Annapurna umrundeten, trafen wir nur auf einige Leute aus dem Westen, Mitglieder der Dhaulagiriexpedition. Heute träfe man wahrscheinlich etliche Hundert.

Die noch nicht bestiegenen Gipfel unter 8000 m wurden recht langsam angegangen – und die über 8000, erst einmal bestiegen, ließ man weitgehend in Ruhe.

Die einzige Ausnahme war – unausweichlich – der Everest. Zunächst einmal war das wahrscheinlich eine Frage des Patriotismus, zumindest im Falle der Staaten, die an den Berg angrenzten. Sowohl Inder wie Chinesen zeigten ein starkes nationales Interesse, den ersten Angehörigen ihres Staates auf dem Gipfel zu sehen. Die Inder benötigten drei Anläufe, bevor Fregattenkapitän Kohli von der indischen Marine die richtige Formel und auch das richtige Wetter fand: er stellte neun Bergsteiger auf den Gipfel, die höchste Zahl aller Expeditionen bislang. Und die Chinesen unternahmen 1960 von Norden her einen Versuch mit einem gewaltigen Team von 214 Mitgliedern. Sie behaupteten, den Gipfel erreicht zu haben, aber damals zögerten westliche Experten, ihnen das abzunehmen: ihnen fehlten entsprechende Gipfelbilder, weil sie ihn bei Dunkelheit erreicht hatten. Ihr Bericht war durchtränkt mit marxistischer Rhetorik, die sich auf Parteitagsbeschlüsse der Kommunisten bezog, und sie rezitierten – in über 8000 m Höhe – aus den Schriften des Vorsitzenden Mao. Seit sich die Beziehungen zu China in den achtziger Jahren etwas gelockert haben, sind westliche Experten etwas toleranter. Ich traf 1981 einen der Gipfelstürmer, Wang Fu Chow. Er zeigte mir die Stummel seiner Finger, beschrieb anschaulich, wie er die Zweite Stufe mit bloßen Händen erklomm und dann in der hereinbrechenden Nacht weiterging zum Gipfel. Ich glaube ihm.

1963 nahmen auch die Amerikaner den Everest ins Visier. Es war eine umfangreiche Expedition, die Norman Dyhrenfurth leitete, der Sohn von G.O. Dyhrenfurth. Einige Mitglieder wollten nur den höchsten Punkt der Erde betreten, während andere mehr an einer Erschließung und der Festlegung einer neuen Route interessiert waren. Dyhrenfurth, ein wirklich liberaler Führer, löste das Problem, indem er der Expedition zwei Ziele steckte. Und so erreichte Big Jim Whittaker, ein Bergführer vom Mount Rainier, den Gipfel des Everest über das Südjoch mit dem Sherpa Nawang Gombu, während Willi Unsoeld, ein verträumter Philosoph, und Tom Hornbein, ein scharfäugiger Gnom von Mann und ein brillanter Wissenschaftler, den Westgrat wählten, ihn mit nur geringer Unterstützung erreichten, dann nach Tibet hinüberwechselten und durch die Nordwand zu einem Couloir querten, das – heute als Hornbeincouloir bekannt – zum Gipfel hinaufführte. Sie biwakierten beim Abstieg direkt unterhalb des Gipfels, und halfen dann Barry Bishop und Lute Jerstad, die eigentlich zu ihrer Unterstützung hier oben waren, hinunter zum Südjoch, womit sie dann auch die erste Überschreitung eines Achttausenders abschlossen – eine wirklich großartige Leistung.

Je höher der Berg, desto größer die Herausforderung, daran gibt es keinen Zweifel. Die Entkräftung durch Sauerstoffmangel, die größere Dimension eines jeden natürlichen Hindernisses, die Folgen eines Unwetters – all das trägt mit dazu bei. Aber es ist ein Maßstab, der sich schrittweise erweitert, und die höheren Siebentausender haben die gleichen Attribute wie die niedrigeren Achttausender. Die angelegte Meßlatte ist künstlich und hat einigen bildschönen Bergen die Begeisterung entzogen, die die siebziger und achtziger Jahre kennzeichnete.

Präsident Kennedy überreicht 1963 die Hubbard Medal der National Geographic Society an Norman Dyhrenfurth und die Mitglieder der amerikanischen Everestexpedition.

Einer der forderndsten und schönsten Gipfel im gesamten Himalaja ist der Gasherbrum IV (7925 m), der sich majestätisch über dem Concordiagletscher erhebt. Er wurde 1958 von Walter Bonatti und Carlo Mauri bestiegen, den Mitgliedern einer italienischen Expedition, die der große Alpinist Riccardo Cassin leitete. Riesige Granitwände und steile und schwierige Risse verleihen ihm ein Kletterniveau, das an die besten Partien des Mont-Blanc-Massivs erinnert – bei doppelter Höhe. Endlich hatte Bonatti einen der größeren Gipfel des Himalaja betreten, der zwar nicht das Prestige des K2 hatte, aber um einiges schwieriger war.

Um diese Zeit lernte ich den Himalaja kennen. 1960 war ich am Annapurna II, dessen Gipfel mit 7937 m ärgerlich nahe an der »magischen Grenze« liegt; den Nuptse (7880 m) besuchte ich im Jahr darauf. Der Nuptse ist kaum mehr als der höchste Punkt einer langgezogenen Wand, die sich vom Lhotse nach Westen schwingt und den Westkessel bewacht. Der leichteste Weg zu seinem Gipfel führt durch seine Südwand und besteht aus einer komplexen Route, die der Linie des geringsten Widerstands über ausgekerbte Sporne und durch Eisfelder bis zu einer Rinne folgt, die dann bis zum Gipfel führt. Sechs von uns erreichten ihn. 1962 kehrte Herrligkoffer mit einer Expedition zum Nanga Parbat zurück, die die gewaltige Diamirflanke über eine Reihe von Felspfeilern und steilen Rinnen bis zum Nordgipfel durchstieg. Toni Kinshofer, Anderl Mannhardt und Sigi Löw kamen bis zum Gipfel, aber Löw verlor beim Abstieg sein Leben.

Mitte der sechziger Jahre erhielten die Berge durch den Konflikt zwischen Indien und Pakistan sowie Indien und China eine längere Atempause. Darüber hinaus war die nepalesische Regierung verärgert über einen nicht genehmigten Filmbericht des Angriffs von Khamparebellen aus Nepal auf einen chinesischen Konvoi. Das Ergebnis war, daß die Berge für Alpinisten von Mitte bis Ende der sechziger Jahre verschlossen blieben. Das war wie das Eindämmen eines schnellfließenden Flusses – und als dann die Bergsteiger wieder in ihre Berge durften, bewirkte die Explosion der auf diese Weise angestauten Energie eine Veränderung der Klettertechniken und – durch die abenteuerhungrigen Kletterer und Trekker der wohlhabenden Welt – auch des Umgangs mit der Himalajaregion: ihre Ausbeutung und ihre weitere Entwicklung.

Kapitel 12

HOHE WÄNDE UND HOHER AUFWAND

Die Belagerung des Himalaja in den Siebzigern

●

Ich kann mich erinnern, daß ich auf halber Höhe der Eigernordwand in einer kleinen Schneemulde saß und John Harlin zuhörte, wie er von seinem Traum erzählte, einmal die Südwestwand des Everest zu durchklettern. Das war der logische Schritt: vom Eiger in den Himalaja, und wäre er noch am Leben, dann wäre er sicherlich eine treibende Kraft unter den modernen Kletterern geworden, die man in den siebziger Jahren überall an den hohen Wänden des Himalaja fand. Und unter diesen Wänden nahm der Everest naturgemäß eine Spitzenstellung ein.

An der Südwestwand des Everest führt ein Schneefeld hinauf zu einer riesigen Zentralrinne, die in einer Felswand endet, die sich in 8200 m Höhe quer durch die Wand zieht – höher, als die meisten Berge der Erde überhaupt aufragen. Diese Wandstufe bedeutete für die ersten Expeditionen stets das »Aus«. Als erste befaßten sich die Japaner ernsthaft mit der Wand und führten 1969 zwei aufschlußreiche Aufklärungsexpeditionen durch, die ihnen Hoffnung für 1970 machten. 1970 war dann ohnehin das Jahr der Japaner, zumindest was den Everest anbetraf. Sie verfügten nicht nur über eine 30 Mann starke Klettermannschaft, die sowohl auf die Südwestwand wie auch auf den leichteren Südostgrat angesetzt war, sondern auch noch über ein zweites Team, das entschlossen war, eine Skiabfahrt vom Südjoch den Berg hinunter zu erschließen.

Die Japaner sahen sich 1970 vor die gleiche Wahl gestellt wie 1963 die Amerikaner: unter allen Umständen sollte ein Japaner seinen Fuß auf den Gipfel gesetzt haben – also erhielt zwangsläufig das Team für den Südostgrat Vorrang. Uemura, der einer der führenden japanischen Kletterer und auch Abenteurer werden sollte, erreichte auf dieser Route mit Matsuura den Gipfel. Aber trotz ihrer zahlenmäßigen Stärke konnte die Expedition das Ziel nicht auf zwei Führen erreichen, zumindest nicht über eine so anspruchsvolle Route wie die Südwestwand. Zwei Kletterer schafften es zwar fast noch bis zum Fuß einer Rinne auf der linken Seite der Wandstufe, aber so hoch waren sie auch schon bei ihrer Erkundungsfahrt gekommen. Obwohl sie die Route als begehbar einschätzten, zogen sie sich unter

Steinschlag zurück – zufrieden damit, zu Hause von einem leichteren Anstieg berichten zu können und von einer recht spektakulären Skiabfahrt: Miura startete am Südjoch mit einem Fallschirm, der seine Fahrt bremsen sollte, sich aber nicht öffnete. Er überlebte und konnte damit von der längsten und höchsten Ski-Steilabfahrt aller Zeiten berichten.

1970 war das Jahr der hohen Wände. Während die Südwestwand unbegangen blieb, wurden zwei andere bedeutende Routen erschlossen. Ich selbst führte im selben Frühjahr eine englische Expedition zur Südwand des Annapurna. Der hoch aufragende Annapurna hat – wie die Grandes Jorasses – drei Gipfel und eine großartige, pfeilerbewehrte Wand: aber doppelt so hoch wie sein alpines Gegenstück. Der höchste Punkt ist der Westgipfel, und die Route dort hinauf schien durchaus begehbar: ein gezackter Eisgrat, der wie ein Pfeiler zu einem Schneefeld

214

hinaufreicht, von wo aus man wiederum zu einer großen Felsbarriere gelangt, die die Gipfelhänge bewacht. Mit acht ersten und drei Ersatzkletterern sowie sechs Sherpa-Höhenträgern war die Mannschaft von überschaubarer Größe.

Allerdings sollten wir bald feststellen, wie wenige wir wirklich waren, um durch eine steile Wand – in der wir überall Fixseile anbrachten – die Vorräte hochzubringen; also warben wir Trekker an, die unser Lager besuchten, um uns beim Transport der Lasten in den unteren Regionen des Berges zu helfen. Mit dieser Art des Kletterns hatten unsere Sherpas keinerlei Erfahrung, und obwohl sie uns in den

Der Leiter der Annapurnaexpedition erhält vor der Abreise noch letzte Ratschläge zur Taktik des Belagerns. Von links: John Hunt, Chris Bonington, Don Whillans, Martin Boysen, Nick Estcourt und Dave Lambert.

unteren Regionen des Berges loyal halfen, mußte oberhalb von 6000 m Höhe die ganze Lastenschlepperei von uns Bergsteigern erledigt werden. Außer mir waren nur noch Don Whillans, Ian Clough und unser amerikanischer Gefährte Tom Frost zuvor im Himalaja geklettert. Unter den führenden englischen Alpinisten unserer Mannschaft war allerdings auch noch die herausragende Persönlichkeit von Dougal Haston. Er und Whillans gingen jetzt beim Klettern zusammen, wobei Dougal praktisch stets führte, dabei aber lernte von dem Älteren und Erfahreneren, der seine besten Tage wohl schon hinter sich hatte. Whillans hatte stets nach dem Grundsatz gelebt, das Training beginne erst, wenn er die letzte Kneipe verlasse – aber als er dann mit uns am Berg war, trugen sein gesundes Urteil und seine mitreißende Dynamik viel zu unserem Erfolg bei.

Das gleiche taten zwei völlig neue Ausrüstungsstücke, die er entworfen hatte und die sich auf das künftige Bergsteigen nachhaltig auswirken sollten. Hier bewährte sich vor allem sein Sitzgürtel aus breitem, weichem Band, der – leicht verändert – in der ganzen Welt zum Standardgürtel für Kletterer wurde. Seine andere Erfindung war die Whillansbox. Das war ein schachtelförmiger Holzrahmen für Schutzzelte, den er 1963 am Zentralturm des Paine ersann, als wir feststellen mußten, daß kein herkömmliches Zelt den heftigen Stürmen Patagoniens gewachsen war. Die Whillansbox hatte einen Leichtmetallrahmen, mit dem man sie in den Schnee eingraben konnte und der dem Druck des Schnees auch widerstand – ohne eingedrückt zu werden, wie das mit einem normalen Zelt passieren würde.

Eine Belagerungsexpedition zu leiten war 1970 anders als in den fünfziger und sechziger Jahren. Die Bereitschaft, einem Führer zu gehorchen, wie sie durch Kriegsdienst oder Wehrpflicht geprägt war, gab es nicht mehr, und die Kletterer selbst waren inzwischen erfahrener, liebten den Wettkampf, hatten ihren eigenen Ehrgeiz und damit auch ihre Chance verdient, am Erfolg teilzuhaben. Wenn es dann also wahrscheinlich nur eine Gelegenheit gab, den Gipfel zu versuchen, brachte das den Führer in eine schwierige Lage. Meine Beziehungen zum Team waren gelegentlich ziemlich belastet, besonders als es so aussah, als bevorzuge ich Whillans und Haston als unser bestes Gipfelpaar. Dabei war es ausschließlich die gemeinsame Anstrengung der gesamten Mannschaft, die uns schließlich den Erfolg sicherte: Tom Frost und unser unermüdlich kletternder Kameramann Mick Burke umgingen die Felsbarriere, die den oberen Teil der Wand bewacht, Martin Boysen, Nick Estcourt, Ian Clough und ich trugen den Nachschub zu den oberen Lagern, so daß Whillans und Haston dann ihren Vorstoß zum Gipfel durchführen konnten. Sie kletterten ohne Seil, und schwere, dunkle Wolken – Vorboten des Monsuns – türmten sich um sie auf. Die Südwand des Annapurna war die erste große Wand, die im Himalaja durchstiegen wurde.

Als wir nach Katmandu zurückkehrten, war allerdings unsere anfängliche Freude über das Erreichte überschattet durch den Tod von Ian Clough, der im unteren Teil der Wand sein Leben verloren hatte. In der Stadt brach gerade Dr. Herrligkoffer mit einer deutschen Expedition zur Rupalflanke des Nanga Parbat auf,

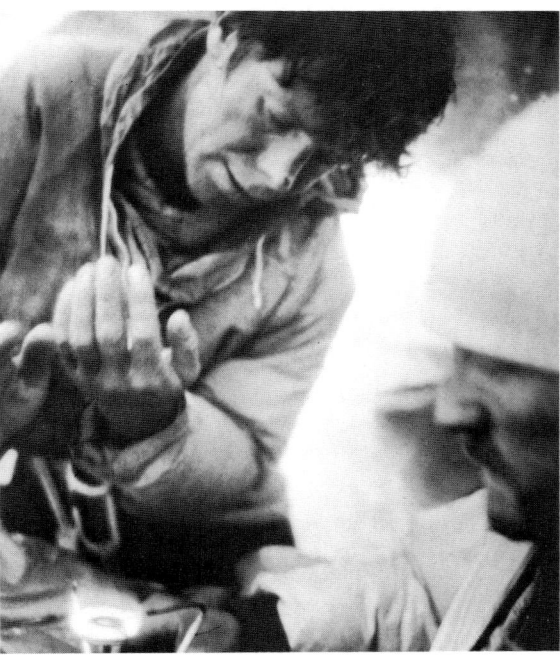

Tom Frost, oben links, einer der besten Felskletterer Amerikas. Darunter Ian Clough mit Don
Whillans im Lager 6 beim »Auftauen« – sein tragischer Tod in einer Lawine unterhalb von
Lager 2 setzte der Freude über die Besteigung des Annapurna durch Haston und Whillans ein
jähes Ende. Rechts Chris Bonington auf dem Annapurna, nachdem die erste große Wand des
Himalaja durchstiegen war.

die mit 5000 m höher, aber nicht so steil wie die Südwand des Annapurna ist. Mit dabei waren Reinhold Messner und sein Bruder Günther; es war ihre erste Expedition in den Himalaja.

Reinhold hatte im Klettern bereits eine führende Rolle übernommen und war entschlossen, einen schnellen Gipfelvorstoß von ihrem Hochlager in 7350 m Höhe aus durchzuführen, bevor der Monsun eintraf. Während er noch kletterte, sah er jemanden hinter sich: es war Günther. Zusammen – wie sie das so oft in den Dolomiten getan hatten – stiegen die Brüder zum Gipfel auf. Aber noch waren die Bedingungen des Himalaja für Günther eine zu schwierige Aufgabe: Reinhold erkannte, daß sein jüngerer Bruder es nicht schaffen würde, ohne Seil durch die steilen Wände der Merklrinne abzuklettern, also entschloß er sich zu einem frostigen Notbiwak, um auf Hilfe zu warten. Als sie am nächsten Morgen versuchten, ihre Notlage zwei anderen Mitgliedern ihres Teams, die auch auf dem Weg zum Gipfel waren, zu signalisieren, mißlang das – ebenso unerklärlich wie Desmaisons Versuche am Walkerpfeiler. Jetzt lag Messners einzige Überlebenschance im Rückzug über die längere, einfachere, aber unbekannte Diamirflanke.

Es war ein verzweifelter Abstieg, obwohl es Reinhold, der vorn ging, irgendwie gelang, einen Weg durch die Eistürme und Schneerinnen hinab zum Diamirgletscher zu finden. Dabei hatten sie übrigens die erste vollständige Überschreitung des Berges abgeschlossen. Messner drängte voran: dort vorn gab es Wasser, das sie trinken konnten; er setzte sich und wartete auf seinen Bruder. Aber Günther kam niemals an. Eine Eislawine weiter oben am Gletscher war dann letztes, unwiderlegbares Zeichen, wie er seinen Tod gefunden hatte. Trotzdem wühlte Reinhold Messner verzweifelt und außer sich mit bloßen Händen nach seinem Bruder, suchte und rief noch einen ganzen Tag und eine Nacht weiter – bis er sich das schlimmste eingestand und ausgezehrt, erschüttert und mit Erfrierungen zu einem Zeltlager heimischer Hirten wankte. Das war eine Erfahrung, die nur sehr wenige Menschen – seelisch wie körperlich – bestehen konnten, aber diese erste Erfahrung Messners im Himalaja war auch der schockartige Beginn einer Karriere, die noch die höchsten Berge dieser Erde herausfordern sollte.

Ganz anders dagegen verlief die französische Expedition des Frühjahrs 1971 zum Makalu. War Herrligkoffers Expedition im Tumult gegenseitiger Beschuldigungen zu Ende gegangen, so arbeiteten die Franzosen am abweisenden Westpfeiler friedlich zusammen. Sie hatten eine ausgewogene Mannschaft erfahrener Alpinisten zusammen – mit Lucien Berardini, der bei der Erstbegehung der Westwand des Dru mit dabei war, und aufstrebenden jüngeren Assen wie Yannick Seigneur, der dann auch zum erfolgreichen Gipfelpaar gehörte.

1971 jedoch blickte die Bergsteigerschaft erneut zum Everest, wo Norman Dyhrenfurth, der 1963 am Everest so erfolgreich gewesen war, mit seinem Vertreter Oberst Jimmy Roberts eine internationale Expedition talentierter Bergsteiger

Reinhold Messner, links, nach der traumatischen Erfahrung der Besteigung seines ersten Achttausenders. Er bestieg danach als erster den Everest ohne Sauerstoff, dann im Alleingang einen Achttausender (wieder den Nanga Parbat, auf einer neuen Route), dann im Alleingang den Everest, anschließend zwei Achttausender hintereinander und schließlich alle vierzehn Achttausender. Rechts Günther Messner, der zusammen mit seinem Bruder den Gipfel des Nanga Parbat über dessen gewaltige Rupalflanke erreichte, dann aber am Fuß der Diamirflanke – nach einem schwierigen Abstieg, der zudem eine ungeplante Überschreitung des Berges vollendete – von einer Lawine verschüttet wurde.

zum jüngsten Angriff auf die Südwestwand führte. Sein Team umfaßte 19 Alpinisten aus 10 Ländern – die meisten davon mit einer Höhenerfahrung, die Erwartungen weckte. Haston und Whillans waren dabei, frisch ausgeruht vom Erfolg am Annapurna, und auch Uemura, der den Gipfel ja bereits im Jahr zuvor über das Südjoch erreicht hatte. Wie damals die Japaner steckte sich diese internationale Brigade zwei Ziele und überließ es dann demokratisch den Kletterern, zu wählen: zwischen dem Westgrat, einer Variante der amerikanischen Westgratroute und der schwierigeren Südwestwand.

Zwar verlief zunächst alles nach Plan, aber dann brachten ihnen Unwetter, Virusinfektionen und der Tod des indischen Mitgliedes ihrer Mannschaft zum Bewußtsein, daß sie sich mit den gesteckten Zielen wohl doch übernommen hatten. Eine Abstimmung legte fest, daß nunmehr alle Kräfte auf die Südwestwand konzentriert werden sollten – woraufhin die italienischen und die französischen Mitglieder, die für einen Vorstoß über das Südjoch votiert hatten, ihre Sachen packten und abreisten. Beim Aufbruch soll Mazeaud von den Briten gesagt haben: »Wie können die von mir, einem Vertreter Frankreichs, erwarten, als Träger zu arbeiten?« Es war eine rhetorische Frage, an der schließlich die gesamte Entente zerbrach – übrig blieben zwei Engländer, zwei Japaner und zwei Österreicher; sie wollten die Route durch die Große Zentralrinne nach oben treiben.

Diese Kräfte hätten vielleicht ausgereicht, um die Wand zu bezwingen, obwohl die Österreicher mit Whillans nicht auskamen: sie behaupteten, er reiße die Führung an sich, und gaben schließlich auch auf. Den beiden Japanern schien es recht zu sein, Nachschubaufgaben zu erfüllen – ob aus angeborener Höflichkeit oder einfach, weil sie das vorzogen, ist schwer zu sagen. Whillans und Haston blieben die ganze Zeit vorn, standen jedes schlechte Wetter durch und verbrauchten so zwangsläufig den Sauerstoffvorrat. Als sie die Wandstufe erreichten, gingen sie aber nicht zur Rinne links, die die Japaner im Jahr zuvor versucht hatten, sondern Whillans entschied sich für eine breite Schneerampe, die rechts nach oben führte. Aber jetzt näherte sich auch der Monsun, sie waren alle erschöpft, die Vorräte kamen nur noch bruchstückweise durch die Wand nach oben, die Führe über ihnen war steil und schwierig, und zudem war ihnen das Fixseil ausgegangen. Damit war klar, daß sie keinen wirksamen Vorstoß zum Gipfel mehr unternehmen konnten – also gaben sie ihren Versuch in 8300 m Höhe auf, obwohl sie schon die halbe Strecke einer flachen Rinne durch die Wandstufe geschafft hatten. Eigentlich hatte die Expedition eine Menge erreicht, aber jegliche Anerkennung dafür ging in dem erbitterten Streit unter, der sie begleitete und ihr dann auch noch nachhing.

Nächster in der Warteschlange war im Frühjahr 1972 Dr. Herrligkoffer. Er lud Whillans und Haston ein, mitzumachen – vermutlich, weil sie den oberen Teil der Wand so gut kannten. Dann stieg Haston aus und wurde durch Hamish MacInnes ersetzt, mit dem Whillans schon den Südwestpfeiler des Dru begangen hatte. Ein weiterer Engländer war Doug Scott, in großen Expeditionen ein Neuling, aber trotzdem ein zielstrebiger und erfahrener Kletterer, der in den letzten Jahren eine Reihe gewagter und kostengünstiger Expeditionen in den Hindukusch, nach Baffin Island und in die Sahara organisiert hatte, in Nordamerika geklettert war und eine Serie sehr schwieriger künstlicher Routen in England und in den Alpen begangen hatte. Diese Expedition war allerdings auch nicht erfolgreicher als die vom Vorjahr. Und jetzt waren es die Briten, die ausstiegen – verärgert über den Führungsstil Herrligkoffers und das Verhalten ihrer deutschen Partner.

Im Herbst 1972 bekam dann ich meine Chance, hatte allerdings nur sehr wenig Zeit, die Expedition zusammenzustellen. Zu der Zeit hatte noch niemand den Gipfel eines Achttausenders in der Nachmonsunzeit gepackt – stets hatten die wilden Stürme und die bittere Kälte des Herbstes im Himalaja jeden Angriff abgewehrt. Aber wir mußten diese uns zugeteilte Jahreszeit akzeptieren: der Berg war in der Vormonsunzeit schon auf Jahre hinaus vergeben.

Gemessen an den vorangegangenen Expeditionen zur Südwestwand des Everest war unser Team ziemlich kompakt: wir hatten sieben Gipfelkletterer und vier für die Nachschubrolle; dazu kamen 24 Sherpa-Höhenträger. Den Grundstock bildete die erfolgreiche Gruppe vom Annapurna mit Dougal Haston, Mick Burke und Nick Estcourt, dazu kamen noch Doug Scott und Hamish MacInnes vom Versuch des Vorjahres. Nicht benannt wurde Don Whillans. Seine Vorliebe dafür, vorne zu bleiben, während andere die Arbeit taten, und auch meine inneren Zweifel, ob es mir gelänge, mit ihm fertigzuwerden, trugen zu meiner Entscheidung bei, ihn aus dem Spiel zu lassen. Der Everest stellt einem Führer genügend Probleme – da braucht er nicht noch hausgemachte mitzubringen.

Insgesamt gesehen war diese Expedition dann eine lange Zermürbungsschlacht in heftigen Stürmen und Temperaturen von bis zu -40° C. Wir kamen nicht höher als die anderen auch, wurden aber ein gutes Team und lernten eine Menge – konnten das aber wiederum kaum nutzen, da die Japaner den Herbst 1973 zugeteilt bekamen. Auch sie wurden schließlich von den Winterstürmen zurückgeschlagen. Und dann kam unsere Chance: die Kanadier zogen ihre Buchung für 1975 zurück, und ich belegte unverzüglich die freigewordene Zeit.

Diese Expedition zur Südwestwand des Everest von 1975 – unterstützt von der Barclays Bank – war die größte und bestausgerüstete, die jemals England verlassen hat. Die Mannschaft zählte fast 100 Köpfe, darunter zehn Alpinisten, theoretisch alle in der Lage, den Gipfel zu erreichen, acht Bergsteiger für die Nachschubrolle, 64 Höhenträger sowie ein Dutzend Köche und Meldeläufer. Dieser Aufwand veranlaßte meinen jüngsten Nachwuchskletterer, Peter Boardman, scherzhaft festzustellen, es sei das letzte große koloniale Abenteuer, von Bonington zu einer Expedition geladen zu werden.

Unsere Sherpas hatten eine wichtige Aufgabe, indem sie die Masse des Lastentragens bewältigten, allerdings waren wir auch nicht mehr in den zwanziger Jahren: die Bergsteiger waren selbst verantwortlich für all ihr persönliches Gepäck und auch die kleineren Dinge. Pertemba, der Sirdar oder Führer der Sherpas, erwies sich als Manager modernen Stils. Er war erst 25 Jahre alt, intelligent, charismatisch, hatte die Ausbildung an der Bergsteigerschule von Edmund Hillary in Kunde durchlaufen, und obwohl er auch in Europa und in Amerika gewesen war, hatte er den Kontakt zu den Werten von Kultur und Tradition seines Volkes nicht verloren. Während der gesamten Expedition suchte ich immer wieder seinen Rat. Wir hatten ein festes, entspanntes und freundschaftliches Verhältnis zu unserem Sherpateam, das Mike Thompson so beschreibt:

> Als »Nachschubkletterer« war mir klar, daß ich mich glücklich schätzen konnte, wenn ich so hoch raufkam, daß ich Kommandant von Lager 4 wurde, theoretisch verantwortlich für fünf Lagerstätten, ein Zwischenlager für Ausrüstungen, neun Sherpas und eine ständig wechselnde Anzahl von »Gipfelkletterern« auf Durchreise. Dann befiel mich die Vorstellung, ich könnte tatsächlich ein Sherpa werden, und ich beneidete immer mehr die Gipfelkletterer, die unter Sauerstoff durchs Lager kamen und nur ihre persönliche Ausrüstung trugen. Lächerlicherweise berührte es mich auch noch, als Pertemba – ich hatte es gerade geschafft, mich und mein Gepäck ohne Sauerstoff zum Lager 5 hochzuschleppen – mir sagte, und heute glaube ich, mit tiefstem Sarkasmus: »Jetzt sind Sie ein richtiger Sherpa.«

Die Fragwürdigkeit, Sherpas mit – nach nepalesischen Begriffen – hohem Lohn auf die Berge zu locken und sie damit unausweichlich Gefahren auszusetzen, ist oft angesprochen worden. Wenn sie am Everest Tag für Tag Gepäck durch den Eisbruch tragen, sind sie wohl noch größeren Gefahren ausgesetzt als jeder der Alpinisten, die dieses Gefahrengebiet so wenig wie möglich aufsuchen. Seit 1975 – und heute noch mehr – haben die Sherpas allerdings auch andere Möglichkeiten, gutes Geld zu verdienen, indem sie zum Beispiel Trekker unterhalb der Schneegrenze ohne Gefahr für sich selbst führen. Und trotzdem: noch immer nehmen sie an Expeditionen teil, in vielen Fällen vermutlich sogar aus den gleichen Gründen wie die Alpinisten selbst – wegen des Nervenkitzels, der Kameradschaft, dem Verlangen nach Ruhm und auch wegen des Ehrgeizes, den Gipfel des Berges betreten zu haben. Sie kennen die Gefahren und nehmen sie in Kauf. Das entläßt natürlich die Expeditionen nicht aus ihrer Verantwortung für die Sicherheit ihrer Sherpas. Wir verloren einen jungen Burschen, der in einem Gletscherbach ertrank, als er Lasten zum Hauptlager hinauftrug. Zwar hatten wir dort die wirklichen Gefahrengebiete des Berges noch gar nicht betreten, aber das minderte unseren Schock und unsere Trauer nicht. Nach schweren Schneefällen habe ich jedesmal mit mir gerungen, ob ich die Route durch den Westkessel für lawinenfrei erklären sollte – und im Zeifelsfall entschied ich mich jedesmal dafür, übervorsichtig zu sein.

Unsere Expedition war eine sorgfältig geplante Belagerung, und hier alles richtig zu machen, ist schon für sich eine Erfüllung, besonders für einen verhinderten Feldmarschall wie mich, der es liebt, Einsätze zu planen und Menschen Aufgaben zuzuteilen. Aber was bedeutet schon die Planung: nichts ist dann spannender, als ihre Umsetzung in die Praxis vor Ort.

Die Begehung der Wandstufe und der letzte Vorstoß zum Gipfel waren 1975 ungeheuer aufregend für die betroffenen Kletterer und auch für diejenigen, die unten alles beobachteten und nur warten konnten. Die Rolle, diese Felswand zu bezwingen, war Nick Estcourt und Tut Braithwaite zugewiesen worden. Diese Aufgabe trug auch einen Hauch von Opfer in sich, da sie ja wußten, daß sie damit nur den Weg für ein anderes Gipfelteam vorbereiteten – andererseits wußten sie aber auch, daß es von ihnen abhing, die Lösung zu finden für ein Problem, an dem bisher schon fünf Expeditionen gescheitert waren.

Wir waren zu der Route zurückgekehrt, die die Japaner 1969 und 1970 erkundet hatten: die tiefe Rinne auf der linken Seite. Das war noch immer ein riskantes Spiel, da es uns nicht gelungen war, Fotografien aufzutreiben, die sie in voller Länge zeigten – aber hier wies die Wandstufe die geringste Höhe auf und bot uns vielleicht eine Chance für den Erfolg. Darüber hinaus waren wir für diese Aufgabe viel besser gerüstet als bisherige Expeditionen, die alle schon ziemlich angeschlagen waren, als sie diese Stelle erreichten.

Am 20. September begannen Nick Estcourt und Tut Braithwaite, unterstützt von Mick Burke und mir, die tiefe Verschneidung hochzuklettern, die dorthin führte, was wir das Herz des Berges nannten. Estcourt hatte bereits keinen Sauerstoff mehr, machte aber weiter; Braithwaites Flaschen waren dann leer, als er halb oben war. Die Schwierigkeit kam in etwa 8230 m Höhe auf einer zerklüfteten, schneebedeckten Rampe unterhalb einer überhängenden, gelben Wand. Estcourt war an der Reihe zu führen: »Langsam fing ich an zu verzeifeln – die Schneebrille war ständig trüb vom Nebel, hilflos keuchend schaffte ich es irgendwie, etwas von dem Schnee hinter dem Köpfl zu entfernen, mit den Fingern, während mein Arm noch immer mein Gewicht trug. Meine Kraft ließ schnell nach. Vermutlich dachten die anderen, ich würde abstürzen – aber was immer passieren würde: ich würde nicht aufgeben. Wenn ich das täte, und Tut übernähme jetzt – ich hätte mir jahrelang Vorwürfe gemacht.«

Estcourt gab nicht auf, und indem er diese Stelle schaffte, löste er das Problem der gesamten Wandstufe und öffnete den oberen Teil der Wand für Doug Scott und Dougal Haston, die dann einen Gipfelvorstoß von einem Lager oberhalb der Wandstufe aus unternehmen konnten. Wie John Hunt 1953 beteiligte auch ich mich am Transport der Vorräte ins Hochlager – mit dem instinktiven Verlangen des Führers, absolut sicherzustellen, daß alles nur Menschenmögliche getan wurde, bevor er das Schicksal der Expedition in die Hände des Gipfelteams legte.

Aber wir hatten noch eine lange Strecke vor uns, und die vorrangige Aufgabe von Scott und Haston war es jetzt, Fixseile über das Eisfeld unter dem Südgipfel anzubringen. Denn das würde bedeuten, daß sie am Gipfeltag anfangs schneller vorankämen, daß ihr Abstieg gesichert und beim nächsten Versuch alles einfacher wäre. Am 24. September stießen sie zum Gipfel vor, kamen aber bald nur noch langsam vorwärts, weil der Schnee in einer Rinne unterhalb des Südgipfels brusttief lag und sehr locker war. Aber sie drängten weiter voran, schwammen fast darauf und erreichten den Südgipfel um 16.30 Uhr. Sie hatten die Wand durchstiegen, aber um den Hauptgipfel zu erreichen, mußten sie noch den Gipfelgrat überwinden. Allerdings war der Schnee hier fester, und sie kamen ziemlich gut voran, auch als am späten Nachmittag dann die Dämmerung hereinbrach. Um 18.30 Uhr erreichten sie den Gipfel des Everest. Douglas Haston beschreibt die Stimmung so:

> Wir genossen einen Moment, wie er im Leben wohl einmalig ist. Nach unten und hinüber in die braunen Ebenen Tibets senkte sich der Schatten des Everest über eine Entfernung von sicherlich 300 Kilometern. Über der Nord- und der Ostseite lag eine Stimmung von Wildnis und Abgeschiedenheit, ja fast Unberührtheit. Im Umfeld der Sonne spielten sich wundersame Dinge ab. Einen Moment lang schien sie hinter einem Wolkenband dicht über dem Horizont verschwinden zu wollen: »Das war's«, dachten wir. Aber dann sank die Wolke schneller als die Sonne, und schon kam sie wieder zum Vorschein. Dreimal hintereinander. Ich begann, mich wie Saul auf dem Weg nach Tarsus zu fühlen.

Da es zu spät war, um in der Dunkelheit noch zum Hochlager abzusteigen, biwakierten sie – in 8760 m Höhe – in einem Schneeloch, geplagt von Kälte und Sinnestäuschungen. Ihr Sauerstoff war ziemlich früh zu Ende gegangen, und ihr Brennstoff reichte nur für ein paar Tassen lauwarmen Wassers aus geschmolzenem Schnee. Man muß es ihrer guten körperlichen Verfassung zuschreiben, daß sie diese Nacht ohne Erfrierungen überstanden.

Für den Führer einer Expedition ist es immer eine Versuchung, Schluß zu machen, sobald das Ziel erreicht ist – aber 1975 waren noch zwei weitere Gipfelvorstöße geplant, und wir hatten auch die erforderlichen Vorräte, um sie durchzuführen. Den ersten Versuch sollten Mick Burke und Martin Boysen unternehmen, die am Annapurna so hart gearbeitet hatten, und dann sollten Peter Boardman und Pertemba, unser Sherpaführer, folgen: um das Versprechen einzulösen, daß zumindest einem Sherpa eine Gipfelchance eingeräumt werden würde. Schon beim Aufbruch schlug das Wetter um. Martin Boysen verlor erst ein Steigeisen, dann fiel sein Atemgerät aus – also kam er zurück. Auch Mick Burke geriet in Verzug, und damit waren Peter Boardman und Pertemba an der Reihe, den Gipfel in Angriff zu nehmen. Als sie zurückkamen, noch immer über der Hillarystufe, sahen sie zu ihrem Erstaunen eine Gestalt aus dem Nebel auf sich zuklettern: es war Mick Burke. Er war um eine Stunde langsamer gewesen als sie, war jetzt aber nur noch zehn Minuten vom Gipfel entfernt. Die anderen waren einverstanden, am Südgipfel auf ihn zu warten. Es war das letzte Mal, daß er lebend gesehen wurde.

Dann entwickelte sich das Wetter zu einem ausgewachsenen Blizzard. Boardman und Pertemba warteten noch eine Dreiviertelstunde auf Mick Burke, aber er kam nicht zurück, und schließlich sah sich Boardman gezwungen, die grausame – aber richtige – Entscheidung zu treffen, sich zurückzuziehen, solange das noch

Mick Burke, Kletterer und Kameramann, erreichte 1975 wahrscheinlich alleine den Gipfel des Everest, blieb seit dem Abstieg in einem Schneesturm aber verschollen. Ganz rechts die Südwestwand des Everest; die Skizze rechts zeigt Verlauf und Ergebnisse von sechs vorherigen Versuchen und den Anstieg der erfolgreichen Mannschaft von 1975.
A69: Herbst 1969, Japan
S70: Frühjahr 1970, Japan
S71: Frühjahr 1971, International
S72: Frühjahr 1972, Europa
A72: Herbst 1972, England
A73: Herbst 1973, Japan
A75: Herbst 1975, England
(Die Expeditionen von 1972 und 1973 erreichten zwar die Höhe von Lager 6 rechts von der Wandstufe, errichteten dort aber kein Hochlager.)

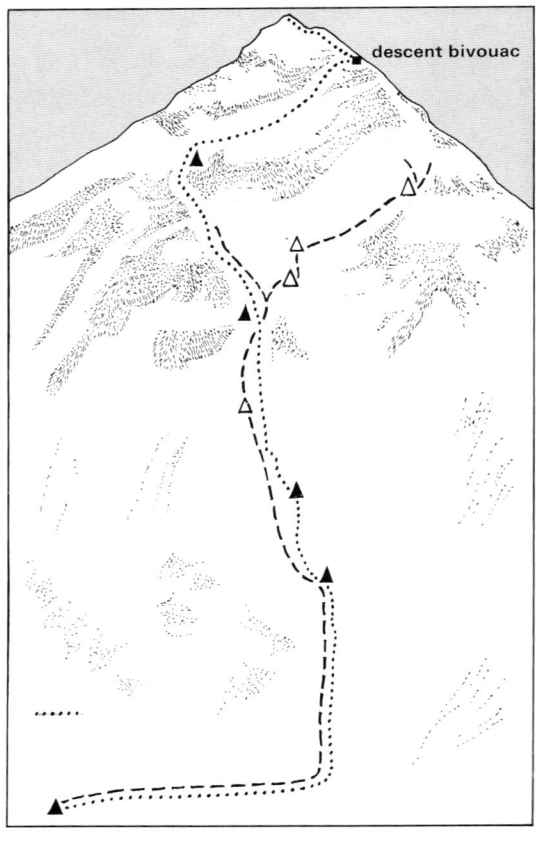

descent bivouac

möglich war. Sie schafften es nur mit Mühe: beim Abstieg wurden sie in der Rinne unterhalb des Südgipfels von einer Lawine getroffen und hatten dann große Schwierigkeiten, das Ende des Fixseils zu finden.

Was Mick Burke anbetrifft, so hat er höchstwahrscheinlich den Gipfel erreicht. Er hatte ein sorgfältig abgewogenes Risiko auf sich genommen – ein Risiko, wie es Charles Evans 1953 auf damals noch unbekanntem Terrain abgelehnt hatte, wie es aber unter den Umständen von 1975 wohl die meisten von uns akzeptiert hätten: mit dem höchsten Punkt der Erde in Reichweite, mit Spuren, die den ganzen Weg bis dorthin markierten, und mit der Gewißheit, daß an der Schlüsselstelle Fixseile angebracht waren. Sein Risiko kennzeichnet das Wesen des Bergsteigens und zeigt einmal mehr sehr deutlich auf, wie nahe Triumph und Tod beieinanderliegen – ein Schatten, der über jeder Expedition liegt, die in höhere Regionen führt.

Lösen wir uns vom Everst – es gab noch viele andere erfolgreiche und schwierige Begehungen im Belagerungsstil. Im Frühjahr 1972 gehörte Messner zu einer österreichischen Expedition, die die Südwand des Manaslu (8156 m) zum Ziel hatte. Es ist eine hohe, komplexe Wand mit bröckligem Gestein und chaotischen Eisbrüchen. Die einzige sichere Route führte im unteren Teil der Wand einen Felspfeiler hinauf, gefolgt von einer serpentinenartigen Traverse, mit der man die gefährlichen oberen Felspartien und Séracs umgehen kann. Der obere Teil der Führe über eine Reihe von glatten Schneehängen bietet technisch keine Schwierigkeiten. Als sein Partner Jäger umkehrte, kletterte Messner – wie anders? – alleine weiter hinauf zum Gipfel. Beim Abstieg durch dichte Wolken verlor Messner die Orientierung und hörte Jäger rufen, nahm aber an, daß er im Hochlager in Sicherheit sei. Das war Jäger nicht. Daraufhin brachen zwei weitere Mitglieder der Gruppe auf, um ihn zu suchen, und auch von diesen beiden kam einer nicht zurück. Und zwangsläufig kam nun wieder Kritik auf, weil Messner Jäger nicht zurück ins Lager begleitet hatte. Natürlich besagt eine der Grundregeln des Bergsteigens, daß sich die Gruppe nie aufteilen soll – aber dieser Leitsatz läßt sich in den Regionen des Extremkletterns nun einmal nicht immer befolgen.

Mitte der siebziger Jahre nahmen die Aktivitäten im Himalaja schlagartig zu, und osteuropäische Bergsteiger drängten immer mehr nach vorn. 1972 führte Ales Kunaver die Jugoslawen am Makalu bis zur oberen Kante seiner abweisenden Südwand, und 1975 kam er zurück, um die Tour zu vollenden: sieben Bergsteiger standen zum Abschluß auf dem Gipfel. 1979 begingen jugoslawische Alpinisten erstmals den Westgrat des Everest. Und 1981 erreichte Kunaver in der riesigen Südwand des Lhotse eine Höhe von 8300 m – der höchste Punkt bis dahin. Am aktivsten aber waren die Polen, die auf eine lange Tradition des Bergsteigens in ihrer Tatra zurückblicken konnten und jetzt endlich das Land verlassen durften, allerdings auf eine vom Staat kontrollierte Art, die uns im Westen zur Verzweiflung getrieben hätte. Aus den Polen machte das manchmal harte Individualisten, die es bald fertigbrachten, alle Formen der Bürokratie zu unterlaufen – in Polen genauso wie in Asien. Gleichzeitig weckte dieser Druck in ihnen aber auch ein Gefühl der

Gemeinsamkeit, das sie in die Lage versetzte, bei Belagerungen effektiv als Team zusammenzuarbeiten. Die Situation zu Hause trug mit dazu bei: erst ein dichtes Netz von Vereinen ermöglichte es ihnen, in der Tatra zu klettern – vom Ausland mal völlig abgesehen. Die Natur des Systems führte zu strengen Kontrollen: so mußte ein Neuling überwachte Ausbildungsgänge durchlaufen, bevor er die Genehmigung erhielt, in den Alpen, im Hindukusch oder im Himalaja zu klettern. Zuvor mußten die Alpinisten unter Anwendung von Klettertechniken Schornsteine bauen oder Kamine streichen, um Geld für die Expedition zusammenzubringen, und anschließend lernten sie zu »organisieren« – sie erwarben und lagerten seltene Luxusartikel, die für den Export oder die kommunistische Nomenklatura bestimmt waren, als Vorräte und Ausrüstung für ihre nächste Expedition ein. Das System zu hintergehen war für polnische Alpinisten genauso wichtig wie das eigene Training.

1971 leitete Andrzej Zawada seine erste größere Himalajaexpedition zum Kunyang Kish (7852 m), einem komplexen Berg, der in den sechziger Jahren bereits zwei Expeditionen abgewehrt hatte. Zawada entwickelte ein System, das den Polen in den folgenden Jahren gut zustatten kam. In diesem Teil des Karakorum gab es keine erfahrenen Höhenträger – die Polen hatten ohnehin nur selten genug Geld, um sie zu bezahlen -, also planten sie sich selbst als Träger ein. Dieses Vorgehen hatte sich bei westlichen Expeditionen nur sehr selten durchsetzen können, da ihnen der unbeirrbare Gleichmut und die Selbstdisziplin fehlen, die man zur Erledigung dieser Arbeiten benötigt. Zawada erkundete vorher sorgfältig das Gelände, vermied den langen und möglicherweise gefährlichen unteren Teil des Grates, indem er durch eine steile Wand aufstieg, und konnte dann seinen Erfolg dadurch untermauern, daß zum Schluß vier Kletterer – auch er selbst – auf dem Gipfel standen.

Der Kunyang Kish wurde erst 1988 ein zweites Mal bestiegen, als eine kleine englische Expedition – zu der auch fünf junge Bergsteiger gehörten, die zum ersten Mal im Himalaja waren – seinen Nordgrat beging und Keith Milne und Mark Lowe dann den Gipfel bezwangen: eine in jeder Hinsicht beeindruckende Leistung. Zawada führte danach noch acht erfolgreiche Expeditionen, die auch zwei Erstbesteigungen im Winter bewältigten: 1980 den Everest und 1985 den Cho Oyu. So gesehen war er erfolgreicher als Messner, dessen Versuche einer Winterbesteigung des Cho Oyu und des Makalu beide fehlschlugen.

Der Winter im Himalaja kann eine Wildheit entwickeln, die man sich nur schwer vorstellen kann: der Wind erreicht bis zu 130 km/h, und die Temperatur fällt bis auf -40° C. Das ergibt – zusammen mit den Auswirkungen der Höhe – eine geradezu tödliche Mischung: die Gefahr von Erfrierungen oder des Todes durch Erfrieren steigt stark an. Und trotzdem können gerade die Polen im Winter auf eine sehr hohe Erfolgsrate, verbunden mit nur geringen Ausfällen, verweisen. Der Grund hierfür könnte sein, daß Winterklettern – ganz abgesehen von entsprechend warmer Bekleidung und abgehärteten Bergsteigern – ein hohes Maß an Zusammenarbeit erfordert, die wiederum einer festen Führung bedarf, besonders wenn es

*Links Ales Kunaver, bewährter jugoslawischer Expeditionsleiter zum Makalu und zum Lhotse.
Rechts Andrzej Zawada, der fintenreich das kommunistische System unterlief und acht polnische
Expeditionen an schwierigen Zielen zum Erfolg führte; ihm gelang auch die erste Winterbestei-
gung des Everest.*

um Belagerungstaktiken geht, was ja gewöhnlich der Fall ist. In den früheren Ost-
blockländern gab es immer einen starken Anreiz, den Erfolg als Gruppe zu errin-
gen, der sich der einzelne unterzuordnen hatte – denn davon hingen ihre Chancen
ab, auch in Zukunft auf Expeditionen gehen zu können. Obwohl die Kletterphilo-
sophie des Westens von den Belagerungen inzwischen abgekommen ist, muß wohl
die osteuropäische Einstellung – Zusammenarbeit unter einem Führer, ohne das
Individuelle aufzugeben – ein Ergebnis der totalitären Erziehung sein. Ein polnisches Standlager im Himalaja aufzusuchen ist immer ein fröhliches Ereignis – mit
einer gastfreundlichen Begrüßung und viel Ausgelassenheit.

In dieser Zeit begannen auch die polnischen Frauen häufiger an Expeditionen
teilzunehmen. Wanda Rutkiewicz ist wohl die erfolgreichste Alpinistin der Welt.
Ich bin ihr 1983 nach einer Bergsteigerkonferenz in Delhi begegnet und habe
schnell ihr Charisma und ihren Tatendrang erfaßt, die sie bei der Organisation von
Expeditionen auszeichnen. 1975 führte sie ihre erste Himalajaexpedition mit dem
Ziel Gasherbrum II und III. Obwohl das eine reine Frauenexpedition sein sollte,
wurden doch einige Männer zugelassen: sie sollten ihnen im Falle von Schwierigkeiten, wie sie in einem moslemischen Land ja auftreten können, zur Seite stehen.
Wanda erreichte dabei den Gipfel des Gasherbrum III. Und 1978 bewältigte sie –
mit einer der allgegenwärtigen Expeditionen des Dr. Herrligkoffer – auch den Gip-

fel des Everest, 1985 dann mit einer reinen Frauenexpedition den Nanga Parbat, und 1986 – ohne Sauerstoff – den K2, womit sie die erste Frau auf dessen Gipfel war. Sie bezwang auch den Shisha Pangma (1987) und den Gasherbrum II mit Rhona Lampard in einer englischen Frauenexpedition; insgesamt hat sie sechs Achttausender auf ihrer Liste.

Über Bergsteigen und Frauen denkt sie so: »Zwischen männlichen und weiblichen Alpinisten besteht noch ein großer Unterschied. Die beste Kletterin ist noch immer nicht so gut wie der beste männliche. Es ist wie bei der Olympiade, bei der die schnellste Frau noch immer nicht so schnell ist wie der schnellste Mann.« Diese physiologische Tatsache spiegelt sich auch in der Geschichte des Bergsteigens wider. Keine der bedeutenden Erstbesteigungen oder Erstbegehungen, die neue Maßstäbe setzten, wurde von Frauen durchgeführt. Allerdings sind sie zunehmend aktiv und auch erfolgreich, besonders im Felsklettern: hier ist der Abstand zwischen den besten weiblichen und den besten männlichen Kletterern nur noch minimal.

Auch in den achtziger Jahren blieb das internationale Interesse an den Gipfeln der Achttausender wach; sie wurden auch jetzt noch belagert. Heute führen über ein Dutzend verschiedene Routen zum Gipfel des Everest. Die letzte große Wand – am Kangshung – fiel 1983 an die Amerikaner, die eine Winde mit Motorantrieb einsetzten, um ihren Nachschub den steilen Pfeiler, der den Fuß bewacht, hinaufzutransportieren. Bergsteiger aus allen Nationen haben die Routen ständig erweitert, und neben den Osteuropäern haben sich die Japaner und neuerdings auch die Südkoreaner sehr stark daran beteiligt.

Die Russen betraten die Szene erst mit der Verkündung von Glasnost. Ihre Kollektivkultur hatte schon immer große Gruppen begünstigt, selbst beim Klettern im Alpinstil, und sie hatten im Pamir ja auch ihre eigenen hohen Berge, an denen sie die Technik großer Expeditionen ausfeilen konnten. Bei ihrer ersten Expedition in den Himalaja erschlossen sie die erste Neuroute durch die Südwestwand des Everest seit dem englischen Aufstieg von 1975, indem sie eine eindrucksvolle Route am Pfeiler links von der Großen Zentralrinne hochtrieben, dann zum Westgrat gelangten und schließlich elf Alpinisten auf dem Gipfel versammeln konnten. Es war eine Leistung, die Anerkennung verdient. Im Frühjahr 1989 unternahmen sie eine wohlorganisierte, große Überschreitung des Kangchenjunga mit einer Mannschaft von 32 Russen und 17 Sherpas, und im Jahr darauf bezwangen sie die Südwand des Lhotse, wiederum mit einer großen Expedition, die Fixseile und Sauerstoff einsetzte.

Die Russen vertreten die Auffassung – das fanden wir 1975 heraus -, daß nahezu alles möglich ist, wenn nur die Mannschaft groß genug ist und die Planung gut. Aber nachdem uns das klargeworden war, haben wir – und andere gleichgesinnte Alpinisten auch – begonnen, uns anderweitig nach Abenteuern umzusehen. Die alte Belagerungsexpedition mit Trägern, Fixseilen, Sauerstoff und Vorratslagern ist heute der Dinosaurier der Bergsteigerszene, und obwohl noch nicht ganz ausgestorben, sollte man ihm gestatten, sich zur letzten Ruhe zu betten. Die Zukunft des Bergsteigens liegt darin, gerade so viel Unsicherheit auszuwählen, daß das Abenteuer erhalten bleibt. Das hat dann das Klettern in kleineren Gruppen zur Folge – und vielleicht sogar Alleingänge an den steilsten und höchsten Stellen des Himalaja.

Kapitel 13

LEIDEN AUS LEIDENSCHAFT

Extremklettern im Himalaja

●

Sie brauchten nur noch ihre Rucksäcke aufzunehmen und den Gletscher hinaufzugehen. Einen Monat, bevor unsere englische Expedition zur zweiten und erfolgreichen Belagerung der Südwestwand des Everest aufgebrochen war, machten Reinhold Messner und Peter Habeler sich daran, auf waghalsige Weise eine neue Route auf den Gipfel eines Achttausenders auszuprobieren. Nur wenige Monate zuvor hatte Messner an einer großen italienischen Expedition teilgenommen, die von Riccardo Cassin geführt wurde und die Südwand des Lhotse belagerte. Aber schlechtes Wetter und Lawinen hatten die Moral der Mannschaft untergraben, worauf sie den Versuch aufgab – was Messners kritische Einstellung zu großen Expeditionen nur bestärkte. Jetzt, drei Monate später oben am Baltorogletscher, hatte er die Chance, eine lang gehegte Theorie in die Praxis umzusetzen und zu versuchen, die Nordwestwand des Gasherbrum I (8068 m) in echtem Alpinstil zu durchklettern.

Sein Partner, Peter Habeler, war Bergführer aus Mayrhofen in Österreich; er war schon lange Zeit mit Messner zusammen geklettert. 1974 hatten sie die Eigernordwand in der Rekordzeit von zehn Stunden durchstiegen – für sie der Beweis, daß sie sich in schwieriger Umgebung beide gleich schnell bewegen konnten. Sie hatten aber vorher auch intensiv trainiert. Wie heute jeder moderne Felskletterer speziell für sein Hobby trainiert, hatte auch Messner ein umfangreiches Pensum an Langstreckenläufen, Fitneßübungen und auch Diät absolviert, um seine Ausdauer aufzubauen. Sein Puls lag jetzt bei 42, und bei seinen Trainingsläufen konnte er 1000 Höhenmeter in unter einer Stunde bewältigen – und all das zu einer Zeit, als englische Bergsteiger noch das Klettern selbst als ausreichendes Training für den Himalaja erachteten.

Bei einer herkömmlichen Belagerungsexpedition ist die Akklimatisierung enthalten im Anmarsch, in der Errichtung von Zwischenlagern, in abwechselnder Arbeit hoch oben und dann wieder Ruhepausen im Hauptlager. Der Sinn des Vorstoßes im Alpinstil ist hingegen, schnell an Höhe zu gewinnen – ein perfektes

Rezept für die Höhenkrankheit. Um sie zu vermeiden, akklimatisiert sich der Alpinist an niedrigeren Bergen in der Umgebung. Es gibt verschiedene Theorien, wie diese Akklimatisation am besten erreicht wird – 1975 hatte man allerdings noch wenig Erfahrung damit. Messner und Habeler begnügten sich mit einigen Erkundungsfahrten um 6000 m Höhe, bevor sie zum Schneekessel unterhalb der Nordwestwand aufbrachen.

Hier erleichterten sie ihr Gepäck ein weiteres Mal: nicht benötigter Proviant und Gaspatronen blieben zurück, selbst das Seil – mit der Begründung, daß das Klettern mit Seil sie nur aufhalte und der Fels so locker sei, daß ein Seil ihnen lediglich das trügerische Gefühl der Sicherheit gäbe. Sie brachen noch vor der Morgendämmerung auf – jeder Mann auf sich selbst gestellt, ermutigt nur durch die Anwesenheit des anderen.

Das Klettern war unsagbar schwierig, besonders im oberen Teil mit seinem steilen und zerklüfteten Gestein. Der steil abfallende Teil der Wand endete dann in etwa 7000 m Höhe auf einer Schulter, wo sie die Nacht im Biwak verbrachten. Von dort schwang sich der Nordwestpfeiler noch einmal 1000 m – aber einfacher – zum Gipfel hoch: dieses letzte Stück vollendeten sie tags darauf. Das war damit nicht nur der erste Achttausender, der im Alpinstil bestiegen wurde, sondern auch der bei weitem schnellste Aufstieg – vom Hauptlager aus in nur drei Tagen, noch dazu auf einer neuen Route. Jetzt war Messner der einzige Mensch, der drei Achttausender bewältigt hatte.

In mancher Hinsicht war dieser Aufstieg die wohl schöpferischste aller Neuerungen von Messner: er ging die technisch anspruchsvollen Routen zu den höheren Gipfeln des Himalaja mit der gleichen Einstellung an, wie man sie in den Alpen pflegte – mit dem gleichen Engagement, der gleichen Bewegungsfreiheit und dem gleichen Maß an Abenteuer, wie sie diese Einstellung mit sich bringt. Allerdings bedeutete das für den Himalaja noch nicht das Ende des Bergsteigens im Belagerungsstil. Man kann sich zu leicht in Wortdeutungen verlieren, wenn man vom Alpinstil spricht, denn es gibt durchaus Situationen, in denen es ausgesprochen sinnvoll sein kann, Fixseile und ein oder zwei Lager zu benutzen, um damit eine gute Ausgangsposition für einen alpinen Vorstoß zu schaffen, bei dem dann nur noch Biwakausrüstung mitgenommen wird.

Im Frühjahr 1978 schlossen sich Messner und Habeler einer Gruppe an, geführt von Messners altem Freund Wolfgang Nairz, die den Everest über das Südjoch besteigen wollte. Es sollte eine herkömmliche Expedition werden, mit Fixseilen, Sauerstoff und Trägern, da Messner und Habeler den Rahmen einer Belagerung brauchten, um ihren entscheidenden Schritt ins Unbekannte tun zu können: sie wollten als erste den Gipfel des Everest ohne Sauerstoff erreichen. Zwar hatte schon 1924 Norton eine Höhe von 8570 m ohne Sauerstoff überstanden, und Messner selbst war mit einem Leichtflugzeug über den Everest geflogen, ohne die Sauerstoffmaske anzulegen – aber das war etwas anderes, als tatsächlich selbst bis zum Gipfel hochzusteigen. Es gab eine Menge Experten, die sagten, das

Reinhold Messners historische Aufnahme von sich selbst auf dem Gipfel des Nanga Parbat, nachdem er erstmals einen Achttausender im Alleingang bezwungen hatte.

sei unmöglich, sie würden nahezu sicher bei dem Versuch ums Leben kommen.

Beim Aufstieg durch den Eisbruch, den Westkessel und durch die Lhotsewand übernahmen Messner und Habeler ihre Arbeit wie alle anderen auch, und dafür überließ man ihnen den ersten Angriff auf den Gipfel – und beim zweiten Versuch am 8. Mai 1978 war es dann geschafft: sie hatten den Gipfel des Everest ohne Sauerstoff erreicht.

Nur zwei Monate später zeltete Messner neben der Seitenmoräne unter der Diamirflanke des Nanga Parbat, ziemlich genau an der Stelle, wo er 1970 mit wachsendem Entsetzen auf seinen Bruder Günther gewartet hatte. Jetzt wurde er von jemand anders begleitet: von Ursula Grether, einer Medizinstudentin, die im Frühjahr ins Hauptlager am Everest getrekkt war. Sein Ziel war ein Alleingang auf den Nanga Parbat. Er hatte das schon zweimal zuvor versucht, aber da war er noch nicht genügend vorbereitet gewesen und hatte aufgegeben, kaum daß er begonnen hatte. Jetzt aber hatte er die richtigen Voraussetzungen: das Selbstvertrauen und die Kenntnisse, die er sich bei seiner Besteigung des Gasherbrum I – ohne Seil – erworben hatte, die Zähigkeit, am Everest ohne Sauerstoff erprobt, und den seelischen Beistand von Ursula, zumindest so lange, wie sie ihn am Gletscher unter dem Nanga Parbat sehen konnte.

Er brach in aller Frühe auf und wechselte über den Gletscher, um die riesige, sichelförmige Mauer aus Eistürmen zu umgehen, die den unteren Teil der Diamir-flanke auf seiner rechten Seite bewacht. Er kam gut voran, gewann in sechs Stunden 1600 m Höhe und biwakierte, bevor sich die Hitze des Tages voll entwickelte. Am nächsten Morgen, als er gerade Schnee für sein Getränk schmolz, ging das leise Fauchen des Kochers plötzlich in einem krachenden, rumpelnden Geräusch unter, das von allen Seiten zu ihm drang. Es war, als sei der ganze Berg in Bewegung. Er hatte seinen Lagerplatz mit Bedacht ausgesucht, denn die Eistürme über ihm retteten ihn. Wäre er auch nur 24 Stunden später aufgebrochen, hätten Ursula und er sich direkt in der Fallinie der massigen Lawine befunden. Viel später erst erfuhr er, daß sie von einem Erdbeben ausgelöst worden war, dessen Epizentrum im Knie des Indus auf seinem gewundenen Weg durch die Berge gelegen hatte.

Auf die Idee umzukehren kam er gar nicht. Sorgfältig packte er sein Zelt zusammen und machte sich in der bitteren Kälte des frühen Morgens auf in Richtung zum nächsten Hindernis – einer zerklüfteten Wand aus Fels und Eis, die sich bis zum Kamm des Grates hochreckte. Er ging jetzt langsamer, denn jeder Schritt war auch eine Willensanspannung. Dazu kam ein Wettlauf gegen die Sonne: sobald sie über die Schulter kam, verwandelte sich die Eiseskälte in eine Gluthitze, und der Schnee wurde zu trügerischem Morast. Aber er ging immer weiter und machte erst halt, als er am Fuß des großen, trapezförmigen Gipfelblocks angekommen war. Er war jetzt in einer Höhe von etwa 7400 m, hatte noch einmal 1000 m gewonnen und einen weiteren langen Nachmittag vor sich, um seine Einsamkeit zu genießen.

Zwischendurch spiegelte ihm eine Sinnestäuschung die Gegenwart eines anderen Menschen vor: einer Frau, geradezu ein Wunschbild. Sie unterhielten sich. Sie versicherte ihm, daß das Wetter sich halten und er den Gipfel am nächsten Tag schaffen würde. Am Morgen darauf sahen die Wolken bedrohlich aus, sein Körper war ausgelaugt, und – noch immer 600 m bis zum Gipfel – jede Bewegung bedurfte einer gesonderten Anspannung seines Willens. Um vier Uhr nachmittags erreichte er endlich den Gipfel, womit er eine weitere innovative Erstleistung vollbracht hatte: den ersten Achttausender solo. Aber er mußte auch noch absteigen. Das Wetter, das ihm in den letzten 24 Stunden Sorgen gemacht hatte, schlug in dieser Nacht um, als er schon im Zelt lag. Am nächsten Tag konnte er nicht weiter – gute Sicht war Voraussetzung. Aber der Tag darauf begann gut, und er konnte seinen Abstieg fortsetzen, in einer Lawinenrinne direkt nach unten, am Rande der totalen Erschöpfung.

1979 bestieg er den K2 – seinen fünften Achttausender – mit einer »Expedition« von sechs Mann. Ursprünglich wollte er über den Südpfeiler aufsteigen, eine Route, die er die »Magische Linie« nannte, aber beim Anmarsch hatte es Verzögerungen gegeben, und zudem hatte sie der Tod eines Trägers am Fuß des Berges arg mitgenommen – also verlegte Messner seine Route kurzerhand auf den Abbruzzisporn und erreichte so den Gipfel mit Michael Dacher. Nicht allen Mitgliedern seines Teams allerdings gefiel diese Änderung des Anstiegs. Der Italiener Renato Casarotto kehrte 1986 zurück, um die Magische Linie ein weiteres Mal zu versuchen – und gehörte zu denen, die in diesem verhängnisvollen Sommer am K2 ums Leben kamen.

1980 war Messner wieder am Everest, um das, was er am Everest und am Nanga Parbat an Fähigkeiten erworben hatte, miteinander zu verbinden und auf die Probe zu stellen, indem er die Nordflanke des Everest im Alleingang beging. Der Ablauf dieses Versuchs am Everest glich in vielfacher Hinsicht sehr seiner Besteigung des Nanga Parbat. Wieder war eine Freundin – dieses Mal Nena Holguin aus Kanada – seine einzige Gefährtin. Er traf an der Zunge des Rongbukgletschers im Juli ein, auf dem Höhepunkt des Monsuns, aber das Wetter war zu unbeständig und der Schnee zu tief, so daß er sein Vorhaben verschob und einen Monat lang Westtibet durchstreifte und sich dabei akklimatisierte. Als er dann Mitte August zurückkam, schien sich das Wetter beruhigt zu haben, und er stieg direkt zum Hochlager oberhalb des Östlichen Rongbukgletschers auf, ging dann weiter zum Nordjoch und begann am nächsten Tag seinen Vorstoß zum Gipfel. In der Nacht biwakierte er dort, wo die Vorkriegsexpeditionen – in einer Höhe von rund 7800 m – ihr Lager 6 angelegt hatten. Tags darauf überquerte er die Nordflanke auf einer ähnlichen Route, wie sie Norton und dann Shipton und Smythe vor dem Krieg gegangen waren, und die Nacht verbrachte er oberhalb des Großen Couloirs an der Stelle, die der höchste Punkt der Vorkriegsalpinisten gewesen war. Am 20. August war er kurz vor dem Gipfel und mußte sich bis an die Grenzen seiner Leistungsfähigkeit verausgaben: »Die letzten Meter konnte ich nicht mehr – ich kroch auf Händen und Knien. Es war eine fürchterliche Schinderei; niemals in meinem ganzen Leben war ich so ausgelaugt wie an diesem Tag auf dem Gipfel des Mount Everest.« Aber noch in dieser Nacht schaffte er es bis zu seinem Zelt, und am nächsten Tag stieg er bis ganz nach unten ab.

Dieser Aufstieg war typisch für die Technik, die Messner so erfolgreich entwickelt hatte: Konzentration auf jeweils nur ein Ziel, Akklimatisierung auf etwa 5500 m Höhe, in der die körperliche Leistungsfähigkeit nur wenig nachläßt, unbeirrbares Warten auf das geeignete Wetter – und dann der Aufstieg, so schnell wie möglich zum Gipfel und wieder zurück, um so wenige Nächte wie möglich am Berg zu verbringen. Um diesen Alleingang zum Everest einmal in die richtige Perspektive zu rücken: bis dahin hatte es 20 erfolgreiche Expeditionen gegeben, von denen keine über weniger als insgesamt 30 Bergsteiger und Sherpas verfügt hatte, keine von ihnen hatte völlig auf Sauerstoff verzichtet, und keine dieser Expeditionen hatte weniger als einen Monat gebraucht, um den Berg zu bezwingen.

Und was kam als nächstes? Messner sagt, er habe sich erst 1982 zum Ziel gesetzt, alle vierzehn Achttausender zu besteigen, aber mit dem Gedanken hat er schon viel eher gespielt. Schon 1975, in der Nacht vor der Besteigung des Gasherbrum I, hat er nach eigener Aussage im Geiste die Achttausender gezählt – lag hier etwa der Keim dieses Entschlusses? Fest steht, daß er nur sehr wenige Berge unterhalb der »magischen Höhe« bestiegen hat. Eine Ausnahme bildet der Chamlang (7317 m), den er im Herbst 1981 zusammen mit Doug Scott bestieg, um sich für den Versuch einer vollständigen Überschreitung des Makalu zu akklimatisieren: er wollte über den Südostgrat nach oben und den Nordwestgrat wieder hinab, zehneinhalb Kilometer über den fünfthöchsten Berg der Erde. Das war eine Idee von Scott gewesen, der das im Jahr zuvor schon versucht hatte in der Überzeugung, daß diese großen Überschreitungen – mit einem einzigen kühnen Stoß im Alpinstil, ohne jegliche Unterstützung, fest eingerichtete Lager oder Fixseile – in der Entwicklung des Kletterns im Himalaja der nächste logische Schritt sein müßten. Als sie damals jedoch auf das richtige Wetter dafür warteten, mußte Messner dringend zurück nach Katmandu, da man ihn benachrichtigt hatte, er sei gerade Vater geworden: seine Tochter mit Nena Holguin, seiner Gefährtin am Everest, war zu früh zur Welt gekommen.

Scott versuchte diese Traverse 1984 ein weiteres Mal mit dem in Chamonix lebenden Alpinisten Jean Afanassieff und dem jungen Amerikaner Stephen Sustad. Fast hätten sie es geschafft. Nach nur vier Tagen waren sie bereits dicht unter dem Gipfel, aber dann wurde das Wetter bedrohlich, ihr Gas ging zu Ende, und Afanassieff, der sehr erschöpft war, riet zum Rückzug. Doug versuchte noch, ihn zu überreden, indem er darauf hinwies, es sei doch sinnvoller, den Aufstieg abzuschließen und dann über die leichtere französische Führe abzusteigen. »Bis dahin war Jean schon etwa sechs Meter abgestiegen. Ich schlug vor, noch etwa zwei Stunden weiterzuklettern, aber mit einem ‘Ich gehe‘ war er dann verschwunden. Stephen und ich schauten einander an, zuckten mit den Schultern und folgten ihm.«

Sie erlebten dann einen gefährlichen Abstieg, bei dem sie beinahe von einer Lawine verschüttet wurden, dann durchquerten sie mit letzter Kraft einen Talkessel, und schließlich mußten sie wieder auf den Grat zurückklettern: sie waren danach völlig am Ende. Diese Überschreitung wartet noch heute auf ihre Vollendung.

Messner hatte die vierzehn Achttausender nunmehr fest eingeplant. 1981 bestieg er den Shisha Pangma, 1982 den Kangchenjunga, den Gasherbrum II und den Broad Peak, und 1983 den Cho Oyu. Man hat ihm vorgeworfen, er habe – in seinem Drang, als erster alle Achttausender bestiegen zu haben – das innovative Vorgehen seiner früheren Touren aufgegeben. Das mag vielleicht auf seine späteren Unternehmungen zutreffen, zunächst aber war es sein Ziel, überall auf die eine oder die andere Weise erster zu sein. 1984 bestieg er sogar zwei Gipfel, auf denen er schon gewesen war, zum zweiten Mal, um ein neues Konzept vorzubereiten: die Überschreitung von zwei Achttausendern hintereinander – ohne Abstieg zum Hauptlager.

Die einzigen beiden Berge, die nach seiner Einschätzung hierfür in Betracht kamen, waren Gasherbrum I und II. Er führte diese Überschreitung mit einem Landsmann aus Südtirol durch, Hans Kammerlander, mit dem er insgesamt sieben seiner Achttausender bestieg und mit dem ihn von allen seinen Kletterpartnern die herzlichste Freundschaft verband. Sie verbrachten sieben Tage zumeist über 7000 m Höhe und legten dabei eine große Strecke zurück, die zwar technisch nicht sonderlich schwierig, aber trotzdem nicht ohne Gefahren war: zunächst auf den Gasherbrum II, dann hinunter in das weite Gasherbrumtal und dann den ganzen Gasherbrum I hinauf. Es war eine beeindruckende Leistung, die viel Ideenreichtum verriet.

1985 begann er mit dem Annapurna und bestieg noch im selben Frühjahr den Dhaulagiri. Obwohl die Zeit drängte, entschied er sich am Annapurna für die noch unbegangene Nordwestwand, die er mit einer vierköpfigen Mannschaft anging; zwei von ihnen hatten erst kürzlich die Eigernordwand in nur fünf Stunden durchstiegen. Im unteren Teil benutzten sie Fixseile, und dann stießen Messner und Kammerlander zum Gipfel vor, biwakierten zweimal in heftigem Unwetter und erreichten den Gipfel am 24. April. Und als wäre das nicht schon genug, verlegten die beiden nach einer äußerst kurzen Ruhepause zum Dhaulagiri, wo sie die Originalroute in nur vier Tagen begingen.

Damit blieben nur noch zwei Berge übrig: der Makalu und der Lhotse. Messner besteht darauf, daß das kein Wettlauf war – die Legende von einem »Rennen« sei eine Erfindung der Medien gewesen. Letzteres ist zweifellos richtig, aber richtig ist auch, daß er fest entschlossen war, alle vierzehn Achttausender als erster ohne Sauerstoff zu betreten. Nachdem sie ihren Versuch am Makalu im Winter 1985 abbrechen mußten, bestiegen Messner und Kammerlander ihn im September 1986, und ein paar Wochen später folgte dann auch der Lhotse – beide auf ihren normalen Routen. Wettlauf oder nicht: damit hatte er seinen engsten Rivalen, den Polen Jerzy Kukuczka, geschlagen.

Über all die Jahre war Messner auch auf den höchsten Punkten der Kontinente gewesen – bis auf einen. Er hatte sie quasi nebenher bestiegen, sie aber auch sorgfältig ausgewählt, und war – wo immer möglich – eine neue Route gegangen. Er war 1971 auf der Carstensz Pyramid gewesen, dem höchsten Punkt von Australasien, hatte eine Neuroute durch die Südwand auf den Aconcagua in Südamerika erschlossen, 1976 folgte dann der Mount McKinley und 1978 die Erstbegehung des Breach Wall am Kilimandscharo. Den Everest erstieg er solo. Da es schwierig ist, eine interessante Route auf den Elbrus im Kaukasus zu finden, den höchsten Punkt Europas, bestieg er ihn auf die übliche Weise. Damit blieb nur noch der Mount Vinson in der Antarktis, zu dem ihn 1986 sein Weg führte. Bei der Besteigung des Vinson kam ihm die Eingebung für seine nächste Herausforderung – und Messner ist ein Mann, der Herausforderungen braucht: die riesigen, öden Weiten der Antarktis und die Perspektiven, die sie für eine ausgedehnte Tour über das Eis bietet, führten dazu, die Antarktis mit einem Gefährten zu Fuß zu durchqueren – ein weiteres Mal war er der erste.

In seinem Buch *Alle vierzehn Achttausender* beklagt Messner die Sucht mancher moderner Kletterer, die Achttausender nur so abzuhaken – und trotzdem war es ohne Zweifel seine eigene Besessenheit, die diesen Trend noch verstärkt hat.

Ruhm und Erfolg haben zwangsläufig die Kritik an Messner erst ausgelöst, und man wirft ihm vor, ihn motivierten allein Beifall und Bezahlung – vermutlich genießt er beides. Er lebt in einer vorzüglich renovierten Burg hoch über Naturns im Vinschgau in Südtirol, in der man Kunstgegenstände antrifft, die er aus aller Welt von seinen Reisen mit nach Hause gebracht hat. Und darin liegt ein weiterer Schlüssel: Messner ist ein Sammler – von Bildern, buddhistischer Kunst, Büchern, Skulpturen, Gestein, und auch ein Sammler von Gipfeln. Wie jeder besessene Sammler muß er versuchen, seine Sammlung so gut wie möglich zu vervollständigen. Und das ist ohne Frage der Grund, warum er über all die Jahre geduldig die höchsten Punkte der Kontinente zusammengetragen, aber nie wirkliches Interesse an den Siebentausendern gezeigt hat – davon gab es zu viele.

Zweifellos weiß er die Position, die er erreicht hat, zu schätzen, und er reagiert ausgesprochen empfindlich auf Kritik oder jeden Angriff auf seine Stellung. Er hat beispielsweise Peter Habeler niemals verziehen, daß er behauptet hat, er habe den Gipfel des Everest als erster erreicht – wo es doch in Wirklichkeit Messner war, der voranging. Darüber hinaus ist er ein Mensch, der seine Energie stets nur auf ein Ziel ausrichtet. Mittlerweile hat sein Interesse an Felsklettern und Alpinismus nachgelassen, und vielleicht wird er jetzt, nachdem er alle seine Achttausender bestiegen hat, dem Himalaja abschwören und sich auf lange Märsche durch das Eis konzentrieren. Er scheint die Superlative zu brauchen, da sie auch die größere Herausforderung bieten und die Verlockung des Unbekannten. Das Wort »Unbeschwertheit« dagegen kommt ihm selten über die Lippen, und das ist vielleicht mit ein Grund, warum er den einen Aspekt seines Sports aufgibt und zum nächsten überwechselt. Wenn jemand aus Freude am Klettern Felsfahrten unternimmt, wird er diesen Sport vermutlich in all seinen Facetten weiter ausüben – egal, wie gut er darin ist.

Obwohl Messner in den letzten zwanzig Jahren auf dem Gebiet des Bergsteigens tonangebend war, gab es auch andere Trends im Hochgebirgsklettern, die auf lange Sicht vielleicht genausostark auf die Entwicklung des Alpinismus einwirken könnten. Nach unserer Everestexpedition von 1975 war uns allen bewußt, daß wir uns von den Heerscharen der großen Expeditionen lösen mußten, allen voran Peter Boardman, der sich mit der unbarmherzigen Neugier der Medien hatte rumschlagen müssen, als er zum Gipfel aufstieg und dann am Südgipfel beschloß, nicht länger auf Mick Burke zu warten. Die Einladung zur nächsten Expedition kam von Joe Tasker. Er war schlank, drahtig und äußerst zielstrebig, dazu kam ein trockener, manchmal beißender Humor, den seine erlesene Ausbildung noch verfeinerte. Während Boardman den Everest als Mitglied einer großen und finanziell gut gepolsterten Expedition bestiegen hatte, hatten Joe Tasker und Dick Renshaw – der genauso hartnäckig und vielleicht sogar noch asketischer als sein Partner war – ihre Kräfte am Südgrat des Dunagiri (7066 m) im Garhwal gemessen. Sie waren mit einem zerbeulten Ford-Thames-Lieferwagen in die Berge gefahren, zum Fuß des Grates marschiert und hatten sich dann langsam nach oben gekämpft. Das ver-

Peter Boardman (links) und Joe Tasker – sie zeigten als Team am Changabang, Kangchenjunga, K2, Kongur und am Nordostgrat des Everest herausragende Leistungen.

riet den gleichen Geist wie Messners Aufstieg zum Gasherbrum I. Natürlich war der Dunagiri niedriger und sie hatten weniger Erfahrung, aber dafür waren die technischen Schwierigkeiten auf der ganzen Strecke gegenwärtig. Sie schafften die Tour nur mit Mühe und brauchten sechs Tage hinauf und fünf Tage hinunter, und Dick Renshaw erlitt dabei schwere Erfrierungen. Aber selbst in dieser extremen Situation konnte Joe seine Augen nicht von der großartigen, eisdurchzogenen Felswand der Westflanke des Changabang (6864 m) auf der anderen Seite des Tals lassen.

Und das war auch das nächste Ziel, das Pete von Joe vorgeschlagen wurde. Völlig auf sich selbst gestellt gingen sie diese hohe Wand an – das entsprach im Himalaja dem ersten Angriff auf die Westwand des Dru durch Guido Magnone und seine Gruppe 1951, aber mit dem entscheidenden Unterschied der Höhe und auch der Abgeschiedenheit. Man sah keine heimischen Lichter, es gab keine Hoffnung auf Rettung, falls einer von ihnen verletzt sein sollte, und wenn man im herbstlichen Himalaja klettert, ist es empfindlich kälter als im alpinen Sommer. Sie versuchten etwas zu verwirklichen, das noch niemand vor ihnen gewagt hatte und das die meisten Kenner der Materie – auch ich – bisher als unmöglich abgetan hatten.

Die Regeln hierfür mußten sie selbst erst entwickeln. Von ihrem Zelt aus, das auf dem Joch am Fuß der Wand stand, führten sie 520 m Fixseil durch die Wand nach oben, wobei sie die leichteste Route zu finden suchten – die, die nur »fast unmöglich« schien. Der Steigungswinkel war überall gleich. Boardman zu ihrem Vorankommen:

Eine unebene Rampe, etwa einen Fuß breit, zog sich durch die steile Wand schräg nach oben. Sie war mit Schichten von weißem Eis überzogen, das glatt und bündig an der Wand anlag. Ich lehnte mich am Haken aus der Wand und versuchte, das Eis mit dem Eisbeil loszuschlagen. Das war wirklich harte Arbeit. Ich hackte, bis meine Arme lahm waren und ich kaum noch meine Finger öffnen oder das Beil anheben konnte, keuchte, bis die Kräfte wiederkehrten, und begann dann erneut. Endlich brach dann das harte Eis hinten an der Rampe weg und ich konnte einen Haken ansetzen. Den schlug ich ein, so fest ich konnte, dann zog ich mich an ihm hoch. Noch zwei Haken weiter oben – hier war die Rampe kurz unterbrochen, kam dann aber wieder zum Vorschein. Mit einem Fuß auf der Rampe und dem anderen gegen die Wand griff ich dorthin, wo die Rampe erneut anfing.

Nachdem ihr Seil verbraucht war, blieb ihnen keine andere Wahl, als im Alpinstil weiterzuklettern; wie Schnecken schleppten sie ihr Haus mit sich, als sie sich die Wand hochbewegten. Nachts schliefen sie – in Seile eingesponnen – in ihren Hängematten. In ihren Schlafsäcken war es zwar warm genug, aber das Kochen war eine zeitraubende und auch frostige Angelegenheit. Zwischen ihnen herrschte ein nach außen hin zwar scherzhafter, im Grunde aber sehr ernsthafter Wettstreit, in dem keiner von beiden eine Schwäche zugeben wollte. Gelegentlich entlud sich das in einem Gefühlsausbruch, wenn zum Beispiel ein erschöpfter Pete sich über das Klicken der Kamera ärgerte, die seine Mühsal festhielt:

Und was macht er mit diesen Bildern? Einen Vortrag halten, etwa: »Wie ich Boardman mit auf den Changabang nahm«? In meinem hochkochenden Argwohn brüllte ich, so laut ich konnte: »Wenn du noch so'n Bild machst, knall' ich dir eine!«
Sobald ich das gesagt hatte, war meine Wut verraucht. Und als ich dann bei Joe ankam, versuchte ich das zu erklären. Er reagierte kühl, schien verletzt. Ich wünschte, ich hätte gar nicht erst zu erklären versucht – ich verlor nur an Achtung. So blieb ich unzugänglich – wir mußten uns einkapseln, um diese Tour durchzustehen. Joe war äußerst überrascht und entsetzt über diesen Vorfall.

Aber sie machten weiter, stiegen wieder ab zu ihrem Lager um auszuruhen, und kehrten dann zurück, schlugen ein Band in das Eis für ein kleines Zelt, holten alles Seil ein, das sie im unteren Teil der Wand befestigt hatten, und brachten es weiter oben an – dann stießen sie zum Gipfel vor. Sie waren vierzig Tage lang völlig auf sich selbst gestellt gewesen, völlig allein in dieser abweisenden, unwirtlichen Welt. Sie hatten angesichts fast unüberwindbarer Schwierigkeiten ihre eigenen Regeln entwickelt und sich durchgekämpft – und damit einen weiteren Präzedenzfall geschaffen für bestes technisches Klettern in den hohen Wänden des Himalaja, und das ohne jede Unterstützung. Pete und Joe begründeten damit auch eine starke, wenn vielleicht auch verwundbare Partnerschaft, die auf unausgesprochenem Wettstreit beruhte, in dem keiner dem anderen eine Blöße zeigen wollte.

Auch andere Mitglieder des Everestteams suchten ihren persönlichen Kletterstil. Noch im selben Jahr erschlossen Doug Scott und Dougal Haston eine anspruchsvolle Neuroute durch die Südwand des McKinley, und anschließend beging Scott eine weitere neue Route auf Baffin Island. Das war typisch für ihn: er kletterte am liebsten in abgelegenen Gegenden in unbekanntem Gelände. 1977 war ich einer von fünf Männern, die er zur Besteigung des Ogre einlud, eines prächtigen und noch unbestiegenen, steilen Berges von 7285 m Höhe. Es sollte ein Urlaub im Alpinstil werden, bei dem die sechs Alpinisten das Hauptlager benutzten wie in Chamonix den Zeltplatz, in drei getrennten Paaren ihre eigenen Routen wählten und am Berg jeder vorging, wie er wollte. Natürlich erreichten wir unseren Gipfel, aber die Tatsache, daß Doug zu Beginn des Abstiegs wenige Meter unter dem Gipfel ausglitt und sich beide Beine brach, trübte unsere Urlaubsfreude zum Schluß doch ein wenig.

Es wäre unmöglich gewesen, Doug den ganzen Weg bis nach unten zu tragen. Wir halfen ihm zwar, soweit wir konnten, schlugen Stufen und trugen seine Ausrüstung, aber den Rest mußte er alleine schaffen – und das tat er: er schleppte sich die ganze Strecke dahin, bis zum Hauptlager. Der Ogre hat noch immer seinen eigenen Ruf, und obwohl es inzwischen mehrere Versuche gegeben hat, ist es bislang bei unserer Besteigung geblieben.

1979 taten sich Doug Scott, Peter Boardman, Joe Tasker und der französische Kletterer Georges Bettembourg zusammen, um eine gewagte neue Route an der Nordwand des Kangchenjunga zu versuchen. Auch sie praktizierten den abgewandelten Alpinstil mit Fixseilen und sogar Unterstützung durch Träger am unteren Teil des Berges; hier errichteten sie dann ein festes Lager, von dem aus sie ihren Vorstoß unternahmen – Scott, Boardman und Tasker erreichten den Gipfel. Obwohl das Ideal der meisten führenden Bergsteiger dieser Zeit der reine Alpinstil war, erzwangen die Umstände häufig eine Erweiterung, die die Ethik dann allerdings auf eine kleine Expedition mit einem Minimum an Seil und Verzicht auf Sauerstoff beschränkte. Im selben Herbst beging Doug Scott erstmals die Nordwand des Nuptse im Alpinstil zusammen mit George Bettembourg, Al Rouse und Brian Hall; zur gleichen Zeit half Peter Boardman, ein Team für die Besteigung des Südgipfels des Gauri Sankar im überschlagenden Einsatz zusammenzustellen. Das bedeutete, genügend Seil mitzunehmen, das zwischen zwei Lagern angebracht wurde, den Nachschub von einem Lager zum anderen zu transportieren, dann die Seile einzuholen und den ganzen Vorgang ein weiteres Mal zu wiederholen. Zwar kann die Gruppe dabei ihre Vorräte mitnehmen, kommt aber nur langsamer und mühseliger voran als im reinen Alpinstil.

Während die Osteuropäer immer besonders erfolgreich im Belagern der großen Wände und Grate waren, begannen jetzt einige ihrer Alpinisten ihren Individualismus durchzusetzen und wandten sich den kleineren Expeditionen zu und dem Klettern im Alpinstil. Und als dann ihre Reisebestimmungen gelockert wurden, entwickelte sich eine äußerst gewinnbringende polnisch-britische Allianz, in der die Engländer die Devisen und die Polen Proviant und Ausrüstung stellten. Sie begann 1977 mit einer Expedition in den Hindukusch, die Zawada leitete. Das englische Kontingent bestand aus fünf fähigen jungen Kletterern, die in Leeds ihre Wurzeln hatten. In letzter Minute stieß noch Alex MacIntyre hinzu, ein Jurastudent, der sich bereits in den Alpen einen Namen gemacht hatte. Eines der Mitglieder, John Porter, beschrieb diese Mannschaft als »das erste west-östliche Alpinstil-Gipfelsturm-Unternehmen aus fünf kapitalistischen Lohnsklaven und sechs sozialistischen Aristokraten. Die anarchistische Einstellung war unser gemeinsamer Nenner«.

Zur Gruppe der Polen gehörte auch Woytek Kurtyka, der die klassische osteuropäische Entwicklung von der Tatra zu neuen Routen in den Alpen und weiter nach Norwegen durchlaufen hatte, wo ihm die erste Winterbegehung der Trollwand gelang. Dann folgten der Hindukusch und schließlich der Himalaja: als Angehöriger einer großen Belagerungsexpedition an der Südwand des Lhotse und am Nordostgrat des K2, aber in diesem Umfeld hatte er sich nie wohlgefühlt. Er war – vielleicht mehr als jeder andere polnische Kletterer – völlig der Alpinstilethik ergeben, in der er den Ausdruck seiner eigenen Individualität und des Bergerlebnisses sah. In Alex MacIntyre fand er einen Gleichgesinnten, und als sie dann im Hindukusch ankamen, schlug er vor, die Genehmigung für das Mandarastal zu ignorieren und statt dessen den Koh-e-Bandake aufzusuchen, der eine unbegangene Wand von 2500 m Höhe aufwies. Es folgte dann ein abenteuerlicher sechstägiger Aufstieg alpinen Stils, begleitet von ständigem Steinschlag.

Im Herbst 1979 bekam Alex MacIntyre eine Postkarte mit dem Bild eines Berges, dessen Flanke mit einer Vielzahl von Linien, Pfeilen, Höhenangaben und Ausrufungszeichen übermalt war. Auf der Rückseite stand:

Lieber Alex,
große Chance für großartige Tage in dieser Wand. Treffen uns in Katmandu am 10. März.
Grüße, Woytek.
PS: Bring Partner mit.

Es war eine Einladung für die bis dahin unbegangene Ostwand des Dhaulagiri. Alex verbrachte Weihnachten in Chamonix, wo er einen »Kletterfeldzug« gegen die Nordwand der Grandes Jorasses führte. Danach dann: »Unten in der Bar legte ich meine Postkarte auf den Tisch, mit dem Foto nach oben, das Bild immer noch bedeckt mit der Vielzahl von Strichen, Punkten, Fragezeichen und Höhenangaben, die nur der Absender verstehen konnte. Wir grübelten über die dicksten schwarzen Linien nach. Dann beschloß ich, René herbeizubitten. Für einen Glühwein, die Postkarte und die Versicherung, es sei alles nur ein Scherz, sagte er zu. Schlummert vielleicht in jedem Franko-Italiener ein Engländer?«

Mit René Ghilini, dem französisch-italienischen Bergführer, und Ludwik Wilczynski, einem Musiker und Altsprachler, war die Mannschaft jetzt komplett. Sie durchstiegen die Ostwand des Dhaulagiri im Alpinstil ohne vorherige Erkundung und brauchten dazu – in einem heftigen Sturm – drei Tage und drei schreckliche Biwaks; dann erreichten sie in etwa 7500 m den Kamm des Nordostgrats. Man kann ihnen nachsehen, daß sie dann vom Grat wieder abstiegen, um sich zu erholen, und eine Woche später zurückkehrten, um den Gipfel auf der klassischen Führe zu erreichen.

Im folgenden Frühjahr taten sich MacIntyre und Kurtyka zusammen, um die unnahbare Westwand des Makalu zu versuchen, mußten aber in etwa 6800 m Höhe aufgeben. Im Herbst kamen sie mit Jerzy Kukuczka wieder und erreichten 7600 m, bevor sie von einer glatten Felswand abgewiesen wurden, die wahrscheinlich nur mit Bohrhaken zu bewältigen gewesen wäre. Kukuczka bewies seinen ruhelosen Geist, indem er alleine eine neue Route zum Makalupaß ging und dann auf der französischen Führe weiter bis zum Gipfel. Es war sein dritter Achttausender. 1982 schloß sich MacIntyre einer Expedition zum Shisha Pangma an, der auch Doug Scott und Roger Baxter-Jones angehörten – sie hatten 1978 mit Al Rouse, Brian Hall und Fab Carrington an einer schwierigen Besteigung des Jannu (7709 m) im Alpinstil teilgenommen. Es war eine interessante, manchmal aber auch anstrengende Zusammensetzung: der energische, ja mitreißende junge MacIntyre, der ruhige, aber sehr kompetente Baxter-Jones und der ältere, nach innen gekehrte Scott. Aber sie vereinte der Wunsch, die Südwand des Shisha Pangma im reinen Alpinstil zu bezwingen, und das taten sie dann auch in nur drei Tagen, nachdem sie lange auf passendes Wetter hatten warten müssen – danach überschritten sie den Gipfel und stiegen über den Südgrat ab.

Nur zwei Monate, nachdem er vom Shisha Pangma zurück war, brach MacIntyre schon wieder – mit zwei erprobten Gefährten, René Ghilini und John Porter – zum Annapurna auf, um auf einer neuen Route im Alpinstil dessen Südwand zu durchsteigen. Ghilini und MacIntyre machten zwei Versuche, kamen beim zweiten die Wand etwa halb hoch und wurden dann von glattem, kompaktem Fels zum Rückzug gezwungen. Sie waren schon fast ganz unten, als MacIntyre von einem einzelnen Stein getroffen wurde und sofort tot war. Das war ein Unfall, wie er jedem fast überall – in den Alpen oder im Himalaja – am Fuß einer Wand widerfahren kann. Jeder Kletterer setzt sich dem Risiko eines verirrten Steins, einer Lawine oder einer verborgenen Gletscherspalte aus, und in 99 Fällen von 100 ist das nicht tödlich. Aber der Extremkletterer nimmt nicht nur mehr Risiken auf sich, er setzt sich den Gefahren auch noch öfter aus, indem er zweimal, dreimal im Jahr in die Berge geht. Aber obwohl er weiß, daß damit rein statistisch die Chancen gegen ihn stehen, hält ihn das nicht auf und beeinflußt auch nicht sein Klettern. Nur wenige Monate zuvor hatten Peter Boardman und Joe Tasker versucht, den unbegangenen Teil des Nordostgrats des Everest zu vollenden – und waren hoch oben in den Zacken spurlos verschwunden. 1982 war ein schreckliches Jahr gewesen.

Ghilinis und MacIntyres Route durch die Südwand des Annapurna wurde im Herbst 1984 schließlich von zwei jungen Katalanen begangen, Nil Bohigas und Enric Lucas. Das war eine herausragende Leistung dieser beiden unbekannten, aber sehr befähigten Kletterer: sie benötigten gerade mal fünf Tage – verglichen mit dem achtwöchigen Kampf mit Fixseilen und Zwischenlagern, den es uns 1970 gekostet hatte. Das war ein Zeichen dafür, wie weit sich das Klettern inzwischen weiterentwickelt hatte, und auch der Beweis, daß nahezu jede Wand – wie steil auch immer sie sein mochte – sich im Alpinstil bezwingen ließ.

Kurtyka, Kukuczka und MacIntyre hatten sich für 1983 hochgesteckte Ziele im Karakorum vorgenommen. Jetzt waren sie nur noch zu zweit, und sie versuchten gar nicht erst, einen Ersatz für MacIntyre zu suchen. Im Sommer zelteten sie unterhalb der Gasherbrumgipfel und stellten hochzufrieden fest, daß es – trotz der Flut von Trekkern und Bergsteigern – im Himalaja auch immer noch Einsamkeit gab. »Wir lebten da in den Bergen fast einen Monat lang völlig alleine: nur Jurek und ich – und sonst niemand, mit dem man hätte reden können. Die einzigen fremden Laute waren die Echos der Lawinen.« Obwohl das Klettern sie verband, waren sie doch in vielerlei Hinsicht ein ungleiches Paar. Kurtyka war schmächtig und hatte angespannte, aber ausdrucksvolle Gesichtszüge, was ihm ein elfenhaftes Aussehen verlieh; dazu kamen ein scharfer Verstand und ein Hang zum Philosophieren. Kukuczka dagegen war kräftig gebaut, zurückhaltend bis zur Schüchternheit, einerseits ausgesprochen warmherzig, dann aber auch wieder zielstrebig und entschlossen. Er rauchte stark, genoß sein Essen und unterzog sich keinem systematischen Training – ein erfrischendes Beispiel dafür, daß man kein Athlet olympischen Stils sein muß, um die Gipfel der Achttausender ohne Sauerstoff zu erreichen. Er war ein häuslicher Mensch, glücklich verheiratet, und hatte zwei Kinder.

Ihr Ziel war die abgelegene und stets gefährliche Südwestwand des Gasherbrum I; zuvor aber überschritten sie erst einmal den Gasherbrum II – quasi um sich »warmzulaufen«. Dann folgten zwanzig Tage mit unbeständigem Wetter – so etwas stellt jeden auf die Probe: es ist nie einfach, untätig herumzusitzen, besonders

Links und in der Mitte Alex MacIntyre und Woytek Kurtyka, zwei Gleichgesinnte, die sich im Hindukusch, an der Südwand des Changabang und an der Ostwand des Dhaulagiri hervortaten. Rechts Jerzy Kukuczka, der kurz nach Messner alle vierzehn Achttausender bestieg – bis auf einen sogar über Neurouten oder im Winter

wenn man nur zu zweit ist. Aber sie standen das durch. An dem Tag, als ihre Träger zurückkehren sollten, um das Lager abzubrechen, begann sich das Wetter aufzuhellen. So beschlossen sie aufzusteigen, vergruben ihr Geld und ihre Pässe und hinterließen ein Stück Papier mit der Zeichnung des Gasherbrum und den Umrissen zweier Bergsteiger darauf und einem Pfeil, der auf den Gipfel wies – in der Hoffnung, die Träger würden das verstehen und warten. Es war eine unwahrscheinlich lange und gefährliche Route. Am ersten Abend biwakierten sie in 7400 m Höhe, am nächsten Tag hielt sie eine steile Felswand auf, und als sie endlich einen Weg um sie herum gefunden hatten, verlor Kurtyka ein Steigeisen, das bald ihren Blicken entschwandt. So weit von jeglicher Rettung entfernt nur noch ein Steigeisen zu haben, ist eine äußerst ernste Sache, aber sie entschlossen sich trotzdem weiterzumachen, biwakierten erneut, und am Tag darauf, als sie abstiegen, um die Traverse zum Kamm des Grates zu erreichen, stolperte Kukuczka über das verlorene Steigeisen. Das Schicksal hatte es diesmal wirklich gut mit ihnen gemeint – bald darauf erreichten sie den Gipfelgrat und konnten ihre Tour vollenden.

Im Sommer darauf kehrten beide ins Karakorum zurück, um alle Gipfel des Broad Peak zu überschreiten, wozu auch die Erstbegehung seiner Nordwestwand gehörte. Aber jetzt trennten sich ihre Wege. Kurtyka hatte sich schon lange für die große dreieckige Wand des Gasherbrum IV interessiert, einen Blickfang für alle, die den Baltorogletscher hinaufkommen, der aber mit 7980 m knapp unterhalb der »magischen Höhe« lag. Kukuczka hingegen lag mehr an seiner Kollektion der Achttausender. Sechs von ihnen hatte er – im Vergleich zu Messners zehn – bereits bestiegen, also nahm er sich für das nächste Jahr den Dhaulagiri, den Cho Oyu und den Nanga Parbat vor. Und er hatte Erfolg: ihm gelang die erste Winterbesteigung des Dhaulagiri über dessen Nordostgrat, und er erschloß Neurouten über den Südpfeiler des Cho Oyu und den Südostpfeiler des Nanga Parbat – in jederlei Hinsicht eindrucksvolle Ergebnisse.

Damit mußte sich Kurtyka einen anderen Partner suchen, und im Sommer 1985 hatte er sich dann mit dem österreichischen Alpinisten Robert Schauer zusammengeschlossen. Der Gasherbrum IV war schon von mehreren Gruppen versucht worden, aber alle waren in der Mitte aufgestiegen und waren auf etwa halber Höhe gescheitert. Kurtyka und Schauer hingegen wählten einen Anstieg etwas weiter rechts durch ein Couloir, das es ihnen – obwohl gefährlich – ermöglichte, schneller in die Mitte der Wand zu gelangen. Hier ließ dann allerdings ihr Tempo nach, und sie brauchten sechs Tage, um das glatte, gesprenkelte Gestein des oberen Teils der Wand zu durchsteigen, wobei sie auf schmalen Bändern biwakierten und oft das gesamte Seil ausgeben mußten, ohne Stand- oder Zwischensicherung. Schließlich waren sie schon in Sichtweite der Wandspitze und die größten Schwierigkeiten überwunden, als sie von einem Unwetter zwei Nächte und einen Tag festgehalten wurden. Proviant und Brennstoff gingen zur Neige, und auch wegen der ständigen Pulverschneeschwaden, die sich die Wand hinab ergossen, mußten sie schließlich ihren Biwakplatz verlassen. Ein Rückzug stand nicht zur Debatte, da sie nicht mehr genug Haken hatten, um bis nach ganz unten abklettern zu können. Ihr einziger Fluchtweg führte über den Gipfel.

An ihrem achten Tag in der Wand kamen sie endlich wieder vorwärts und erreichten das linke Ende des meißelförmigen Gipfelgrats des Gasherbrum IV. Ausgelaugt wie sie waren, war es überhaupt keine Frage mehr, ob sie das kurze Stück bis zum Gipfel nicht doch noch schaffen würden – für sie ging es nur noch darum, den schwierigen Nordwestgrat abzusteigen. Bis heute ist das – im Alpinstil begangen – die wohl durchgehend technisch schwierigste Route dieser Länge in dieser Höhe im Himalaja, und trotzdem nennt Woytek sie eine herbe Enttäuschung: für ihn muß eine Tour im Himalaja mit dem Gipfel als Krönung abschließen.

Kukuczka hatte bereits 1985 die erste Winterbesteigung des Kangchenjunga durchgeführt – mit Krzysztof Wielicki, der als erster den Everest im Winter bestiegen und sich seitdem als der leistungsstärkste Winterkletterer der Welt erwiesen hatte. Im schicksalsträchtigen Sommer 1986 war er dann mit einer Expedition von Herrligkoffer am K2 – in jenem Sommer, als neun Expeditionen gleichzeitig am Berg waren, zwei große Neurouten begangen wurden, 27 Bergsteiger den Gipfel betreten hatten und 13 ihr Leben verloren. Kukuczka wählte mit seinem Partner Tadeusz Piotrowski die noch unbegangene Südwand als Ziel, erschloß eine gewagte neue Route, nachdem er zwei feste Lager eingerichtet hatte, deren höchstes bei nur 6400 m lag, und bestieg den Berg dann im Alpinstil mit fünf Biwaks. Sie erreichten in einem Unwetter den Gipfel, beim Abstieg jedoch rutschte Piotrowski aus und stürzte in den Tod.

Damit hatte Kukuczka nur noch drei Achttausender – den Manaslu, den Annapurna und den Shisha Pangma – zu bezwingen, und Messner nur noch zwei – den Lhotse und den Makalu; die allerdings waren höher und auch schwieriger. Obwohl beide immer noch bestritten, daß es sich um einen Wettlauf handelte, hatten sich die Medien voll darauf eingeschossen, und auch die materiellen Anreize waren beträchtlich. Kukuczka wurde jetzt von westlichen Konzernen unterstützt und hatte zum ersten Mal die Freiheit, zu klettern wo und mit wem er wollte.

Im Herbst 1986 kletterte Woytek Kurtyka zum letzten Mal mit Kukuczka: bei einer Besteigung des Manaslu. Während Lawinen von allen Seiten herabstürzten, gewann Woytek den Eindruck, daß sein Freund offenkundige Gefahren mißachtete und sein Ehrgeiz, der erste auf allen Achttausendern zu sein, nicht nur dazu führte, daß er die Risikoschwelle unverantwortlich senkte, sondern auch den Kern dessen aushöhlte, was er unter Bergsteigen verstand. Er mißbilligte diese zunehmende Fixierung auf Zahlen: sei es die Anzahl der Achttausender oder auch das Tempo, mit dem er einen Berg bezwang – immer ging es um Rekorde und nicht mehr um Sicherheit. Diesen Zustand beschrieb Kurtyka mit den Worten: »Unsere Kletterpartnerschaft ist wie eine zerbrochene Ehe: wir finden uns nicht mehr attraktiv« – und damit verließ er die Expedition.

Kukuczka aber machte weiter, und einige Wochen später erreichte er den Gipfel des Manaslu auf einer neuen Route von Nordosten, nachdem jeder seiner Klettergefährten bis auf einen abgereist war. Zu diesem Zeitpunkt hatte Messner bereits seine vierzehn Achttausender bestiegen – aber Kukuczka war ihm dicht auf den Fersen, bestieg den Annapurna im Februar 1987 erstmals im Winter, und im Frühjahr überschritt er den langen Westgrat des Shisha Pangma und fuhr vom Gipfel per Ski ins Tal. Er vollbrachte wirklich erstaunliche Leistungen. Dabei war er erst relativ spät in dieses »Rennen« eingetreten, indem er seinen ersten Achttausender, den Lhotse, erst 1979 bestiegen hatte. Der Lhotse war auch der einzige Berg, bei dem er nicht irgendeine Erstleistung erbracht hatte, sei es eine neue Route oder eine erste Winterbesteigung. Was immer man von der Ethik des »Abhakens« von Achttausendern halten mag – man kann auf keinen Fall bestreiten, daß jede seiner Aktionen für sich eine großartige Leistung war. Er und Messner bekamen bei den olympischen Winterspielen von 1988 in Calgary Silbermedaillen überreicht. Da drängt sich einem die Frage auf, was ein Bergsteiger heute wohl vollbringen muß, um Gold zu bekommen.

Messner hat keinen weiteren Achttausender mehr bestiegen, seit er mit dem Lhotse seine Kollektion abgerundet hatte, Kukuczka jedoch setzte sein Extremklettern fort. Im Herbst 1989, als er eine Expedition zur Südwand des Lhotse führte, glitt er ab und kam bei dem Sturz ums Leben – er hatte die Schlüsselstelle schon fast überwunden. Auch ihn hatte die Todesstatistik schließlich eingeholt.

Kurtyka andererseits fand in dem Schweizer Kletterer Erhard Loretan und in dem Franzosen Jean Troillet neue Partner. Sie hatten sich am K2 und am Dhaulagiri eine Taktik äußerst schneller Aufstiege für die Achttausender zurechtgelegt und bestiegen 1986 den Everest über die Nordwand und das Hornbeincouloir in 31 Stunden vom Fuß bis zum Gipfel – und für den Abstieg brauchten sie lediglich unglaubliche 3½ Stunden, wobei sie den größten Teil in sitzender Abfahrt bewältigten! Sie kletterten nicht auf Zeit, um Rekorde zu brechen, sondern hielten das einfach für den besten Weg, die Gipfel der hohen Berge zu erreichen, und auch für den sichersten, da das den Aufenthalt in über 8000 m Höhe drastisch verminderte.

Im Sommer 1988 gelang Loretan und Kurtyka ein besonders eleganter Anstieg am Trango (Nameless) Tower. Das ist – mit 6237 m – nach den Kriterien des Himalaja kaum mehr als ein Zwerg, und doch hat sich noch fast jeder Bergsteiger, der den Baltorogletscher heraufkam, zu dieser schlanken Spitze aus warmem, braunem Granit hingezogen gefühlt. 1976 hatte ihn Joe Brown mit Mo Antoine, Martin Boysen und Malcolm Howells erstmals bestiegen, und nachdem in den achtziger Jahren der Granit des Baltoro immer beliebter wurde, wurden dort und an den umliegenden Felsspitzen und Wänden auch noch weitere Routen erschlossen. Die Führe, die Loretan und Kurtyka wählten, nämlich die scheinbar völlig glatte Ostwand des Turms, entsprach in vielem dem heutigen Geschmack – acht Tage lang mußten sie unter extrem schwierigen Bedingungen klettern, um die Spitze zu erreichen.

Die Streitfrage, was man noch im Alpinstil bewältigen kann und ab wann eine Belagerung unumgänglich wird, scheint wohl durch die Länge der Zeit, die man in mehr als 8000 m Höhe verbringen kann, entschieden zu werden. Das wurde deutlich, als im Herbst 1988 vier slowakische Bergsteiger – Ducan Becík, Peter Bozík, Jozef Just und Jaroslav Jasko – versuchten, die Südwestwand des Everest zu durchsteigen. Becík und Just hatten schon zwei Wochen zuvor den Lhotse über das Südjoch bestiegen. Jetzt brachen sie am 12. Oktober vom Hauptlager auf, verbrachten die Nacht im traditionellen Zwischenlager im Westkessel, und am nächsten Tag stiegen sie in die Wand und erreichten knapp unterhalb der Wandstufe eine Höhe von 8100 m. Am Tag darauf mußten sie zu ihrer Überraschung feststellen, daß die Rinne und die Rampe, die Braithwaite und Estcourt als erste begangen hatten, viel schwieriger waren, als sie erwartet hatten. Die Folge war, daß sie nur diese Wandstufe überwinden konnten und ihre zweite Nacht in der Wand in etwa 8400 m Höhe verbrachten. Dann brauchten sie einen vollen Tag, um das obere Schneefeld zu überqueren, und biwakierten in der dritten Nacht unterhalb des Südgipfels. Am Morgen des 17. Oktober war nur noch Just kräftig genug, den Weg bis zum Gipfel zu schaffen, danach stieß er am Südgipfel wieder zu den anderen und begann mit ihnen um etwa vier Uhr nachmittags den Abstieg. Um etwa 17.30 Uhr meldeten sie über Funk, daß sie 8300 m erreicht hätten, was auf Höhe der Südschulter gewesen sein muß, daß sie Anzeichen der Höhenkrankheit feststellten und unter Sehstörungen litten. Das war das letzte Mal, daß man von ihnen gehört hat; es kann nur vermutet werden, daß sie irgendwo ausgerutscht und dann die Kangshungwand hinabgestürzt sind. Dieser Vorfall beleuchtete schlagartig die Gefahren, denen man sich aussetzt, wenn man mehr als eine Nacht ohne Sauerstoff in über 8000 m Höhe verbringt.

Obwohl der Everest mittlerweile schon mehrmals ohne Sauerstoff bestiegen worden war, war doch die Zahl der Verunglückten ziemlich hoch, und dazu kam stets das Risiko von Erfrierungen. 1984 erschloß eine kleine australische Expedition eine anspruchsvolle neue Route über die Nordflanke des Everest, wobei Tim McCartney-Snape und Greg Mortimer den Gipfel ohne Sauerstoff erreichten, während Andy Henderson, dessen Steigeisen dicht unterhalb des Gipfels zerbrach, bei dem Versuch, es zu reparieren, schwere Erfrierungen erlitt und schließlich alle Finger verlor. Das gleiche passierte 1988 Ed Webster, als Stephen Venables eine neue Route vom Kangshunggletscher zum Südjoch fand und dann als erster Engländer den Everest ohne Sauerstoffflaschen erreichte: Webster hatte hoch oben am Südostgrat ohne Handschuhe fotografiert und sich dabei an den Fingern arge Erfrierungen zugezogen.

Mitte der achtziger Jahre betrat dann ein Mann die Szene des Alpinismus, der das Klettern im Himalaja revolutionieren sollte. Tomo Česen, ein scheuer, in sich gekehrter Dreißigjähriger aus Krain in Slowenien, hatte mit dem Klettern im Alter von sechzehn Jahren begonnen und sich nach der heimischen Bergwelt dann den Alpen, den Anden, dem Pamir und 1985 schließlich – mit einer jugoslawischen Expedition – dem Himalaja zugewandt. Ihr Ziel war die Nordwand des Yalung Kang, des Westgipfels des Kangchenjunga. Es war ein Belagerungsaufstieg durch eine komplexe Wand voller Hanggletscher, durchzogen von steilen Felswänden. Česen, der mit Sauerstoffgerät ging, und sein Gefährte Borut Bergant, ohne Atemgerät, erreichten zwar den Gipfel, aber beim Abstieg glitt Bergant aus und stürzte ab, wodurch Česen in 8300 m Höhe allein und ohne Ausrüstung biwakieren und dann völlig auf sich gestellt den Weg nach unten bewältigen mußte. »In sieben Tagen hatte der Yalung Kang mein gesamtes Leben verändert!«

Im Jahr darauf gehörte er einer Expedition an, die die Genehmigung für den Broad Peak und für den Gasherbrum II hatte. Nachdem er allerdings den Broad Peak mit Leichtigkeit im Alleingang geschafft hatte, konnte er der Versuchung, auch den K2 anzugehen, nicht widerstehen – er schlüpfte durch das überlaufene internationale Zeltdorf am Fuß des Berges und wagte dann seinen Vorstoß: über den Südsüdostsporn neben dem Abruzzisporn, eine Route, deren unteren Teil 1983 schon Al Rouse und Roger Baxter-Jones erkundet hatten. Als er dann jedoch die Schulter erreichte, drohte das Wetter umzuschlagen, und er stieg an den Fixseilen des Abruzzisporns ab. Der ganze Vorstoß war ein Unternehmen von nur wenigen Tagen gewesen, und er verließ das Gebiet, ohne daß ihn jemand gesehen hätte.

Nachdem er so herausgefunden hatte, daß er in größeren Höhen schnell und sicher vorankam, beschloß er, sein Können und seine Kräfte in den Alpen durch immer schwierigere Alleingänge – besonders im Winter – aufzubauen, bevor er Ähnliches an den großen Wänden des Himalaja versuchte. Er begann mit den gleichen aufeinanderfolgenden Soloaufstiegen an denselben drei hohen Nordwänden der Jorasses, des Eiger und des Matterhorn, die zuvor Christophe Profit im Rampenlicht der Medien begangen hatte, indem er sich per Hubschrauber von Berg zu Berg fliegen ließ und nach dem Aufstieg per Ski und Bremsschirm zu Tal fuhr. Česen allerdings fuhr von Berg zu Berg und stieg auch zu Fuß wieder ab. Andere Touren folgten – schwierige, moderne Routen, die erstmals solo und im Winter begangen wurden: No Siesta am Walkerpfeiler, die Direttissima am Roten Pfeiler des Brouillard und eine weitere Neuroute durch die Südwand der Marmolada.

All das diente der Vorbereitung auf die Nordwand des Jannu, eine Wand, die steiler und technisch schwieriger ist als alles, was bis dahin in dieser Größe und Höhe im Himalaja in Angriff genommen wurde. Am 22. April 1989 traf er im Hauptlager am Fuß der Wand ein. Seine Unterstützungsgruppe bestand aus nur drei Leuten: dem Arzt Janni, der ihn eher zufällig begleitete, dem Verbindungsoffizier und einem Koch. Eine volle Woche verbrachte er damit, den unteren Teil der Wand zu erkunden, wobei er sie aus den verschiedensten Blickwinkeln betrachtete und sich akklimatisierte, und dann, am Nachmittag des 27. April, brach er mit einem Minimum an Ausrüstung auf: einem leichten Biwak- und Schlafsack, dem Proviant für einige Tage, seiner Eisausrüstung und einer Länge leichten Seils.

Den unteren und gefährlichen Teil der Wand, der den ganzen Tag über von Steinschlag und Eiskanonaden bedroht ist, durchkletterte er in der Kälte der Nacht. Als der Morgen dämmerte, hatte er den Beginn der durchgehend steilen Kletterpartie erreicht. Eisgepanzerte Verschneidungen, flankiert von mächtigen Granitplatten, schwangen sich über ihm in die Höhe. Hier gab es kein Nachlassen, keine Chance für eine Pause.

Am Ende des Gesteins war immer Eis: hart, schwarz, grün, manchmal auch bröcklig – aber immer sehr steil. Einmal wurde ein Pendelquergang erforderlich: eine schmale Eisrinne hatte sich in einem Plattenschuß aus Granit aufgelöst, und es gab nur noch senkrechten Fels – links, rechts und über mir. Dann bemerkte ich einen feinen Riß über mir und kletterte langsam und vorsichtig fast bis zur Spitze dieser zerbrechlichen Eiszunge, sorgsam darauf bedacht, sie nicht abzubrechen. Hier schlug ich einen Haken ein, zog das Seil hindurch und begann zu schwingen, bis ich die Fortsetzung der Eisrinne links von mir greifen konnte.

Um 14.30 Uhr erreichte er den Gipfelgrat. Schon nach in den Alpen gültigen Maßstäben wäre das ein harter und schneller Aufstieg gewesen – und hier befand er sich an einem Berg von 7710 m Höhe. Ein Meer von Wolken waberte gegen die Wand unter ihm und drohte ihn einzuhüllen. Er kämpfte sich die letzten Meter zum Gipfel durch, betrat ihn um 15.30 Uhr und eilte dann, soweit seine Erschöpfung das noch zuließ, die weniger anstrengende Route, die die Japaner erschlossen hatten, nach unten.

In folgenden Jahr setzte er sich eine Wand zum Ziel, die einen noch gefürchteteren Ruf hatte: die Südwand des Lhotse. Für die Kenner der wirklich »letzten großen Probleme« war das *die* Wand schlechthin. In den vergangenen fünfzehn Jahren hatte es hier zwölf Begehungsversuche gegeben; Messner war zweimal an ihr gescheitert und hatte sie zur Aufgabe für das 21. Jahrhundert erklärt. Ales Kunaver, ein Landsmann von Česen und einer der erfolgreichsten Expeditionsleiter der Nachkriegszeit, hatte sich an ihr versucht, und Kukuczka hatte erst im Jahr zuvor im oberen Teil sein Leben eingebüßt.

Česen allerdings hatte seine Hausaufgaben gemacht und frühere Berichte sorgfältig ausgewertet:

Die Schlüsselstelle schien mir der mittlere Teil zu sein, den die Jugoslawen 1981 unter der Führung von Ales Kunaver probiert hatten. Zwanzig Jahre lang hatte er von dieser Wand geträumt und sie sorgfältig studiert. Und zwei Monate vor Aufbruch seiner Expedition von 1981 hatte er eine kleine Gruppe auf Erkundungsfahrt an den Fuß der Wand geschickt, die alles festhalten sollte, was an ihr geschieht. Sie konnten dann mit einer Fotografie aufwarten, die den Weg jeder einzelnen Schnee- oder Gesteinslawine und somit die sicherste Route aufzeigte. Als ich diese Aufnahme betrachtete, konnte ich nicht verstehen, warum später niemand mehr – das französische Team von Michel Fauquet und Vincent Fine vom Herbst 1985 mal ausgenommen – diese Route versucht hat. Der Vorstoß dieser beiden französischen Kletterer, die im Alpinstil 7400 m erreichten, war mir Indiz genug, daß ein Alleinaufstieg – ebenfalls alpin – durchführbar war. Ich konnte mir zudem manch nützliche Information von den Teilnehmern der Expedition von 1981 besorgen, und schließlich verbrachte ich 1987 zwei volle Monate am Südostgrat des Lhotse Shar, auf der rechten Seite des Lhotse. Vor dort aus kann man die Südwand nämlich so genau studieren wie die eigenen Handlinien.

Diesmal hatte er vier Gefährten: Tomaz Ravnihar, seinen Kameramann, Janni, seinen Freund und Arzt, und schließlich den unverzichtbaren Verbindungsoffizier und seinen Koch. Am 15. April 1990 richteten sie ihr Standlager ein. Zunächst verbrachte er eine Woche mit der Akklimatisation, unternahm vier Vorstöße die langen und relativ leichten unteren Hänge des Lhotse Shar hinauf und erreichte dabei eine Höhe von etwa 7200 m. Am 22. April war er dann bereit, packte die gleiche Ausrüstung ein, die er schon am Jannu mitgenommen hatte, und brach am späten Nachmittag auf, um das gefährliche Couloir zu durchsteigen, das bis in die Wand hinaufreichte. Er kletterte die ganze Nacht hindurch. Am frühen Morgen – bevor die Sonne in die Wand drang und das tägliche Felsbombardement auslöste – biwakierte er an einer geschützten Stelle in etwa 7500 m Höhe. Am frühen Nachmittag brach er wieder auf und hatte am späten Abend 8200 m erreicht – den Fuß des Pfeilers, von dem er wußte, daß er die Schlüsselstelle der gesamten Tour war. In dieser Nacht konnte er vor Kälte und lauter Sorge, was der Tag wohl bringen werde, nicht schlafen, aber das Wetter hielt sich, und ein weiterer Schönwettertag zog herauf. Seine nicht benötigte Ausrüstung ließ er jetzt am Lagerplatz zurück und setzte dann zum Endspurt an; sein Bericht hierüber ist äußerst knapp:

> Eine schneebedeckte Rampe führte nun zu einer steilen Stufe. Sie bestand überwiegend aus Fels, gelegentlich aber auch aus Schnee oder aus Eis von zweifelhafter Qualität. Das in 5000 m Höhe zu durchklettern wäre kein Problem gewesen, aber hier in über 8000 m mußte ich all meine Kräfte einsetzen. Gut drei Stunden brauchte ich alleine, um – mit Haken – 50 bis 70 m Höhe zu gewinnen. Und ich nutzte meine Erfahrung vom Yalung Kang und befestigte einen Teil des Seils an der Oberkante der Stufe, um meinen Rückzug zu sichern.

Damit waren die größten Schwierigkeiten überwunden, aber er hatte noch ein weites Stück vor sich. Zudem waren die Nachmittagswolken aufgezogen, und es begann zu schneien. Auch der Wind war heftiger geworden – aber er stapfte unverdrossen weiter und erreichte um 14.20 Uhr schließlich den Gipfel des Lhotse. Noch aber lag der Abstieg vor ihm. Er beschloß, so abzuklettern, wie er auch gekommen war, und nicht den Weg über das Südjoch zu versuchen, und seilte sich dann von seinem Biwakplatz über den Pfeiler ab, an dem die Jugoslawen 1982 Fixseile angebracht hatten. Die Seile waren zwar weggerissen worden, aber die Haken waren noch vorhanden.

Das war eine im Wortsinne unglaubliche Leistung, und wahrscheinlich war es unumgänglich, daß es auch hier wieder Zweifler gab. Die französische Fachpresse wurde besonders aktiv, als Česens Nominierung für die Mitgliedschaft in der exklusiven Groupe de Haute Montagne zurückgestellt wurde, bis er bessere fotografische Beweise seiner Alleingänge vorlegte. Das ist ein grundsätzliches Problem des Alleingehers: er hat keine Zeugen. Messner hat stets sorgsam darauf geachtet, umfangreiches Bildmaterial mitzubringen, Tomo Česens fotografische Beweise jedoch sind eher dürftig, und seine wichtigsten Leistungen waren alle Solos. Im Jahr darauf unternahmen zwei französische Alpinisten, Christophe Profit und Pierre Béghin, getrennte Soloversuche an der Wand, mußten allerdings aufgeben. Aber dann belagerte eine russische Expedition mit Fixseilen und Sauerstoff die Wand und beanspruchte danach die Erstbesteigung für sich – nach ihrer Aussage konnte Česen gar nicht oben gewesen sein, da es Unstimmigkeiten mit seiner Beschreibung des Gipfelgrats und der sich dort bietenden Aussicht gäbe.

Der harte Kern der Kletterer jedoch glaubt ihm. Und ich auch, nachdem ich ihn getroffen und mit ihm gesprochen habe. Schließlich aber ist das alles eine Frage des Vertrauens – und auch der Persönlichkeit, um die es geht. Reinhold Messner denkt übrigens genauso. 1971 widmete Walter Bonatti seine Autobiographie *Große Tage am Berg* »Reinhold Messner, dem letzten jugendlichen Hoffnungsträger der großen Tradition des Bergsteigens«. Und Messner wiederum hat eine Auszeichnung gestiftet, die er »Schneelöwe« nennt. Er vergibt sie »in Anerkennung der umweltfreundlichsten und schöpferischsten alpinen Leistung« – und Messner hat zuallererst Tomo Česen hierfür ausgewählt. Mit dieser Geste hat er die Stafette an einen jungen Alpinisten weitergereicht, der das Klettern im Alpinstil ohne jeden Zweifel in einen Grenzbereich vorgeschoben hat, der die Frage aufwirft, ob heute noch irgendein Berg als »unmöglich« bezeichnet werden kann.

Kapitel 14

Und immer noch etwas weiter

Wie es heute ist und morgen sein könnte

●

Seit Paccard und Balmat ihre ersten, zögernden Schritte in Richtung auf das geheimnisvolle Unbekannte taten, das der Gipfel des Mont Blanc für sie darstellte, hat sich der Alpinismus beständig und nachhaltig weiterentwickelt – aber ich vermute, daß die Motive für das Bergsteigen im wesentlichen noch immer die gleichen sind. Für sie damals war es der Drang des Entdeckens, der Kitzel der Gefahr, der Wettlauf, der erste zu sein, das Erlebnis eines Wunders, das durch einen Schuß Furcht und Neugier noch prickelnder wurde, und natürlich die Schönheit der Bergwelt um sie herum. Dazu muß noch ein Gefühl körperlicher Kraft gekommen sein, ein sinnenfrohes Vergnügen, als sie sich ihren Weg durch die Gletscherbrüche oder den Gipfelgrat hinauf bahnten, die tiefe Befriedigung, den Körper bis an die Grenze belastet, das Ziel erreicht zu haben, und dann genossen sie – im vollen Bewußtsein des Geleisteten – die Rast. Und aus den später folgenden Meinungsverschiedenheiten konnten sie auch schon erahnen, welche Probleme Förderer, Medienrummel und auch Geld aufwerfen können.

Wenn der Reiz des Bergsteigens darin liegt, ein Ziel – einen Gipfel, eine Wand oder auch nur irgendeine Felspartie – zu bezwingen, das noch niemand bewältigt hat, dann muß der Bergsteiger bereit sein, bei diesem Schritt ins Unbekannte sein Leben von seinem Urteilsvermögen abhängig zu machen. Und genau hier haben auch viele der ethischen Argumente ihre Wurzeln. Der Drang nach Erfolg verführt den Alpinisten, den unsicheren Ausgang seines Vorhabens sicherer zu machen durch bessere Ausrüstung, größere Teams, durch Fixseile und Lager oder Leitern aus Bohrhaken an Felswänden. Das Ganze geht Hand in Hand mit dem Wunsch, zu überleben. Zwar ist der Alleingang zweifellos die reinste und erregendste Form des Bergsteigens, aber trotzdem ziehen es die meisten von uns vor, auf Nummer Sicher zu gehen und mit einem Gefährten zu klettern, mit dem uns ein Seil verbindet, von dem wir dann hoffen, daß es uns im Falle eines Sturzes vor Verletzungen schützt.

Paccard und Balmat stand noch alles offen. Der Bergsteiger von 1860 mag zwar auch schon beklagt haben, daß nahezu alle Viertausender in den Alpen bereits bestiegen waren, aber er hatte noch keinerlei Mühe, Neuland zu finden: niedrigere, steilere Gipfel zum Beispiel oder unbegangene Wände und Grate von Bergen, die schon bezwungen worden waren. Im Himalaja hat sich dann Gleiches abgespielt, da jede Generation nicht nur unbekanntes Terrain erobern will, sondern sich auch an neuen Schwierigkeiten bewähren möchte – an etwas, was noch gefährlicher, noch steiler und noch herausfordernder ist als alles zuvor. Im Himalaja hat das dazu geführt, daß die meisten Alpinisten sich auf die Gipfel der Achttausender konzentrieren, so daß zum Beispiel ein Dutzend verschiedene Routen zum Gipfel des Everest führen, während es noch viele hundert unbestiegene Berge der 6000-Meter-Kategorie gibt, um die sich – bis auf eine kluge Minderheit – niemand weiter kümmert.

Aber jetzt sollten wir uns dem Bergsteigen von heute zuwenden und mit dem beginnen, das nach meinem Gefühl seine Grundlage, sein Fundament ist: dem Felsklettern, das wir das ganze Jahr über ausüben können, sogar in der näheren Umgebung. Um hier den neuesten Stand zu erfahren, müssen wir dort anknüpfen, wo ich Joe Brown und Don Whillans Ende der fünfziger Jahre verlassen habe. Das Klettern hatte sich auch in den sechziger Jahren ständig weiterentwickelt, hatte auch eine breitere Basis talentierter Kletterer bekommen – aber die Routen, die man ging, waren noch fast die gleichen, und Joe Brown lag noch immer an der Spitze und kletterte mit bekannten Größen wie Pete Crew, leidenschaftlich und ausnehmend streitbar, mit Martin Boysen, der zum Klettern fast zu träge war, oder Allan Austin, der eine Zeitlang die Szene im Lake District beherrschte. Zusammen mit der Kunst des Kletterns verbesserte sich auch die Technik. Der Klemmstein wurde in den frühen sechziger Jahren durch Leichtmetallkeile verschiedener Größen ersetzt, damit er in unterschiedlich große Risse paßte. Er ist bis heute stetig weiterverbessert worden und hat vielfältige Formen angenommen, neuerdings ist er sogar mechanisch einstellbar und paßt so in nahezu jeden Riß.

Der nächste große Schritt nach vorn war dann – in den frühen siebziger Jahren – die Einführung des systematischen Klettertrainings, das auf Pete Livesey zurückging. Dünn, drahtig, bebrillt, mit einem Schopf krausen, jetzt dünner werdenden grauen Haares sieht er aus wie die Kreuzung zwischen einem gelehrten Professor und irgendeinem Propheten. Er war 1943 als Sohn eines Baustoffhändlers in Barnsley zur Welt gekommen, zeigte in der Schule gute Ansätze zum Sportler und war im englischen Jugendkader der Querfeldeinläufer. Zum Klettersport kam er erst relativ spät – er war schon Anfang dreißig – über die Höhlenforschung, widmete sich ihm dann aber mit dem gleichen Ehrgeiz und sportlichen Können, die er schon bei seinen früheren Aktivitäten gezeigt hatte. Um seine Kondition zu verbessern, übte er Quergänge an Backsteinwänden, und in den frühen siebziger Jahren nahm er dann die Berge im Sturm: erst die Kalksteinfelsen von Yorkshire, und dann – weiter entfernt – die Berge an den Seen und in Snowdonia; damit gab er dem Klettern eine neue Qualität. Seine Begehung der Footless Crow am Goat

Oben links Pete Crew, der nach dem Durchbruch von Brown und Whillans in den fünfziger Jahren zu Beginn der sechziger Jahre führend an der Fortentwicklung des Kletterns beteiligt war. Oben rechts Johnny Dawes, der 1986 am Indian Face des Master's Wall erstmals die Bewertung E9 vergab. Darunter Peter Livesey am Wellington Crack in Yorkshire, der das systematische Training für Felskletterer einführte.

Crag in Borrowdale erregte besonderes Aufsehen und war typisch für die Routen, die er erschloß. Sie verlangten schon einigen Mut, da die Sicherheit noch gering war, besonders mit der damals verfügbaren Ausrüstung. Zudem setzte sie auch Ausdauer und kräftige Finger voraus, die man sich aber über das Training aneignen konnte. Er erschloß dann noch viele weitere Anstiege, und die Führe den Right Wall hinauf, eine fast glatte Wand rechts von der Cenotaph Corner am Dinas Cromlech, war eine seiner besten. Sein neuer Kletterstil unterschied sich von dem früherer Zeiten durch eine Steilheit, die fast an den Überhang grenzte, und durch die Vielzahl äußerst kleiner Griffe, die ihm Halt gaben. Um auf diesem Niveau zu klettern, mußte man üben.

1973 zählte Livesey in England zu den führenden Kletterern dieser neuen Welle und besuchte als einer der ersten das Yosemitetal in Kalifornien. Dabei galt sein Interesse nicht so sehr den großen Wänden wie El Capitan, sondern mehr den kurzen, aber sehr schwierigen Routen, die es dort im Überfluß gibt. In den siebziger Jahren begann damit ein Austausch an Techniken, Ideen und ethischen Grundsätzen, der bis heute nicht abgerissen ist.

Während Brown und Whillans das Feld noch über zehn Jahre lang alleine anführen konnten, nahm der Wettbewerb jetzt zu. Ron Fawcett begann seine Partnerschaft mit Livesey – fast in der Rolle eines Lehrlings. Ron stammt aus Yorkshire, ist bäuerlicher Herkunft, zwölf Jahre jünger als Livesey, groß und schlank mit kraftvollem Oberkörper und hat riesige Hände mit langen, muskulösen Fingern. Er ist ganz anders als Livesey: gelassen, fast schüchtern, nicht so sehr auf Wettbewerb aus, in seinem Sport aber genauso überragend gut, und er liebt die langen Übungsstunden am Fels, die ihn körperlich auf die schwierigsten Touren vorbereiten. Der große Unterschied zwischen den beiden ist wohl, daß Livesey das Klettern aufgegeben hat, als er merkte, daß er den Höhepunkt erreicht hatte, und sich anderen Sportarten zuwandte, in denen er glänzen konnte – zunächst verfiel er auf Langstreckenlauf, dann auf Orientierungslauf. Von Fawcett hingegen habe ich das Gefühl, daß er immer klettern wird, auch wenn er mit zunehmendem Alter seinen Standard nicht halten kann. Livesey hat oft im Spaß gesagt: »Schon als wir das erste Mal zusammen kletterten, war mir klar, daß Ron besser war als ich. Dann ging es nur noch darum, ihn das nicht wissen zu lassen.«

Fawcett beherrschte dann die Kletterszene Ende der siebziger und Anfang der achtziger Jahre und übertraf dabei sogar noch seinen Lehrmeister. Aber er war jetzt nicht mehr allein: jedes Klettergebiet hatte seine eigenen Experten, die alle neue Maßstäbe setzten. Im Lake District war das Pete Whillance, ein hagerer und hartnäckiger Bergsteiger mit sanfter Stimme, der im Lake District, in Wales und in Schottland eine Reihe von Routen erschloß, die technisch sehr schwierig und auch gewagt waren. In seiner Heimat Schottland ging Dave Cuthbertson neue Routen, während Pat Littlejohn sich in Südwestengland darauf spezialisierte, die Klippen der Küsten von Cornwall, Devon und Pembroke zu bearbeiten, oder John Redhead, ein Artist mit wilder Mähne, der das Feld im Norden von Wales anführte. Es ist ge-

28 (Vorhergehende Seite): Der meißelförmige Gipfel des Gasherbrum IV (7980 m), den Woytek Kurtyka und Robert Schauer 1985 bezwangen – noch immer eine der technisch schwierigsten Routen, die in dieser Höhe im Alpinstil begangen wurden.

29 (Gegenüber): Kurtyka am Gasherbrum IV. 30 (Links): Die Seile vieler früherer Expeditionen verunzieren die beliebtesten Routen auf die Achttausender wie hier am Abruzzisporn des K2; 1990 wurden sie von einer umstrittenen »Aufräum«-Expedition entfernt. 31 (Unten): Die höchste Müllkippe der Erde – das Südjoch des Everest.

32 (Ganz links): Jerry Moffatt an der Schlüsselstelle, die ihm bei der ersten internationalen Klettermeisterschaft 1989 in Leeds den Sieg brachte. 33 (Links): Moffatt ist einer der herausragenden Kletterer der achtziger Jahre und verdient seinen Lebensunterhalt mit der Teilnahme an europäischen Spitzenveranstaltungen im Wettkampfklettern. Hier begeht er den L'Horla (E1), eine sehr schöne, klassische Führe am Curbar Edge. 34 (Oben): Ron Fawcett, hier am Gordale Right-Hand, gab Ende der siebziger und Anfang der achtziger Jahre unter den wagemutigen traditionellen Kletterern den Ton an. 35 (Unten): Sportklettern bedeutet risikofreies Klettern mit Hakensicherung – Martin Atkinson am Chouca (E8, 6c) in der Provence, aufgenommen an der Schlüsselstelle.

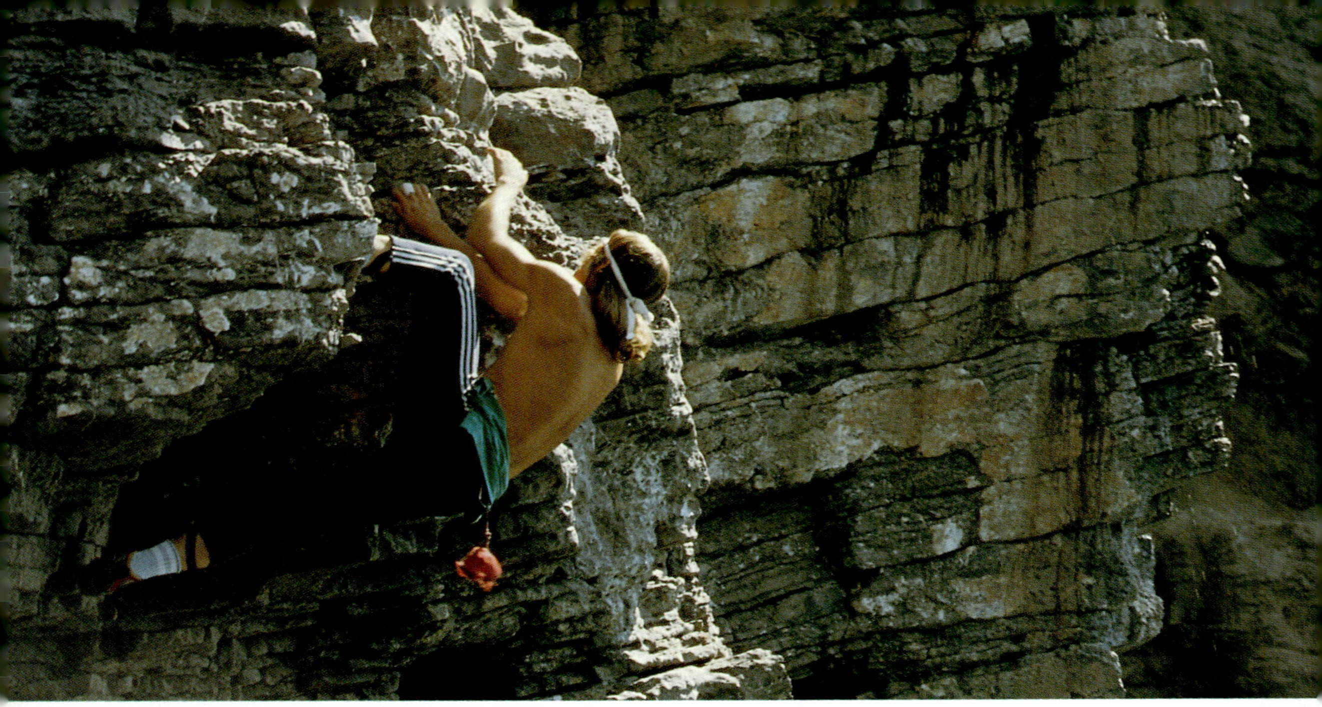

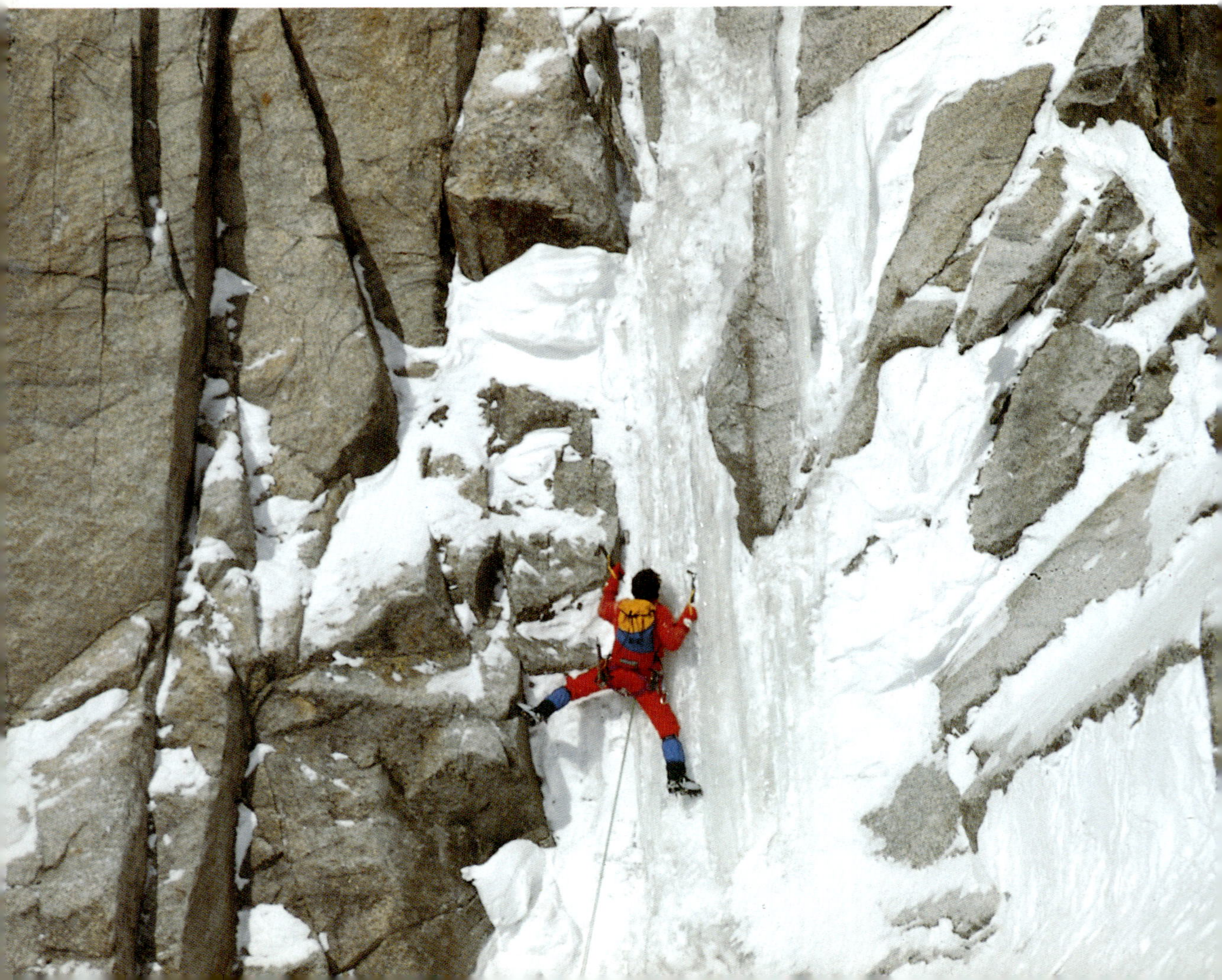

36 (Links oben): Den athletischen Aspekt des französischen Kletterstils verdeutlicht hier Patrick Edlinger, der sich auch an Wettkämpfen beteiligt. 37 (Links unten): Auch Christophe Profit, der nacheinander die Nordwände von Jorasses, Eiger und Matterhorn durchstieg, vertritt den französischen Kletterstil. 38 (Oben): Benoit Chamoux und sein internationales Team »L'Esprit d'Equipe« auf dem Gipfel des Shisha Pangma, den sie für ihre Förderer auf einer neuen Route bestiegen hatten. 39 (Links): Jean-Marc Boivin, ein exzellenter Alpinist und extremer Skifahrer, gelang 1988 eine Steilabfahrt vom Gipfel des Everest.

40 (Nächste Seite): Obwohl die Achttausender inzwischen viel besucht werden, gibt es zum Glück noch unzählige Bergketten im Himalaja, die in 6000 bis 7000 m Höhe technisch anspruchsvolles Bergsteigen mit der Erforschung des Unberührten verbinden. Ein eindrucksvolles Beispiel dafür ist der Golden Pillar of Spantik (7027 m), den Mick Fowler und Victor Saunders im Alpinstil bezwangen.

radezu verblüffend: noch immer werden an unseren überlaufenen Felsen neue Routen erschlossen und sogar noch neue Felsen entdeckt – aber die Auswahl wird immer geringer, und es wird immer schwieriger, die großartigen und riskanten Führen zu finden, wie sie Don Whillans so geliebt hat.

Das Felsklettern wurde damit immer mehr zum eigenen Sport. Es hatte ja schon immer die sogenannten »Felsenturner« gegeben, die ihr Können nicht in großen Höhen beweisen wollten, sondern an immer anspruchsvolleren Bergen, wie man sie überall in Europa oder in den Vereinigten Staaten finden konnte. Das Felsklettern wurde somit zu einer weltoffenen Sportart, und der Kontakt mit dem Kontinent sollte sich auf die englischen Kletterer und ihre Technik nachhaltig auswirken.

Es waren die Franzosen, die in den siebziger Jahren das Freiklettern »entdeckt« hatten, aber es unterschied sich im Stil grundlegend von dem, was in England praktiziert wurde. Auf dem Kontinent hatte man das Felsklettern stets mehr als Vorübung für die Alpen gesehen, als man dies in England tat, und damit waren auch die ethischen Regeln weniger streng, besonders wenn es um die Verwendung von Haken ging, von denen man bei Stand- wie Zwischensicherung freizügig Gebrauch machte.

Mit Erschließung der großartigen Kalksteinwände, die man in Südfrankreich so häufig findet, wurden schon sehr frühzeitig Bohrhaken zur Sicherung benutzt, besonders an glatten Wänden, an denen es keine Risse für die Anbringung von Haken gab. Dabei hatte man sich auf den ethischen Grundsatz geeinigt, daß der Seilerste dort Löcher bohrte und seine Haken einschlug, wo er sie zu benötigen glaubte, den Anstieg selbst dann aber ohne deren Hilfe bewältigte – daher die Bezeichnung »frei« – und die Haken lediglich zur Sicherung nutzte. Damit bekam das Klettern – ohne die Furcht vor Gefahr – eine rein athletische Dimension, denn die vorher angebrachten Haken stellten ja sicher, daß man bei einem Sturz nicht tief fallen würde. Und es bedeutete auch, daß der Kletterer seinen Sport fast überall ausüben konnte in der Gewißheit, daß er sich mit einem Sturz schlimmstenfalls blamieren würde.

In dieser Art des Kletterns war Patrick Edlinger unschlagbar. Er war ein äußerst gewandter Kletterer und wurde bald der wichtigste Exponent des gerade erst formalisierten Wettkampfkletterns. Diese Disziplin hatte ihren Ursprung in der ehemaligen Sowjetunion, war unter westlichen Alpinisten aber lange Zeit verfemt gewesen. Bei den ersten Wettkämpfen wurde dabei auf Zeit geklettert, wobei der Kletterer durch ein Bergseil gesichert wurde. Anfang der achtziger Jahre jedoch wurden die Wettkämpfe abgeändert und mehr dem »echten« Klettern angeglichen; so setzten sie sich auch in Italien und Frankreich durch. Dabei ging der Tempokletterer Routen von zunehmender Schwierigkeit mit Zwischensicherungen, die es unwahrscheinlich machten, daß er sich im Falle eines Sturzes verletzte – aber trotzdem konnten die Stürze dramatisch aussehen, und der Wettkampf hatte den Reiz einer äußerst schwierigen Kletterei unter Zeitdruck. Das Tempoklettern wurde dann noch zusätzlich gefördert durch die Einführung künstlicher Kletter-

wände in Hallen, die es von der Jahreszeit unabhängig machen, wobei seine An-
hänger eine Uniform aus enganliegendem, superleichtem Kunststoff tragen und
eine Prise Kreidekalk für den besseren Griff verwenden.

Das Wettkampfklettern hat zudem auch deutlich gemacht, wie nahe die weiblichen Kletterer in ihrem technischen Können schon den Männern gekommen
sind. Der Abstand zwischen den männlichen und den besten weiblichen Kletterern
– wie zum Beispiel Lynn Hill aus den USA und Isabelle Patissier aus Frankreich –
ist heute nur noch minimal. Beim Internationalen Grand Prix von 1989 in Lyon belegte Lynn Hill den insgesamt dritten Platz. Diese Leistung ist um so beeindruckender, wenn man bedenkt, welche Gewandtheit und Kraft dafür benötigt
werden und wie groß der Abstand zwischen Männern und Frauen in anderen sportlichen Disziplinen noch immer ist.

Jetzt fühlte sich auch die junge Generation englischer Kletterer zum hakenge-
sicherten Sportklettern und zum Wettkampfklettern hingezogen. Hierin war Jerry
Moffatt führend, der Anfang der achtziger Jahre eine Reihe sehr schwieriger und
anspruchsvoller Routen auftat, von denen Master's Wall am Ostpfeiler des Clogwyn Du'r Arddu die sicherlich riskanteste war.

Der traditionsreiche »Cloggy« ist die Bewährungsprobe für englische Kletter-
rer: wegen der Länge und der Schwierigkeit vieler seiner Routen und seiner klassischen Proportionen – dem steilen, manchmal senkrechten East Buttress, gekrönt
vom massigen Dreieck des Pinnacle, den Plattenschüssen des West Buttress, und
den Far East und West Buttresses, die das alles – wie die Kavallerie im 18. Jahrhundert ihre Truppe – flankierend einschließen; sie alle ragen steil über den stillen
und dunklen Wassern des Llyn Du'r Arddu in die Höhe. Nahezu jeder englische
Kletterer von Bedeutung hat am Cloggy seine Zeichen gesetzt, und die Schlüsselstelle des Ganzen, geradezu die Meßlatte der modernen englischen Kletterei, ist
Master's Wall, eine scheinbar völlig glatte Felswand in der Mitte des East Buttress.

Den ersten ernsthaften Angriff auf diese Wand unternahm in den fünfziger Jahren Joe Brown mit einer Route, die sich quer durch die Wand zog – da er sich aber
nur zwei Haken pro Seillänge zugebilligt hatte, konnte er sich nur noch in Würde
zurückziehen, als er sie verbraucht hatte. Pete Crew durchstieg die Wand schließlich im Jahre 1962 und nannte seine Führe The Great Wall – aber er hatte auch
sechs Haltepunkte benötigt. Der Lokalmatador John Redhead versuchte eine noch
direktere Route in der Mitte, schlug zur Sicherung einen Bohrhaken – und gab
dann auf. Jerry Moffatt schließlich inspizierte die Wand 1983, indem er sich von
oben abseilte, und kam zu dem Schluß, daß er ohne den Bohrhaken auskommen
könne – also entfernte er ihn und durchstieg die Wand mit einer Geheimwaffe: einem Paar besonders rutschfester Kletterschuhe mit Gummisohle, wie sie heute die
Norm sind; seine Führe nannte er Master's Wall. Er beging auch den Great Wall allein: eine wahrhaft riskante Angelegenheit!

Aber in Wirklichkeit lockte Moffatt die pure Sportlichkeit des gesicherten
französischen Kletterstils, denn ab einem gewissen Schwierigkeitsgrad hat man

manchmal keine Hand mehr frei, um Klemmgeräte anzubringen. Und auch das Wettkampfklettern gefiel ihm, weil es ihm zusätzlich die Möglichkeit bot, mit seinem Sport Geld zu verdienen, denn das Wettkampfklettern war – mit von Sponsoren ausgeworfenen Preisgeldern – schon immer ein Sport für Profis. Also begannen Moffatt und eine kleine Gruppe weiterer Spitzenkletterer aus England an den entsprechenden Veranstaltungen auf dem Festland teilzunehmen, und damit war auch absehbar, daß sowohl das hakengesicherte Klettern als auch die Wettkämpfe nach England kommen würden – aber nicht ohne Widerstand: als ein Wettkampf bei Malham Cove im Gespräch war, den die BBC von der Haupttribüne aus übertragen sollte, entstand in der Bergsteigerschaft ein Aufruhr, den Oberst Strutt im Himmel nicht besser dirigiert haben könnte, und die Veranstaltung wurde dann auch durch die energische Gegenwehr des British Mountaineering Council zu Fall gebracht.

Und was sollte der ganze Wirbel? Diese Form des Kletterns bedeutete schließlich nicht nur, daß noch mehr Bohrhaken in den schönen Kalkstein geschlagen wurden, sondern die Traditionalisten sahen darin auch den Anfang vom Ende – das Eingeständnis nämlich, daß der formalisierte Wettkampf ein Teil dieses Sports sei. Auf der anderen Seite gab es eine nicht zu übersehende Anzahl von Kletterern, die diesen Sport ausüben wollten, und so einigte man sich auf einen Kompromiß: die Wettkämpfe sollten nur an künstlich hergestellten Kletterwänden abgehalten werden, wodurch man die Wettkampfteilnehmer mit ihren Haken, ihren Massen von Zuschauern und ihrem Medienrummel von den Bergen fernhalten und so auch zum Ausdruck bringen konnte, daß sie nichts mit der ungebundenen Freiheit des klassischen Kletterns zu tun hatten.

Die erste internationale Veranstaltung wurde im Frühjahr 1989 in Leeds an einer von einem Gerüst getragenen Wand durchgeführt, die vor Überhängen nur so strotzte. Es war ein herrlicher Frühlingstag, und ich kann mich erinnern, daß ich ziemlich ärgerlich dort hinfuhr, weil ich mir sagte, daß es wohl doch besser gewesen sei, diesen Tag mit Felsklettern draußen – in der Sonne – zu verbringen. Aber als der Wettkampf dann begonnen hatte, war ich wie gebannt. Es war geradezu aufregend, den anmutigen und flinken Bewegungen zuzuschauen, mit denen sich die Kletterer die fünfzehn Meter hohe Kunstwand durch Überhänge an winzigen Griffen nach oben schlängelten, und die zunehmende Spannung eines brillanten Ausscheidungskampfes mitzuerleben zwischen Simon Nadin, der im Wettklettern völlig neu war, Didier Raboutou, einem der französischen Spitzenkletterer, und Jerry Moffatt. Nadin war der erste und kam die Wand halb hoch; Raboutou kam sogar noch höher, mußte aber an einem quadratischen, dachförmigen Überhang aufgeben, als er bereits drei Viertel der Wand hinter sich hatte. Und dann war die Reihe an Moffatt. Er hatte zunächst einen schlechten Start, wirkte unsicher und wäre schon bei den ersten Griffen in Bodennähe fast aus der Wand gefallen, aber irgendwie schaffte er es dann weiter, erreichte Raboutous höchsten Punkt und verschnaufte dort – soweit man verschnaufen kann, wenn man an seinen Fingern hängt. Dann schnellte er wie eine zusammengedrückte Feder unter dem Überhang hervor, packte die Lippe der Überdachung, schwang sich hinaus und nach oben – und war verschwunden, im begeisterten Applaus der Zuschauer. Es war wie der Endkampf einer hartumkämpften Disziplin bei den Olympischen Spielen – nur spannender. Wettkampfklettern ist natürlich etwas ganz anderes als die einsame, aber sehr befriedigende persönliche Erfahrung einer Felsfahrt draußen in den Bergen, aber auch das Zuschauen macht Spaß, weil es einem die außerordentliche Kondition und Körperbeherrschung der Teilnehmer zeigt. Simon Nadin, der Außenseiter, gewann die Weltmeisterschaften von 1989; Moffatt wurde dritter.

Das hakengesicherte Sportklettern an Naturfelsen aber entwickelte sich – und entwickelt sich noch immer – unabhängig vom Wettkampfklettern. Es begann an den Kalksteinformationen am Fuß des Malham Cove, am Cheedale in Derbyshire und an den glatten, dunklen Schieferplatten von Llanberis oder dem Lake District. Die klassischen Kletterer sehen darin den Fuß in der Tür und befürchten, daß die Schönheit der natürlichen Routen durch die Haken zerstört werden könnte, die noch immer die Gemüter erregen. Es gibt aber auch Leute, die hier ebenfalls einen Kompromiß suchen und fragen, warum denn die Sportkletterer ihr Hobby nicht an den nackten Wänden zwischen den natürlichen Routen ausüben können? Aber eine natürliche Führe, die sich einen komplexen Fels hinaufzieht, reizt den Kletterer nur dann, wenn die nackten, scheinbar grifflosen Wände zu beiden Seiten keinen Fluchtweg anbieten. Darüber hinaus sind sie vielleicht auch nur für die jetzige Generation grifflos. Die Kunst des Kletterns verfeinert sich ständig, und das jetzt Unmögliche kann bald Standard sein.

Johnny Dawes ist ein Beispiel dafür. Er schob die Grenzen des Möglichen 1986 am Clogwyn Du'r Arddu erneut hinaus, als er zum ersten Mal das Indian Face durchstieg, die letzte ganz kahle Wand am Master's Wall. Hätte sich die Bohrhakensicherung inzwischen eingebürgert, dann hätte sich diese Stelle dafür angeboten – und das wäre das Ende von Dawes' Route gewesen. Er beging sie mit einem Minimum an Schutz und wäre im Falle eines Sturzes vermutlich getötet, zumindest aber schwer verletzt worden.

Dann komme ich zur Schlüsselstelle. Die Bewegung packt mich – wie bei einem Auto, dem auf einem überfüllten Parkplatz plötzlich der Gang eingelegt wird. Ich klettere um den runden Vorsprung zu einer brüchigen Zacke, um rechts eine Anordnung von drei Kristallen greifen zu können – jeder Finger ist wichtig und greift einzeln, wie bei einem Akkord am Klavier. Ich wechsele dreimal den Tritt, um meine Waden zu entspannen, und jedesmal muß ich den einen Fuß vom Tritt nehmen und den anderen daraufsetzen. Dabei sind die Griffe zu klein, um mich halten zu können, sollte der Trittwechsel mißlingen. All die Trittwechselfehler von Läufern auf der Bahn schießen mir durch den Kopf. Ich kann mich hier nicht ausruhen – muß weiter, muß nach oben. Ich klettere der Sonne entgegen, schnappe nach Luft. Ein brüchiger Griff hält mich zunächst, gibt dann aber nach; aus Sorge, ich könnte mit den Schuhen abrutschen, suche ich mir eine Leiste und stemme mich hoch – ein Sturz wäre jetzt tödlich. Aber der Roboter in mir setzt sich wieder durch, zögernd zunächst gibt er dann sein Bestes, ich packe einen neuen Griff und schwinge mich nach oben; das Seil hängt nutzlos um meine Taille.

Dawes sprüht vor Energie und Lebenslust. Er klettert, weil es ihm Spaß macht, und scheint einen Fels wie ein Gummiball hochzuhüpfen, scheint die Griffe geradezu anzuspringen. Er bot allen die Stirn, als er seiner Route den Schwierigkeitsgrad »E9« zuordnete, den es noch gar nicht gab – die Extrem- oder E-Grade waren Mitte der siebziger Jahre zunächst in E1 bis E5 unterteilt, 1986 dann bis E7 erweitert worden. Aber bisher hat noch niemand die Courage aufgebracht, diese Route erneut zu gehen und die Bewertung zu überprüfen.

Und so leben heute die klassischen Abenteuerkletterer und die modernen Sportkletterer nebeneinander her – aber ihre Beziehung steht auf tönernen Füßen, weil eine wachsende Zahl junger Kletterer, die an künstlichen Kletterwänden gelernt haben und dann naturgemäß zu schwierigeren, mit Bohrhaken gesicherten Routen in England und im Ausland hinübergewechselt sind, nur noch wenig Verständnis für die traditionellen Methoden aufbringen. Ihnen fehlen Werdegang und Perspektive von Männern wie Moffatt, die ihre Lehrjahre abgeleistet und die Gefahr voll ausgeschöpft haben. Heute macht man sich schon Sorgen, daß der Konflikt zwischen den beiden Lehrmeinungen in einen Kampf ums Territorium ausarten könne, sobald die Sportkletterer sich anschicken, ihre Haken an den höheren Felswänden anzubringen, die bisher Domäne der Traditionalisten waren. Das kann man bereits an den Felspartien des Mont-Blanc-Massivs beobachten, wo die Kletterer am Bergschrund in Reibungskletterschuhe schlüpfen, dann mit einem Minimum an Ausrüstung schnell aufsteigen und sich schließlich an Bohrhaken als Sicherung wieder nach unten abseilen.

Aber die Freude am Risiko und das ästhetische Verlangen, die Felswände in ihrem Naturzustand zu belassen, sind bei vielen Alpinisten so tief verankert, daß ich davon überzeugt bin, daß die Traditionalisten in England sich durchsetzen werden und das sterile Sportklettern an Reiz verlieren wird. Das hat uns bereits die Pariserin Catherine Destivelle vorexerziert, eine der talentiertesten und bekanntesten weiblichen Wettkampfkletterer der späten achtziger Jahre. Sie hat dem Sportklettern den Rücken gekehrt und vor kurzem – zusammen mit dem hervorragenden amerikanischen Bergsteiger Jeff Lowe – den Trango Tower im Alpinstil bestiegen; anschließend beging sie den Südwestpfeiler des Dru im Alleingang. Noch bemerkenswerter ist ihr erster Alleingang auf einer neuen Route durch die Westwand des Dru vom Juni 1991, für den sie – ohne jegliche Unterstützung – zehn Tage benötigte. Mit einer 30 kg schweren Ausrüstung – sie wiegt selbst nur 54 kg – kämpfte sie sich durch Regen, Hagel und heftigen Schneefall nach oben, wobei Steinschlag ihr Seil durchtrennte und sie selbst Erfrierungen erlitt: aber sie gab nicht auf. Dieser Anstieg zählt zu den schwierigsten Kletterrouten, die je in den Alpen begangen wurden, und hat sicherlich die irrige Annahme widerlegt, Frauen würden das extreme Abenteuerklettern meiden. Jetzt wird sich bald erweisen, ob die Leistungen der Frauen im Himalaja dieser Vorgabe folgen werden.

In mancher Hinsicht ist der moderne Alpinismus den gleichen Weg gegangen wie das Felsklettern. Obwohl noch immer neue Routen entdeckt werden, sind die großen natürlichen Führen inzwischen alle begangen worden, was dazu geführt hat, daß Spitzenkletterer andere Wege suchen, um ihre Individualität auszudrücken: durch Alleingänge, Alleingänge im Winter oder durch Verbindung der Routen miteinander. Renato Casarotto, der 1986 sein Leben verlor, als er den Südpfeiler des K2 solo ersteigen wollte, verbrachte im Februar 1982 fünfzehn Tage auf sich selbst gestellt an der Südseite des Mont Blanc und beging die Westwand des Dru, dann die Gervasuttiroute der Aiguille Blanche de Peuterey und schließlich den Frêney-Zentralpfeiler. Der Franzose Christophe Profit unternahm eine Reihe sehr eindrucksvoller, miteinander verbundener Soloaufstiege; Jean-Marc Boivin fügte ihnen noch die Skiabfahrt mit dem Bremsschirm hinzu. Boivin war ein exzellenter Kletterer und extremer Skisportler; 1988 gelang ihm sogar eine Steilabfahrt vom Gipfel des Everest. All diese Aktionen waren erstaunliche sportliche Leistungen mit hohem Risiko – aber trotzdem frage ich mich, ob bei diesem Griff nach dem Ausgefallenen nicht doch etwas von der Romantik und dem Reiz des Bergsteigens auf der Strecke bleibt.

Eine negative Entwicklung im Himalaja ist die Tatsache, daß die Behörden Pakistans und Nepals die Bestimmungen gelockert haben, nach denen früher nur eine Expedition für jeden Berg zugelassen war. Allerdings waren die Achttausender damals auch schon auf Jahre ausgebucht, und auf Druck der Bergsteigerschaft genehmigten sie dann mehr als eine Expedition unter der Voraussetzung, daß sie auf verschiedenen Routen unterwegs waren. Seit neuestem jedoch scheinen sie alle Beschränkungen aufgehoben zu haben und jede Anzahl von Expeditionen an einem Berg zuzulassen. Die Folge ist, daß jetzt jedes Hauptlager an den Achttausendern von einer abstoßenden Müllhalde umgeben wird, wie Charlie Houston, Sigi Hupfauer und ich mit Abscheu am Nanga Parbat feststellen mußten. Keine Expedition fühlt sich für den Zustand des Standlagers, das sie mit anderen teilt, verantwortlich, und wo sich erstmal Abfall angesammelt hat, folgt bald immer mehr.

Eine noch ernstere Konsequenz dieser Politik der lockeren Zügel zeigte sich 1986 am K2, als sich insgesamt neun Expeditionen an diesem Berg aufhielten und trotz der Erschließung zweier neuer Routen – wie schon erwähnt – dreizehn Menschen in einer Serie von Unfällen ums Leben kamen. In der zweiten Augustwoche kamen lang anhaltende Unwetter auf und hielten sieben Bergsteiger oberhalb 8000 m im Hochlager auf der Schulter des K2 fest. Aber obwohl das Wetter der direkte Auslöser der dann folgenden Tragödie war, sollte nicht unerwähnt bleiben, wieso sie überhaupt in eine so gefährliche Lage geraten konnten. Von den neun Expeditionen war nur eine – die südkoreanische – eine herkömmliche Belagerungsexpedition alten Stils. Sie war bestens organisiert, trieb eine Kette von Lagern und Fixseilen den Berg hinauf und erreichte am 3. August mit Sauerstoffgeräten den Gipfel. Dann benutzten drei weitere Gruppen ihre Fixseile, um die Stelle ihres Hochlagers zu erreichen: Al Rouse, der Führer der glücklosen englischen Expedition am Westgrat, hatte sich mit dem polnischen Alpinisten Dobroslawa »Mrufka« Wolf zusammengetan, der Österreicher Kurt Diemberger, der hier seinen sechsten

Achttausender bezwingen wollte, ging mit der Engländerin Julie Tullis, die ihren zweiten Achttausender versuchte, und dazu kamen noch drei Mitglieder einer Expedition österreichischer Bergführer. Es ist durchaus denkbar, daß die von den Koreanern angebrachten Fixseile ihnen die Illusion von Sicherheit vermittelten. Als dann aber das Unwetter über sie hereinbrach, waren einige dieser Bergsteiger nicht nur bereits erschöpft, sondern ihr so hastiger Aufbruch hatte auch zur Folge, daß jetzt nichts zur Verfügung stand, was ihren Rückzug hätte sichern können. Nur die beiden Ältesten – die Österreicher Kurt Diemberger und Willi Bauer, beide über 50 – überlebten, indem sie mit letzter Kraft getrennt abstiegen und sich in Sicherheit brachten.

Die Berge sind nicht nur attraktiver, wenn man sie für sich allein hat, sondern auch sicherer. Eine kleine Gruppe, die sich nur auf ihre eigenen Kräfte verläßt, um einen bestimmten Punkt am Berg zu erreichen, hat einfach die besseren Chancen, im Notfall heil wieder nach unten zu kommen. Und genauso kann man davon ausgehen, daß eine kleine Gruppe, die allein am Fuß eines Berges eintrifft, ihre Abfälle wieder mitnimmt und den Platz so sauber zurückläßt, wie sie ihn vorgefunden hat.

Viele Anstiege auf die höchsten Berge der Erde haben Alpinisten dazu verführt, im Himalaja die gleichen sportlichen Leistungen zu vollbringen, die in den Alpen so populär geworden sind. Die Zahl der Aufstiege, bei denen es um Geschwindigkeit geht, nimmt ständig zu – und dabei geht es nicht um Sicherheit, sondern um Rekordmeldungen. Im September 1988 bestieg Marc Batard den Everest vom Hauptlager aus über das Südjoch in 22½ Stunden: es war sein dritter Anlauf innerhalb von 14 Tagen.

Vom Hauptlager des Everest aus hat es bereits ein Bergmarathon gegeben, und der Russe Alexander Schewtschenko – unter russischen Alpinisten offensichtlich ein Außenseiter – plant sogar ein Wettrennen zum Gipfel! Manche Bergsteiger tragen sich auch mit dem Gedanken, alle vierzehn Achttausender im Laufe eines einzigen Jahres zu besteigen, und irgendeinem – da bin ich mir sicher – wird dies früher oder später auch gelingen. Und sowohl Russen wie Japaner haben bereits die Möglichkeit untersucht, eine Riesentraverse über das »Hufeisen« des Everest durchzuführen: am Westgrat des Nuptse hinauf, weiter zum Lhotse, hinüber zum Everest und an dessen Westgrat wieder nach unten. So etwas kann vermutlich nur einer breit angelegten Expedition gelingen, deren Unterstützungsgruppen Depots auf der Strecke einrichten, und das Team, das die Überschreitung durchführt, wird Sauerstoff benutzen müssen. Verlockend ist auch die Traverse vom Lhotse Shar zum Lhotse, denn zwischen den beiden Gipfeln liegt noch ein weiterer Gipfel, und der ist – welche Herausforderung! – noch nicht bestiegen. Das ist etwas, das schon Doug Scott geplant hatte: im Alpinstil und – natürlich – ohne Atemgeräte.

Auch die kommerziellen Förderer haben ihren Einfluß verstärkt und in einigen Fällen sogar Einfluß darauf genommen, wie die Expeditionen vorzugehen haben. Das war zum Beispiel Ende der achtziger Jahre bei einer Reihe von Touren der

Fall, die der französische Kletterer Benoit Chamoux organisiert hatte, dessen Spezialität Tempobesteigungen von Achttausendern waren – er schaffte 1986 den K2 vom Hauptlager aus in 23 Stunden und im Jahr darauf den Nanga Parbat in der gleichen Zeit. Chamoux überredete die Computerfirma Bull, sein »L'Esprit d'E-quipe« genanntes Vorhaben zu unterstützen, bei dem ein internationales Team von Bergsteigern sechs Expeditionen zu Achttausendern durchführen sollte. Sein Ziel war die Förderung der internationalen Zusammenarbeit und – durch sein ausgefallenes Programm – eine wirkungsvolle Öffentlichkeitsarbeit für die Firma Bull.

Vertreter der Briten war Alan Hinkes. Die gesamte Mannschaft unterschrieb einen Vertrag, zahlte für jeden Aufstieg eine Gebühr und nahm vor und nach den Expeditionen an Werbeveranstaltungen teil. Das Team versuchte den Everest über seinen Nordgrat, bestieg Annapurna und Manaslu über ihre Südwände und den Shisha Pangma über eine neue Route. Natürlich ist die Förderung durch Geldgeber oder Sponsoren nichts Neues: die meisten großen Expeditionen nach dem Zweiten Weltkrieg sind auf die eine oder andere Weise finanziell unterstützt worden – nur stand dabei das Bergsteigen stets im Vordergrund, und die Förderung paßte sich den Expeditionszielen an. Benoit Chamoux hingegen organisierte Projekte, die speziell auf Werbung für den Geldgeber zugeschnitten waren.

Viele Alpinisten fühlen sich allerdings von diesem Trend abgestoßen. Sie befürchten, daß die kommerziellen Interessen – nicht nur bei Expeditionen, sondern im Alpinismus generell: mit Besteigungen als Medienereignissen und Felsklettern als Wettkampfzirkus – den Sport beherrschen und damit den Kern des freien, ungebundenen Abenteuers aushöhlen könnten. Diese Sorgen sind sicherlich nicht unbegründet, aber ich glaube, daß Abenteuerlust und Freiheitsdrang der Bergsteiger stark genug sind, um dem zu widerstehen.

Derzeit erleben wir, wie sich die Gebirge des Himalaja und des Karakorum in eine riesenhafte Ausgabe der Alpen verwandeln. Für den Everest ist bereits ein Tourenbuch mit bewerteten Routen herausgegeben worden, und zweifellos wird es bald eine ganze Serie für die gesamte Region geben. Die vergleichsweise leichten Routen auf die Gipfel der Achttausender sind bereits *voies normales* und entwickeln sich zu stark begangenen, klassischen Führern. Bergsteigen mit Führern wird jetzt immer beliebter und umfaßt kommerziell geleitete Expeditionen zu den kleineren Trekkinggipfeln in Nepal bis hin zum Everest selbst. Im Moment kommen die Führer noch aus Europa und den Vereinigten Staaten, aber schon drängt eine wachsende Zahl von Sherpas in diesen Beruf – und das ist auch gut so.

Im Frühjahr 1991 bestieg die erste rein nepalesische Expedition den Everest, und die Sherpas erreichten auch den Gipfel, während an der Nordseite eine Gruppe von Engländern, Neuseeländern und Amerikanern den Nordostgrat und den Nordgrat versuchte. Dieses Team hatte festgelegt, daß nur die Sherpas Sauerstoffgeräte benutzen sollten – und die Folge war, daß keiner der »Sahibs« den Gipfel erreichte, wohl aber zwei ihrer Sherpas: mit Sauerstoff.

Den führenden Alpinisten wie Béghin oder Česen bieten sich an den steilsten und höchsten Wänden noch immer ungezählte Möglichkeiten für schwierige Alleingänge oder Vorstöße im Alpinstil. Die Westwand des Makalu zum Beispiel ist noch jungfräulich und kann nach meiner Einschätzung solo oder im Alpinstil begangen werden. Aber auch für Belagerungsexpeditionen ist die Zeit noch nicht völlig abgelaufen: es gibt sie noch immer, und sie erschließen noch immer neue Routen, wobei sie die Belagerungstaktik anwenden, um ihre Erfolgschancen zu verbessern oder die extreme Anstrengung eines Vorstoßes im Alpinstil zu vermeiden. Die ethischen Argumente werden auch weiterhin eine Rolle spielen, aber mit Zunahme der Alleingänge und der Vorstöße im alpinen Stil wird der Ruhm, der auf einer Erstbegehung aus der Belagerungstaktik heraus beruht, verblassen – vermutlich wird der gewagtere Stil künftig die Norm sein.

Und während sich viel zu viele Alpinisten auf die Achttausender konzentrieren, gibt es noch zahllose unerforschte Grate, Wände, Flanken und Gletscher, die den Aufgeschlossenen in 6000 bis 7000 m Höhe erwarten. Bisher ist es nur eine kleine Schar von Alpinisten, die Freude an einer Form des Bergsteigens hat, bei der der Reiz und der Kitzel des modernen, anspruchsvollen Kletterns mit der Erforschung abgelegener, einsamer und wenig bekannter Berge zusammentreffen.

Einer der besten dieser Alpinisten ist der in London lebende Steuereintreiber Mick Fowler. Er ist auf seine Art genauso bemerkenswert wie Reinhold Messner, hat sich aber nie an der Jagd auf herkömmliche Rekorde beteiligt, sondern statt dessen eine außergewöhnliche Kollektion neuer Routen erschlossen, deren Kennzeichen Wagnis und Einmaligkeit sind. An der Südküste Englands übte er extremes Kreideklettern, indem er dieselbe Technik anwendete wie in vereisten Flanken – die gefährlichen weißen Kreidefelsen von Dover und andere Klippen in der Umgebung erkletterte er mit Steigeisen und sonstiger Eisausrüstung. Zudem erschloß er eine Reihe von Kletterrouten an traditionellen Bergen wie dem Clogwyn Du'r Arddu, an den Steilküsten, an hohen Wänden mit gefährlich lockerem Gestein und im schottischen Hochland. Er und eine kleine Gruppe weiterer Alpinisten aus London machten sich einen Spaß daraus, London am Freitagabend nach Dienstschluß zu verlassen, bis in den hohen Norden Schottlands zu fahren und den harten Schotten in ihrer eigenen Heimat einige ihrer besten noch unbegangenen Winterrouten wegzuschnappen.

In den Alpen setzte er mit einer neuen Route am Grand Pilier d'Angle ein Zeichen, in Peru an der Südwand des Taulliraju und im Himalaja am Golden Pillar of Spantik, einer von Pfeilern durchzogenen und mit Schnee durchsetzten Wand aus hellbraunem Granit, die zu einem 7027 m hohen Gipfel führt. Hier erkämpfte er sich mit seinem gleichgesinnten Londoner Gefährten Victor Saunders den Erfolg, obwohl das Wetter schlecht und die verfügbare Zeit durch die Länge ihres Jahresurlaubs begrenzt war. Diese Alpinstiltour hatte zwar nicht den Glanz oder auch nur die Ausmaße einer Südwand des Gasherbrum IV oder des Lhotse, aber dafür alle Merkmale des Abenteuers. Sie enthielt weite Strecken ohne jegliche Sicherung, und ein Rückzug wäre völlig unmöglich gewesen, da es keine Haken zum Abseilen gab – aber sie konnten auch nicht mit Sicherheit davon ausgehen, daß sie den Gipfel erreichen würden. Wenn man so in die Zukunft blickt, dann gibt es noch Tausende solcher Routen, die nur darauf warten, begangen zu werden. Bergsteigen prägt zwar nicht die Schlagzeilen der Presse, bietet Pionieren aber ein nahezu unbegrenztes Feld für Abenteuer.

Das Risiko dabei ist ein Kapitel für sich. Bergsteigen in großen Höhen ist ein gefährliches Unterfangen mit einer sehr hohen Unfallrate besonders unter den Spitzenalpinisten. Es ist eine quälende Erfahrung, daß von den vier Gefährten, die einst den Gipfel des Kongur bestiegen – Al Rouse, Peter Boardman, Joe Tasker und ich -, nur noch ich am Leben bin. Doug Scott ist es ebenso ergangen: all diejenigen, die ihn auf die Gipfel der drei Achttausender begleitet haben, die er insgesamt bestiegen hat, sind später in den Bergen umgekommen. Die Tatsache, daß wir zwei überlebt haben, sollte man dem größeren Glück und nicht dem größeren Können zuschreiben.

Charlie Houston hat bestätigt, daß seine Generation in den Dreißigern – aber auch noch Anfang der fünfziger Jahre – dieses hohe Risiko als nicht akzeptabel abgetan hat. Den Gipfel zu erreichen war damals weniger wichtig als in der heutigen, von Konkurrenzdruck geprägten Atmosphäre – und trotzdem konnten die Teilnehmer von 1953 am K2 von Glück sagen, daß sie lebend davonkamen. Ein weiterer Faktor gewinnt heute mehr und mehr an Bedeutung: es ist ja das Bergsteigen nicht nur waghalsiger und schwieriger geworden, sondern hinzu kommt die schiere Häufigkeit, mit der sich der moderne Alpinist diesen Gefahren aussetzt, wenn er an zwei oder sogar drei Himalajaexpeditionen in einem einzigen Jahr teilnimmt. Und wenn wir die Anzahl der Leute, die in irgendeiner Saison in den dreißiger Jahren im Himalaja unterwegs waren, vergleichen mit den Massen, die sich heute dort aufhalten, dann hat sich die Unfallrate kaum geändert.

Eine der großen Attraktionen des Bergsteigens ist der geradezu süchtig machende Kitzel der Gefahr. Wir alle brüsten uns damit, daß wir Gefahren sehr wohl einschätzen könnten, aber wenn wir uns dann einem Gipfel nähern, können uns der Ehrgeiz, die Neugier auf das Unbekannte, der Wunsch, uns bis an die Grenzen zu verausgaben oder einfach der Reiz der Gefahr jegliche Besonnenheit vergessen lassen. Schon der Aufenthalt in den Bergen kann gefährlich sein. Ian Clough, ein sehr auf Sicherheit bedachter und vorsichtiger Bergsteiger, wurde gegen Ende einer Expedition am Fuß der Südwand des Annapurna getötet, genauso wie Alex MacIntyre, nachdem er sich vorsichtshalber für den Rückzug entschieden hatte.

Die größte Herausforderung allerdings, die heute auf die Bergsteiger – und in globalem Maßstab auf die Menschheit – zukommt, ist die schonende Behandlung der Bergwelt. Viele der auftretenden Probleme entziehen sich allerdings noch dem Einfluß der Bergsteiger, wie zum Beispiel die Überbevölkerung in den Tälern, die zur Abholzung der Wälder geführt hat, oder eine unangemessene Bautätigkeit in den Bergen, durch die das Hotel am Fuß des Nanga Parbat entstand. Wird der Himalaja den Weg der Alpen gehen mit ihrer Unzahl von Sesselliften und Seilbah-

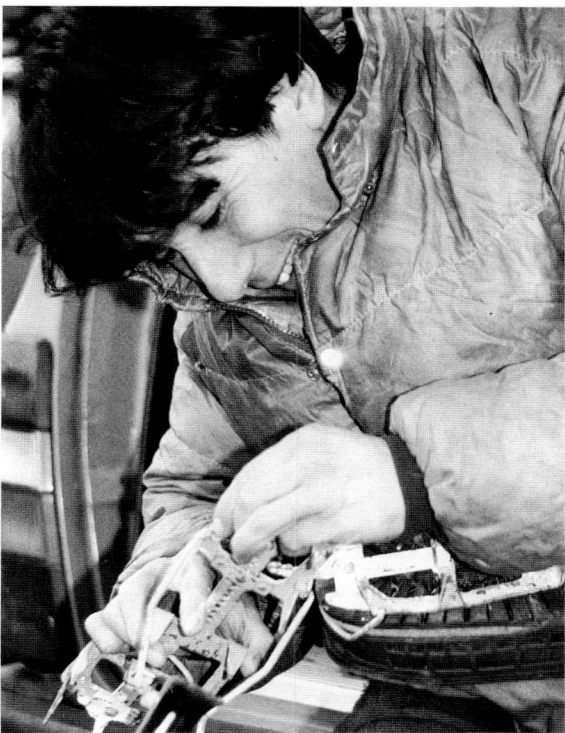

Mick Fowler (links) und Victor Saunders bezwangen als erste den schwierigen Golden Pillar of Spantik – damit verbinden sie in bester Tradition das Bergsteigen mit dem Abenteuer.

nen, Skipisten und ihrem dichten Netz von Berghütten?

Was wir Bergsteiger tun können, ist, die Bergwelt mit Respekt und Zurückhaltung zu behandeln, unsere Abfälle mit nach Hause zu nehmen und andere dazu anzuhalten und uns in einer Weise in den Bergen zu bewegen, die keine bleibenden Spuren hinterläßt. Das wichtigste Thema ist heute nicht mehr die Ethik von Belagerungstaktik oder Alpinstil, die Frage kleiner oder großer Expeditionen, schneller oder langsamer Aufstiege oder der Anzahl der Gipfel – es ist die Belastung, der wir die so verwundbare Bergwelt aussetzen. Wenn sich die Bergsteiger hier selbst vorbildlich verhalten, werden sie viel eher in der Lage sein, Einfluß auch auf die zentralen Fragen zu nehmen, die das Wohlergehen der Berge bestimmen werden.

Die Geschichte des Bergsteigens ist außerordentlich bewegt – und dabei geht es gar nicht mal so sehr um das Festhalten an Traditionen und die Ablehnung neuer Entwicklungen, denn die setzen sich ohnehin durch, wie in allen Aspekten des menschlichen Lebens. Und der Streit um ethische Grundsätze, den Gebrauch von Bohrhaken oder den Einfluß von Wettkämpfen wird ebenfalls andauern, denn schließlich hat es ethische Differenzen schon seit der Frühzeit des Sports gegeben. Unverändert hingegen bleiben die wesentlichen Beweggründe des Bergsteigens:

das Gefühl der Ehrfurcht, das einen beim Betrachten der Schönheit der Bergwelt überkommt, der Reiz der Gefahr, die nicht zu zügelnde Neugier auf das Unbekannte, der Stolz, sein Ziel erreicht zu haben und das Erlebnis verläßlicher Kameradschaft – all das ist zeitlos und bleibend.

Wenn wir aber das, was für uns so viel mehr ist als nur ein Sport, wirklich auf Dauer genießen wollen, dann müssen wir sorgsamer mit diesen Bergen umgehen, von denen wir einst gedacht hatten, sie seien so gewaltig, daß nichts sie berühren könne.

ALPINISMUS –
EIN GESCHICHTLICHER ÜBERBLICK

Zusammengestellt von Audrey Salkeld

●

218 v. Chr. • Hannibal überquert mit etwa 9000 Soldaten und 37 Elefanten die Alpen.

126 n. Chr. • Kaiser Hadrian erklimmt den Ätna, um den Sonnenaufgang zu beobachten.

1492 • Antoine de Ville und acht Kameraden im Dienste Kaiser Karls VIII. von Frankreich besteigen in der Nähe von Grenoble den Mont Aiguille mit Hilfe von Seilen und Belagerungsleitern. (Der Aufstieg wird erst 1834 wiederholt.)

1555 • Conrad Gessner bezwingt den Gnepfstein.

1624 • Jesuiten durchqueren als erste Europäer den Himalaja; sie überschreiten den 5600 m hohen Manapaß nach Tibet.

1786 • Die Erstbesteigung des Mont Blanc durch Dr. Michel Paccard und Jacques Balmat krönt 20 Jahre vergeblicher Bemühungen endlich mit Erfolg. Beide Bergsteiger stammen aus Chamonix.

1798 • In Wales wird die East Terrace des Clogwyn Du'r Arddu von zwei Botanikern, Pfarrer William Bingley und Peter Williams, erreicht; es ist die erste überlieferte Klettertour in England.

1809 • In der Gruppe, die die siebte Besteigung des Mont Blanc durchführt, befindet sich erstmalig auch eine Frau: Marie Paradis aus Chamonix.

1811 • Die Gebrüder Johann Rudolf und Hieronymus Mayer aus Aarau besteigen erstmals die Jungfrau mit den Gemsjägern Alois Volker und Josef Bortis.

1821 • In Chamonix wird der erste Bergführerverein gegründet.

1829 • Das Finsteraarhorn wird von F.J. Hugi und Gefährten zum ersten Mal bestiegen.

1830 • Alexander Gordiner durchquert das Karakorum auf seinem Weg von Sinkiang nach Kaschmir. Einige Jahre später besucht G.T. Vigne Kaschmir, Ladakh und Nordindien. Von Skardo aus erreichte er die Zunge des Chogo-Lungma-Gletschers.

1848 • Der Pillar Rock im Lake District wird von einem Leutnant zur See Wilson von der Royal Navy bestiegen.

1851 • Albert Smith besteigt den Mont Blanc und schafft damit die Grundlagen für seine beliebten Bildervorträge in der Egyptian Hall in London.

1852 • Indische Behörden vermessen den Peak XV aus einiger Entfernung und kommen zu dem Schluß, er müsse der höchste Berg der Erde sein. Sie benennen ihn nach dem früheren Leiter (1823-43) des indischen Vermessungsamtes, Sir George Everest. Sechs Jahre später berechnen sie die Höhe des K2 – aber ebenfalls nur aus der Entfernung.

1854 • Dieses Jahr, in dem Sir Alfred Wills das Wetterhorn besteigt und die Gebrüder Smyth den zweithöchsten Berg der Alpen, die Dufourspitze, für sich beanspruchen, wird oft als Beginn des »Goldenen Zeitalters des Bergsteigens« bezeichnet. In den elf Jahren bis 1865 werden 180 Gipfel erstmals erreicht – mehr als die Hälfte davon (die höchsten) von englischen Gruppen.

1856 • Die deutschen Gebrüder Schlagintweit unternehmen ausgedehnte Erkundungsfahrten im Himalaja: Adolf folgt dem Baltorogletscher und erreicht einen der Muztaghpässe, Hermann und Robert überqueren den Karakorumpaß.

1857 • In London wird der Alpine Club gegründet, der älteste Alpenverein der Welt. Zwei Jahre später erscheint die erste Ausgabe von *Peaks, Passes and Glaciers*, dem Vorläufer des *Alpine Journal*. Ab 1863 kommen auch Alpenführer heraus, *Ball's Alpine Guide* war der erste.

1858 • Der Eiger wird von Charles Barrington mit Christian Almer und Peter Bohren erstbestiegen.
Im selben Jahr erreicht Prof. John Tyndall die Dufourspitze im Alleingang.

1861 • Sir Leslie Stephen besteigt mit Gefährten zum ersten Mal das Schreckhorn.
Prof. John Tyndall besteigt erstmals das Weisshorn.
Edward Whymper bezwingt den Mont Pelvoux.

Im Himalaja dringt der Landvermesser Oberstleutnant H.H. Godwin-Austen ins Herz des Karakorum vor, erforscht den Biafo- und den Baltorogletscher und erspäht den K2.

1864 • Die Aiguille d'Argentière wird erstmals von Whymper und A. Adams-Reilly mit M. Croz, M. Payot und H. Charlet bestiegen.
Den Marmoladagipfel Punta Penia bezwingen P. Grohmann und die Gebrüder Dimai.

1865 • Erstbesteigung des Matterhorn über den Hörnligrat durch Whymper mit Charles Hudson, Douglas Hadow, Lord Francis Douglas, Michel Croz sowie Vater und Sohn Peter Taugwalder. Die Tour, von der vier nicht zurückkehren, wird üblicherweise als das Ende des »Goldenen Zeitalters« angesehen.
Der Italiener- oder Liongrat des Matterhorn wird im selben Jahr von Jean-Antoine Carrel, Jean-Baptiste Bich, Ame Gorret und Jean-Augustin Meynet begangen.
A.W. Moore, George Matthews und Vater und Sohn Walker durchsteigen die Brenvaflanke mit Melchior und Jakob Anderegg – eine der ersten schwierigen Eisfahrten.

1868 • Tyndall überschreitet mit seiner Gruppe das Matterhorn über Hörnligrat und Liongrat.
Erstbesteigung der Grandes Jorasses durch H. Walker mit Melchior Anderegg und J. Jaun.
D. Freshfield, A.W. Moore und C.C. Tucker erreichen den niedrigeren Ostgipfel des Elbrus, mit 5630 m höchster Berg Europas.

1871 • Als erste Frau erreicht Lucy Walker den Gipfel des Matterhorn.

1876 • Die erste führerlose Besteigung des Matterhorn trägt A. Cust, J.B. Colgrove und A.H. Cawood scharfen Tadel der *Times* und anderer Zeitungen ein.

1877 • Erstbesteigung des Hauptgipfels des Meije in der Dauphiné

durch Baron Emmanuel Boileau de Castelnau (20 Jahre alt) mit Pierre Gaspard und dessen Sohn. (Der Pic Centrale war bereits 1870 von W.A.B. Coolidge und seine Tante, Miss Brevoort, erreicht worden. Die Gebrüder Pilkington und F. Gardiner erreichen ihn 1879 ohne Führer.)

1878 • Clinton Dent besteigt mit seiner Gruppe erstmals die Aiguille du Dru, geführt von Alexander Burgener.

1879 • A.F. »Fred« Mummery, Alexander Burgener, Johann Petrus und Augustin Gentinetta begehen den Zmuttgrat des Matterhorn.
Im selben Jahr durchsteigen William Penhall, Ferdinand Imseng und Ludwig Zurbriggen die Westwand des Berges (durch das spätere Penhallcouloir).

1880 • Mummery und Burgener erreichen das Col du Lion am Matterhorn.

1883 • W.W. Graham besucht mit zwei Schweizer Bergführern den indischen Himalaja. Obwohl nicht klar ist, welche Berge er wirklich bestiegen hat, sieht man hierin die erste alpine Expedition in die Bergwelt des Himalaja.

1885 • Tod des großen Wiener Alpinisten Emil Zsigmondy durch Sturz an der Südwand des Meije.

1886 • Die Besteigung der Napes Needle durch W.P. Haskett Smith kennzeichnet den Beginn des Sportkletterns in England.

1887 • Der 17jährige Georg Winkler aus München besteigt als erster den (nach ihm benannten) Winklerturm (Vajolettürme), kommt aber im Jahr darauf an der Weisshornwestwand ums Leben.
Der junge F.E. Younghusband durchquert von China aus das Karakorum, entdeckt das Shaksgamtal und erreicht über den schon bekannten Muztaghpaß den Baltorogletscher.

1888 • Mummery und sein Bergführer Heinrich Zurfluh reisen in den Kaukasus und besteigen dort den Dych Tau.

1890 • Norman Neruda durchsteigt mit Christian Klucker die Nordostwand des Piz Roseg in Graubünden sowie die Lyskammnordwand in der Monte-Rosa-Gruppe, die heute noch als schwierige Eisrouten gelten.

1892 • W.M. Conway führt eine Erkundungsexpedition ins Karakorum und überquert die Gletscher Hispar, Biafo und Baltoro, anschließend besteigt er den Pioneer Peak (6890 m), einen Nebengipfel des Baltoro Kangri – für die damalige Zeit ein Höhenweltrekord.

1893 • Klucker begeht mit Emile Rey und Dr. Paul Güßfeldt den Peutereygrat des Mont Blanc.

1895 • Mummery kommt im Verlauf der ersten Expedition zum Nanga Parbat im Himalaja mit zwei Gurkhas ums Leben.

1898 • Wilhelm Paulcke bezwingt im Alleingang das Matterhorn.
In Schottland durchsteigt Raeburn die Rinne am Lochnagar, die heute seinen Namen trägt und den Beginn des Winterkletterns in Schottland markiert.

1902 • Der deutsch-englische Alpinist Oscar Eckenstein führt eine internationale Expedition zum ersten Angriff auf den K2. Zu seiner Mannschaft gehört auch der notorische Teufelsanbeter Aleister Crowley.

1905 • Crowley führt eine Unglücksexpedition zum dritthöchsten Berg der Erde, dem Kangchenjunga (8598 m).

1907 • Erstbesteigung des Trisul (7120 m), des ersten Siebentausenders, durch Tom Longstaff, die Gebrüder Brocherel und den Gurkha Karbir.
Der erste Bergsteigerverein für Frauen wird in London als Ableger

des Lyceum Club gegründet; später nennt er sich Ladies' Alpine Club.

1908 • Oscar Eckenstein führt das zehnzackige Steigeisen und den kurzen Eispickel ein. Zwei Jahre später erscheinen auch Haken und Karabiner.

1909 • Der Duca (Herzog) degli Abruzzi versucht mit einer großen Expedition die Besteigung des K2 über den Baltorogletscher. Am Chogolisa stellt er mit 7500 m einen Höhenrekord auf.

1911 • Die Gebrüder M. und G. Meyer begehen im Karwendel mit den Südtiroler Bergführern Angelo Dibona und Luigi Rizzi die Laliderernordwand.
Paul Preuß durchklettert im Alleingang die Westwand des Totenkirchl im Wilden Kaiser; in den Dolomiten überschreitet er über die Campanile-Basso-Ostwand die Guglia di Brenta. (Zwei Jahre später verliert er bei einem Absturz als Alleingeher an der schwierigen Manndlkogelnordkante am Gosaukamm sein Leben.)
Die englischen Alpinisten Geoffrey Winthrop Young, H.O. Jones und R. Todhunter begehen erstmals mit ihren beiden Führern Josef Knubel und Henri Brocherel die Ostwand des Grépon.
Der Wiener Augenarzt Karl Blodig besteigt alle damals bekannten Viertausender in den Alpen; als bei einer Nachvermessung weitere hinzukommen, besteigt er auch die.

1912 • Das unermüdliche Paar Fanny Bullock Workman und William Hunter – deren auch veröffentlichte Reisen sie bereits ins Karakorum und zum Nun Kun führten, was Fanny den Höhenrekord für Frauen eintrug – überquerte in diesem Jahr den Bilafondpaß und erkundete den Siachengletscher.

1913 • Der Mount McKinley in Alaska (6187 m) wird von H. Stuck, H. Carstens sowie R. und W. Harper zum ersten Mal bestiegen.

1914 • In England begeht Siegfried Herford erstmals den Zentralpfeiler des Scafell – auf einer Route, die ihrer Zeit weit voraus ist.

1921 • Eine erste Erkundungsexpedition zum Mount Everest, von Oberst Charles Howard-Bury durch Tibet herangeführt, erforscht sehr gründlich die Nordseite des Berges, besteigt das Nordjoch und entdeckt eine begehbare Route zum Gipfel.

1922 • Eine zweite Expedition zum Everest erreicht zwar eine Höhe von 8320 m, verliert am Nordjoch aber sieben Träger durch eine Lawine.

1924 • Fritz Rigele und Willo Welzenbach benutzen bei einer Eisfahrt durch die Wiesbachhorn-Nordwestwand in den Hohen Tauern erstmals Eishaken. Tod am Everest: G. Mallory und A. Irvine. An der Nord-Ost-Passage werden sie zwischen der Ersten und der Zweiten Stufe zum letzten Mal gesehen. Die wachs-weiße Leiche Mallorys wird am 1. Mai 1999 entdeckt. Bis heute weiß man nicht, ob sie den Gipfel je erreicht haben.

1925 • Die Civetta-Nordwestwand wird erstmals von Emil Solleder und Gustl Lettenbauer begangen. Welzenbach bezwingt die Nordwände des Großglockner, des Eiskögele und des Glockerin; mit Eugen Allwein gelingt ihm die Erstbegehung der Nordwand des Dent d'Hérens mit Pendelquergang.

1927 • Piggott's Climb am East Buttress des Clogwyn Du'r Arddu, nach seinem Bezwinger Fred Piggott aus Manchester benannt, leitet eine Periode intensiver Kletterei an diesem beliebten Felsen ein, der bald nur noch »Cloggy« genannt wird. In den Alpen begehen Frank Smythe und T. Graham Brown die Sentinelle Rouge an der Brenvaflanke des Mont Blanc; im Jahr darauf glückt ihnen die begehrte Route Mayor. (1933 erschließt er mit seinen Führern Alexander Graven und Josef Knubel eine dritte Route an der Brenva: die Via della Pera oder Route Poire.)

1928 • Erwin Schneider, Karl Wien und Eugen Allwein, Mitglieder einer von Rickmer Rickmers geführten deutsch-russischen Expedition, gelingt die Erstbesteigung des Pik Lenin (7134 m) im Pamir.
J.L. Longland erschließt die gleichnamige Führe am West Buttress des Clogwyn Du'r Arddu und anschließend das Javelin Blade im Cwm Idwal – Englands erster »Extremer« und die wahrscheinlich schwierigste Route, die es vor dem Zweiten Weltkrieg im gesamten Vereinigten Königreich gab.

1929 • Der italienische Duca (Herzog) di Spoleto führt geographische Studien im Gebiet um den K2 durch. (Einer seiner Mitarbeiter, der junge Geologe Ardito Desio, leitet 25 Jahre später die Expedition, die den K2 erstmals bezwingt.)

1930 • Bei einer von Prof. Dyhrenfurth geleiteten internationalen Expedition besteigen H. Hoerlin und Schneider erstmals den Jongsang (7473 m).

1931 • Paul Bauer führt eine deutsche Expedition zum Kangchenjunga (8598 m) – die dritte Expedition an diesem Berg in drei Jahren. Sie erreicht über den Ostsporn 7700 m. Frank Smythes kleinere Expedition besteigt den Kamet (7756 m) – es ist, obwohl am Everest schon größere Höhen erreicht wurden, der bis dahin höchste Gipfel, der betreten wurde. In den Alpen bezwingen Franz und Toni Schmid die Nordwand des Matterhorns.

1932 • Willy Merkls deutsch-amerikanische Expedition zum Nanga Parbat erreicht über die Rakhiotflanke eine Höhe von 6949 m.

1933 • Die Italiener Emilio Comici und die Gebrüder A. und G. Dimai begehen die Nordwand der Großen Zinne; erstmalig werden dabei systematisch Haken zur Sicherung verwendet.

1934 • Willy Merkl führt seine zweite (deutsch-österreichische) Expedition zum Nanga Parbat – sie endet mit dem Tod von vier Deutschen und sechs Sherpas bei einem hinausgezögerten Rückzug.

1935 • Rudolf Peters und Martin Maier begehen erstmals die Nordwand der Grandes Jorasses über den Crozpfeiler.
Max Sedlmayer und Karl Mehringer kommen beim Versuch der Erstbegehung der Eigernordwand ums Leben.
Riccardo Cassin und Vittorio Ratti bezwingen die Nordwand der Westlichen Zinne.

1936 • Giusto Gervasutti begeht erstmals den (italienischen) Liongrat des Matterhorn: allein und im Winter.
Die Nordwand des Eiger fordert vier weitere Opfer, unter ihnen ist auch der junge bayerische Bergführer Toni Kurz.
Englische Alpinisten erleben am Everest eine Enttäuschung, einer kleinen anglo-amerikanischen Gruppe gelingt jedoch die Erstbesteigung des Nanda Devi (7816 m).

1937 • Cassin, Ratti und Gino Esposito durchsteigen die Nordostwand des Piz Badile im Bergell während eines Schneesturms, der zwei andere Alpinisten aus Como, die das gleiche anstreben, das Leben kostet.
In Schottland experimentiert Bill Murray mit einem kurzen Eisbeil; seine Winterbegehung des Crowberry Ridge über die Garrick-Shelf-Route mit W.M. Mackenzie gilt als frühe moderne Eisfahrt.

1937 • Am Nanga Parbat werden sieben Deutsche und neun Sherpas von einer gewaltigen Lawine in ihrem Hochlager am Fuß des Rakhiot Peak verschüttet; es gibt keine Überlebenden.

1938 • Paul Bauers gut ausgerüstete Expedition erreicht am Nanga Parbat beinahe den Silbersattel.
Anderl Heckmair, Ludwig Vörg, Heinrich Harrer und Fritz Kasparek

bezwingen erstmals die Eigernordwand.
Cassin, Esposito und Ugo Tizzoni begehen den Walkerpfeiler in den Grandes Jorasses.
Charles Houstons amerikanische K2-Expedition erreicht über den Abruzzigrat eine Höhe von etwa 7925 m.

1939 • Fritz Wiessner erreicht am K2 mit Pasang Lama eine Höhe von 8382 m, dann aber wird seine Expedition zum Fiasko: Dudley Wolfe und drei Sherpas verlieren bei einem chaotischen Rückzug ihr Leben.

1939–45 • Auch der Zweite Weltkrieg bringt das Bergsteigen nicht völlig zum Erliegen – tatsächlich führen die Gebirgstruppen der kriegführenden Nationen viele junge Männer dem Bergsteigen zu, und Spezialtruppen entwickeln manche Übungsgebiete geradezu nachhaltig: bei den britischen Streitkräften zum Beispiel die Klippen der Küste von Cornwall (Kommandotruppen) oder Sonamarg in Kaschmir (Überlebenstraining Luftwaffe). Der vom Krieg ausgelöste Technologiesprung wirkt sich ebenfalls auf das Bergsteigen aus: beispielsweise durch neuartige Bekleidung und Seile aus Nylon.
In den Alpen tut sich nur noch wenig, allerdings werden noch immer neue Routen erschlossen, zum Beispiel von Alpinisten wie Giusto Gervasutti, Raymond Lambert, Lionel Terray, Louis Lachanal und Gaston Rébuffat. 1942 begeht Hermann Buhl mit Wastl Weiß und Hans Reischl die Westwand der Maukspitze – bis heute die schwierigste Route im Wilden Kaiser.
1944 wird in England, weitgehend auf Anregung von Geoffrey Winthrop Young, der British Mountaineering Council gegründet, ein freiwilliger Zusammenschluß der Bergsteigervereine.

1946 • In Nordamerika knüpfen die Bergsteiger sehr schnell dort an, wo sie bei Kriegsbeginn abbrechen mußten. Besonders Fred Beckey begeht zahlreiche Neurouten, so auch Kate's Needle und Devil's Thumb in

Alaskas abgelegener Küstenregion, zusammen mit R. Craig und C. Schmidtke.

1947 • Im kalifornischen Yosemitetal vollenden John Salathé und Anton Nelson in fünf Tagen die erste Begehung des Lost Arrow Chimney. Salathé, ein ausgewanderter Schweizer Schmied, entwickelt eine Reihe von Hartstahlhaken, die selbst in die feinsten Granitrisse passen. Damit bekommt das Wandklettern im Yosemite enormen Aufwind.
Earl Denman, ein exzentrischer Kanadier, versucht heimlich den Everest zu besteigen. Mit seinen beiden Sherpas Tenzing Norgay und Ang Dawa kommt er nur wenig über das Nordjoch hinaus.

1949 • Nepal – bislang Fremden verschlossen – öffnet sich ausländischen Expeditionen; sie dürfen jetzt die Berge erkunden und besteigen. 13.66

1950 • Chinesische Truppen besetzen Tibet. Das Land wird dreißig Jahre lang für Bergsteiger verschlossen bleiben.
Eine französische Expedition unter Führung von Maurice Herzog besteigt den Annapurna (8091 m): es ist der erste der 14 Achttausender.
Auch H.W. »Bill« Tilman durchstreift die Umgebung des Annapurna. Mit einer kleinen Gruppe, zu der auch Jimmy Roberts und Dr. Charles Evans gehören, folgt er dem Marsyandital und versucht sich vergeblich am Annapurna IV (7525 m); anschließend erkundet er das Gebiet um Manaslu und Himalchuli. Wieder in Katmandu, schließt er sich Dr. Charles Houston, seinem Vater und zwei weiteren Gefährten an und reist nach Sola Khumbu. Sie sind damit die ersten Europäer, die sich dem Everest von Süden nähern.
In den Anden besteigen Dave Harrah und James Maxwell mit einer amerikanischen Studentenexpedition den Yerupaja (6632 m), einen abweisenden Berg in der Cordillera Huayhuash, an dem schon verschiedene Gruppen gescheitert sind.

1951 • Eric Shipton führt eine Erkundungsexpedition zu den südlichen Zugängen des Everest.
Eine französische Expedition unter Führung von Roger Duplat versucht eine Überschreitung der beiden Gipfel des Nanda Devi. In der Gipfelregion verschwinden Duplat und G. Vignes spurlos.

1952 • Im Winter 1951/52 besteigt eine französische Expedition den Cerro Fitzroy (3375 m), einen grimmigen, eisgepanzerten Granitblock in den patagonischen Anden; Lionel Terray und Guido Magnone erreichen den Gipfel. Die Berichte über ihren Erfolg locken auch andere Bergsteiger in diese abgelegene Gipfelgruppe Feuerlands.
Terray bezwingt in den Anden (Cordillera Blanca) den Huantsan (6395 m).
Magnone ist Mitglied der Gruppe, die in den Alpen erstmals die Westwand des Dru begeht; mit mehr als 600 m Höhe erfordert sie eine achttägige Belagerung.
Die Schweiz schickt zwei Expeditionen zum Everest. Die Expedition im Frühjahr leitet Dr. Wyss-Dunant; sie gelangt über den Genfer Sporn zum Südjoch, von wo aus Raymond Lambert mit Tenzing Norgay auf dem Südostgrat eine Höhe von 8595 m erreicht. Die Herbstexpedition kommt nicht über das Südjoch hinaus und beklagt einen Toten.
Englische Bergsteiger unter der Führung von Eric Shipton versuchen den Cho Oyu (8153 m) zu besteigen; die Expedition soll Männer und Ausrüstung für die Everestexpedition im folgenden Jahr erproben. In 6850 m Höhe muß das Unternehmen abgebrochen werden.
In England hat die erfolgreiche Partnerschaft von Joe Brown und Don Whillans eine Reihe anspruchsvoller Neurouten hervorgebracht, so zum Beispiel Cemetery Gates. Die Öffentlichkeit nennt sie die »harten Männer«; der englische Klettersport gewinnt durch sie neue Impulse. Joe Brown erschließt, zusammen mit Dave Belshaw, auch Cenotaph Corner.

1953 • Einer englischen Expedition, geführt von John Hunt, gelingt die Erstbesteigung des Everest (8848 m). Am 26. Mai erreichen Dr. Charles Evans und Tom Bourdillon den Südgipfel, und drei Tage später stehen der Neuseeländer Ed Hillary und der Sherpa Tenzing Norgay auf dem Hauptgipfel. Beide benutzen Sauerstoff.
Wenige Wochen später wird ein weiterer Achttausender bezwungen: Hermann Buhl aus Innsbruck kämpft sich zum Gipfel des Nanga Parbat (8125 m) durch. Sein 40 Stunden dauernder Alleingang, bei dem er von Lager 5 aus noch 1000 m Höhenunterschied und $6^{1}/_{2}$ km Entfernung bis zum Gipfel – und auch noch den Rückweg! – überwinden muß, nötigt den Alpinisten in aller Welt höchsten Respekt ab.
Am K2, mit 8611 m zweithöchster Berg der Erde, erreicht Dr. Charles Houstons amerikanische Expedition eine Höhe von 7770 m, wird dann aber von schlechtem Wetter zum Rückzug gezwungen.

1954 • Eine große italienische Expedition unter Führung von Prof. A. Desio bezwingt den K2; der Gipfel wird am 31. Juli von Lino Lacedelli und Achille Compagnoni betreten.
Im Gegensatz dazu gelingt einer sehr kleinen österreichischen Expedition, geleitet von Herbert Tichy, die Erstbesteigung des Cho Oyu (8153 m).
In Alaska schaffen H. Harrer, F. Beckey und H. Maybohn die Erstbesteigung des Hunter (4442 m) und des Deborah (3822 m).
Die sehr steile Südwand des Aconcagua (6960 m), des höchsten Berges beider Amerikas, fällt an eine kleine französische Expedition, die R. Ferlet anführt. Es ist die erste schwierige und hohe Wand, die in größerer Höhe durchstiegen wird.

1955 • Der Kangchenjunga (8598 m), dritthöchster Berg der Erde, wird von einer neunköpfigen englischen Expedition unter Führung von Dr. Charles Evans erstmals bestiegen.

George Band und Joe Brown näherten sich dem Gipfel am 25. Mai bis auf wenige Meter, tags darauf auch Norman Hardie und H.R.A. Streather. Der Gipfel selbst blieb auf Bitten der Einheimischen unbetreten.
Ebenfalls im Mai wird der Makalu (8481 m) von einer französischen Expedition unter Leitung von J. Franco bezwungen. Drei Gruppen betreten den Gipfel an drei aufeinanderfolgenden Tagen: J. Couzy und L. Terray; J. Franco, G. Magnone und Gyalzen Norbu; J. Bouvier, S. Coupe, P. Leroux und A. Vialette.
In den Alpen begeht der Italiener Walter Bonatti erstmals den Südwestpfeiler des Petit Dru; sein vielbeachteter Alleingang dauert sechs Tage.

1956 • Unter Albert Eggler bezwingt eine Schweizer Expedition mit Ernst Reiss und F. Luchsinger erstmals den Lhotse (8511 m) und zum zweiten Mal den Everest.
Japanische Bergsteiger betreten unter Führung von Y. Maki zum ersten Mal den Gipfel des Manaslu (8156 m).
Im Karakorum besteigen vier englische Alpinisten die gewaltige Pyramide des Mustagh Tower (7237 m). Joe Brown und Ian McNaught Davis gelangen über den kurzen und steilen Nordwestgrat zum Westgipfel, und am Tag darauf erreichen Tom Patey und Jon Hartog den Ost- oder Hauptgipfel.
Fünf Tage später dringt eine französische Expedition über den längeren Südostgrat zum Gipfel vor.
Eine österreichische Expedition unter Fritz Moravec besteigt erstmals den Gasherbrum II (8035 m).
In der Sowjetunion zieht man kollektives Bergsteigen vor. V. Abalakoff führt eine starke Mannschaft auf den Gipfel des Pobeda (7439 m) oder Victory Peak, den höchsten Punkt der Tien-Shan-Region.
Eine chinesisch-sowjetische Expedition bezwingt den Mustagh Ata in Tibet.

1957 • Der Broad Peak (8047 m) wird erstmals von einer vierköpfigen Mannschaft aus Österreich bezwungen: von Markus Schmuck (Leiter), Fritz Wintersteller, Kurt Diemberger und Hermann Buhl.

In Südamerika besteigt eine Expedition englischer Studenten unter Führung von S. Clarke den Pumasillo (6070 m), die Österreicher Toni Egger und S. Jungmaier erklettern den Jirishanca (6126 m), das peruanische Matterhorn, und deutsche Alpinisten (Führer: G. Hauser) bezwingen den Alpamayo.

In den Alpen begehen Walter Bonatti und Toni Gobbi die Ostwand des Grand Pilier d'Angle, und W. Phillip und D. Flamm die Punta-Tissi-Nordwestwand in der Civettagruppe, damals als schwierigste Freikletterroute in den Dolomiten eingeschätzt. Das Eisklettern in Schottland entwickelt sich weiter. Tom Patey, Hamish MacInnes und Graeme Nicol durchsteigen den Zero Gully am Ben Nevis.

1958 • Im Himalaja wird ein weiterer Achttausender bezwungen: der Gasherbrum I (oder Hidden Peak, 8068 m) fällt an die amerikanischen Bergsteiger P. Schoening und A. Kauffman (Leiter: R. Schoening und N. Clinch). Den Gasherbrum IV (7925 m) besteigen Walter Bonatti und Carlo Mauri mit einer italienischen Expedition unter Riccardo Cassin, und der Rakaposhi (7788 m) wird von den englischen Alpinisten Mike Banks und Tom Patey mit einer Expedition der britischen und der pakistanischen Streitkräfte unter Führung von Banks bestiegen.
Den Haramosh (7406 m) sichern sich die Österreicher H. Roiss, S. Pauer und F. Mandl.

In den Alpen, wo die absolute »Direttissima« das Ideal ist, begehen vier Deutsche – L. Brandler, D. Hasse, J. Lehne und S. Löw – die Nordwand der Großen Zinne auf der Fallinie.

1959 • Der Italiener Cesare Maestri beansprucht die Erstbesteigung des Cerro Torre (3128 m) in Patagonien für sich. Er gibt an, den Gipfel mit dem Österreicher Toni Egger erreicht zu haben, der aber beim Abstieg ums

Leben kam. Als Maestri gefunden wird, ist er geistig verwirrt. Mit der Zeit wird immer wieder die Frage aufgeworfen, ob die beiden wirklich den Gipfel erreicht haben können – die Route war für die damalige Zeit viel zu schwierig, und fotografische Beweise gab es auch nicht. Der Vorfall wird wohl eines der großen Rätsel der Bergsteigergeschichte bleiben.

1960 • Der Dhaulagiri (8167 m), ein äußerst hartnäckiger Achttausender, wird endlich von einer Schweizer Expedition unter Führung von M. Eiselin bezwungen. Acht Männer erreichen den Gipfel.
Die Chinesen besteigen den Everest erstmalig über das Nordjoch. Wang Fu Chow, Konbu und Cho Yin Hua erreichen den Gipfel bei Dunkelheit. Es gibt wenige Details und keinerlei Fotografien.
Viele Siebentausender werden bezwungen, so der Annapurna II von einer Expedition der britischen und der indischen Streitkräfte unter Führung von Jimmy Roberts, den Gipfel erreichen Chris Bonington, Dick Grant und Ang Nyima; so auch der Distagil Sar (7885 m), der Himalchuli, der Masherbrum und der Noshaq. Im Himalaja, im Karakorum und im Hindukusch herrschen rege alpinistische Aktivitäten.

1961 • Der Nuptse (7879 m) in der Everestgruppe wird von einer englischen Expedition unter Joe Walmsley genommen. Den Gipfel erreichen zunächst Dennis Davis und Sherpa Tashi, und dann Chris Bonington, Les Brown, Jim Swallow und Sherpa Pemba.
Der Ama Dablam (6856 m), eine wohlgeformte Pyramide in der Nähe des Everest, erlebt seine Erstbesteigung durch eine Mannschaft aus Engländern, Amerikanern und Neuseeländern; Mike Gill, B. Bishop, Mike Ward und W. Romanes erreichen den Gipfel.
Aufgrund politischer Spannungen wird das Baltoro-Karakorum bis 1974 für Alpinisten geschlossen.
Am Mount McKinley (6194 m) in

Alaska gelingt es einer italienischen Gruppe unter Riccardo Cassin erst nach zweiwöchiger Belagerung, 3000 m Höhendifferenz zu überwinden. (Heute wird diese Route gewöhnlich im Alpinstil begangen oder sogar im Alleingang.)
Im Yosemite wird die Salathéwand am Capitan auf einer Route, die als die großartigste Felskletterroute der Welt bezeichnet wird, von den Amerikanern Chuck Pratt, Tom Frost und Royal Robbins begangen.
In den Alpen wird der hartumkämpfte Frêney-Zentralpfeiler am Mont Blanc endlich von den Engländern Chris Bonington, Ian Clough, Don Whillans und dem Polen Jan Djuglosz bezwungen.
Die Eigernordwand wird erstmals im Winter durchstiegen: von Toni Hiebeler, Toni Kinshofer, Anderl Mannhardt und Walter Almberger.

1962 • Eine französische Expedition besteigt den Jannu (7710 m), den abweisendsten der Satelliten des Kangchenjunga; den Gipfel betreten R. Desmaison, P. Keller, R. Paragot und Gyaltsen Mikchung.
Am Nanga Parbat wird ein zweiter Anstieg – diesmal über die Diamirflanke – erschlossen, wieder von einer Expedition unter Führung von Dr. Karl Herrligkoffer. Toni Kinshofer, Siegfried Löw und Anderl Mannhardt erreichen den Gipfel über die Bazhinscharte; Löw kommt beim Abstieg ums Leben.
Winterbegehungen werden in den Alpen immer beliebter: Paul Etter und Hilti von Allmen begehen die Nordwand des Matterhorn.

1963 • Und wieder der Everest – eine starke amerikanische Expedition unter Führung von Norman Dyhrenfurth erreicht mit sechs Mann den Gipfel und vollendet die erste Überschreitung des Berges.
Amerikanische Bergsteiger machen auch in den Alpen auf sich aufmerksam: John Harlin und Tom Frost begehen erstmals den Dritten Frêneypfeiler am Mont Blanc und mit Gary Hemming und dem Engländer S. Fulton die Südwand der Aiguille

du Fou.

Der Schweizer Bergführer Michel Darbellay bezwingt erstmals die Eigernordwand im Alleingang.

Walter Bonatti begeht mit Cosimo Zappelli erstmals die Nordostwand des Grand Pilier d'Angle und den Walkerpfeiler der Grandes Jorasses zum ersten Mal im Winter.

1964 • Den letzten Achttausender beanspruchen die Chinesen für sich: den Shisha Pangma (oder Gosainthan, 8046 m).

Der North America Wall am Capitan wird zum ersten Mal von Yvon Chouinard, Tom Frost, Chuck Pratt und Royal Robbins begangen.

1965 • Die Berge von Nepal bleiben bis 1969 für Bergsteiger unerreichbar.

In Norwegen wird die eindrucksvolle Nordwand des Trollryggen – die Trollwand – von den englischen Alpinisten A. Howard, J. Amatt und B. Tweedale mit fünf Biwaks bezwungen.

In den Alpen begehen die Amerikaner John Harlin und Royal Robbins die Direktroute durch die Westwand des Dru, und Walter Bonatti durchsteigt die Nordwand des Matterhorn im Winter auf einer neuen Direktroute.

1966 • Die Eigernordwand wird erstmals im Winter direkt begangen: eine 38tägige Belagerung durch englische, amerikanische und deutsche Bergsteiger bringt endlich den ersehnten Erfolg – aber erst, nachdem John Harlin, einer der Führer, durch Seilriß umkommt; die Route trägt heute seinen Namen.

Die höchste Erhebung in der Antarktis, der Mount Vinson (5140 m), wird von einer amerikanischen Expedition unter Führung von Nick Clinch erstbestiegen.

1968 • Ein altes Problem in den Grandes Jorasses, die »Leichentuch« (Linceul) genannte Nordostwand, wird endlich erstmals im Winter bewältigt: von R. Desmaison und R. Flematty; kurz darauf gelingt P.

Desailloud hier der Alleingang. Der junge italienische Kletterer Alessandro Gogna schafft die erste Alleinbegehung des Walkerpfeilers.

Im Yosemite bezwingt Royal Robbins den Muir Wall des Capitan in einem zehntägigen Alleingang und nimmt an der Begehung einer neuen Route durch die Nordwestwand des Half Dome (Tis-Sa-Ack) teil, zu der acht Tage und 110 Bohrhaken benötigt werden. Robbins war an der Erschließung aller vier Routen, die heute durch diese Wand führen, wesentlich beteiligt.

1970 • Chris Bonington führt eine englische Expedition zum Annapurna (8091 m), um dessen eindrucksvolle Südwand zu durchklettern. Der Gipfel wird am 27. Mai von Dougal Haston und Don Whillans erreicht – damit beginnt die Ära der Begehung der hohen Wände im Himalaja.

Die steile Rupalflanke des Nanga Parbat ist das ehrgeizige Ziel einer weiteren Expedition von Dr. Karl Herrligkoffer. Reinhold und Günther Messner erreichen den Gipfel als erste, ihnen folgen tags darauf Felix Kuen und Peter Scholz. Mit dem Abstieg über die Diamirflanke vollenden die Gebrüder Messner die erste Überschreitung des Berges. Am Fuß der Flanke wird Günther jedoch von einer Lawine verschüttet; Reinhold erleidet schwere Erfrierungen.

Der Lhotse Shar (8398 m), ein Nebengipfel des Lhotse in der Everestgruppe, wird von einer kleinen österreichischen Gruppe unter Führung von S. Aeberli eingenommen; Sepp Mayerl und K. Walter erreichen den Gipfel.

Im Yosemite wird die Morning-Light-Wand des Capitan von W. Harding und D. Caldwell begangen – sie brauchen dafür 26$\frac{1}{2}$ Tage und 330 Bohrhaken.

Am Eiger erschließen japanische Alpinisten eine neue Direktroute durch die Nordwand.

1971 • Cesare Maestri kehrt zum Cerro Torre zurück und bohrt sich – in theatralischer Geste, die seine Widersacher von 1959 widerlegen

soll – seinen Weg über den Südostgrat nach oben; er benutzt dabei einen Preßluftbohrer.

Polnische Alpinisten besteigen im Karakorum den Gipfel des schwierigen Kunyang Kish (7852 m).

Französische Bergsteiger unter Führung von Robert Paragot verbuchen am abweisenden Westgrat des Makalu einen Erfolg; Yannick Seigneur und Bernard Mellet erreichen den Gipfel.

Der Versuch einer internationalen Gruppe, die Südwestwand des Everest zu bezwingen, endet in Zwietracht.

Am Mount Kenya (5199 m) überwinden I. Howell und P. Snyder das berüchtigte Diamond Couloir. (Zwei Jahre später verlängert Snyder die Route durch das Gate of the Mists – zusammen mit den afrikanischen Alpinisten P. Thumbi – bis zum Gipfel. Yvon Chouinard erschließt hier 1975 eine Direktroute. Das Diamond Couloir bietet eine der schwierigsten und daher auch berühmtesten Eisfahrten der Erde.)

1973 • Zwei japanische Bergsteiger erreichen den Gipfel des Everest über die Südjochroute während eines mißlungenen Versuchs, die Südwestwand zu bezwingen. Es ist die erste Besteigung in der Nachmonsunzeit.

1974 • Im Garhwal wird der Changabang (6864 m) von einem indisch-britischen Team unter Führung von Balwant Sandhu und Chris Bonington zum ersten Mal bestiegen. Sechs Bergsteiger erreichen den Gipfel: Sandhu, Bonington, Martin Boysen, Dougal Haston, Doug Scott und der Sherpa Tashi.

In den Alpen gelingen Reinhold Messner und Peter Habeler – als Team – zügige Durchsteigungen der Nordwände von Matterhorn und Eiger.

1975 • Zwei Frauen bezwingen den Everest. Die erste ist Junko Tabei, Mitglied einer japanischen Frauenexpedition unter der Führung von E. Hisano. Sie erreicht den Gipfel über das Südjoch und den Südostgrat am

16. Mai zusammen mit Sherpa Ang Tsering. Eine sehr umfangreiche chinesische Expedition besteigt den Berg von Norden, stellvertretende Leiterin ist die Tibetanerin Phantog; sie ist eine von neun Mitgliedern, die den Gipfel erreichen.

Einer englischen Expedition unter Führung von Chris Bonington gelingt in der Nachmonsunzeit eine Begehung der Südwestwand des Everest, die seit 1969 wiederholt versucht worden war. Nach Entdeckung einer Rampe, die das Problem der Wandstufe löst, erreichen Doug Scott und Dougal Haston am 24. September den Gipfel, Peter Boardman und Sherpa Pertemba folgen zwei Tage später.

Der Dhaulagiri IV (7661 m), der schon mehrere Expeditionen abgewehrt und etliche Bergsteiger das Leben gekostet hat, wird – gleich zweimal – von den Japanern bezwungen.

Der Gasherbrum I (oder Hidden Peak, 8068 m) wird von Reinhold Messner und Peter Habeler – als Zweimannteam – im Alpinstil bestiegen.

Am nahegelegenen Gasherbrum III (7952 m) – damals der höchste noch nicht bestiegene Berg – arbeiten sich polnische Alpinisten unter Führung von Wanda Rutkiewicz nach oben. Frau Rutkiewicz erreicht den Gipfel zusammen mit Januscz und Alison Onyskiewicz und Krzysztof Zdzitowiecki. Die gleiche Expedition besteigt auch noch den Gasherbrum II auf einer neuen Route.

1975 • Die Engländer Joe Tasker und Dick Renshaw klettern im Oktober in sechs Tagen erstmals durch die Südwand des Dunagiri (7066 m). Der Abstieg auf derselben Route dauert weitere fünf Tage.

Der Yalung Kang, der Westgipfel des Kangchenjunga, wird von einer österreichisch-deutschen Expedition unter der Führung von S. Aeberli bestiegen; alle neun Bergsteiger erreichen den Gipfel.

1976 • Der Nameless Tower in der Trangogruppe wird von einer englischen Mannschaft bezwungen – Joe Brown, Malcolm Howells, Martin Boysen und Mo Antoine schaffen es bis zum Gipfel.

Am Changabang steigen die Engländer Peter Boardman und Joe Tasker durch dessen schwierige Westwand, bis heute eine der anspruchsvollsten Routen im Himalaja. Ebenfalls im Garhwal besteigen die Amerikaner L. Reichardt (Führer der Bergsteiger) und John Roskelley auf einer Neuroute über den Nordgrat den Nanda Devi. Die Expedition wird gemeinsam von H. Adams Carter und Willi Unsoeld geführt. Dessen Tochter Nanda Devi Unsoeld stirbt in Lager 3 vor einem zweiten Gipfelvorstoß.

Der Südwestgrat des Nanga Parbat wird von einer kleinen österreichischen Gruppe bezwungen: von H. Schell (Leiter), R. Schauer, H. Sturm und S. Gimpel.

1977 • Der K2 wird von einer großen japanischen Gruppe zum zweiten Mal bestiegen, sie folgt der Originalroute über den Abruzzigrat. Ein kleines englisches Team besteigt den Ogre (7285 m), danach treten Doug Scott und Chris Bonington einen denkwürdigen Abstieg an: Scott mit zwei gebrochenen Beinen und Bonington mit mehreren gebrochenen Rippen.

Die Amerikaner George Lowe und M. Kennedy erschließen eine neue Route durch die Südwand des Mount Foraker in Alaska.

1977 • Dem Italiener Ivan Ghirardini glücken im Winter alle drei großen Nordwände der Alpen im Alleingang: Matterhorn, Eiger und Grandes Jorasses.

1978 • Nachdem er im Frühjahr zusammen mit Peter Habeler den Everest ohne Sauerstoff bezwungen hat, schafft Reinhold Messner nur Wochen später auch den Nanga Parbat im Alleingang.

Am K2 bricht eine englische Expedition unter Führung von Chris Bonington ihren Besteigungsversuch über den Westgrat ab, nachdem Nick Estcourt in einer Lawine ums Leben

gekommen ist. Amerikanische Alpinisten unter Führung von J. Whittaker haben hier später mehr Erfolg, als zwei Seilschaften über den Nordostgrat bis in 7700 m Höhe vordringen und dann über den Abruzzigrat zum Gipfel vorstoßen: am 7. September erreichen L. Reichardt und J. Wickwire den Gipfel, tags darauf folgen R. Ridgeway und John Roskelley – der gesamte Aufstieg wird ohne Sauerstoff durchgeführt.

Der Südgipfel (8490 m) des Kangchenjunga wird von den polnischen Alpinisten E. Chrobak und W. Wroz erstmals bestiegen; die gleiche Expedition besteigt mit W. Branski, A. Heinrich und K. Olech auch noch den Hauptgipfel (8496 m) des Kangchenjunga.

Vier englische Bergsteiger – Rab Carrington, B. Hall, R. Baxter-Jones und Al Rouse – bezwingen die Ostwand des nahegelegenen Jannu (7710 m).

China beginnt damit, wieder ausländische Expeditionen zu den Bergen in China und in Tibet zuzulassen, mithin auch zum Everest.

Eine englisch-polnische Expedition mit W. Kurtyka, Alex MacIntyre, J. Porter und K. Zureck begeht erstmals den Südpfeiler des Changabang – eine technisch schwierige Kletterei, die im Alpinstil durchgeführt wird.

1979 • Nach einem im halbalpinen Stil bewältigten Aufstieg auf einer schwierigen neuen Route bringt eine englische Viermannexpedition drei ihrer Mitglieder auf den Gipfel des Kangchenjunga: Peter Boardman, Doug Scott und Joe Tasker – ohne Sauerstoff, ohne Träger.

Der Guari Sankar (7150 m), ein Doppelgipfel im Rolwaling Himal, wird im Frühjahr von einem Team aus Amerikanern und Nepalesen bezwungen, das A. Read und Pertemba anführen. Im Herbst besteigt Peter Boardman den Südgipfel mit Tim Leach, Guy Neidhardt und Pemba Lama.

Den langen Westgrat des Everest begeht eine jugoslawische Expedition vom Lhopaß aus bis zum Gipfel (die Westschulter haben die Ameri-

kaner schon 1963 erreicht). Fünf Bergsteiger erklimmen den Gipfel, indem sie weiter oben Atemgeräte benutzen. Beim Abstieg kommt der Sherpa Ang Phu ums Leben.
Doug Scott, Georges Bettembourg, Brian Hall und Al Rouse durchklettern die Nordwand des nahegelegenen Nuptse.

1980 • Die nepalesischen Behörden gestehen den Alpinisten eine neue »Wintersaison« zu. Erstmals wird eine Genehmigung ausgestellt und der Everest im Winter bestiegen – von einer polnischen Expedition unter Führung von A. Zawada über das Südjoch. Im Frühjahr kehren die Polen zurück und erschließen eine Neuroute über den Südpfeiler des Everest.
Reinhold Messner besteigt in der Monsunzeit den Everest von der tibetischen Nordseite her im Alleingang.
Eine wichtige Neuroute wird im Himalaja aufgetan: Alex MacIntyre, R. Ghilini, W. Kurtyka und L. Wilczyczynski bezwingen die Ostwand des Dhaulagiri im Mai unter schlechtesten Bedingungen. Den Gipfel selbst erreichen sie über den Nordostgrat.

1980 ff • Teils auch als Folge der Verbreitung künstlicher Kletterwände revolutioniert eine neue Sportlichkeit das Felsklettern. Besonderes Training wird nicht mehr nur als wünschenswert, sondern als unabdingbar erachtet. Schon 1980 entdeckt John Redhead die sehr kühne Route The Bells (E7, 6b) am North Stack in Anglesey, und 1982 bricht dann tatsächlich ein neuer Morgen heran, als Ron Fawcett in Derbyshire am Raven Tor die E6-6b-Route The Prow erschließt. Auch im Jahr darauf ist es wieder Fawcett, der die begehrte Master's Edge (E7, 6c) am Millstone begeht. Auf dem Kontinent pilgern Spitzenkletterer zu den Kalksteinfelsen von Verdon Gorge und Buoux.
Auch im Eisklettern geht die Entwicklung weiter. Schon in den siebziger Jahren ziehen gefrorene

Wasserfälle die Aufmerksamkeit von Eiskletterern auf sich, besonders in Nordamerika. Oft brüchig, ausnahmslos steil und manchmal völlig frei hängend erfordern diese vergänglichen Säulen eine erlesene Eistechnik und hohe Konzentration. Bridalveil, Widow's Tears und Weeping Wall ziehen die Kletterer an, und heute kann man derartige Routen überall dort finden, wo es nasse und kalte Winter gibt.

1981 • Eine Expedition aus dem ehemaligen Jugoslawien unter Führung von Ales Kunaver durchklettert die steile und lawinenträchtige Südwand des Lhotse und erreicht nach der Errichtung von sechs Lagern (oder Schneelöchern) dessen Westschulter (8100 m).
Eine polnische Expedition unter Ryszard Szafirski steigt auf einer neuen und äußerst schwierigen Route (fünf Lager) durch die Südwand des Annapurna und widmet sie Papst Johannes Paul II.
Der japanische Alpinist Hironobu Kamuro besteigt den Dhaulagiri solo im Alpinstil ohne Sauerstoff über den Nordostgrat, die normale Route.

1982 • Die englischen Bergsteiger Roger Baxter-Jones, Alex MacIntyre und Doug Scott begehen erstmals die Südwestwand des Shisha Pangma (8046 m) im Alpinstil und erreichen den Gipfel vom Nyanang-Phu-Gletscher aus nach Tagen am 28. Mai.

1983 • Im Himalaja bezwingt eine amerikanische Expedition in der Nachmonsunzeit die abweisende Kangshung- oder Ostwand des Everest und erreicht den Gipfel an zwei aufeinanderfolgenden Tagen – den Gipfel betreten Carlos Buhler, Kim Momb, Lou Reichardt, Jay Cassell, George Lowe und Dan Reid. Die Amerikaner Dave Breashears und Jeff Lowe erschließen eine neue Route durch die Hungo- oder Nordwand des Kwangde: mit dem Schwierigkeitsgrad VI ist sie technisch eine der forderndsten Routen, die jemals an einem wichtigen Berg

im Himalaja begangen wird.
Pierre Béghin aus Frankreich besteigt den Kangchenjunga über seine Südwestflanke im Alleingang.

1984 • Die katalanischen Bergsteiger Enric Lucas und Nil Bohigas klettern ohne Fixseile oder vorher eingerichtete Lager durch die Südwand des Annapurna – in neun Tagen bis zum Gipfel und wieder zurück. Diese gleichbleibend schwierige Route hatten 1982 Alex MacIntyre und René Ghilini versucht; sie hatte MacIntyre das Leben gekostet.
Fünf junge Australier begehen auf einer schwierigen neuen Direktroute die Nordflanke des Everest und beziehen das Great Couloir mit ein. Tim Macartney-Snape und Greg Mortimer erreichen den Gipfel. Andrew Henderson erleidet starke Erfrierungen an den Händen.

1985 • Nach drei vorangegangenen und gescheiterten Versuchen schafft es der amerikanische Millionär Dick Bass endlich bis zum Gipfel des Everest – begleitet von David Breashears und Ang Phurba – und ist damit nicht nur der älteste Mann, der je auf dessen Gipfel stand, sondern auch der erste Mensch, der die höchsten Punkte aller sieben Kontinente bestieg. Zwei weitere Nordamerikaner besteigen alle sieben noch im selben Jahr: Pat Morrow aus Kanada und Gerry Roach aus den USA.

1986 • Im März bezwingt der jugoslawische Kletterer Tomo Česen die drei großen Nordwände der Alpen – Eigerwand, Linceul (Leichentuch, Grandes Jorasses) und Matterhorn – solo und im Winter in der unglaublichen Zeit von nur vier Tagen.
Der Sommer 1986 wird allen Alpinisten wegen der tragischen Opfer am K2 noch lange in Erinnerung bleiben: dreizehn Menschen sterben – darunter einige der erfahrensten Bergsteiger der Welt; sieben von ihnen verlieren bei einem letzten, bunt zusammengewürfelten und hastigen Vorstoß zum Gipfel ihr

Leben, als lang anhaltendes Unwetter sie hoch oben am Berg gefangenhält. An anderer Stelle im Karakorum gelingt allen fünf Mitgliedern eines jungen englischen Teams unter Leitung von Andy Fanshawe die erste Überschreitung der beiden Gipfel des Chogolisa.

Am Everest steigen Erhard Loretan und Jean Troillet durch das nicht präparierte Hornbeincouloir auf und erreichen den Gipfel in nur 31 Stunden – für die anschließende Abfahrt auf den Schuhsohlen brauchen sie bis ins Tal lediglich 3½ Stunden.

Indem er im Sommer auch noch den Makalu und den Lhotse besteigt, ist Reinhold Messner der erste Mensch, der alle 14 Achttausender der Erde bezwungen hat – und alle ohne künstlichen Sauerstoff.

1987 • Der Pole Jerzy Kukuczka ersteigt als zweiter Mensch alle 14 Achttausender. Mit einer Ausnahme führt er alle Aufstiege auf neuen Routen oder im Winter durch. Diese Ausnahme ist der Lhotse – und an dessen bisher nicht begangener und äußerst schwieriger Südwand findet er 1989 schließlich den Tod.

Im Karakorum erschließen Patrick Delale, Michel Fauquet, Michel Piola und Stephane Schaffter eine neue Route über den West Pillar des Nameless Tower in der Trangogruppe. Im Sommer gelingt den Engländern Mick Fowler und Victor Saunders die Erstbegehung des Golden Pillar (7027 m – »doppelt so hoch wie die Eigerwand«) des Spantik im Hispar-Karakorum.

1988 • Der Pole Woytek Kurtyka und der Schweizer Erhard Loretan durchsteigen erstmals die Ostwand des Nameless Tower in der Trangogruppe in acht Tagen auf einer technisch schwierigen Route. Später im gleichen Jahr schaffen die Deutschen Wolfgang Gullich und Kurt Albert dieselbe Route freikletternd. Die amerikanischen Kletterer Paul Piana und Todd Skinner bewältigen im Yosemite die Salathéwand des Capitan freikletternd und überleben dicht unterhalb des Gipfels einen außergewöhnlichen Unfall, als Steinschlag ihre Seile durchtrennt. Eine vierköpfige Expedition aus England, Amerika und Kanada begeht eine Neuroute an der Kangshung- oder Ostwand des Everest; ab dem Südjoch nehmen sie den Nordostgrat, und Stephen Venables aus England erreicht schließlich – ohne Sauerstoff – den Gipfel. Jean-Marc Boivin durchsteigt in den Alpen eine neue Route auf der rechten Seite des Walkerpfeilers; er nennt diese Führe »Extremer Traum«. Man muß auf ihr weite Strecken in Fels und Eis an 90 Grad abfallenden Wandpartien bewältigen.

1989 • Der jugoslawische Alpinist Tomo Česen begeht als erster die Nordwand des Jannu. Victor Saunders und Steve Sustad bezwingen erstmals die Westwand des Kangchungtse (7640 m), auch Makalu II genannt. Der Franzose Pierre Béghin bewältigt die Südwand des Makalu (8463 m) im Oktober in einem fünftägigen Alleingang: während des Abstiegs überlebt er zwei Lawinen.

1990 • Tomo Česen bezwingt im April als Alleingeher die sehr schwierige Südwand des Lhotse (8501 m) in nur drei Tagen. Die Wand galt lange Zeit als eines der »letzten großen Probleme« im Himalaja.

1996 • Tragödie am Everest: Im Frühjahr sterben insgesamt 12 Menschen. Davon allein am 10. und 11. Mai acht Bergsteiger, die beim Abstieg von einem schweren Sturm überrascht werden: fünf auf der South-Col- und drei auf der North-Col-Route; darunter der erfahrene Bergführer Scott Fischer.

BEGRIFFSBESTIMMUNGEN

●

A

Abbruch = Geländestufe, die erheblich steiler ist als die Umgebung, zum Beispiel Abbruch eines Grates, einer Wand, eines Gletschers. Sie ist für den Bergsteiger meist schwieriger zu begehen.

Abfahren = Der Skifahrt ähnliches Abgleiten über Firn oder Schnee auf den Schuhsohlen oder im Sitzen. Vor Steilabbrüchen äußerst gefährlich.

Abklettern = Abstieg auf einer Kletterroute ohne Abseilen. Beim Abklettern einer Seilschaft geht der Erfahrenste als letzter, um von oben sichern zu können.

Abseilen = Abwärts gerichtete Überwindung einer schwierigen Stelle (Fels, Eis), die nicht durchklettert werden kann, mit Hilfe eines verankerten Doppelseils, an dem sich der Alpinist im Seilsitz oder mit Hilfe von Spezialgeräten herabläßt.

Akklimatisation = Physiologische Anpassung der Lebewesen an veränderte Lebensbedingungen, beim Bergsteigen vor allem an die sauerstoffärmere Luft in großen Höhen (über 4000 m); sie dauert dort meist mehrere Tage.

Alleingang = Durchführung einer Bergtour ohne Begleiter. Alleingeher gibt es seit Beginn des Alpinismus; mittlerweile werden auch hohe Berge und schwierigste Passagen im Alleingang bezwungen.

Alpinstil = Aufstieg in große Höhen in einem einzigen Vorstoß aus der unteren Region eines Berges bis zu dessen Gipfel (oder einem anderen Punkt) mit einem Minimum an Ausrüstung. Übernachten in Biwaks bei Bedarf möglich, nicht aber die Rückkehr zum Hauptlager, um Nachschub zu holen, oder die Verwendung von Zwischenlagern oder Fixseilen. Die gegensätzliche Methode ist die viel aufwendigere *Belagerungstaktik*.

Anstieg = Route (Führe), auf der man einen Berg besteigt, auf der man den Aufstieg durchführt. Man unterscheidet zwischen *Anstieg* und *Aufstieg*.

Aufstieg = Höhengewinnung des Alpinisten an einem Berg auf einer erschlossenen oder neuen Route. Man unterscheidet zwischen *Aufstieg* und *Anstieg*.

B
Band = Absatz oder Terrasse in Fels, Eis, Platten oder Geröll von unterschiedlicher Länge oder Breite. Breitere Bänder eignen sich gut zum Rasten, Sichern oder Biwakieren.

Begehung = Anstieg oder Überwindung einer Teilstrecke: Grate, Pfeiler, Wände, Flanken, Risse, Couloirs, Rinnen oder Verschneidungen werden begangen oder durchstiegen. Man unterscheidet zwischen *Begehung* und *Besteigung*.

Belagerungstaktik = Bezwingung eines Berges durch meist größere Expeditionen, die sich - mit Nachschub, Fixseilen und Zwischenlagern - schrittweise nach oben arbeiten. Kennzeichen sind Personalstärke, Materialaufwand und Zeitbedarf. Die gegensätzliche und modernere (heutige) Methode ist der »schlankere« *Alpinstil*.

Bergschrund = Trennspalte zwischen langsamer (oder gar nicht

mehr) fließendem Eis am Fuß von Bergflanken und dem oberen Rand des Gletscherbeckens.

Besteigung = Erreichen des höchsten Punktes eines Berges: Gipfel, Türme oder Nadeln werden bestiegen oder erstiegen. Man unterscheidet zwischen *Besteigung* und *Begehung*.

Biwak = Schlafplatz (oder Unterschlupf) im Freien, der möglichst geschützt sein soll vor Wind, Wasser, Steinschlag oder Lawinen. Dabei können Biwaksack oder Biwakzelt benutzt werden, aber auch Schneelöcher oder Felsaushöhlungen. Oft ist der Biwakplatz nur ein Sitz- oder Liegeplatz.

Bohrhaken = Wird an rißlosen Felsstellen ohne Griffe oder Tritte angebracht, indem der Bergsteiger mit Meißel oder Bohrmaschine ein Loch schlägt oder bohrt und den Haken darin verankert.

C
Couloir = Schluchtartige Schräg- oder Steilrinne im Fels oder im Eis, im Hochgebirge oft voller Schnee oder Eis.

Cwm = Walisische Schreibweise für das englische Wort Coomb (oder Coombe), im Himalaja übernommen für enge Talkessel.

D
Direttissima = Möglichst gerade und direkt (»in Fallinie«) verlaufender Anstieg (Route, Führe) zum Gipfel.

E
Eisbruch = Siehe *Gletscherbruch*.

F
Fixseil = Seilsicherung aus Textil oder Draht, die am Berg verankert ist und dort verbleibt.

Flanke = Steilabfall eines Berges (Eis-, Fels- oder Grasflanke) mit einer Neigung von 30 bis 50 Grad.

Freiklettern = Klassische Form der Klettertechnik ohne Benutzung

künstlicher Hilfsmittel; als Griff und Tritt dient allein der Fels mit seinen Rissen, Leisten, Verschneidungen etc. Haken, Klemmkeile, Schlingen und ähnliche Hilfsmittel dienen dabei ausschließlich der Sicherung.

Führe = Route, Verlauf, Linienführung einer (bereits erschlossenen) Aufstiegsmöglichkeit.

G
Gletscherbruch = Zerklüftete Zone eines Gletschers, die durch Gefälleknicke oder Buckel im Untergrund gebildet wird.

Gletscherspalten = Risse im Gletschereis, die über unebenem Boden, an Engstellen oder bei unterschiedlicher Fließgeschwindigkeit entstehen

Gletschersturz = Abbruchzone eines Gletschers an einem steilen Felshang.

Gletscherzunge = Auslaufzone des Gletschers im Zehrgebiet des Tales.

Grat = Zum Gipfel führender, scharf ausgeprägter Bergrücken, der Flanken oder Wände voneinander trennt.

H
Haken = Sammelbegriff für dem Bergsteiger zur Verfügung stehende Fels- oder Eishaken, die zur Sicherung in Risse der verschiedensten Breite oder Tiefe (oder in gebohrte Löcher) eingeschlagen werden. Material, Form und Verwendungszweck sind dabei unterschiedlich; derzeit gibt es etwa drei Dutzend verschiedene Hakentypen.

Hang = Bergseite mit weniger als 35 Grad Neigung.

Hängegletscher = In Steilwände eingebettete Gletscherpartie, gefährlich durch Eislawinen.

J
Joch = Einsattelung zwischen zwei Bergen, Senke in einem Kamm.

K
Kamin = Meist vertikaler Felsspalt,

der den Kletterer ganz in sich auf-
nimmt.

Kamm = Breiter, mäßig steiler
Bergrücken, oft die Verbindung
zwischen zwei Bergmassiven.

Kante = Steiler, relativ glatt abfal-
lender Grataufbau.

Kanzel = Erkerartiger Vorsprung in
Wänden oder an Pfeilern.

Karabiner = Schnappring aus Stahl
oder Leichtmetall, der - neben
anderen Verwendungen - in Haken
eingeklinkt wird, um das Seil zu
befestigen.

Klemmblock = Zwischen den
Wänden eines Risses, Kamins oder
Couloirs verklemmter Felsblock.

Klemmkeil = Konischer Keil aus
Holz, Plastik oder Leichtmetall mit
Reepschnur- oder Drahtschlinge, der
- in eine Rißverengung eingeklemmt
- bei Belastung nach unten sichern
Halt gibt.

Klettern = Fortbewegung im Fels
mit Hilfe von Händen und Füßen
unter Ausnutzung von Griffen und
Tritten, die Leisten, Bänder, Risse,
Verschneidungen, Kamine bieten.
Man unterscheidet zwischen *Freiklet-*
tern und *künstlichem Klettern*.

Künstliches Klettern = Fortbewegung in Fels oder Eis mit Hilfe
künstlicher Hilfsmittel wie Haken,
Bohrhaken, Eishaken, Klemmkeilen,
Knotenschlingen, Holzkeilen, Tritt-
leitern.

L
Leiste = Schmaler, simsartiger
Felsabsatz, gut als Griff oder Tritt
geeignet.

P
Pfeiler = Felsstruktur, die wie eine
Stütze aus der Wand hervorspringt
oder an sie angelehnt ist.

Plattenschuß = Stark geneigte und
glatte Felspartie, oft dachziegelartig
geschichtet.

Q
Quergang = Klettern in seitlicher
Richtung über eine Leiste oder ein
Band, an einem waagerechten Riß
oder in der freien Wand.

R
Rampe = Schräg verlaufendes Band
im Eis oder im Fels.

Randkluft = Schmelzkluft zwischen
Fels und Eis, gebildet durch die
Wärmeabstrahlung der angrenzenden
Felspartie.

Rinne = Vom Wetter ausgefräste,
steile Fels- oder Eisvertiefung von
meist geringer Tiefe.

Riß = Schmaler Felsspalt unterschiedlicher Breite, der senkrecht,
schräg oder waagerecht verläuft und
Fingern, Händen oder Füßen - auch
Haken oder Keilen - Halt bietet.

S
Scharte = Scharfe Einkerbung in
einen Grat oder Kamm, häufig
schwer zugänglich.

Schlüsselstelle = Schwierigster
Abschnitt eines Anstiegs oder einer
Route.

Seilschaft = Gruppe von zwei oder
mehreren Bergsteigern, die zur
gegenseitigen Sicherung gemeinsam
am Seil geht oder klettert. Dabei
können sich alle Partner gleichzeitig
voranbewegen (Gletscher) oder nur
jeweils einzeln (Klettern). Die in der
Regel schnellste Formation ist die
Zweierseilschaft.

Seilsicherung = Schutz des Kletter-
partners vor einem Sturz, indem der
Sichernde sich selbst am Standplatz
gut verankert und dem Partner das
Seil ausgibt oder es einholt. Der
vorauskletternde Seilerste schützt
sich zusätzlich durch Zwischensicherungen mit Haken oder Schlingen.

Sérac = Eisturm im Gletscherbruch,
oft einsturzgefährdet.

Sporn = Schmaler Fels- oder Eisvorsprung, der sich nicht bis zum Gipfel
hinzieht.

Steigeisen = Gehprofil aus Stahl
oder Leichtmetall mit 4-14 Zacken,
das bei Eis- oder Gletschertouren
(auch an Grasteilhängen) unter die
Schuhe geschnallt wird.

T
Traverse = Siehe *Quergang*, siehe
Überschreitung.

U
Überhang = Fels- oder Eisvorsprung
von mehr als 90 Grad Neigung.

Überschreitung = Aufstieg und
Abstieg an einem Berg auf unterschiedlichen Routen.

V
Verschneidung = Nahtstelle zwischen zwei verschiedenen, mehr oder
weniger steilen Bergwänden in
spitzem, rechtem oder stumpfem
Winkel.

W
Wächte = Vom Wind gebildete, oft
mehrere Meter überhängende
Schneemasse an Abbrüchen (Graten,
Gipfeln). Für Bergsteiger oft trüge-
risch und daher gefährlich.

Wand = Steilabfall eines Berges mit
einer Neigung von mehr als 50 Grad.

LITERATURHINWEISE

●

Bauer, P.: Kampf um den Himalaja. München 1943.

Bonington, C.: Annapurna, South Face. Cassell 1971.

Bonington, C.: Everest, South-West Face. Hodder & Stoughton 1973.

Bonington, C.: Everest the Hard Way. Hodder & Stoughton 1976.

Bonington, C.: The Everest Years. Hodder & Stoughton 1986.

Bonington, C.: I Chose to Climb. Gollancz 1966, 1985.

Bonington, C.: The Next Horizon. Gollancz 1973, 1986.

Buchenauer, L.: Ein Leben mit den Bergen. München 1991.

Buhl, H.: Achttausend drüber und drunter. München 1963.

Diemberger, K: Gipfel und Gefährten. München 1990.

Egger, C.: Pioniere der Alpen. Zürich 1946.

Gervasutti, G.: Bergfahrten. München 1992.

Gwinner, M.P.: Geologie der Alpen. 1971.

Harder, G. und Elsner, D.: Bergsport-Handbuch, Reinbek o.J.

Harrer, H.: Das Buch vom Eiger. Frankfurt 1989.

Harrer, H.: Die weiße Spinne. Die Geschichte der Eiger-Nordwand. Berlin.

Hiebeler, T.: Alpenlexikon. München 1977.

Hiebeler, T.: Die Alpen. Luzern 1976.

Hiebeler, T.: Berge unserer Alpen. München 1976.

Hiebeler, T.: Bergsteigerschule. 1981.

Huber, H.: Bergsteigen heute. München 1971.

König, S.: Sternstunden des Alpinismus. Erzählungen. München 1991.

Kosmath, E.: Sicherung und Sicherheit in Fels und Eis. Innsbruck 1966.

Menara, H. und Hager H.: Berge und Bergsteiger, Alpingeschichte Südtirols. o.O. 1994

Messner, R.: Alle meine Gipfel. München 1993.

Messner, R.: Bis ans Ende der Welt. Alpine Herausforderungen im Himalaja und Karakorum. München 1994.

Messner, R.: Die Freiheit aufzubrechen, wohin ich will. München 1989.

Messner, R.: Überlebt. Alle 14 Achttausender. München 1991.

Messner, R.: Wettlauf zum Gipfel. Strategie und Taktik meiner Höchstleistungen. München 1986.

Lehner, W.: Die Eroberung der Alpen. Leipzig 1924.

Oppenheimer, R.: Die Entdeckung der Alpen. Stuttgart 1974.

Paulcke, W., Dumler, H.: Gefahren der Alpen. München 1975.

Pause, W., Winkler, J.: Im extremen Fels. München 1977.

Rébuffat, G.: Sterne und Stürme. Die großen Nordwände der Alpen. München 1955.

Richter, D.: Einführung in die Geologie der Alpen. 1974.

Schmid, W.: Unsere Viertausender. Bern 1972.

Schneider, A.: Wetter und Bergsteigen. München 1981.

Schubert, P.: Alpine Felstechnik. München: Rother 1982.

Seibert, D.: Felsklettern und Eisgehen. München 1978.

Trenker, L. und Dumler, H.: Die höchsten Berge der Welt. München 1991.

Trenker, L. und Dumler, H.: Die schönsten Berge der Dolomiten. München 1992.

Whymper, E.: Berg- und Gletscherfahrten... 1981.

Ziak, K.: Der Mensch und die Berge. Eine Weltgeschichte des Alpinismus. 1983.

BILDNACHWEISE

REGISTER

●

Auf schmalem Grad

Don Graydon
Perfekt Bergsteigen
Der Berg bietet herrliche Panoramen und seltene Blumen, aber auch dramatische Wetterstürze, Steinschlag und Gletscherspalten. Jede Tour erfordert daher eine präzise Vorbereitung, körperliche Härte und die Fähigkeit, das Risiko zu kalkulieren. Das Buch, in den USA die »Bibel des Alpinsports«, lehrt Anfängern und Profis das große Einmaleins des Bergsteigens.
556 Seiten, 6 Bilder,
379 Zeichnungen
Bestell-Nr. 50276 DM 68,–

Audrey Salkeld
Wege zum Gipfel
52 Berge in aller Welt und 670 Gipfel-Routen, vorgestellt von den besten Bergsteigern. Berg für Berg steht hier alles drin über Topographie, Gipfel und Grate, Wände und Gletscher. Spezielle Gebietskarten sorgen für Übersicht, Fotos zeigen die verschiedenen Bergseiten, farbige Linien den Verlauf der Routen zum Gipfel. Dazu Infos zu Anreise, Infrastruktur, beste Kletterzeit, Ausrüstung und Karten.
304 Seiten, 400 Bilder, davon 350 in Farbe
Bestell-Nr. 50315
DM 68,–

Thomas Küpper
Survival ALPIN
Wenn der Berg ruft, packen Trekker und Bergsteiger ihre Siebensachen und marschieren los. Doch vorher sollten sie dieses Buch genau studieren. Denn hier steht alles drin über alpine Gefahren, wie man sie erkennt und vermeidet. Dazu gibt's hier einen Kurs in Sachen Erste Hilfe und Rettungstechniken.
350 Seiten, 180 Bilder, davon 30 in Farbe
Bestell-Nr. 50287 DM 49,80

Klotzen, nicht kleckern wollen Mountainbiker, die auf Tour gehen. Das sind übrigens auch die Ansprüche, an denen die Reihe »bike tracks« gemessen werden will. Band 1 und 2 der neuen Reihe machen den Weg frei, um in den Dolomiten, dem europäischen In-Revier, die Stollen glühen zu lassen.

Wolfgang A. Hackl/Wolfgang Mühlbachler
Dolomiten Süd und Rovereto
250 Seiten, 142 Bilder, davon 60 in Farbe, 82 Karten
Bestell-Nr. 50323 DM 59,–

Hackl/Mühlbachler/Ulrich
Dolomiten Nord
250 Seiten, 142 Bilder, davon 60 in Farbe, 82 Karten
Bestell-Nr. 50322 DM 59,–

IHR VERLAG FÜR SPORT-BÜCHER

Postfach 10 37 43 · 70032 Stuttgart
Telefon (0711) 21 08 0 65 · Telefax (0711) 21 08 0 70

Stand Januar 2000 – Änderungen in Preis und Lieferfähigkeit vorbehalten